D1878317

ज़ाकिर हुसैन ज़ाकिर

ज़ाकिर हुसैन ज़ाकिर का जन्म 10 जनवरी, 1966 को उत्तर प्रदेश, देवरिया में हुआ। उनकी प्रारम्भिक शिक्षा देवरिया में ही हुई। शिब्ली नेशनल पीजी कालेज, आजमगढ़ से स्नातक और दीनदयाल उपाध्याय गोरखपुर विश्वविद्यालय, गोरखपुर से स्नातकोत्तर किया। 1992 में पी-एच.डी. की उपाधि प्राप्त करने के बाद अध्यापन कार्य प्रारम्भ। लम्बे समय तक रोज़नामा 'राष्ट्रीय सहारा' गोरखपुर संस्करण में अंशकालिक संवाददाता के रूप में भी कार्य किया। गोरखपुर के सामाजिक और शैक्षिक इतिहास पर व्यापक शोध कार्य कर रहे हैं।

उनकी प्रकाशित पुस्तकें हैं—'हिन्दुस्तानी मीडिया और उर्दू', 'खंदा हाए गुल', 'उर्दू सहाफ़त का आग़ाज़ और इर्तिका' और 'अमीर ख़ुसरो तसव्वुफ़ शख़्सियत और शाइरी'। अमीर ख़ुसरो के जीवन और समकालीन इतिहास पर लम्बी कहानी 'तुरमती ख़ातून' लेखन प्रकिया में है। निबन्ध, कहानियाँ और अलोचनात्मक विश्लेषण उर्दू के विभिन्न पत्र-पत्रिकाओं में प्रकाशित होते रहते हैं।

ई-मेल : zakirhssn8@gmail.com

अमीर ख़ुसरो

व्यक्तित्व, चिन्तन और सम्पूर्ण हिन्दवी कलाम

सम्पादन

ज़ाकिर हुसैन ज़ाकिर

राधाकृष्ण पेपरबैक्स

राधाकृष्ण पेपरबैक्स में
पहला संस्करण : 2025

© ज़ाकिर हुसैन ज़ाकिर

राधाकृष्ण पेपरबैक्स : उत्कृष्ट साहित्य के जनसुलभ संस्करण

राधाकृष्ण प्रकाशन प्रा. लि.
जी-17, जगतपुरी
दिल्ली-110 051
द्वारा प्रकाशित

शाखाएँ : अशोक राजपथ, साइंस कॉलेज के सामने, पटना-800 006
पहली मंजिल, दरबारी बिल्डिंग, महात्मा गांधी मार्ग, प्रयागराज-211 001
1, अनमोल सोराबजी संतुक लेन, धोबी तलाव, मरीन लाइंस, मुम्बई-400 002
वेबसाइट : www.radhakrishnaprakashan.com
ई-मेल : info@radhakrishnaprakashan.com

विकास कंप्यूटर एंड प्रिंटर्स
ट्रॉनिका सिटी-201 102
द्वारा मुद्रित

मूल्य : ₹450

AMIR KHUSRO
Vyaktittva, Chintan Aur Sampoorna Hindavi Kalam
Edited by Zakir Hussain Zakir

ISBN : 978-93-48157-04-1

नुसरत जहाँ के नाम

क्रम

ब ख़ुदा अर ब ज़ेरे चर्ख़े कबूद
चूं मने हस्त व बूद व ख़्वाहद बूद

ख़ुदा की क़सम! इस आकाश के नीचे, जो उन जैसा कोई है या था या होगा।

—हकीम सनाई[1]

1. हकीम सनाई फ़ारसी के सुप्रसिद्ध कवि थे। उनकी ग़ज़लें सूफ़ियाना स्वभाव की होती थीं। उनकी मृत्यु अमीर ख़ुसरो से लगभग 200 वर्ष पूर्व हो चुकी थी, परन्तु ऐसा प्रतीत होता है कि उन्होंने ये शेर अमीर ख़ुसरो के लिए कहा है।

अपनी बात

इस पुस्तक को 'जवाहरे ख़ुसरवी' की अगली कड़ी के रूप में देखा जाना चाहिए। 'जवाहरे ख़ुसरवी' आज से ठीक सौ वर्ष पूर्व 1918 में प्रकाशित हुई थी। उसके प्रकाशन के बाद ही अमीर ख़ुसरो पर इतना अधिक शोध कार्य सम्भव हो सका। इन सौ वर्षों में जो भी पुस्तकें और शोध-पत्र आदि प्रकाशित हुए उनका स्रोत 'जवाहरे ख़ुसरवी' है। यदि 'जवाहरे ख़ुसरवी' न प्रकाशित हुई होती तो जिस सुलभता से लोगों ने अमीर ख़ुसरो पर कार्य किया वह असम्भव सिद्ध होता। इसलिए मैं अपनी पुस्तक का प्रथम आधार 'जवाहरे ख़ुसरवी' को ही मानता हूँ। मैं 'जवाहरे ख़ुसरवी' के सम्पादकों मौलाना अमीन अब्बासी चिरैयाकोटी और मौलाना रशीद अहमद सालिम का अत्यन्त आभारी हूँ, जिनके अनथक प्रयासों के परिणामस्वरूप अमीर ख़ुसरो के हिन्दवी कलाम का संकलन सम्भव हो सका। मैंने इस पुस्तक में 'जवाहरे ख़ुसरवी' में उपलब्ध सम्पूर्ण हिन्दवी कलाम को जस का तस सम्मिलित कर लिया है।

आज से चालीस वर्ष पूर्व प्रोफ़ेसर गोपीचन्द नारंग ने अमीर ख़ुसरो के हिन्दवी काव्य पर गहन शोध कार्य किया, जिसमें उन्होंने डॉ. अलवास स्प्रेंगर की उन पहेलियों से अपनी पुस्तक को सुन्दरता प्रदान की है, जो बर्लिन में प्रकाशित हो चुकी थीं। प्रोफ़ेसर नारंग ने उन पहेलियों के प्रकाशन के साथ ही अमीर ख़ुसरो के हिन्दवी काव्य की 'प्रामाणिकता की समस्या' के शीर्षक से एक शोध-प्रबन्ध भी लिखा, जो अपने आप में अद्वितीय है। उनकी पुस्तक की प्रशंसा में इतना कुछ लिखा जा चुका है कि यदि मैं उसकी प्रशंसा करूँ तो बहुत छोटी बात हो जाएगी। मैंने जब अमीर ख़ुसरो पर लिखने की जुर्रत की तो प्रोफ़ेसर नारंग के उस शोध ने मेरी बहुत सहायता की।

'जवाहरे ख़ुसरवी' के प्रकाशन के तीन वर्ष उपरान्त 1921 में नागरी प्रचारिणी के मंत्री बाबू बृजरत्न दास काशी वाले ने अमीर ख़ुसरो की हिन्दवी कविता पर एक अद्वितीय निबन्ध लिखकर 'जवाहरे ख़ुसरवी' में सम्मिलित हिन्दवी काव्य को नागरी प्रचारिणी सभा पत्रिका में प्रकाशित किया। मुझे नागरी पत्रिका में प्रकाशित बृजरत्न दास के निबन्ध को देखने का अवसर प्राप्त हुआ है। बाबू बृजरत्न दास फ़ारसी और उर्दू के विद्वान थे। वे अपनी मृत्यु तक नागरी प्रचारिणी के मंत्री के पद पर कार्यरत रहे। उनकी मृत्यु 1947 में हुई।

एक अन्य पुस्तक जो, अमीर ख़ुसरो के हिन्दवी काव्य पर बहुत महत्त्वपूर्ण सामग्री उपलब्ध कराती है, वह है डॉ. भोलानाथ तिवारी की रचना 'अमीर ख़ुसरो और उनका हिन्दी साहित्य', इस पुस्तक में डॉ. तिवारी ने अमीर ख़ुसरो के हिन्दवी काव्य का एक चयन प्रस्तुत किया है। उन्होंने यह प्रयत्न किया है कि अमीर ख़ुसरो के विवादित काव्य को सम्मिलित न किया जाए। परन्तु डॉ. तिवारी की सबसे बड़ी उपलब्धि 'ख़ालिक़ बारी' को सही उच्चारण के साथ नागरी में प्रकाशित करना है। उन्होंने अत्यन्त कठिन परिश्रम से 'ख़ालिक़ बारी' की शब्दावली तैयार की है। उन्होंने निश्चित रूप से 'जवाहरे ख़ुसरवी' से सहायता ली है, परन्तु उनका कार्य 'जवाहरे ख़ुसरवी' से उत्कृष्ट है।

'जवाहरे ख़ुसरवी' में जितना कुछ हिन्दवी काव्य सम्मिलित है, उन सौ वर्षों के बीच इसमें और अधिक बढ़ोत्तरी हुई। पटियाली के कुछ लोग भी अमीर ख़ुसरो पर निरन्तर कार्य कर रहे हैं। पटियाली के ही डॉ. प्रदीप शर्मा ने अपने शोध ग्रंथ 'अमीर ख़ुसरो एक बहुआयामी व्यक्तित्व' में ख़ुसरो के हिन्दवी काव्य को कुछ बढ़ोतरी के साथ प्रकाशित किया है। मैंने डॉ. प्रदीप शर्मा की पुस्तक में जो अतिरिक्त काव्य मिल गया उसे भी अपनी पुस्तक में सम्मिलित कर लिया है। डॉ. शर्मा ने 'किशन कन्हैया' के गीत के अतिरिक्त कुछ नई क़व्वालियों को भी ढूँढ़कर अपनी पुस्तक में सम्मिलित किया है।

मुझे जो कुछ और जहाँ से भी अमीर ख़ुसरो का हिन्दवी काव्य प्राप्त हुआ। उसे इस पुस्तक में सम्मिलित कर लिया गया है। मैंने अमीर ख़ुसरो के हिन्दवी काव्य को सम्मिलित करते हुए उसकी प्रामाणिकता की समस्या पर ध्यान नहीं दिया। मेरा कार्य ख़ुसरो के हिन्दवी काव्य के असली और नकली होने की छानबीन करना नहीं है। उस कार्य को आलोचकगण लगभग पिछले सौ वर्षों से निरन्तर कर रहे हैं, और

आशा है कि आगे भी करते रहेंगे। मैंने 'ख़ालिक़ बारी' पर लिखते हुए विस्तार पूर्वक इस पर चर्चा की है।

इन पंक्तियों को लिखते हुए मैं विशेष रूप से पाठकगण से मुख़ातिब हूँ। मैंने उनके पठन के लिए कुछ बातों की ओर संकेत करना उचित जाना है। इस पुस्तक में अमीर ख़ुसरो की भाषा, व्यक्तित्व, चिन्तन, संगीत और उनकी आध्यात्मिकता को 6 शीर्षकों में विभक्त करके समझने का प्रयत्न किया गया है। जैसा कि ऊपर कहा गया है अमीर ख़ुसरो का हिन्दवी काव्य विवादित रहा है। मैंने बलपूर्वक कहा है कि हम उनके हिन्दवी काव्य को उनका क्यों न मानें? प्रथम अध्याय में अमीर ख़ुसरो की भाषा और हिन्दवी की रचनाओं पर शोधपरक विवेचना प्रस्तुत करते हुए, मैंने यह सिद्ध करने का प्रयास किया है कि आख़िर क्या कारण थे, जिसके बाद उनकी हिन्दवी रचनाएँ एकदम से विवादित हो गईं। एक कारण यह भी हो सकता है कि उनकी हिन्दवी रचनाएँ उन्हें तसव्वुफ़ के खाने में फिट करने के प्रयास में बहुत बाधा उत्पन्न कर रही हों, इसलिए उन्हें बाहर का रास्ता दिखा दिया गया हो। एक कारण अश्लीलता का आरोप हो सकता है। एक कारण यह था कि उनके फ़ारसी काव्य से हिन्दवी काव्य की शैली बहुत भिन्न थी। फिर जब एक बार हिन्दवी रचनाओं को बाहर का रास्ता दिखाने की प्रवृत्ति ने जन्म लिया तो उसने अच्छे-बुरे का अन्तर नहीं रखा और सामने जो कुछ भी आया उसे रद्द करते चले जाने में ही भलाई महसूस की गई। अमीर ख़ुसरो के हिन्दवी काव्य में अश्लीलता का प्रदर्शन समयकाल की माँग थी। केवल हिन्दवी ही नहीं बल्कि उस समय की फ़ारसी शाइरी में भी विस्तृत रूप से अश्लीलता का वर्णन मिलता है। मैंने यह देखने का प्रयत्न किया है कि अमीर ख़ुसरो समेत फ़ारसी के उच्चकोटि के कवियों के यहाँ कितने बड़े स्तर पर अश्लीलता का वर्णन मिलता है।

इसी से मिलता-जुलता दूसरा अध्याय 'अमीर ख़ुसरो की कलात्मक रचना : ख़ालिक़ बारी' है। 'ख़ालिक़ बारी' भी अमीर ख़ुसरो की विवादित रचना रही है। यह हिन्दवी अरबी, फ़ारसी तुर्की का शब्दकोश है, जिसे अमीर ख़ुसरो ने 14वीं शताब्दी में तैयार किया था। इस दृष्टि से देखा जाए तो यह हिन्दुस्तान में तैयार होने वाला प्रथम शब्दकोश है। यह भारत में तुर्की, ईरान और बुख़ारा से आने वाले फ़ारसी और तुर्की भाषी लोगों की आवश्यकता के लिए तैयार किया गया था। गोया इसे ख़ुसरो ने बाज़ार की आवश्यकता के अनुसार तैयार किया था।

उर्दू के आलोचकों ने ख़ुसरो के अन्य हिन्दवी काव्य की तरह इसकी प्रामाणिकता पर भी बहुत गहरे प्रश्न खड़े किये हैं। 'ख़ालिक़ बारी' की प्रामाणिकता पर प्रश्न करने वालों के अतिरिक्त भी अत्यधिक लोगों का मत है कि 'ख़ालिक़ बारी' अमीर ख़ुसरो की ही रचना है। 'जवाहरे ख़ुसरवी' के अमीन अब्बासी चिरैयाकोटी ने भी बलपूर्वक कहा है कि ख़ालिक़ बारी ख़ुसरो की रचना है। मैंने अपने निबन्ध में समस्त आलोचकों के विचार रखते हुए यह सिद्ध करने का प्रयास किया है कि ख़ालिक़ बारी निश्चित रूप से अमीर ख़ुसरो की रचना है। उसके बारे में कहा जाता था कि वह बहुत बड़ा शब्दकोश था, परन्तु समयकाल और परिस्थितियों के परिवर्तन के कारण उसका अत्यधिक भाग विलुप्त हो गया, इसका अर्थ यह नहीं है कि वह अमीर ख़ुसरो की रचना नहीं है।

तृतीय अध्याय का शीर्षक 'अमीर ख़ुसरो : तसव्वुफ़ एक परिचय' है। हिन्दवी काव्य की तरह तसव्वुफ़ भी ख़ुसरो का विवादित विषय रहा है। मैंने उनके व्यक्तित्व में तसव्वुफ़ के प्रवाह पर नये सिरे से कलम उठाने की जुर्रत की है। इस अध्याय में मुख्य रूप से तसव्वुफ़ का परिचय और उसके इतिहास की व्याख्या करने के साथ ही फ़ारसी शाइरी में तसव्वुफ़ के प्रभाव का आकलन किया गया है। मध्यकाल के प्रारम्भ में फ़ारसी के कवियों के लिए तसव्वुफ़ आकर्षक और आत्मसन्तुष्टिकरण का विषय था। इसके लिए उनका सूफ़ी होना आवश्यक नहीं था। ये वैसे ही था कि शराबी न होते हुए भी यदि 'मधुशाला' लिखी जा सकती है, तो सूफ़ी न होते हुए भी तसव्वुफ़ के विषय पर कविता अवश्य कही जा सकती है। अमीर ख़ुसरो के बहुरंगी व्यक्तित्व के सन्दर्भ में तसव्वुफ़ की विवेचना पाठकगण को अवश्य यह अनुभव करा देगी कि उनके व्यक्तित्व में तसव्वुफ़ का रचाव-बसाव था, तो भी उन्होंने अपने जीवन के कोलाहल से मुख नहीं मोड़ा और अपने आकर्षक व्यक्तित्व के साथ जीवन को अन्तिम साँस तक शिद्दत से प्रेम करते रहे।

'अमीर ख़ुसरो के आश्रयदाता' इस महत्त्वपूर्ण अध्याय में अमीर ख़ुसरो के उनके आश्रयदाता सुल्तानों, मंत्रियों और सूबेदारों का वर्णन है, जिनके दरबारी कवि होने के नाते उन्होंने उनके साथ अपना समय व्यतीत किया। ऐतिहासिक घटनाक्रम के अनुसार देखने से ज्ञात होता है कि वे अपने पूरे जीवन काल में 7 सुल्तानों और 4 सूबेदारों के साथ सफलतापूर्वक दरबारी गतिविधियों में लिप्त रहे। इस आलेख में

उनके आश्रयदाताओं के साथ उनके जटिल सम्बन्धों की बारीकी से पड़ताल की गई है।

पाँचवाँ अध्याय है 'अमीर ख़ुसरो नव संगीत के जनक'। अमीर ख़ुसरो नव संगीत के जनक कहे जा सकते हैं। उनका संगीत और उनकी हिन्दवी कविता एक दूसरे से बहुत गहराई से सम्बद्ध है। यदि वे हिन्दवी में कविता नहीं कर रहे होते तो संगीतकार भी नहीं होते। उन्होंने एक ओर जहाँ नये रागों की रचना की, वहीं उनके सिर नये वाद्ययंत्रों के आविष्कार का भी सेहरा बाँधा जाता है। उन्होंने क़व्वाली को नई पहचान दिलाई, उनसे पूर्व भी सूफ़ियों की महफ़िले समाअ में क़ौल गाया जाता था, जिसे उन्होंने क़व्वाली का नाम देकर संगीत गायन की एक अलग पद्धति बनाई। समाअ की सभाओं में हज़रत ख़्वाजा निज़ामुद्दीन औलिया को नये-नये हिन्दी गीतों को नये-नये राग में प्रस्तुत करके मंत्रमुग्ध कर देने वाले अमीर ख़ुसरो ने भारतीय लोक संगीत को ईरानी और तुर्की संगीत के साथ मिलाकर उसे नया आयाम दिया।

इसी प्रकार हम देखते हैं कि अमीर ख़ुसरो ने अपने 72 वर्षीय जीवन में लगभग 12 युद्ध अभियानों में भाग लिया। एक दरबारी कवि होने के नाते अपने आश्रयदाता सुल्तान के साथ युद्ध अभियानों में भाग लेना एक स्वाभाविक क्रिया थी। उन्होंने कभी साधारण युद्ध अभियान में भाग नहीं लिया। वे केवल उन्हीं युद्धों में सम्मिलित होते, जिनमें उनके आश्रयदाता स्वयं भाग लेते थे। यदि उनके आश्रयदाता राजधानी में रुके हुए हैं तो वे किसी अन्य सेनापति के अधीन युद्ध अभियान में भाग लेने नहीं जाते थे। 'अमीर ख़ुसरो और उनके सैनिक अभियान' शीर्षक से लिखे आलेख में मैंने अमीर ख़ुसरो के युद्ध अभियानों की विस्तारपूर्वक चर्चा की है। इस वार्ता में कुछ ऐतिहासिक तथ्यों से पर्दा उठाना आवश्यक था, जिसे अनदेखा नहीं किया गया है।

पुस्तक के दूसरे भाग में उनके हिन्दवी काव्य का सम्पूर्ण संकलन प्रस्तुत किया गया है। मैंने अमीर ख़ुसरो की दोनों प्रकार की पहेलियों को इकट्ठा कर दिया है। उन पहेलियों को भी जिनका उत्तर वे स्वयं दे देते हैं, जैसे बूझ पहेलियाँ और वे पहेलियाँ जिनका उत्तर वे बूझने की चुनौती देते हैं जैसे बिनबूझ पहेलियाँ इन दोनों पहेलियों को एक शीर्षक के अन्तर्गत प्रस्तुत किया गया है। जैसे दिया, नाव, पतंग, अंगिया इत्यादि के शीर्षक से जितनी पहेलियाँ उपलब्ध हैं, उन्हें एक साथ रखा गया है। उसी प्रकार उनकी कहमुकरियों को एक नये शीर्षक 'ऐ सखी

साजन...' के अन्तर्गत प्रस्तुत किया गया है। इन कहमुकरियों में एक शीर्षक के साथ जितनी कहमुकरियाँ थीं, उन्हें इकट्ठा कर दिया गया है। इसी प्रकार उनकी कविताएँ, गीत और क़व्वालियों को भिन्न-भिन्न शीर्षक के साथ पुस्तक में सम्मिलित किया गया है।

अमीर ख़ुसरो के फ़ारसी काव्य में जहाँ कहीं भी हिन्दवी के शब्दों का प्रयोग हुआ है उसे 'हिन्दुस्तान-प्रेम' शीर्षक के अन्तर्गत अलग से इस पुस्तक में सम्मिलित किया गया है। आपको यह जानकर आश्चर्य होगा कि ख़ुसरो ने एक ग़ज़ल लिखी है, जिसमें भारतीय भाषाओं का विस्तारपूर्वक वर्णन किया गया है। उन्होंने फ़ारसी में एक दोहा कहा है, जिसमें फ़ारसी भाषा के मुक़ाबले हिन्दवी में बात करना अधिक शोभनीय होना बताया है। उन्होंने ब्राह्मणों की भाषा संस्कृत को फ़ारसी और तुर्की से अधिक प्रभावशाली कहा है। अमीर ख़ुसरो ने 12वीं शताब्दी में भारत में प्रचलित 67 व्यवसायों का फ़ारसी में चित्रण किया है, परन्तु उनमें 5 रुबाइयाँ ऐसी हैं, जिनमें हिन्दवी के शब्दों का अति सुन्दर प्रयोग किया है। इन रुबाइयों को भी हिन्दुस्तान-प्रेम शीर्षक के अन्तर्गत प्रस्तुत किया गया है। उनके ऐसे छंदों में हिन्दी के कई दर्जन शब्दों को फ़ारसी शब्दों के साथ प्रयोग किया गया है। इनमें तम्बोली, सुपारी, नाई, मामू, मुमानी, बात, लाला, पात, रैन और चूड़ियाँ जैसे शब्द सम्मिलित हैं। इस शीर्षक की तैयारी के लिए प्रो. गोपीचन्द नारंग और शम्सुर्रहमान फ़ारूक़ी की पुस्तकों से सहायता ली गई है।

पाठकों की सुविधा के लिए इस पुस्तक के अन्त में हिन्दी वर्णमाला के अनुसार शब्दार्थ सूची (Glossary) भी प्रस्तुत की गई है। इस शब्दार्थ सूची में तसव्वुफ़ और अन्य कठिन इस्लामी शब्दावली के अतिरिक्त अमीर ख़ुसरो के हिन्दवी काव्य, हिन्दवी ग़ज़लों, क़व्वालियों, पहेलियों, सावन गीत, निस्बतों और हिन्दुस्तान-प्रेम में प्रयोग होने वाले कठिन और अनजाने शब्दों और पारिभाषिक शब्दावलियों के अर्थ को सम्मिलित कर दिया गया है। उन शब्दों को इसलिए अलग स्थान दिया गया है कि पाठकों को पढ़ने में किसी प्रकार का अवरोध उत्पन्न न हो। ख़ालिक़ बारी की शब्दार्थ सूची उन छंदों के नीचे ही दी गई है, जिसे डॉ. भोलानाथ तिवारी ने बहुत परिश्रम से तैयार किया था। 'जवाहरे ख़ुसरवी' ने 195 छंदों को प्रामाणिक मानते हुए उसे प्रकाशित किया था। डॉ. भोलानाथ तिवारी ने भी 195 छंदों को ही अपनी पुस्तक में प्रकाशित किया है। मैंने अपनी पुस्तक में उक्त

दोनों विद्वानों की पुस्तकों की सहायता से 195 छंदों को जस का तस प्रस्तुत कर दिया है।

1925 में प्रकाशित होने वाली शम्सुल्लाह क़ादरी की लगभग अप्राप्य पुस्तक 'उर्दू-ए-क़दीम' से ख़ुसरो की एक हिन्दवी ग़ज़ल 'ख़्वार शुदम, ज़ार शुदम लुट गया' सम्मिलित किया गया है। 'उर्दू-ए-क़दीम' और 'जवाहरे ख़ुसरवी' की पीडीएफ कॉपी मेरे पुत्र नज्म उस साक़िब और मेरी छोटी बहन असिस्टेंट प्रोफ़ेसर डॉ. हिजाब ख़ातून ने बड़े परिश्रम से अलीगढ़ मुस्लिम विश्वविद्यालय के मौलाना आज़ाद पुस्तकालय से उपलब्ध कराई। मैं इसके लिए डॉ. हिजाब ख़ातून और नज्म उस साक़िब का आभारी हूँ।

मैं अलीगढ़ मुस्लिम विश्वविद्यालय के मौलाना आज़ाद पुस्तकालय के पुस्तकालयाध्यक्ष डॉ. जमशेद अली का भी आभारी हूँ, जिन्होंने मुझे पुस्तकालय में बैठने का अवसर प्रदान किया। उस पुस्तकालय से मुझे अमीर ख़ुसरो पर एक साथ सम्पूर्ण सामग्री प्राप्त हो गई, जिसके बाद मेरा कार्य बहुत आसान हो गया।

मैं ख़ुदाबख़्श ओरिएंटल पब्लिक लाइब्रेरी पटना और उसकी डाइरेक्टर डॉ. शाइस्ता बेदार मैडम का बेहद आभारी हूँ, जिन्होंने लाइब्रेरी में बैठने और नोट्स तैयार करने में मेरी भरपूर मदद की।

फ़ारसी अशआर के अनुवाद के लिए शादाब अख़्तर फ़लाही, पत्रकार और कवि अमीर हम्ज़ा आज़मी और फ़ारसी के विद्वान प्रवक्ता और सम्पादक डॉ. फ़ैज़ान हैदर का भी अत्यन्त आभारी हूँ।

इसी क्रम में संस्कृत के प्रख्यात विद्वान डॉ. शाकिर अली का वर्णन न करना असम्भव प्रतीत होता है। डॉ. अली को संस्कृत के साथ-साथ हिन्दी और उर्दू पर भी एक जैसा अधिकार है। उन्होंने हिन्दी के उचित शब्दों के प्रयोग में मेरी बहुत सहायता की। मैं डॉ. अली का बेहद आभारी हूँ।

पूर्व प्राचार्य डॉ. ज़ियाउद्दीन ख़ाँ वारसी ने तसव्वुफ़ के अध्याय को पढ़कर उस पर अपनी बहुमूल्य राय रखी। डॉ. वारसी मेरे संरक्षक और अभिभावक हैं। वे एक डिग्री कॉलेज से अवकाश ग्रहण करने के बाद इमाम ग़ज़ाली की तरह एकान्तवास में हैं। मैंने उनके साथ कार्य करते हुए चाहे घर हो या बाहर प्राय: उनके व्यक्तित्व के अन्दर तसव्वुफ़ के भेद और उसकी बारीकियों का अनुभव किया है। मैं उनका अत्यन्त आभारी हूँ।

इस पुस्तक की तैयारी में यदि मैं अपने मित्रों और कृपा करने वालों का आभार व्यक्त न करूँ तो यह बहुत अशोभनीय बात होगी। ज़हीरुल बारी, इरशाद अहमद कामिल, इलियास अहमद एडवोकेट, फ़ख़रुद्दीन अली, मसरूर अहमद, शादाब सेहराई, डॉ. सलीम अहमद, गुफ़रान नसीम साहब, अजय प्रताप सिंह सेंगर, मेरे हमदर्द और वरिष्ठ पत्रकार कुतुबुल्लाह साहब, मुज़फ़्फ़रुल्लाह ख़ाँ का कृतज्ञ हूँ, जिन्होंने मुझे समय-समय पर अपने बहुमूल्य राय से अनुगृहीत किया और कुछ अप्राप्य पुस्तकों की उपलब्धता सुनिश्चित कराई।

देवरिया **—ज़ाकिर हुसैन ज़ाकिर**

अमीर ख़ुसरो : दो सभ्यताओं के प्रतिनिधि कवि

अमीर ख़ुसरो उच्चकोटि के राजनीतिज्ञ, इतिहासकार, लेखक और सिपाही थे। वे प्रतिभावान (super genius) और बहुआयामी व्यक्तित्व (versatile) के धनी थे। वे एक ऐसे कलाकार artist थे, जिसने एक साथ जीवन के विभिन्न क्षेत्रों में अपनी कला का परिचय दिया। सही अर्थों में वे एक कलाकार से अधिक एक शिल्पी (a great artist) थे। उनकी कविताओं और उनके उपलब्ध लेखों से सल्तनत काल के सामाजिक, सांस्कृतिक और आर्थिक परिस्थितियों की गहन जानकारी प्राप्त होती है। इसलिए यह कहा जा सकता है कि "उनका साहित्य राजनीतिक और सामाजिक इतिहास का एक प्रामाणिक धरोहर है।"[1]

उनकी फ़ारसी कविता एक ओर ईरानी सभ्यता और संस्कृति का दर्शन कराती है, तो दूसरी ओर उनकी हिन्दवी कविता हमें हिन्दुस्तान के आम जन और निम्न वर्ग के लोगों के सामाजिक रुझानों से भी परिचित कराती है। राज परिवार और उनसे जुड़े अमीर उमरा की भाषा फ़ारसी और तुर्की थी, परन्तु तुर्की और फ़ारसी के मेल-जोल से जो भाषा सृजित हो रही थी, उसे ख़ुसरो ने हिन्दवी का नाम दिया। उसी हिन्दवी को दिल्ली, अवध, मुल्तान, सामाना और लाहौर के बाज़ारों में नानबाई, कसाई, सब्ज़ी विक्रेता, लोहार, कुम्हार और भिखारी बोल रहे थे। ख़ुसरो के केवल सूफ़ियों, कलन्दरों, उल्मा और धर्मशास्त्रियों से ही नहीं अपितु समाज के निम्न वर्ग के लोगों से भी उतने ही प्रगाढ़ सम्बन्ध थे। वे ज़िन्दा दिल और स्वतंत्र विचारोंवाले व्यक्ति थे। वे केवल लौकिक इश्क़ में नहीं बल्कि पारलौकिक इश्क़ में भी पारंगत थे और प्रायः इश्क़ व मुहब्बत के मज़े लेते रहते थे, चाहे मयख़ाना हो या ख़ानक़ाह उनकी पहुँच हर जगह थी।[2]

जमील जालिबी ने ठीक कहा है कि अमीर ख़ुसरो दो सभ्यताओं के मिलन के प्रतिनिधि व्यक्ति थे। वे एक प्रकार से संगम थे, जहाँ दो बड़ी सभ्यताओं के धारे मिल रहे थे। वे दो सभ्यताओं की नौका भी थे और उसके नाविक भी। वे ऐसे कवि थे जिनकी मिठास आज भी उसी प्रकार मौजूद है, जैसी उस समय थी। उनकी कविता में कहीं से भी अजनबीपन का एहसास नहीं होता है। जालबी के

विचार में ख़ुसरो ने केवल अपने ही नहीं अपितु बाद के भी सांस्कृतिक धारे को प्रभावित किया।[3] 14वीं शताब्दी में ख़ुसरो हिन्दू-मुस्लिम सभ्यता के प्रतिनिधि कवि थे। इसीलिए उनकी हिन्दवी कविता में वे समस्त बातें अपनी पूरी चमक के साथ दिखाई देती हैं, जो उस समय समाज में घुली-मिली थीं। ख़ुसरो एक बड़े कवि, राजनीतिज्ञ, संगीतकार और एक बहुत बड़े भाषाविद् थे।

अमीर ख़ुसरो की हिन्दवी कविता

कवि अमीर ख़ुसरो सूफ़ी अमीर ख़ुसरो से बड़े थे, या सूफ़ी अमीर ख़ुसरो कवि अमीर ख़ुसरो से बड़े थे। यह सवाल यद्यपि हल हो सकता है, मगर एक सवाल जो प्रायः जनमानस में गूँजता रहता है वह यह है कि सूफ़ी और कवि अमीर ख़ुसरो ने आज से लगभग 700 वर्ष पूर्व जिस लोकभाषा में काव्य रचना की थी, उसका अधिकतर भाग नष्ट क्योंकर हो गया? वह उर्दू-हिन्दी की प्रारम्भिक विरासत और पहचान जिसे आज उपलब्ध होना चाहिए क्यों नहीं है? या जो है वह भी विवादित क्यों? आख़िर क्या कारण है कि वह बहुमूल्य धरोहर हमारे पास सुरक्षित नहीं रह सकी। ख़ुसरो अपनी लोक कविता को 'हिन्दवी' कहते थे। यह वही 'हिन्दवी' है जो विकास के विभिन्न आयाम से गुज़रते हुए हिन्दी-उर्दू में परिवर्तित हो गई।

अमीर ख़ुसरो का हिन्दवी काव्य उनके फ़ारसी काव्य से संख्या में बहुत अधिक था। शिब्ली नोमानी ने ऊहदी किरमानी की पुस्तक 'अरफात-उल-आशिकीन' के हवाले से कहा है कि अमीर ख़ुसरो का सम्पूर्ण हिन्दवी काव्य 3 से 4 लाख शेरों पर आधारित था।[4] ख़ुसरो की फ़ारसी मसनवी, क़सीदा, ग़ज़लें और रुबाई के अतिरिक्त तज़मीन, मुस्तज़ाद और सनाय बदाय जैसे अनगिनत शैलियों में रचित काव्य का अधिकतर भाग उपलब्ध है, परन्तु उनके हिन्दवी कलाम के किसी संग्रह का उपलब्ध न होना हमें आश्चर्यचकित करता है। उनके हिन्दवी काव्य की अनुपलब्धता पर ऊहदी भी दुख प्रकट करता है। यद्यपि शम्सुर्रहमान फ़ारूक़ी ऊहदी के 3 से 4 लाख पद्य होने के दावे को सिरे से ख़ारिज करते हुए कहते हैं, "देखने में लगता है कि ऊहदी अतिशयोक्ति से काम ले रहा है, क्योंकि यह बात बिलकुल अविश्वसनीय है कि किसी ने 3 से 4 लाख पद्यों की रचना की हो और वह सब के सब नष्ट हो गया हो।"[5]

देखा जाए तो अमीर ख़ुसरो के वर्तमान उपलब्ध हिन्दवी काव्य के रूप में कुछ पहेलियों को सर्वप्रथम एक आष्ट्रियाई पूर्वी भषाओं का विद्वान Orientalist डॉ. एलवास स्प्रेंगर (Dr. Aloys Sprenger) ने 1852 में जर्नल ऑफ़ एशियाटिक सोसाइटी, बंगाल में प्रकाशित एक लेख में सम्मिलित किया था। बाद में 1854 में भी

उसने एशियाटिक सोसाइटी जर्नल में ख़ुसरो की कुछ और पहेलियों को सम्मिलित किया।[6] स्प्रेंगर 1845 में ईस्ट इंडिया कम्पनी में एक चिकित्सक के पद पर नौकरी करने के लिए भारत आया था। उसे दिल्ली भेजा गया, जहाँ वह दिल्ली कॉलेज का प्रिंसिपल हो गया। 2 वर्ष बाद ही उसकी तैनाती लखनऊ में हो गई, जहाँ वह लखनऊ के शाही पुस्तकालय में पुरानी पुस्तकों और पांडुलिपियों की सूची बनाने लगा। उसके बाद उसे मद्रास भेजा गया जहाँ वह मदरसा आलिया का प्रिंसिपल नियुक्त हुआ। इसी दौरान उसे बंगाल एशियाटिक सोसाइटी का सचिव चुन लिया गया। इस पद पर रहते हुए उसने कई हस्तलिखित पांडुलिपियों का प्रकाशन कराया। वह भारत में 1856 तक रहा। सबसे दिलचस्प बात यह है कि जब वह भारत से जर्मनी वापस गया, उसके पास विभिन्न भारतीय भाषाओं की 1972 हस्तलिखित पांडुलिपियाँ थीं। एक और बात बड़ी हैरान करने वाली है। मैंने आज तक नहीं देखा कि किसी ने डॉ. स्प्रेंगर को इतनी बड़ी संख्या में भारतीय भाषाओं की पांडुलिपियाँ चुराने का दोषी कहा हो, बल्कि उसे भारतीय भाषाओं पर बड़ी कृपा करने वाले के तौर पर देखा जाता है। 20वीं शताब्दी में भारतीय शोधकर्ताओं ने डॉ. स्प्रेंगर की भारत से चुराकर जर्मनी ले जाई गई पांडुलिपियों की खोज में बहुत सिर खपाया परन्तु आज भी उनमें से कई सौ पांडुलिपियों का पता नहीं चल सका है। क्या पता कि जिस पांडुलिपि से उसने ख़ुसरो की चन्द पहेलियों को 1852 और 1854 में प्रकाशित किया हो उसमें उनका और भी कलाम मौजूद हो। डॉ. स्प्रेंगर के लगभग 50 वर्षों बाद ख़ुसरो के हिन्दवी काव्य पर अत्यन्त महत्त्वपूर्ण पुस्तक 'जवाहरे ख़ुसरवी' अलीगढ़ के ए.एम.ओ. कॉलेज प्रेस से 1918 में प्रकाशित हुई। इस पुस्तक को संयुक्त रूप से मौलाना मोहम्मद अमीन अब्बासी चिरैयाकोटी और मौलाना रशीद अहमद सालिम ने सम्पादित किया था। इस पुस्तक में उस समय तक ख़ुसरो के समस्त उपलब्ध हिन्दवी काव्य को संकलित करने का प्रयत्न किया गया।[7] परन्तु 'जवाहरे ख़ुसरवी' के सम्पादकों ने इस महत्त्वपूर्ण पुस्तक में स्प्रेंगर का ज़िक्र नहीं किया है। इसका एक कारण यह भी हो सकता है कि उन्हें स्प्रेंगर के काम की जानकारी न रही हो।

अमीर ख़ुसरो के हिन्दवी काव्य की अनुपलब्धता के प्रश्न को उर्दू के प्रख्यात साहित्यकार और कहानीकार इंतज़ार हुसैन ने भी उठाया है। उन्होंने कहा कि हिन्दवी कविता ख़ुसरो की समस्त कविताओं की निचोड़ थी, आख़िर उसके साथ इस प्रकार का बर्ताव क्यों किया गया। उन्होंने ख़ुसरो की हिन्दवी कविता को उनकी फ़ारसी कविता पर तरजीह दी है। इंतज़ार हुसैन के अनुसार जो कविता जनमानस की चेतना में सुरक्षित रहती है, वही वास्तविक और महान कविता है। उन्होंने ख़ुसरो के हिन्दवी काव्य के नष्ट होने के लिए शुद्धतावादी मुसलमानों को दोषी ठहराया है। उन्होंने कहा है कि शुद्धतावादी मुसलमानों ने एक ख़ुसरो के स्थान पर कई ख़ुसरो

बना लिये और अपनी सुविधा के अनुसार उन्होंने ख़ुसरो का एक फ्रेम तैयार किया और उस फ्रेम में ख़ुसरो के व्यक्तित्व को फिट करने का प्रयत्न किया और जो भी तथ्य और कविता उसमें फिट नहीं हो रही थी, "उसे उन्होंने ख़ुसरो के व्यक्तित्व का फ़ालतू भाग समझकर नष्ट कर दिया।"[8]

इंतज़ार हुसैन के अनुसार ख़ुसरो ने फ़ारसी कविता बहुत ही अच्छी की, परन्तु केवल उसी पर निर्भर नहीं रहे बल्कि उन्होंने हिन्दवी में उससे भी अच्छी कविता की क्योंकि वे हिन्दुस्तान की मिट्टी से गहराई से जुड़े हुए थे और उससे भी गहराई से वे यहाँ के लोगों से जुड़े थे। वे ब्रजभाषा के विशेषज्ञ थे। ज्ञानचन्द जैन के अनुसार ख़ुसरो के काल में हिन्दी और उर्दू का अन्तर पैदा नहीं हुआ था। दोनों भाषाएँ एक थीं। जैन ने ख़ुसरो की मातृभाषा के बारे में कहा है कि ख़ुसरो की मातृभाषा पश्चिमी हिन्दी थी, जबकि उनके जीवन का अधिकतर समय दिल्ली में व्यतीत हुआ था, जहाँ की भाषा खड़ी बोली थी। यही कारण है कि ख़ुसरो की कविता में खड़ी बोली और ब्रजभाषा का मिश्रण पाया जाता है।[9]

ब्रजभाषा की विशेषज्ञता और उनकी हिन्दवी कविता की आधुनिकता और नये-नये प्रयोगों से प्रभावित होकर मौलाना मुहम्मद हुसैन आज़ाद उन्हें उर्दू कविता के जन्मदाता के रूप में देखते थे। वे कहते हैं कि अमीर ख़ुसरो के स्वभाव में उच्च स्तर की प्रयोगधर्मिता थी।[10] अमीर ख़ुसरो के हिन्दवी काव्य-संग्रह में गीत, दोहे, पद्य, छंद, पहेलियाँ हैं, उनमें दो प्रकार की पहेलियाँ हैं एक वह जिनके अर्थ वह स्वयं बता देते हैं और दूसरी पहेली वह है जिनके अर्थ वह नहीं बताते, उन्हें कहमुकरियाँ (मुकरियाँ) कहते हैं, जिसमें उसका उत्तर 'ए सखी साजन ना सखी...' कहकर दिया रहता है, दो-सुख़ने वे हैं जिनमें दो या तीन प्रश्नों का एक ही उत्तर दिया होता है। एक शैली अनमल की है, जिसे ढकोसला भी कहते हैं, उसमें वह कई प्रकार के असम्बन्धित शब्दों के संयोग से दोहे रचते हैं। निस्बतें वह हैं जिनमें दो शब्दों में सम्बन्ध स्थापित किया जाता है।

हमारे आलोचक और शोधकर्ताओं नें अमीर ख़ुसरो की फ़ारसी कविता को ही महत्त्व दिया। उनके अनुसार हिन्दवी कविता का मामला ले-दे कर केवल इतना भर था कि उन्होंने चलते-चलते बी चम्मो के लिए कुछ लिख दिया, कुछ झूलेवालियों के लिए कह दिया और कुछ भटियारिनियों को कहकर दे दिया। अगर शोधकर्ता इस प्रकार की बातें कहते हैं, तो इसमें कितनी सत्यता है। क्या यह सम्भव है कि इतने उच्च स्तर का प्रतिभावान कवि चलते-चलते इतना व्यापक काव्य-भंडार छोड़ दे और उसे वह महत्त्व ही न दे? शिब्ली तो यहाँ तक कहते हैं, "विगत 600 वर्षों में भारत में इतने क्षमतावान कवि का जन्म ही नहीं हुआ है, बल्कि रोम और ईरान में भी हज़ारों वर्षों में इतनी भिन्न-भिन्न क्षमताओं वाले दो-चार ही कवियों का जन्म हुआ है। केवल एक कवि के सन्दर्भ में उन्हें देखने से उनकी योग्यता पर आश्चर्य

होता है।"[11] तारीख़-ए-अदब उर्दू में ज्ञानचन्द जैन कहते हैं कि ख़ुसरो हिन्दवी भाषा से पूरी तरह परिचित थे, क्योंकि उनके फ़ारसी काव्य में भी प्राय: हिन्दवी के शब्दों का अत्यन्त सुखद प्रयोग हुआ है। अमीर ख़ुसरो के हिन्दवी काव्य के सन्दर्भ में इंतज़ार हुसैन नई दलील देते हैं। उनके अनुसार ख़ुसरो हिन्द की मिट्टी के सपूत थे और उन्हें फ़ारसी में शाइरी करते हुए बार-बार अजनबीपन का अनुभव होता था। उन्हें यहाँ की ख़ुशबुओं, रंगों और यहाँ की शैली और शब्दों की खोज करने के साथ ही यहाँ की भाषायी परम्पराओं और रीति-रिवाजों से जुड़ने की आवश्यकता प्रतीत हुई। यही वह समय था जब ख़ुसरो को फ़ारसी काव्य के अपूर्ण होने का आभास हुआ। ऐसे में ख़ुसरो को अपने खुले विचारो को व्यक्त करने के लिए ब्रजभाषा की ओर आकृष्ट होना पड़ा। ख़ुसरो ने उसे हिन्दवी का नाम दिया। डॉ. भोलानाथ तिवारी हिन्दवी का उल्लेख करते हुए स्पष्ट करते हैं कि ख़ुसरो की हिन्दवी केवल ब्रजभाषा तक सीमित नहीं थी बल्कि "यह शब्द पूरे भारतीय भाषाओं के लिए प्रयोग हुआ है।"[12]

उनका कहना है कि ख़ुसरो ने जिस हिन्दवी का प्रयोग किया है उसमें समस्त प्राचीन और आधुनिक भारतीय भाषाएँ सम्मिलित हैं। उदाहरण के तौर पर वह कहते हैं—

खड़ी बोली—

एक थाल मोतियों से भरा
सबके सिर पे औंधा धरा
चारों ओर वह थाली फिरे
मोती उससे एक न गिरे

पूर्वी अवधी—

छाप तिलक तज दीन्ही रे तोसे नैना मिला के
प्रेमवटी का मदवा पिला के,
मतवारी कर दीन्ही रे मोसे नैना मिला के

उनकी सभी रचनाओं की भाषा में कई हिन्दी बोलियों का मिश्रण है। उन्होंने ऊपर के दोहे और गीत का उदाहरण देते हुए कहा है कि उनकी भाषा में ब्रज के साथ खड़ी बोली और अवधी का भी छौंक मिलता है।

जैसा कि ऊपर कहा गया है, ख़ुसरो की खोज में दो विरोधाभाषी शक्तियाँ प्राय: एक दूसरे के साथ संघर्षरत रही हैं। एक शुद्धतावादी मुसलमान और दूसरा काफ़िर अदा मुसलमान और दोनों ने अपने-अपने ढंग से अमीर ख़ुसरो को ढूँढ़ने का प्रयत्न किया। एक गिरोह कहता है कि ख़ुसरो अपने हिन्दवी काव्य को महत्त्व ही नहीं देते

थे। ग़ालिब भी तो अपने रेख़्ता काव्य को बहुत महत्त्व नहीं देते थे और उसे यूँ ही चलते-फिरते कह दिया करते थे, परन्तु उनकी रेख़्ता उनके जीवन में प्रकाशित हो गई, इसलिए वह आज हमारे सामने मौजूद है और यह कितनी बड़ी सच्चाई है कि आज विश्व में ग़ालिब की लोकप्रियता का कारण फ़ारसी काव्य नहीं बल्कि रेख़्ता में कही हुई वह ग़ज़लें हैं, जिन्हें पाठक अपने दिल व दिमाग़ के अत्यन्त निकट पाता है। अमीर ख़ुसरो के साथ ऐसा नहीं हुआ। वह अपने हिन्दवी कलाम को स्वयं सुरक्षित नहीं रख सके और इतिहास ने भी उनके साथ न्याय नहीं किया। परिणाम स्वरूप शोधकर्ताओं ने उनके अधिकांश हिन्दवी काव्य को विवादित बना दिया। उनका जितना और जो कुछ भी हिन्दवी काव्य जनमानस में सुरक्षित रह सका, उन पर हमारे शोधकर्ता बहसें किया करते हैं कि यह काव्य ख़ुसरो का है भी या नहीं। यह बहस बहुत लम्बी हो सकती है कि ख़ुसरो का हिन्दवी काव्य वास्तविक है या नहीं परन्तु ख़ुसरो जमीन से जुड़कर एक ऐसा आकर्षक व्यक्तित्व बन जाता है, जिसकी खोज आज भी की जाए तो कई समस्याएँ हल हो सकती हैं। आज राजनीति हो या साहित्य हर जगह ख़ुसरो की सार्थकता में बढ़ोतरी हुई है। ख़ुसरो ने जिस हिन्दवी में शाइरी शुरू की उसमें उतनी प्रौढ़ता नहीं थी, जो आज के दौर में है। ख़ुसरो का काल हिन्दवी का प्रारम्भिक काल था, इसलिए हम पूरी शिद्दत से कह सकते हैं कि ख़ुसरो ने अपनी भावनाओं के वर्णन के लिए शब्दों और व्याकरण को बहुत व्यवस्थित रूप में प्रस्तुत करने की आवश्यकता नहीं महसूस की होगी। गाँव के कुएँ पर पानी भरने वाली महिलाओं ने जिस अन्दाज़ में उनसे बात की, उन्होंने उसी अन्दाज़ में उनसे बात कर ली।

खीर पकाई जतन से चरखा दिया चलाय
आया कुत्ता खा गया तू बैठी ढोल बजा
ला पानी पिला

ख़ुसरो कहीं जा रहे थे। उन्हें चलते-चलते प्यास लगी। देखा कि एक कुएँ पर चार पनिहारिनें पानी भर रही हैं। उन्होंने एक से पानी माँगा। उनमें से एक उन्हें पहचानती थी, उसने दूसरी से कहा, देखो ख़ुसरो यही है। उन्होंने पूछा, क्या तू ख़ुसरो है, जिसके सब गीत गाते हैं। उन्होंने कहा, हाँ, उसमें से एक बोली, मुझे खीर पर कविता कह दो, दूसरी ने चरखा का नाम लिया, तीसरी ने ढोल और चौथी ने कुत्ते पर कविता कहने का अनुरोध किया। ख़ुसरो ने कहा कि प्यास लगी है पानी पिला दे। वे बोलीं जब तक हमारी कविता न कह देगा न पिलाएँगी। उन्होंने झट कह दिया। (साभार : आब-ए-हयात)।

ख़ुसरो के मुहल्ले में चम्मो बाई जो बहुत अच्छी भाँग बनाती थी। उसकी

दुकान पर मुहल्ले के लौंडे और छिछोरे बैठकर भाँग-चरस पिया करते थे। उसी रास्ते से ख़ुसरो के आते-जाते चम्मो बाई भी सलाम करती और उन्हें हुक्का पेश करती। वह कहा करती कि "जरा लौंड़ी के नाम पर कुछ कह दें"[13] ताकि उसका नाम भी दुनिया में जीवित हो जाए। उसने कहा कि हज़ारों गीत राग-रागिनी बनाते हैं और किताबें लिखते हैं, उस भटियारिन के लड़के के लिए 'ख़ालिक़ बारी' लिख दी। हमारे लिए भी कुछ लिख दो। चम्मो के निरन्तर अनुरोध पर उन्होंने कहा—

औरों की चौपहरी बाजे चम्मो की अठपहरी
बाहर का कोई आए नाहीं आएँ सारे शहरी
साफ सूफ कर आगे राखे जिसमें नाहीं तूसल
औरों के जहाँ सींग समावे चम्मो के वहाँ मूसल

अर्थात—यह बादशाहों से भी बड़ी हैं। बादशाहों के यहाँ उन दिनों चार पहर ही नौबत बजती थी। चम्मो के यहाँ आठों पहर बजती है। यह जंगली गँवारों का काम नहीं, उनकी दुकान पर केवल सफ़ेदपोश शहरी आते हैं। प्याला भाँग साफ़-सुथरा करके प्रस्तुत करती है, जिसमें ज़रा भी कूड़ा-कचरा नहीं होता है। भँगेड़ी गर्व से कहा करते हैं कि वे ऐसी भाँग पीते हैं, जिसमें गाढ़ेपन के कारण सींक खड़ी रहे। ख़ुसरो अतिशयोक्ति करते हैं कि चम्मो इतनी गाढ़ी भाँग बनाती है कि उसमें मूसल खड़ा हो जाता है (साभार : आब-ए-हयात)।

इन पद्यों में भाषा की बनावट और व्याकरण के नियम-क़ानून की खोज करने लगें तो ज्ञात होगा कि यह एक स्तरीय कवि की रचना नहीं है। परन्तु इसी काल में केवल ख़ुसरो ही नहीं हज़रत निज़ामुद्दीन औलिया और उनसे पूर्व शेख़ शर्फ़ुद्दीन यहया मनेरी, बू अली कलन्दर मख़दूम भी हिन्दवी में दोहे कह रहे थे। कलन्दर का यह दोहा बहुत प्रसिद्ध है—

सजन सकारे जाएँगे और नैन मरेंगे रोय
बिधना ऐसी रैन कर भोर कधौं न होय

इस दोहे पर उर्दू शोधकर्ताओं ने बहुत नाक-भौं चढ़ाई है। महमूद शीरानी ने तो इस दोहे में शब्दों की बनावट और उसके प्रयोग पर ही प्रश्न खड़ा कर दिया है। शीरानी कहते हैं कि यह दोहा उस काल का है ही नहीं क्योंकि उसकी भाषा बहुत साफ़ है। वह कहते हैं कि शिकार शब्द को हिन्दी में सिकार लिख दिया गया है, जबकि ज्ञानचन्द जैन का विचार है कि सकारे संस्कृत शब्द है और उसका अर्थ है कल का प्रातः। केवल सजन सकारे वाले दोहे की भाषा साफ़ नहीं है बल्कि उनके कई हिन्दवी पद ऐसे हैं जिनकी भाषा बहुत साफ़ है। इस क्रम में उनका एक पद

जिसकी भाषा बहुत साफ़-सुथरी है यहाँ प्रस्तुत करना आवश्यक है[14]—

घूँघट खोल, बदन हसीन लिख, देखन दे मोहे
तातरा नारा मारूँ जो सब देखे तोहे
पोथी भई थोथी, पंडित भया ना कोय
एक अंच्छर प्रेम का पढ़े सो पंडित होय
पंडित रेखा बाँच के पोथी पानी पोट
सघरे अंच्छर मिट गए मन में साईं लोट

उक्त पंक्तियों में पोथी भई थोथी वाले दोहे की तर्ज़ पर बनारस के सूफ़ी कवि कबीर का भी एक दोहा बहुत प्रचलित है—"पोथी पढ़ पढ़ जग मुआ पंडित भया ना कोय" विदित हो कि बू अली कलन्दर के दो सौ वर्ष उपरान्त जन्म लेने वाले कबीरदास के दोहे के आधार पर हम बू अली कलन्दर के दोहे के महत्त्व से इनकार नहीं कर सकते या विचारों के टकराव से हम कलन्दर के दोहे की वास्तविकता से भी विमुख नहीं हो सकते। बाद के कवियों द्वारा प्राचीन कवियों के विचारों और थीम पर नई कविता करना आज भी साधारण बात है। उनका एक दोहा उल्लेखनीय है जिसकी भाषा अत्यन्त साफ़ है।

साहिरे न मानियो पीउ के नैन थांव
किंह न पूछी बात री धनी सुहागन नांव

इस प्रकार देखा जाए तो उसी काल में अमीर हसन सिज्जी जो ख़ुसरो के दोस्त और पीर भाई भी थे, ठीक इसी प्रकार की शाइरी कर रहे थे—

हर लेहज़ा आयद दर दिलम देखूँ उसे टुक जायकर
गोयम हिकायत हिज्र ख़ुद बा आं सनम जिउ लायकर
बहकी सखी मेरा सही जू तूँ की उसकी बू यही
सौकन न बिछड़ी मुझ कईं तेरे परों लग धायकर
जब ते सफर पी ने किया तब ते गरीब आवारा हूँ
पी बैग ही आया करें या मुजको लें बुलवाय कर
बस हीला करदम ऐ हसन बेजां शुदम अज़ दम ब दम
कैसे रहूँ तुझ जीव बिन तुम ले गए संग लायकर

उक्त हिन्दी-फ़ारसी मिश्रित शब्दावली वाली इस ग़ज़ल के बारे में मीर तक़ी मीर ने 'निकात-उश-शोअरा' में कहा है कि यह किसी हसन नामी शायर का कलाम है। इसी प्रकार बाबा फ़रीद गंजशकर, अलाउद्दीन अली अहमद साबिर कलियरी, शेख़ सिराजुद्दीन उस्मान, शेख़ शर्फुद्दीन याह्या मनेरी और ख़्वाजा मसऊद साद सलमान

इत्यादि ने भी हिन्दवी में शाइरी की है, जिसे उर्दू-हिन्दी का प्रारम्भिक आकार कहा जा सकता है। 12वीं शताब्दी के कवि मसऊद साद सलमान लाहौर के रहने वाले थे। उन्हें हिन्दवी का पहला कवि कहा जाता है। उनके फ़ारसी अशआर में बहुत से हिन्दवी शब्द स्थान-स्थान पर टँके मिलते हैं। मसऊद साद सलमान की प्राचीनता का वर्णन अमीर ख़ुसरो ने अपनी पुस्तक 'गुर्तुलकमाल' में किया है। वह कहते हैं कि उनसे पूर्व साद सलमान अरबी, फ़ारसी और हिन्दवी में तीन काव्य-संग्रह रखता था। परन्तु अफ़सोस कि उनके हिन्दवी संग्रह का कोई पता नहीं मिलता। यहाँ हम साबिर कलियरी का एक दोहा प्रस्तुत कर रहे हैं—

इस तरह इस में डूब ए साबिर
कि बजुज़ हो के ग़ैर हो न रहे

बाबा फ़रीद गंजशकर का हिन्दवी में एक गजल के कुछ शेर इस प्रकार हैं—

वक्ते सेहर वक्ते मुनाजात है, खेज़ दरआं वक्त कि बरकात है
नफ़्स मबादा कि ब गोयद तेरा, ख़स्प चे ख़ेजी कि अभी रात है
बादम ख़ुद हमदम हुशियार बाश, सोहबते अग़ियार बूरी बात है
बा तने तन्हा चे रवी जीं ज़मीन, नेक अमल कुन के वही सात है
पंद शकरगंज दिल व जां शुनो, ज़ाया मकुन उम्र के हैहात है

उनके निम्न दोहों में भी भाषा की सफ़ाई का कमाल देखिए[15]—

फरीदा धर सूली पिंजरा तीलीयाँ थूकन काग
रब अजीवन बाहूरे तू धन हमारे भाग
इश्क़ का रमूज़ न्यारा है, जुज़ मदद पीर की न चारा है

शेख़ शर्फुद्दीन याह्या मनेरी—

काला हंसा निरमले बसे समुंदर के तीर
पंख पसारे बस हरे निरमल करे सरीर
शर्फ हर्फ मायल कहें दर्द कुछ न बसाय
गर्द छुएँ दरबार की तो दर्द दूर हो जाय

10वीं शताब्दी के बाद हिन्दुस्तान में जो हिन्दी-उर्दू आकार ले रही थी, उसे तत्कालीन कवियों और साहित्यकारों ने हिन्दवी का नाम दिया है। हमारा दुर्भाग्य है कि हम उस हिन्दवी को ही समाप्त करने पर तुले हुए थे। ऐसा करने के दौरान हमने उन समस्त सूफ़ियों और कवियों के कलाम को रद्द करना प्रारम्भ कर दिया जिन्होंने हिन्दवी में शाइरी की थी। वास्तव में हिन्दवी फ़ारसी से अधिक दिलचस्प

और जनता के अधिक निकट थी। इसीलिए 18वीं शताब्दी में जब उर्दू-ए-मुअल्ला को रेख़्ता कहा जाने लगा, तो वे मुहावरे और आम बोलचाल की समस्त शब्दावलियों को छोड़ते चले गए। इसी भाग-दौड़ में उर्दू वालों ने कबीर, नानक और रसखान को ख़ारिज कर दिया। रेख़्ता का काल आते-आते अमीर ख़ुसरो के हिन्दवी कलाम को उर्दू से विदा कर दिया गया। ये वही लोग थे, जो नज़ीर अकबराबादी के लोककाव्य को बाज़ारू कहकर उर्दू शाइरी को विश्वसनीय बनाते रहे, परन्तु उससे भाषा की बनावट रुकी नहीं, भाषा तो दरिया है, जो अपनी रफ़्तार में बनती-बिगड़ती रहती है, उसे किसी की सहायता की आवश्यकता नहीं होती। इंतज़ार हुसैन इस बात पर दुख व्यक्त अवश्य करते हैं कि उर्दू से 'रात' ग़ायब होने लगी और उसकी जगह शुद्ध 'शबेतार' ने ले ली।[16] उर्दू शाइरी से चम्मो बीबी ग़ायब होने लगीं और 'रिंद' और 'नासिह' अपनी जगह जमाने लगे। इंतज़ार हुसैन के अनुसार भाषा को शुद्ध करने के चक्कर में हमारे शोधकर्ताओं ने एक पूरी भाषा को ही साफ़ कर दिया। महमूद शीरानी अपनी पुस्तक 'पंजाब में उर्दू' में ख़ुसरो की एक ग़ज़ल दर्ज करते हैं—

जब यार देखा नैन भर दिल की गई चिन्ता उतर
ऐसा नहीं कोई अजब राखे उसे समझाय कर

इसके बाद वह अपनी राय देते हुए कहते हैं कि "मैंने इस ग़ज़ल को यहाँ लिख तो दिया लेकिन यह मानने के लिए तैयार नहीं कि अमीर ख़ुसरो इसके मालिक हैं।"[17] इंतज़ार हुसैन कहते हैं कि अरे साहब क्यों नहीं मानेंगे।[18] अर्श मल्सियानी ने भी सवाल उठाया है कि शीरानी साहब शेख़ फ़रीदुद्दीन गंजशकर की नज़्म—"वक़्ते सेहर वक़्ते मुनाजात है, खेज़ दर आं वक़्त कि बरकात है" पर आपत्ति क्यों नहीं करते।[19] इसी तरह नामदेव ख़ुसरो की मृत्यु के तीन वर्ष बाद पैदा हुए। उनकी भाषा भी अत्यन्त साफ़-सुथरी है, जैसे—

माई न होती बाप न होते करम न होता काया
हम नहीं होते तुम नहीं होते कौन कहाँ से आया

केवल ख़ुसरो के हिन्दवी काव्य की सत्यता पर आपत्ति करना समझ से परे है। आख़िर ख़ुसरो ने क्या अपराध किया है। शुद्धतावादी बुद्धिजीवी और आलोचक अमीर ख़ुसरो के व्यक्तित्व को इतनी ऊँचाइयों पर देखने लगे कि वे वर्तमान समाज में फिट नहीं हो पा रहे थे। अमीर ख़ुसरो की मातृभाषा हिन्दवी थी। मैं इस तथ्य को अपनी ओर से नहीं कह रहा हूँ, बल्कि ख़ुसरो ने इसका समस्त विवरण अपनी मसनवी 'नूह सिपहर' में दिया है। उस मसनवी के प्रकाशन के 25 वर्ष पूर्व प्रकाशित उनकी पुस्तक 'गुर्रतुलकमाल' की भूमिका में उन्होंने एक दिलचस्प वार्तालाप लिखा है। जिसमें उल्लिखित दो शेर उनकी हिन्दवी कविता से प्रेम और समर्पण के सम्बन्ध

में बार-बार प्रस्तुत किया जाता है—

तुर्क हिन्दुस्तानीम मन हिन्दवी गोयम जवाब
शकर मिश्री नदारम कज़ अरब गोयम सुख़न

अर्थात—मैं हिन्दुस्तानी तुर्क हूँ। हिन्दवी में उत्तर देता हूँ। मेरे पास मिश्री की मिठास नहीं है कि अरबी भाषा में उत्तर दूँ।

चूमन तूती हिन्दम अर रास्त पुर्सी
ज़मन हिन्दवी पुर्स ता नग़्ज़गोयम

अर्थात—सच पूछो तो मैं तूतीए हिन्द हूँ। मुझसे हिन्दवी में बात करो तो मैं तुम्हारी बात का अच्छा उत्तर दूँगा।

अमीर ख़ुसरो के हिन्दवी कलाम का समय के साथ समाप्त होने का एक कारण हिन्दवी भाषा का समाप्त होना भी है। वह भाषा जिसमें अमीर ख़ुसरो ने अपनी हिन्दवी कविताएँ प्रस्तुत की थीं, यद्यपि वही उर्दू वालों की दृष्टि में तुच्छ हो गई और उसके बाद धीरे-धीरे समाप्त होती चली गई तो फिर उसमें जो रचनाएँ हमें विरासत में मिली थीं, उसका क्या महत्त्व होगा। यहाँ हम हिन्दवी के मिटने और उर्दू-ए-मुअल्ला, रेख़्ता और फिर उर्दू-हिन्दी-हिन्दुस्तानी की चर्चा में पड़ने की जुरत नहीं कर सकते। यह विषय बहुत व्यापक और विवादित रहा है। यह कभी हल न होने वाली समस्या है। इसको विवादित बनाने में फोर्ट विलियम कॉलेज, गार्सां द तासी और डॉ. जान गिलक्रिस्ट की महत्त्वपूर्ण भूमिका रही है। इन पूर्वी भाषाओं के विशेषज्ञों ने हिन्दवी में बहुत नुक्ते निकाले और कुछ ऐसा करने का प्रयत्न किया जिससे फ़ारसी और नागरी लिपि समाप्त हो जाए और रोमन लिपि ही बच जाए, जिसमें अंग्रेज़ी सरकार का काम-काज हो सके। उसके अतिरिक्त वह इस प्रयत्न में भी सफल रहे कि हिन्दवी को हिन्दुस्तानी कहा जाए और जो हिन्दवी-फ़ारसी लिपि में लिखी जा रही है, उसे मुसलमानी भाषा से पहचान दिलाई जाए। ज़ाहिर है भाषा बँट गई, राष्ट्र बँट गया और जब विचार बँट जाएँगे तो हिन्दुस्तान पर लम्बे समय तक राजकाज से उन्हें कोई नहीं रोक सकता।

गार्सां द तासी 1794-1878 एक ऐसा पूर्वी भाषायी विशेषज्ञ था, जो फ्रांस में बैठकर भारत की भाषाओं और संस्कृति के सम्बन्ध में लिख रहा था। उसने अपनी पुस्तक 'हिन्दवी भाषा का इतिहास' दो खंडों में झूठ-त्रुटिपूर्ण तथ्यों का एक बड़ा भंडार छोड़ा है। आश्चर्य होता है कि उसके झूठ ने भारतीय भाषाओं साहित्य और संस्कृति पर इतना गहरा प्रभाव डाला कि यहाँ उसकी फैलाई हुई भूमिका और व्याख्याओं पर विस्तृत चर्चा हुई और उसके फैलाई भ्रान्तियों और विवादों ने हिन्दवी का भारी नुक़सान किया। उसकी फैलाई भ्रामकता से उर्दू-हिन्दी दो भाषाओं का जन्म

हुआ। उल्लेखनीय है कि द तासी कभी भारत नहीं आया। उसने अंग्रेज़ी के माध्यम से हिन्दवी सीखी। इसके बावजूद उसके तर्कों और युक्तियों को हिन्दुस्तान में पत्थर की लकीर समझा गया। हम हिन्दुस्तानियों का यह हाल है कि उसकी बकवास पर आलोचना करने के बजाय उस पर लम्बी चर्चा करते रहे।

कुछ लोग उसके व्यक्तित्व को भारतीय भाषाओं और साहित्य के लिए एक प्रकाशमान तारे की तरह देखते रहे हैं। उल्लेखनीय है कि द तासी के फैलाए झूठ ने हिन्दवी भाषा और साहित्य पर गहरा प्रभाव डाला है। जिन लोगों ने उसके झूठ की पोल खोली वह भी बहुत सन्तुलित थे। उन्हें डर था कि कहीं बात बिगड़ न जाए। सर सैयद जैसा व्यक्ति उसकी बहुत प्रशंसा करता है और उसके बाद कहता है कि उसमें भाषा की व्याख्या में कुछ कमियाँ रह गई हैं। उन्होंने अपने समाचार-पत्र 'साइंटिफिक सोसाइटी' अलीगढ़ के 11 सितम्बर, 1868 के अंक में द तासी की सेवाओं के बारे में एक लम्बा सम्पादकीय लिखा है।[20] उस सम्पादकीय में वे द तासी कुछ ग़लत बयानियों का उल्लेख बहुत सँभलकर करते हैं। यहाँ मैं द तासी की भाषा और साहित्य के सम्बन्ध में उसकी विद्वत्ता का एक छोटा उदाहरण प्रस्तुत करना चाहूँगा। उसने अपनी पुस्तक 'हिन्दवी साहित्य के इतिहास' में मीर तक़ी मीर, सिराजुद्दीन ख़ाँ आरज़ू और कबीर जैसे बड़े कवियों की रचनाओं की व्याख्या व अनुवाद करता है। एक स्थान पर वह मीर की एक ग़ज़ल के पाँच अशआर की व्याख्या करता है, जिसमें उसने चार अशआर की त्रुटिपूर्ण व्याख्या करता है। उसने सम्पूर्ण पुस्तक में दर्जनों अशआर की त्रुटिपूर्ण और भ्रामक व्याख्या किया है। यह वैसे ही है जैसे कॉलेज के छात्र मीर के एक शेर 'उल्टी हो गईं सब तदबीरें कुछ न दवा ने काम किया' की व्यंग्यात्मक व्याख्या करते हैं। अर्थात—जब बीमार व्यक्ति ने दवा खाई तो उसे उल्टी हो गई और उसके ऊपर दवा का प्रभाव नहीं पड़ा, जिसके बाद उसके दिल ने कार्य करना बन्द कर दिया और उसकी मृत्यु हो गई। द तासी कबीर के पदों की भी त्रुटिपूर्ण व्याख्या करता है।[21]

आह, फोर्ट विलियम कॉलेज, लॉर्ड मार्क्वीस वेलेज़ली का टूटा हुआ सपना, हिन्दुस्तान पर रहती दुनिया तक राज करने की इच्छा का अधूरा सपना, एक अधूरा भव्य समारोह, वह फोर्ट विलियम कॉलेज जिसे वेलेज़ली हिन्दुस्तान पर राज करने के एक शक्तिशाली स्तम्भ के रूप में देख रहा था। उसके सपने को 1799 में टीपू सुल्तान की पराजय ने पंख लगा दिये। टीपू की पराजय पर हृदय की असीम गहराइयों से प्रसन्नता प्रतीत करने वाला लॉर्ड वेलेज़ली हिन्दुस्तान में एक भव्य विश्वविद्यालय स्थापित करके अपनी जीत को यादगार बनाना चाहता था। उसके अनुसार टीपू के रास्ते से हटने के बाद अब ईस्ट इंडिया कम्पनी को कोई शक्ति रास्ते से हटा नहीं सकती। उसने सोचा कि यदि हिन्दुस्तान में हमेशा रहना है तो विश्वविद्यालय स्थापित करके यहाँ की समस्त पूर्वी भाषाओं अरबी, फ़ारसी, हिन्दुस्तानी/हिन्दी/उर्दू,

गुजरी, तिलंगी, मराठी और तमिल इत्यादि पढ़ाई जाए। वेलेज़ली विश्वविद्यालय से ऐसे योग्य अधिकारी और कर्मचारी तैयार करना चाहता था, जो हिन्दुस्तान में ईस्ट इंडिया कम्पनी के अधिकारों को बल प्रदान करें और ईसाई धर्म के प्रचार-प्रसार का माध्यम भी बनें।[22]

वेलेज़ली ने अपने धार्मिक विचारों को बल प्रदान करने के लिए कॉलेज में प्रिंसिपल के पद को समाप्त कर दिया उसके स्थान पर प्रोवोस्ट का पद सृजित किया। इस पद पर तैनाती के लिए चर्च ऑफ़ इंग्लैंड के पादरी (Clergyman) की नियुक्ति की। कॉलेज में पढ़ाए जाने वाले समस्त विषयों के लिए अलग-अलग विभाग बनाए गए। जिनके अध्यक्ष प्रोवोस्ट के प्रति उत्तरदायी थे। उसके साथ ही कॉलेज के छात्रों के लिए आवश्यक था कि वे आसमानी पूजा पद्धति (Divine Service) में भाग लें। उसने बहुत शीघ्रता से व्यापक बजट वाला एक ड्राफ्ट तैयार किया और उसे ईस्ट इंडिया कम्पनी के कोर्ट ऑफ़ डाइरेक्टर्स के पास स्वीकृति के लिए भेज दिया। अभी कोर्ट की ओर से कॉलेज की स्वीकृति नहीं मिली थी। परन्तु वह इस प्रकार उत्साहित था कि कलकत्ता की राइटर्स बिल्डिंग में 10 जुलाई, 1800 में फोर्ट विलियम कॉलेज के नाम से एक संस्था स्थापित कर दिया।

कॉलेज के हिन्दुस्तानी विभाग के अध्यक्ष के लिए उसने डॉ. जॉन गिलक्रिस्ट की नियुक्ति की, जिनसे वह पहले से परिचित था। वास्तव में वेलेज़ली की योजनाओं और विचारों में पंख लगाने वाले अकेले व्यक्ति डॉ. गिलक्रिस्ट ही थे। वेलेज़ली ने दूसरी भाषाओं के विभागों के लिए भी बहुत योग्य प्रोफ़ेसरों की नियुक्ति की। उसे उस समय बड़ा धक्का लगा जब कोर्ट ऑफ़ डाइरेक्टर्स ने 15 जून, 1802 को कॉलेज बन्द करने का आदेश दे दिया। वेलेज़ली ने हार नहीं मानी, उसने 16 अगस्त, 1802 को कॉलेज चलाते रहने के लिए लंदन के प्रशासन से उक्त निर्णय पर पुनर्विचार करने का अनुरोध किया। उसे वहाँ से कॉलेज में सृजित पदों और उसके व्यापक बजट में कटौती के साथ सीमित संसाधन में कॉलेज चलाने की आज्ञा प्रदान की गई। ऐसे में कॉलेज घोर आर्थिक संकट में घिर गया। इसके बाद कॉलेज सिसक-सिसक कर अन्ततः 1806 में मृतप्राय हो गया। उस समय तक वेलेज़ली भी अपना समय पूरा करके इंग्लैंड वापस जा चुका था। उस समय तक डॉ. गिलक्रिस्ट और कॉलेज प्रशासन ने हिन्दुस्तानी/हिन्दी और उर्दू का विवाद उत्पन्न करने का अपना महान कार्य सम्पादित कर लिया था। कॉलेज के प्रेस में नागरी और फ़ारसी लिपि में भिन्न-भिन्न विषयों पर लगभग तीन दर्जन पुस्तकें प्रकाशित हो चुकी थीं। 23 पुस्तकें ऐसी थीं, जो प्रकाशित होने के लिए तैयार थीं। ये पुस्तकें आने वाले समय में एक लम्बे विवाद का पूर्वाभ्यास सिद्ध हुईं।

डॉ. जॉन बार्थविक गिलक्रिस्ट (Dr. John Borthwick Gilchrist 1759-1841) का जन्म इंग्लैंड के स्कॉटलैंड के एडिनबरा में हुआ था। पूर्वी भाषाओं के

महत्त्वपूर्ण विद्वान Orientalist के रूप में उसकी प्रसिद्धि और प्रतिष्ठा बहुत ऊँचे स्तर पर थी। वह एक सर्जन था। उसने एडिनबरा में ही मेडिकल की शिक्षा प्राप्त की। रोज़गार की खोज में वह सबसे पहले वेस्टइंडीज़ गया। वहाँ से वह 1782 में मुम्बई आ गया। यहाँ उसे सूरत की बंगाल आर्मी में उप सर्जन की नौकरी मिल गई। परन्तु देखा गया कि उसे उस कार्य में सन्तुष्टि नहीं मिल रही थी। वह हिन्दुस्तान के विस्तृत भूभाग से परिचित होना चाहता था। उसने सबसे पहले हिन्दवी सीखना प्रारम्भ किया। चिकित्सक के पेशे में होने के बावजूद उसके अन्दर कुछ साहित्यिक कीटाणु कुलबुला रहे थे। उसने अपनी नौकरी से एक साल की लम्बी छुट्टी ली और लखनऊ चला गया। उसने लखनऊ, फ़ैज़ाबाद, जौनपुर, इलाहाबाद और बनारस का विस्तृत भ्रमण किया। उसने ग़ाजीपुर में नील की खेती भी की। परन्तु ज्ञान की प्रबल इच्छा ने उसे कलकत्ता पहुँचा दिया, जहाँ उसने एक मदरसा स्थापित किया। "ईस्ट इंडिया कम्पनी के नवागत नगरीय कर्मचारियों को हिन्दुस्तानी व फ़ारसी के शिक्षण के लिए वेलेज़ली की रज़ामंदी से गिलक्रिस्ट ने जनवरी, 1799 में एक मदरसा स्थापित किया जो व्यावहारिकता में वह एक अर्धसरकारी संस्था थी। परन्तु वास्तव में वह एक सरकारी विद्यालय था। उसका नाम गिलक्रिस्ट का मदरसा या ओरिएंटल सेमिनरी रखा गया।"[23]

डॉ. गिलक्रिस्ट ने 1796 में 'हिन्दुस्तानी लैंग्वेज़ और ग्रामर' का प्रकाशन कर दिया था। यह उसका प्रथम बड़ा कारनामा था। जब उसने हिन्दवी सीखी और देश का लम्बा भ्रमण किया, उसी समय उसे हिन्दवी को अपने स्वभाव में ढालने का विचार उत्पन्न हुआ होगा। उसने हिन्दवी को भाषा के रूप में हिन्दुस्तानी कहना प्रारम्भ कर दिया और उसके लिए रोमन लिपि चुना। उसके विचार में वे सभी लोग जो हिन्दुस्तानी बोलेंगे उन्हें रोमन में अपना कार्य करना पड़ेगा। उसने कड़े परिश्रम से रोमन में हिन्दुस्तानी लिखने का तरीक़ा आविष्कार किया। उसने हिन्दुस्तानी व्याकरण के नाम से शीघ्रता से तीन-चार पुस्तिकाएँ प्रकाशित कीं। "गिलक्रिस्ट बेचैन स्वभाव का व्यक्ति और अपने धुन का पक्का, एक योग्य प्रशासक था।"[24]

वह शीघ्रता से कार्य करता था और कर्मचारियों से उसी प्रकार कार्य लेना भी जानता था। उसके मस्तिष्क में हिन्दवी को समाप्त करने और हिन्दुस्तानी को क्रियान्वित करने की भरपूर रूपरेखा थी। उस योजना को पूरा करने का उसे प्लेटफॉर्म मिला फोर्ट विलियम कॉलेज, जहाँ उसने पाँच वर्ष खुलकर कार्य किया। उसने रोमन लिपि के साथ हिन्दुस्तानी भाषा प्रचलित करने की अपनी पुरानी योजना पर शीघ्रता से कार्य किया।[25]

जब ईस्ट इंडिया कम्पनी उसके द्वारा फैलाए जा रहे विवादों से बचने के लिए उसके व्यापक उद्देश्यों में रुकावट डालना प्रारम्भ कर दिया और उसके द्वारा भेजे जा रहे प्रस्तावों को निरन्तर रद्द करती रही तो वह क्रोध से बेकाबू होकर 1804 में

कॉलेज प्रशासन को अपना त्यागपत्र सौंपकर इंग्लैंड वापस चला गया। इंग्लैंड में भी उसने ईस्ट इंडिया कम्पनी में कार्य करने के इच्छुक अंग्रेज़ों को हिन्दवी पढ़ाने के लिए एक मदरसा खोला और लेखन और प्रकाशन में स्वयं को व्यस्त कर लिया। उसने अपने जीवन में बहुत अधिक कार्य किया। केवल हिन्दवी के ग्रामर, भाषा और कविता के विभिन्न विषयों पर डेढ़ दर्जन पुस्तकें लिखकर प्रकाशित किया। यहाँ उसकी पुस्तकों की सूची देना अनावश्यक है। परन्तु वह हिन्दवी को मिटाने और उर्दू/हिन्दी विवाद खड़ा करने में सफल रहा।

फोर्ट विलियम कॉलेज की स्थापना से पूर्व बिना किसी औपचारिकता के हिन्दवी का प्रयोग होता था। नागरी और फ़ारसी लिपि की भी कोई समस्या नहीं थी। जो लोग फ़ारसी बोलते या फ़ारसी में लिखते थे, वह विशेष रूप से स्थानीय भाषा को हिन्दवी ही कहते। उसका उत्कृष्ट उदाहरण डॉ. इकबाल की 'असरारे ख़ुदी' का वह शेर है, जिसमें वह कहते हैं हिन्दी की मिठास शक्कर जैसी है। इससे ज़ाहिर होता है कि 1915 में 'असरारे ख़ुदी' के प्रकाशन से पूर्व तक फ़ारसी के कवि उर्दू को हिन्दी ही कहा करते थे—

हिन्दीम अज़ पारसी बेगाना इम
माहे नौ बाशम तही पैमाना इम
गर्चे हिन्दी दर अज़ूबत शकरअस्त
तर्ज़े गुफ़्तार दरी शीरीं तरअस्त

अर्थात—मैं हिन्दुस्तानी हूँ और फ़ारसी से अनजान हूँ उसी प्रकार जैसे दूज का चाँद प्याले की तरह ख़ाली होता है। यद्यपि हिन्दी की मिठास शक्कर जैसी है, परन्तु फ़ारसी में वार्तालाप करना अत्यन्त मीठा है।

यद्यपि इससे बहुत पूर्व शेख़ ग़ुलाम हमदानी मुसहफ़ी ने फ़ारसी छोड़कर हिन्दवी में कविता करने की इच्छा व्यक्त की थी—

मुसहफ़ी फ़ारसी को ताक़ पर रख
अब है अशआर हिन्दवी का रिवाज

अमीर ख़ुसरो की हिन्दवी कविता पर बहुत अधिक और महत्त्वपूर्ण कार्य करने वाले आलोचक सफ़दर आह ने हिन्दवी के मिटने का कारण हिन्दी-हिन्दू-हिन्दुस्तानी की घृणा के अतिरिक्त भी एक प्रकार की घृणा का वर्णन किया है। उनके अनुसार इस दूसरी प्रकार की घृणा के प्रभाव के कारण अवधी और ब्रजभाषा जैसी लोक भाषाओं को असभ्य और उजड्ड भाषा कहकर उन पर ध्यान देना ही नीरसता का प्रतीक समझा गया। ख़ुसरो की हिन्दवी को समाप्त करने में उस दूसरी प्रकार की

घृणात्मक मानसिकता का बड़ा योगदान है।[26] "निश्चित रूप से यह बात कही जा सकती है। ख़ुसरो जिस भाषा को देहलवी/हिन्दवी कहते हैं, वही खड़ी बोली है, जिसको आज उर्दू/हिन्दी या हिन्दुस्तानी कहा जाता है। ख़ुसरो काल में यह भाषा नसख़ लिपि में लिखी जाती थी। नस्ता'लीक लिपि शाहजहाँ काल में आविष्कारित हुई। नागरी लिपि में लिखी जाने वाली जन बोलियों को ब्रजभाषा से मिलते-जुलते भाखा कहा गया है। आगे चलकर भाखा शब्द ब्रज, अवधी, राजस्थानी और उत्तर भारत की समस्त बोलियों के लिए प्रयोग होने लगा।"[27]

इस सम्बन्ध में शम्सुर्रहमान फ़ारूक़ी कथाकार इंतज़ार हुसैन से सहमत दिखाई देते हैं। वह अपने बहुत ही महत्त्वपूर्ण शोधपत्र 'उर्दू का प्रारम्भिक काल' में हिन्दवी के समाप्त होने के कई कारण बताए हैं। एक बड़ा कारण यह हो सकता है कि जो लोग हिन्दवी के स्थान पर उर्दू लागू कर रहे थे उन्हें उस समय तक सफलता नहीं मिलती जब तक वह हिन्दवी/हिन्दी भाषा को अप्रभावी न कर देते। यदि चार सौ वर्ष प्राचीन भाषा को लागू करना है तो एक हज़ार वर्ष प्राचीन भाषा के महत्त्व को कम करना आवश्यक था। ऐसे में जब भाषा निर्माण के प्रकरण में मुहावरे, शब्दावली की स्वच्छता का दौर प्रारम्भ हुआ तो उस आँधी में अधिकतर धरोहर भी बह गए जिसमें ख़ुसरो का हिन्दवी कलाम भी सम्मिलित था। वे कहते हैं—

> प्राचीन काल में उर्दू नाम की कोई भाषा नहीं थी। जो लोग 'क़दीम उर्दू' की शब्दावली का प्रयोग करते हैं, वे भाषायी और ऐतिहासिक रूप से तथ्यहीन परिभाषा का प्रयोग करते हैं। उसके अतिरिक्त यह भी है कि क़दीम उर्दू की शब्दावली का प्रयोग करते हैं वह जोखिम से भरा हुआ है। भाषा के नाम की पहचान से शब्द 'उर्दू' आनुपातिक रूप से नया है। रहा यह प्रश्न की क़दीम उर्दू क्या थी? या क्या है? एक समय हुआ इतिहास के मैदान से बाहर का रास्ता देख चुका है। पहले तो यह प्रश्न उर्दू/हिन्दी के इतिहास के सम्बन्ध में उपनिवेशिक, साम्राज्यवादी हितों के प्रभाव में अंग्रेज़ों के राजनीतिक खोज का शिकार रहा है और फिर आधुनिक हिन्दुस्तान में हिन्दुस्तानी (हिन्दू=) पहचान के सम्बन्ध में राजनीतिक और भावनात्मक सिद्धान्तों का संसार प्रवेश कर गया।[28]

फ़ारूक़ी साहब का विचार है कि आज के हिन्दी वाले विशेष रूप से यह दावा करते हैं कि उनकी हिन्दी बहुत प्राचीन है। बहुत प्राचीन नहीं तो भी उसका प्रारम्भ अमीर ख़ुसरो से होता है। उन्होंने अमृत राय के सन्दर्भ से प्रेमचन्द के विचार को स्पष्ट किया है। प्रेमचन्द के अनुसार हिन्दवी उस समय उर्दू बन गई जब मुसलमानों ने निर्णय लिया कि वे अपने समय की प्रचलित हिन्दी के रास्ते से हटकर एक भारी फ़ारसी युक्त भाषा का प्रयोग करेंगे और फिर यह भाषा हिन्दुस्तानी मुसलमानों का

विशेष गर्व का आधार बन जाएगी। प्रेमचन्द ने 1936 के आर्य भाषा सम्मेलन में कुछ इस प्रकार अपने विचार व्यक्त किये थे—

> मुसलमानी काल में अवश्य ही हिन्दी के तीन रूप होंगे। एक तो नागरी लिपि में ठेठ हिन्दी, दूसरी उर्दू अर्थात फ़ारसी लिपि में लिखी हुई फ़ारसी से मिलती हिन्दी और तीसरी ब्रजभाषा, मुसलमानी की संस्कृति ईरान और अरब की है। उसका भाषा पर प्रभाव पड़ने लगा। अरबी और फ़ारसी शब्द उसमें आ-आ कर मिलने लगे। यहाँ तक कि आज हिन्दी और उर्दू दो अलग-अलग भाषाएँ हो गईं।[29]

फ़ारूक़ी साहब आगे कहते हैं—

> हिन्दी/उर्दू साहित्य की विद्वत्तापूर्ण इतिहास के नाम से आजकल जो धारणाएँ हमारे देश में प्रचलित हैं, उनका अधिकतर भाग केवल नामकरण तक सीमित है। हम लोग इस बात को प्रायः भूल जाते हैं कि जिस भाषा को आज हम उर्दू कहते हैं प्राचीन काल में उसी भाषा को हिन्दवी, हिन्दी, गुजरी, दक्कनी और फिर रेख़्ता कहा गया। यह नाम लगभग उसी क्रम में प्रयोग होते रहे हैं, जिस क्रम में मैंने उसे लिखा है। यह अवश्य है कि उस भाषा का वह रूप जो दक्कन में बोला और लिखा जाता था, उसे सत्रहवीं शताब्दी से लेकर उन्नीसवीं शताब्दी के लगभग मध्य तक दक्कनी ही कहते थे, और उत्तर में एक समय तक रेख़्ता और हिन्दी दोनों ही उस भाषा के नाम के साथ-साथ एक समान रूप से प्रयोग होते रहे।[30]

शब्द 'उर्दू' मुसलमानों से शहंशाह बाबर के काल से जुड़ा रहा। परन्तु उसका भाषा के रूप में कभी प्रयोग नहीं हुआ। शहंशाह बाबर अपनी सैनिक छावनी को 'उर्दू-ए-मुअल्ला' कहते थे। उर्दू का शाब्दिक अर्थ छावनी या लश्करगाह होता है। परन्तु यह वह सेना छावनी नहीं थी जहाँ 10 से 20 हज़ार सैनिक ठहरते रहे हों। उस सैनिक छावनी की परिकल्पना बहुत व्यापक है। मुग़ल सेना या अंग्रेज़ों की ही सेना जहाँ पड़ाव डालती थी, वहाँ कुल मिलाकर लगभग 10 से 12 लाख लोग रहते थे। ये सेनाएँ एक स्थान पर दो से ढाई-तीन वर्ष तक ठहरती थीं। विशेष सेनाओं के अतिरिक्त उनकी दैनिक उपयोग की आवश्यक वस्तुएँ और खाद्य रसद की उपलब्धता के लिए भी वहाँ चार से पाँच लाख लोग अतिरिक्त रहते थे। सेना जहाँ ठहरती वहाँ के आसपास के क्षेत्रों में वह स्थानीय लोग निवास करते थे जो उनकी आवश्यकता की वस्तुएँ उपलब्ध कराते थे। वहाँ व्यवसायियों का एक बहुत बड़ा गिरोह रहता था। नृत्य और संगीत के लिए विभिन्न प्रकार के कलाकार और संगीतकारों का एक बहुत बड़ा वर्ग आसपास उपलब्ध रहता था। उन समस्त लोगों

के परिवारों के लोग भी उनके पास रहते थे। फिर उनकी आवश्यकता के लिए नौकर-चाकरों का एक गिरोह रहता था। यह कुल आबादी मिलाकर वहाँ एक छोटा-सा नगर आबाद हो जाता था। वहाँ की बाज़ार को उर्दू बाज़ार कहते थे। वहाँ की जो संयुक्त भाषा थी। वह कभी उर्दू के नाम से याद नहीं की गई। सम्पर्क की भाषा हिन्दवी ही थी। मुग़लों की सरकारी भाषा फ़ारसी अवश्य थी, परन्तु वे सम्पर्क भाषा के रूप में हिन्दवी को ही प्रयोग में लाते थे। मुग़ल दरबार में हिन्दवी का महत्त्व उस समय अधिक बढ़ गया, जब शाह आलम द्वितीय ने इलाहाबाद से आकर दिल्ली की गद्दी सँभाली। शाह आलम द्वितीय ने बहुत अधिक समय तक इलाहाबाद में निवास किया था। इसलिए वह हिन्दवी बहुत अच्छी जानता था। लेकिन उसके बाद भी दरबारी कर्मचारियों की भाषा फ़ारसी ही थी। कुछ ऐसे अधिकारी दरबार में अवश्य थे, जो बहुत अच्छी हिन्दवी जानते थे। वे फ़ारसी-हिन्दवी मिश्रित शब्दावली से हिन्दवी में कविताएँ कह रहे थे। उनका वर्णन ख़ालिक़ बारी के सन्दर्भ में आगे आएगा।

फ़ारूक़ी के अनुसार उर्दू का प्रयोग शहर शाहजहाँनाबाद की स्थापना के उपरान्त बहुत तेज़ी से बढ़ा। परन्तु वह भाषा के रूप में नहीं। बल्कि क़िले के नाम के रूप में उसका प्रयोग होता रहा और उस शहर के रूप में भी जिसका नाम शाहजहाँनाबाद था। भाषा के रूप में उसका प्रयोग 'ज़बान उर्दू-ए-मुअल्ला शाहजहाँनाबाद' के रूप में अस्तित्व में आया होगा। परन्तु उससे पूर्व यह शब्द शाहजहाँनाबाद की चहारदीवारी के अन्दर रहने वाले लोगों के लिए प्रयोग होता था। धीरे-धीरे यह ज़बान-ए-उर्दू-ए-मुअल्ला, ज़बाने-उर्दू और फिर उर्दू रह गया।[31] जब उर्दू और हिन्दी दो भाषाओं ने अपने-अपने क्षेत्र चुन लिए तो उसमें हिन्दवी कहाँ खो गई उसका पता नहीं चला। दुख की बात है कि हिन्दवी की अधिकतर रचनाएँ भी बर्बाद हो गईं।

अमीर ख़ुसरो की हिन्दवी शाइरी में अश्लीलता का आरोप एक बड़ा कारण हो सकता है। उनकी मृत्यु के 100 वर्ष के अन्दर-अन्दर उनकी हिन्दवी शाइरी को नैतिकता के आधार पर बर्बाद करने का प्रचलन बढ़ा। उसी के मद्देनज़र उन्हें सूफ़िया के समूह में सम्मिलित करने का अभियान चलाया गया। जिसके लिए मल्फ़ूज़ात की एक नकली पुस्तक 'अफजलुल फवायद' सम्पादित की गई।[32] धीरे-धीरे उस संवेदनशील कवि के मज़ार पर मतवल्लियों ने अधिकार कर लिया। ख़ुर्मे बाँटे जाने लगे और चादरें चढ़ाई जाने लगीं। उसके बाद अमीर ख़ुसरो के व्यक्तित्व को हम इतनी ऊँचाइयों पर देखने लगे कि उनकी हिन्दवी शाइरी हमारे सामाजिक व्यवस्था में अनफिट हो गई। वर्तमान उर्दू के शोधकर्ताओं ने जब अपने समय की नैतिकता और सामाजिक परम्पराओं की कसौटी पर ख़ुसरो की हिन्दवी रचनाओं को कसा तो देखा कि उनकी हिन्दवी कविता में अश्लीलता का पुट है। उनके विचार में सूफ़ी

अमीर ख़ुसरो, फ़ारसी का महान कवि, पवित्र मसनवी और उच्चकोटि की ग़ज़ल लिखने वाला कवि भला ऐसी अश्लील भाषा का प्रयोग कैसे कर सकता है। उनके कई दोहे द्विअर्थी हैं, पहेलियों में यौन अभिव्यक्ति है। उनकी मुकरियों में सीधे-सीधे अश्लीलता और नग्नता परोसी गई है। इन आरोपों के बाद ख़ुसरो की लगभग समस्त हिन्दवी रचनाएँ बहस के दायरे में आ गईं। उस पर लम्बे-लम्बे निबन्ध और शोधपत्र लिखे गए और व्याकरण पर बहसें की गईं और उसे ख़ारिज कर दिया गया। "अमीर ख़ुसरो का समस्त हिन्दवी काव्य लोकजन के माध्यम से हम तक पहुँचा है और जनप्रिय है। उस काव्य को घटिया और तुच्छ कहकर नज़रअन्दाज़ करने वाले आलोचक दया के पात्र हैं। वे बेचारे परम्पराओं के इस प्रकार दास हैं कि सौन्दर्य और नज़ाकत को अपने घिसे-पिटे सामाजिक बन्धनों से हटकर नहीं देख सकते।[33] यहाँ प्रमाण के रूप में उनकी कुछ पहेलियों और कहमुकरियों को प्रस्तुत करना अनिवार्य प्रतीत होता है—

दाँत की मिस्सी—

सूली चढ़ सकत करे स्याम बरन इक नार
दो से दस से बीस से मिले एक ही बार

पहेली चूड़ियाँ—

चटाख पटाख कब से हाथ पकड़ा जबसे
हाय हूय कब से आधा गया जबसे
चुप चाप कब से पूरा गया जबसे

पहेली चौंकी—

एक नार जब बन कर आवे
मालिक अपने उपर बुलावे
है वह नारी सब के गौं की
ख़ुसरो नाम लिए तो चौंकी

या यह कहमुकरी 'हार' देखिए—

सगरी रैन छतियन पर राखा
रंग रूप सब वाका चाखा
भोर भई जब दिया उतार
ए सखी साजन ना सखी हार

ख़ुसरो ने दो कहमुकरियाँ राम पर कही हैं—

बख़त बे बख़त मोये वाकी आस
रात दिना वह रहवत पास
मेरे मन को करत सब काम
ऐ सखी साजन ना सखी राम

तन मन धन का वह है मालिक
वाने दिया मेरे गोद में बालक
वासे से निकसत जी को काम
ऐ सखी साजन ना सखी राम

इसी प्रकार कुछ और कहमुकरियाँ यहाँ उल्लेखनीय हैं—

सारी रैन मोरे संग ही जागा
भोर भई तब बिछुड़न लागा
वाके बिछुड़त फाटे हिया
ऐ सखी साजन ना सखी दिया

द्वारे मोरे अलख जगावे
भभूत बिरह के अंग लगावे
सिंगी फूँकत फिरै वियोगी
ऐ सखी साजन ना सखी जोगी

अमीर ख़ुसरो की हिन्दवी शाइरी में झूला, चूड़ियाँ, चरखा, डोली, चौसर, चुनरी, केला, लहँगा, तेल, सुनार, रैन, नैन, सखि, साजन आदि हज़ारों-हज़ार शब्दों का प्रयोग हुआ है, जो 700 वर्ष पूर्व जनमानस की आम भाषा थी। प्रख्यात साहित्यकार प्रो. गोपीचन्द नारंग ने अपनी पुस्तक 'अमीर ख़ुसरो का हिन्दवी काव्य' में शुद्धतावादी आलोचकों के इस रवैये को अतिवाद कहा है। वे इस बात पर ज़ोर देते हुए कहते हैं कि 700 वर्ष पूर्व के मूल्यों को वर्तमान की कसौटी पर कसना अन्यायपूर्ण है। उन्होंने कहा है कि ख़ुसरो की हिन्दवी शाइरी भारतीय लोक परम्पराओं के अनुरूप है। किसी भी देश और समाज में जो लोक साहित्य होता है, उसमें मनोविनोद और मनोरंजन का पुट सम्मिलित होता है। उस परम्परा की कविता को नैतिक मापदंडों पर परखते हुए असाहित्यिक कहना अनुचित होगा।[34] जबकि ख़ुसरो की फ़ारसी शाइरी में हिन्दवी से भी अधिक अश्लीलता का वर्णन है, जिसे प्रायः अध्यात्म से जोड़ दिया जाता है। उनकी फ़ारसी ग़ज़लों और मसनवियों में प्रेमिका के बदन

और उसके उतार-चढ़ाव और प्रेमी के साथ उसके व्यापक सम्बन्धों का विस्तृत वर्णन मिलता है।

सर बर खुमारे शब ब किनारे कि बूदाई
लबहा फ़िगार हमदम व यार कि बूदाई
संुबुले ज़े ताब रफ़्ता व नर्गिस बख़्वाबे नाज़
शब ता बरोज़ बादा गुसार कि बूदाई

अर्थात—पिछली रात तुम किसके पहलू में सोए थे कि अब तक तुम्हारा सिर नशे से भारी है। तू बताता क्यों नहीं है कि रात में किसके घर में ठहरा था कि तुम्हारे होंठ घायल हो गए हैं।

आरास्ता व मस्त दर आग़ोशे कि ख़ुफ़्ती
ईं बख़्त केरा बूद बफ़रमाने कि बूदी
जआदत कि ग़ज़ीदस्त व लबत रा कि कशीदस्त
पेशे कि निशस्ती शब व मेहमान कि बूदी

अर्थात—कल तुम बन-ठन कर पूरी तरह मस्त होकर किसके बग़ल में सोया रहा। ये कौन भाग्यशाली था जो तुम्हारे शरीर और मन पर राज कर रहा था। किसने तेरे ज़ुल्फ़ खींचे और तेरे होंठों को काट डाला, तू कहाँ था और किसका अतिथि बना बैठा था।

ए मन ग़ुलामे शकलत चूँ दर खुमार बाशी
नै रूए ख़्वाब शुस्ता बे मूए कर्दा शाना

अर्थात—मैं तेरे उस मुखड़े पर मर मिटता हूँ जब तुम नशे की हालत में सोकर उठते हो और न मुँह धुला हो और न बालों में कंघी किया हो।

तने मन ख़ाके रह शुद रंजा कुन पाए
तोरा हम ज़ेर पा आख़िर ज़मीने अस्त

अर्थात—मेरा बदन तेरे रास्ते की मिट्टी हो गया है। अब तुम कृपा करके उस पर अपने सुन्दर पैर रख दो। आख़िर तुम्हारे पैर के नीचे ज़मीन ही तो है।

जान ज़े नज़्ज़ारा ख़राब व नाज़ ऊ ज़े अन्दाज़ा बेश
मा बबूए मस्त व साक़ी पुर दहद पैमाना रा

अर्थात—मैं अपनी प्रेमिका के सौन्दर्य को देखकर ही मस्त हो जाता हूँ। उसके नखरे तो बहुत अधिक हैं। मैं शराब की गंध से ही मस्त हो गया हूँ, और साक़ी है कि बार-बार शराब का प्याला मेरे आगे बढ़ा रहा है।

इमशबे कामदी बख़ानये मन
शमा रा मी कुशम कि महताब अस्त

अर्थात—आज रात मेरा प्रेमी मेरे घर आया हुआ है ऐसे में मैं सोचता हूँ कि चिराग बुझा दूँ, जब एक चाँद घर पर है, तो दूसरे की क्या आवश्यकता।

लबत दर ख़्वाब मी बोसीदम इमशब बूलअजब कारी
कि मय दर ख़्वाब खुरदम ईं ज़मां मस्तम ब बेदारी

अर्थात—रात मैंने सपने में अपने प्रेमी के होंठ चूम लिये। परन्तु आश्चर्य की बात है कि शराब सपने में पिया और जागने के बाद भी नशे में हूँ।

शब आमदी न गुफ़्तम बकुस वले चे कुनम
कि बूए ज़ुल्फ़ ब हमसाया कर्द ग़म्माज़ी

अर्थात—जब रात में मेरा प्रेमी मेरे घर आया तो मैंने तो उसके आने का समाचार किसी से नहीं कहा, परन्तु उसके बदन और बालों की ख़ुशबू ने पड़ोसियों को सूचित कर दिया।

मन तू शुदम तू मन शुदी मन तन शुदम तू जां शुदी
ता कस न गोयद बाद अजीं मन दीगरम तू दीगरी
ख़ुसरो ग़रीब अस्त व गदा उफ़तादा दर शहरे शुमा
बाशद कि अज़ बहरे ख़ुदा सूए गरीबां ब नीगरी

अर्थात—मैं तू बन गया और तू मैं बन गया। मैं बदन बन गया और तू मेरी आत्मा बन गया। अब इसके बाद कोई यह न कहे कि मैं कोई और हूँ और तू कोई और हो। ख़ुसरो एक अपरिचित फ़क़ीर है, जो तेरे नगर में आ पड़ा है। क्या तू अपरिचितों की ओर दृष्टि नहीं करते हो।

बरौ ऐ बाद बोसे ज़न बर आन पाए
व गर चीज़े न गोयद बर दहानहम

अर्थात—ए हवा जाओ और मेरे प्रेमी का पाँव चूम लो। अगर वह पाँव चूमने से नाराज़ न हो तो उसका मुँह भी चूम लेना।

अब्र मी बारद व मन मी शवम अज यार जुदा
चूँ कुनम दिल बचुनीं रोज ज़ि दिलदार जुदा

अर्थात—ख़ूब वर्षा हो रही है और मैं अपने प्रियतम से जुदा हो रहा हूँ। ऐसे समय में मैं किस प्रकार अपने मन को सांत्वना दूँ।

शख़्सम ज़ईफ व दीदातर जां रेसमान व जीं गुहर
एनक मुहैया शुद कमर लागर मयाने मन कुजा

अर्थात—यह मेरा कमज़ोर बदन रोती हुई आँखें हैं। पतली कमर वाला मेरा प्रेमी कहाँ है, देखो मेरी आँखों से निरन्तर मोती की लड़ी निकल रही है, इससे तुम अपने कमर की पेटी तैयार कर लो।

ज़हे दीदा कज़ शोख़ी व चाबुकी
कुजा मी नुमायद कुजा मी ज़नद

अर्थात—तेरी मादक आँखों का चुलबुलापन और तेरी चंचलता मुझे बहुत प्रिय है, तेरी आँखें देखती कहीं और हैं, परन्तु वार कहीं और करती हैं।

शब ज़े मस्ती चश्म तू शमशीर मिज़गां बर कशीद
ख़्वास्त बर ख़ुसरो ज़नद कश दरमियाँ बगीरफ़्त ख़्वाब

अर्थात—रात तेरी मादक आँखों ने अपनी पलकों को उठाकर चाहा कि ख़ुसरो पर आक्रमण कर दे, परन्तु बीच में ही उसे नींद आ गई और मैं तेरे वार से बच गया।

फ़ारसी शाइरी में यह वर्णन केवल ख़ुसरो की शाइरी तक सीमित नहीं है बल्कि उनके पूर्ववर्ती 12वीं और 13वीं शताब्दी के फ़ारसी कवियों के यहाँ भी विशेष रूप से पाया जाता है। कमाल इस्फ़हानी की ग़ज़लें प्यार व मुहब्बत के दृश्यों के वर्णन से भरी पड़ी हैं। जिसकी उच्चतम व्याख्या महान कवि शेख़ सादी की ग़ज़लों में अत्यन्त मधुरता के साथ की गई है। प्रेमिका से मिलन और वियोग का जो अचम्भित कर देने वाला विवरण उनकी ग़ज़लों में मिलता है। उन ऊँचाइयों तक पहुँचने के लिए बाद के कवियों ने बहुत अधिक प्रयत्न किया। यदि वे वहाँ तक पहुँच गए, तो ये उनके लिए एक प्रमाणपत्र जैसा होता था। प्रो. नारंग कहते हैं, "तूतीनामा की परम्परा भले ही अनुवाद के माध्यम से नख़्शबी के बाद आई हो लेकिन यौन-अभिव्यक्ति का सम्बन्ध एक स्पष्ट शैली के रूप में प्राचीन भारतीय परम्परा से चली आई है, जो शताब्दियों से हमारे सामूहिक अचेतन का अंग रही है।"[35] यहाँ शेख़ सादी की ग़ज़लों से कुछ अशआर प्रस्तुत हैं—

सर्वे सीमीना बसेहरा मी रवी
नेक बद अहदी कि बे मा मी रवी
गर क़दम बर चश्मे मन ख़्वाही नेहाद
दीदा बर रह मी नेहम ता मी रवी

अर्थात—ऐ चाँदी जैसी बदन वाली, सरो जैसी लम्बी मेरी प्रियतमा, तू कितनी बेवफ़ा है, मुझे साथ लिये बिना अकेले ही जंगल की ओर जा रही है। यदि तुम मेरी

आँखों पर पैर रखकर भी आना चाहे तो तेरा स्वागत है, मैं तेरे स्वागत में अपनी पलकें बिछा दूँगा। तू उन पर से गुज़र जाए।

हदीसे इश्क़ चे दानद कसे कि दरहमा उम्र
ब सर निकोफ़्ता बाशद दरे सराय रा

अर्थात—प्यार-मुहब्बत का मज़ा वह व्यक्ति क्या जाने जिसे सम्पूर्ण जीवन में प्रियतमा की चौखट पर अपना सिर टकराने का सौभाग्य ही न प्राप्त हुआ हो।

बमन ईं नज़रे हराम अस्त व बेगुनाह दारम
चे कुनम नमी तवानम कि नज़रे निगाह दारम
चे शब अस्त यारब इमशब कि सितार-ए-बरामद
कि दिगर न इश्क़े ख़ुर्शीद व न मेहर व माह दारम

अर्थात—यदि मेरे लिए अपने प्रियतम को देखना पाप है तो मैं ये पाप कई बार कर चुका हूँ। इस सम्बन्ध में मैं विवश हूँ। मेरे सामने मेरा प्रीतम आए और मैं न देखूँ यह असम्भव है। ऐ मेरे ख़ुदा आज की रात बहुत सुन्दर है, आज की रात मेरे प्रियतम का दर्शन हुआ है। ऐसी रात में जबकि मेरा प्रियतम मेरे साथ है, अब मेरे लिए चाँद और सूर्य का कोई महत्त्व नहीं रह गया है।

हमा अज दस्त गैर नाला कुनन्द
सादी अज़ दस्ते ख़्वेस्तन फ़रियाद

अर्थात—लोग दूसरों द्वारा दी गई समस्याओं और कठिनाइयों से संकट में रहते हैं। सादी ऐसा व्यक्ति है जो स्वयं से ही छुटकारा प्राप्त करना चाहता है।

इस अवसर पर कमाल अस्फहानी के भी कुछ अशआर प्रस्तुत करना आवश्यक है—

अज चश्म नीमख़्वाबे तू इमरोज रौशन अस्त
आं नालहा कि दर ग़मे तू दोश कर्दा एम
बूद हमेशा, जाने मन! रस्म तू बेगुनह कुशी
हेच नमी कशी मरा, मन चे गुनाह कर्दा एम

अर्थात—तुम्हारी अधखुली आँखों से मेरे वे आँसू प्रकाशमान हैं, जो मैंने कल रात तुम्हारी याद में बहाए थे। मुझे तुम्हारे सारे दुख अपने कंधे पर उठाने पड़े। ऐ मेरे प्रीतम तू हमेशा निर्दोषों को मारता रहा है। तू मुझे ही क्यों नहीं मार देता, आख़िर मैंने भी तो तुमसे प्यार करने के अतिरिक्त कोई पाप नहीं किया है।

चूँ अन्दाजद बमन तीरे कुनम दर सीना पिंहानश
बदां ता अज़ पए हर तीर तीरे दीगर अन्दाजद

अर्थात—जब वह मेरी ओर अपने सौन्दर्य का तीर फेंकता है, तो मैं उसे अपनी छाती में छुपा लेता हूँ। इसलिए कि वह नये-नये ढंग से हर बार एक नया तीर मेरी ओर फेंके।

अमीर ख़ुसरो की कलात्मक रचना : 'ख़ालिक़ बारी'

'ख़ालिक़ बारी' अमीर ख़ुसरो की उत्कृष्ट प्रस्तुति है। यह एक ऐसी कलात्मक रचना है, जिसमें ख़ुसरो की समस्त काव्यात्मक क्षमताएँ अपने चरम पर दिखाई देती हैं। वे जिस कला, शिल्प और आविष्कार के लिए जाने जाते हैं, 'ख़ालिक़ बारी' उसका सर्वश्रेष्ठ नमूना है। कलात्मक दृष्टिकोण से देखा जाए तो यह पुस्तक उनके समस्त फ़ारसी क़सीदों, मसनवियों और ग़ज़लों पर प्रधानता रखती है। उनके क़सीदों पर प्राचीन फ़ारसी कवियों की शैली को अपनाने का आरोप लगता है, मसनवी तो विशेष रूप से फ़ारसी कवियों की तर्ज़ पर लिखी गई है, यह सिद्ध करने के लिए कि देखो वे भी निज़ामी गंजवी के स्तर के कवि हैं। ग़ज़लों में वे शेख़ सादी और कमाल इस्फ़हानी की नक़ल करते दिखाई देते हैं। उनकी अधिकतर ग़ज़लें सुल्तानों की विशेष सभाओं में नर्तकियों और गायकों के गाने के लिए लिखी गई थीं। परन्तु उनकी हिन्दवी कविता शुद्ध रूप से लोकजन के लिए थी। उन्हीं में एक ख़ालिक़ बारी है, जो वास्तविक रूप से उनके मानसिक उत्कर्ष और चिन्तन की नवीनता को दर्शाती है।

'ख़ालिक़ बारी' अर्थात तुर्की, फ़ारसी, अरबी से हिन्दवी का काव्यात्मक शब्दकोश। यह अपने समय का आश्चर्य है। इसकी शैली बिलकुल नई, इसका प्रारूप बिलकुल नया और इसके शब्दार्थ बिलकुल नये थे। इसका महत्त्व इसलिए भी बहुत अधिक है कि यह पुस्तक किसी सुल्तान या सूबेदार की दृष्टि में अपना स्तर ऊँचा उठाने के लिए नहीं लिखी गई, बल्कि जनमानस की आवश्यकता को दृष्टिगोचर रखते हुए लिखी गई है। कहा तो यह जाता है कि ख़ुसरो ने किसी भटियारी के लड़के के लिए 'ख़ालिक़ बारी' लिख दी।[36] परन्तु वास्तविकता यह है कि ख़ालिक़ बारी उन लोगों के लिए लिखी गई, जो दिल्ली में भाषा की समझ की समस्या से जूझ रहे थे।

13वीं शताब्दी के उत्तरार्द्ध और 14वीं शताब्दी के पूर्वार्द्ध में दिल्ली को एक सर्वसम्पन्न नगर के रूप में गिना जाता था। इब्न बतूता दिल्ली नगर को मुस्लिम

जगत के सबसे सम्पन्न और व्यवस्थित नगरों में गिनती करता है।[37] उन दिनों दिल्ली बहुत बड़ा व्यापारिक केन्द्र था। यहाँ धन पानी की तरह बह रहा था। सुख-शान्ति थी। स्वतंत्रता और मौलिक अधिकारों की सुरक्षा थी। इसी कारण से लोग निवास के लिए इस नगर को वरीयता दे रहे थे। उन्हीं दिनों बुख़ारा, समरक़ंद, ख़ुरासान, ग़ज़नी, नेशापुर और बल्ख़ जैसे प्राचीन नगर लूटमार और दुर्व्यवस्था से ग्रसित थे। वहाँ की सत्ता में स्थायित्व नहीं था। इस कारण से बड़ी संख्या में लोग दिल्ली में शरण लेने के लिए आ रहे थे। शरणार्थियों की क्षमताओं के अनुसार उन्हें यहाँ काम भी मिल रहा था। दिल्ली अपनी क्षमताओं के अनुसार प्रत्येक व्यक्ति का स्वागत कर रही थी। यहाँ साहसी और योग्य सैनिकों की खोज हो रही थी। ग़ियासुद्दीन बलबन और अलाउद्दीन ख़िलजी की सेना में साहसी सैनिकों के लिए हमेशा दरवाज़े खुले रहते थे। दिल्ली महत्त्वपूर्ण व्यापारिक केन्द्र होने के कारण भी संसार के कोने-कोने से व्यापारी दिल्ली की ओर कूच कर रहे थे। हज़ारों की संख्या में सूफ़िया और धार्मिक प्रतिनिधि भी दिल्ली पहुँचकर, उसे अपने प्रचार-प्रसार का केन्द्र बना रहे थे। उनके अतिरिक्त चारों ओर से गीतकार, नृत्यांगनाएँ, तवायफ़ें और मीरासिनें दिल्ली की ओर भागे आ रहे थे। उनके लिए भी दिल्ली में योग्यता प्रदर्शन का व्यापक अवसर उपलब्ध था। न केवल नृत्यांगनाएँ और तवायफ़ें और मीरासी बल्कि चोर-उचक्कों के लिए भी दिल्ली अत्यन्त उपजाऊ थी।

वास्तविकता तो यह है कि जितनी संख्या में सूफ़िया और कट्टर उलमा यहाँ उपस्थित थे, उससे अधिक संख्या में चोर, उचक्के और बदनाम लोग थे। गोया दिल्ली के बाज़ारों में ख़ूब हलचल थी। दिल्ली के बाज़ार की ये हलचल न केवल दिल्ली तक सीमित थी, बल्कि सम्पूर्ण भारत में देशी-विदेशी व्यापार ख़ूब फल-फूल रहे थे। दिल्ली में व्यापारियों का एक बहुत बड़ा समृद्ध वर्ग था। बहुत अधिक सरकारी कारख़ाने थे, जहाँ क़िले की आवश्यकता के साथ अन्य सरकारी माँग के अनुरूप सामान तैयार किये जाते थे। यहाँ एक रेशम का सरकारी कारख़ाना था, जिसमें चार हज़ार से अधिक बुनकर कार्य करते थे।[38] विदेशों से व्यापार के कई लाभ और हानि भी थे। कई विदेशी व्यापारियों के लिए दिल्ली इतनी लाभप्रद सिद्ध हुई कि वे दिल्ली आए तो फिर वापस नहीं गए। उन्होंने यहाँ स्थानीय स्त्रियों से विवाह किया और स्थायी रूप से यहाँ के निवासी हो गए। केवल व्यापार ही नहीं धार्मिक मामलों में भी दिल्ली किसी से कम नहीं थी। तुग़लक़ काल में केवल दिल्ली में एक हज़ार मदरसे थे, जो केवल धर्मशास्त्र, व्याकरण, दर्शन और तर्कशास्त्र की शिक्षा दे रहे थे। उन्हें सरकार की ओर से आर्थिक सहायता भी दी जा रही थी।[39]

दिल्ली का बाज़ार 'ख़ालिक़ बारी' की रचना का महत्त्वपूर्ण कारण था। यहाँ देश-विदेश से बहुतायत में विभिन्न प्रकार के लोग आ रहे थे, कि बाज़ार में उनके सामने भाषा का संकट खड़ा हो गया था। दिल्ली आने वाले अधिकतर लोग अरबी-

फ़ारसी और तुर्की जानते थे। परन्तु उन्हें बाज़ार में सब्ज़ी और अन्य घरेलू वस्तुओं की ख़रीद-बिक्री के लिए सम्पर्क भाषा के रूप में हिन्दवी की आवश्यकता पड़ती थी। सल्तनत का कार्य तो फ़ारसी और तुर्की में हो रहा था, लेकिन जब वे बाज़ार में निकलते तो क़दम-क़दम पर भाषा संकट का सामना करना पड़ता। पहली बार अमीर ख़ुसरो ने इस आवश्यकता को महसूस किया। उन्होंने चलते-चलते अपने मस्तिष्क के आविष्कारक क्षमताओं का प्रयोग करते हुए अरबी, फ़ारसी और तुर्की की शब्दावली को हिन्दवी अर्थ दिये। उनका यह कार्य बहुत महत्त्वपूर्ण था। इस काव्यात्मक शब्दकोश में इतनी सहजता और कोमलता का परिचय दिया गया है कि सीखने वाले चाहे वे किसी आयु-वर्ग के हों, उसकी शब्दावली को तेज़ी से याद कर सकते हैं। अभी 50 वर्ष पूर्व तक मदरसे के पाठ्यक्रम में 'ख़ालिक़ बारी' सम्मिलित था। उसके काव्यात्मक लय और सुर ने उसके शब्दार्थ में जादू का सा प्रभाव उत्पन्न कर दिया है। इस रचना में अमीर ख़ुसरो की स्वाविष्कार की ऐसी विलक्षणता है, जिसने इसे एक किलकारी और हास्य बना दिया है। इसी कारण इसे बच्चों के पाठ्यक्रम में सम्मिलित किया जाता है।[40]

अमीर ख़ुसरो ने अत्यन्त स्वच्छता और सुन्दरता के साथ हज़ारों अरबी-फ़ारसी और तुर्की के शब्दों को हिन्दवी में और हिन्दवी के शब्दों को अरबी फ़ारसी और तुर्की में इस प्रकार पिरोया है कि उन भाषाओं की शब्दावली का अन्तर मिट गया है। यह अद्भुत काव्य शब्दकोश जनमानस की आवश्यकता को दृष्टि में रखकर तैयार किया गया था। ख़ुसरो के बाद निश्चित रूप से सैकड़ों साहित्यकारों ने 'ख़ालिक़ बारी' की तर्ज़ पर काव्यात्मक शब्दकोश तैयार किया। परन्तु उनका चिह्न भी 15वीं और 16वीं शताब्दी में ही मिलता है। अमीर ख़ुसरो की मृत्यु के एक वर्ष बाद तक इस दिशा में जो भी कार्य हुआ उसका पता नहीं चलता। यहाँ तक कि ख़ुसरो की 'ख़ालिक़ बारी' भी वास्तविक स्थिति में हम तक नहीं पहुँची है। आजकल यहाँ तक पहचानना भी दुरूह हो गया है कि वास्तविक ख़ालिक़ बारी कौन है और 'ख़ालिक़ बारी' में कुल कितने शेर थे। 'ख़ालिक़ बारी' के बारे में कहा जाता है—

एक लाख ऊँट सवा लाख गाड़ी
ते ही पर लादी ख़ालिक़ बारी

अर्थात 'ख़ालिक़ बारी' इतना बड़ा शब्दकोश था, जिसके आवागमन के लिए एक लाख गाड़ियों की आवश्यकता थी। परन्तु आज यह स्थिति है कि ख़ालिक़ बारी में कुल 215 अशआर हैं। उनमें कुल 1200 शब्दों का प्रयोग हुआ है, जिसमें 4 तुर्की, 236 अरबी, 480 फ़ारसी और 475 हिन्दवी के शब्द सम्मिलित हैं।[41] उर्दू के विख्यात साहित्यकार आलोचक मौलाना मुहम्मद हुसैन आज़ाद ने अपनी बहुचर्चित पुस्तक आबे हयात में लिखा है—

> अमीर ख़ुसरो ब्रजभाषा के संयोग से काव्य लेखन का एक जादुई वातावरण तैयार करते हैं। 'ख़ालिक़ बारी', जिसका संक्षिप्त रूप आज तक बच्चों की जाप है। ख़ालिक़ बारी कई बड़े-बड़े भागों में थी। उसमें फ़ारसी के छंदों ने प्रथम दृष्ट्या प्रभाव छोड़ा, और यह भी ज्ञात होता है कि उस समय कौन-कौन से शब्दार्थ चलन में थे, जो अब छूट चुके हैं।[42]

जिस काल 1290-1320 में यह शब्दकोश तैयार हुआ, फ़ारसी और हिन्दवी में कोई इस प्रकार का शब्दकोश उपलब्ध नहीं था, जिससे दोनों भाषाओं की शब्दावली की व्याख्या हो सके।

अगर आबे हयात के लेखक का दावा ठीक मान लिया जाए, तो 'ख़ालिक़ बारी' कई बड़े-बड़े भागों में थी। इसी प्रकार तकी ऊहदी किरमानी ने अपनी पुस्तक 'अरफ़ातुल आशिक़ीन' में कहा है कि ख़ुसरो का हिन्दवी काव्य 3 से 4 लाख पंक्तियों में फैला हुआ था। वास्तव में ख़ुसरो अपने हिन्दवी काव्य की सुरक्षा उस प्रकार नहीं कर पाए, जैसे वह अपने फ़ारसी काव्य की करते थे। उसका एक बड़ा कारण यह था कि उस समय तक हिन्दवी कोई सुसंगठित भाषा के रूप में व्यवस्थित नहीं हो पाई थी। उसके राजनीतिक रूप से प्रतिष्ठित होने का तो प्रश्न ही नहीं उठता है। उसके बोलने वाले समाज के साधारण लोग थे। खोम्चे वाले, रेहड़ी वाले, सब्जी वाले, देसी दुकानदार, मज़दूर और किसान उस भाषा को बोलते थे, और फ़ारसी बोलने वाले सरकारी लोग उस भाषा को सम्पर्क भाषा के रूप में प्रयोग करते थे। ऐसी परिस्थितियों में जब हिन्दवी की कोई सामाजिक और राजनीतिक प्रतिष्ठा नहीं थी, अमीर ख़ुसरो ने उसके बिखरे हुए आवारा और अव्यवस्थित शब्दार्थ को एकत्र करके, उसे अरबी-फ़ारसी शब्दों के साथ जो रूप दिया, वह असाधारण, कर्णप्रिय और अत्यन्त पठनीय था—

ससि है मह नैय्यर ख़ुरशीद
काला उजला सियाह सपेद

संस्कृत में चाँद के लिए शशि शब्द का प्रयोग होता है। लेकिन ख़ुसरो ने 'स' से ससि लिखा है। संस्कृत में चाँद के लिए भी कई अन्य पर्यायवाची हैं, परन्तु जो प्रवाह और कोमलता ससि में है, वह किसी अन्य पर्यायवाची में नहीं है। इसी प्रकार यह शेर है—

मर्द मनुस जन है इस्तरी
कहत अकाल वबा है मरी

मनुस वास्तव में संस्कृत का शब्द है। इसमें 'ष' का प्रयोग होता है। परन्तु

ख़ुसरो ने इस शेर में मनुस का प्रयोग करके इस शेर की प्रवाहता में बढ़ोतरी कर दी है। ये दोनों उदाहरण केवल काव्यात्मक प्रयोग के लिए किये गए हैं। उक्त शेरों में अरबी-फ़ारसी के साथ हिन्दवी शब्दार्थ के प्रयोग ने लय और सुर में बढ़ोतरी कर दिया है। "उर्दू कविता में अमीर ख़ुसरो के प्रभाव को हम इस बात में भी देख सकते हैं, कि हमारे यहाँ रवानी अर्थात प्रवाह की ओर जो विशेष ध्यान दिया जाता है, उसकी जड़ अमीर ख़ुसरो के यहाँ दिखाई देती है। प्रत्येक उस संस्कृति में जहाँ शेर को भीड़ में पढ़ने की परम्परा है उस बात का विशेष रूप से ध्यान दिया जाता है कि कविता में प्रवाह हो, और उसकी ध्वनियाँ इस प्रकार गठी हुई हों कि भीड़ आसानी से उसे समझ सके...ख़ुसरो सम्भवतः पहले सिद्धान्तकार हैं जिन्होंने 'रवानी' अर्थात प्रवाह पर एक विशेष, कठिन और सिद्धान्त आधारित चर्चा की।"[43] 'ख़ालिक़ बारी' के निम्न शेरों में प्रवाह, लय और कोमलता को सुनकर मनुष्य झूमने लगता है—

राह तरीक़ सबील पहचान
अरथ तिहूँ का मारग जान

इस शेर में राह तरीक़ और सबील के लिए हिन्दवी में मारग अर्थात मार्ग का प्रयोग हुआ है। इससे थोड़ी बड़ी 'बहर' का यह शेर देखिए—

दस्त बिरिंजन कंगन कहिए पायल है खलखाल
पाय बिरिंजन चूड़ा कहिए ख़ूबी हुस्न व जमाल

'ख़ालिक़ बारी' अपनी प्रवाहमयता कोमलता और लय व सुर के लिए जानी जाती है। सम्पूर्ण 'ख़ालिक़ बारी' में एक-दो दर्जन शेरों को छोड़ दिया जाए तो लगभग सभी शेरों में प्रवाह और लय पाया जाता है—

रसूल पैगंबर जान बसीठ
यार दोस्त बोले जा ईठ
इस्म अल्लाह ख़ुदा का नांव
गर्मा धूप साया है छाँव
साउहा सरीचह ममोला जान
कौवा ज़ाग कुलाग पहचान
अस्प घोड़ा फील हाथी, शेर सींह
गोश्त हेड़ा, चर्म चमड़ा, शहम पीह
मेश भेड़ी कौज मेंढा हमसिसा ख़रगोश है
अस्तर आमद खच्चर व भैंसा बेदां जामूश है

मिस है ताँबा रोईं कांसा आहन लोह
तीशा बसोला तबर कुल्हाड़ा गदर द्रोह
अंगुश्तरी अँगूठी कहिये ख़ातिम जान नगीना
है जंगूला घुँघरू व बिछुवा झुमका माल ख़जीना

प्राचीन काल में संस्कृत भाषा में जो शब्दकोश लिखे गए, वे केवल संस्कृत से संस्कृत में लिखे जाते थे। उसका एक विशेष कारण यह बताया जाता है कि वैदिक धर्म में वेदों के मंत्रों को अन्य वर्गों, विशेषकर निम्न वर्गों में फैलाने पर प्रतिबंध था। संस्कृत विद्वानों ने संस्कृत को अन्य भाषाओं में प्रसार की आवश्यकता पर बल नहीं दिया। कहा तो यह जाता है कि शूद्र वेदों के मंत्रों को केवल सुन लें, तो राजा का कर्तव्य हो जाता था, कि वे मंत्र सुनने वाले शूद्र के कान में शीशा पिघलाकर डाल दे। अरबी में ऐसा नियम नहीं था, परन्तु उन्होंने भी स्थानीय भाषाओं में शब्दकोश तैयार करने की आवश्यकता नहीं समझी। यदि वे अन्य भारतीय भाषाओं में शब्दकोश तैयार किये होते तो भारत भी अरबी से अज्ञात नहीं रहता।[44]

शम्सुर्रहमान फ़ारूक़ी के शोध के अनुसार भारत में प्रथम शब्दकोश जिसका पता चलता है, वह निश्चित रूप से नहीं कहा जा सकता कि अलाउद्दीन ख़िलजी के शासनकाल में प्रकाशित हुआ था। उसका नाम 'फ़रहंग-ए-क़वास' था। उसे फ़ख़रुद्दीन गज़नवी ने तैयार किया था। उसमें कुछ हिन्दवी शब्दों को फ़ारसी में परिभाषित किया गया था। 1327 अर्थात अमीर ख़ुसरो की मृत्यु के दो वर्ष बाद मुहम्मद बिन हिन्दुशाह ने 'सिहाहुल फ़र्स' के नाम से हिन्दुस्तानी शब्दकोश का सम्पादन किया। उसके बाद शीघ्र ही कुछ अन्य शब्दकोशों के प्रकाशन की सूचना प्राप्त होती है। 1342 में 'दस्तूरुल अफ़ाज़िल' लेखक हाजिब ख़ैरात देहलवी, 1419 में काजी बदरुद्दीन देहलवी का 'अदातुल फुज़ला', 1434 में बदर इब्राहीम का 'ज़ुफ़ान गोया' और 1434 में ही फ़ज़लुद्दीन कवाम बल्ख़ी का शब्दकोश 'बहरुल फ़ज़ायल' प्रकाशित हुआ। इनमें ऐसे हिन्दवी शब्दों के अर्थ की व्याख्या की गई थी, जो फ़ारसी कविताओं में प्रयोग होते रहते थे। फिर इब्राहीम क़वाम का शब्दकोश 1475 में 'शर्फ़नामा मुनीरी' के नाम से प्रकाशित हुआ। इन समस्त शब्दकोशों में हिन्दवी शब्दों का सीमित प्रयोग हुआ है। यह शब्दकोश निश्चित रूप से उस आवश्यकता को पूर्ण करने के योग्य नहीं थे, जिसे ख़ुसरो ने 'ख़ालिक़ बारी' के द्वारा पूर्ण करने का प्रयत्न किया।[45]

'ख़ालिक़ बारी' और उसके तुरन्त बाद के समय में जो शब्दकोश तैयार हो रहे थे, उसमें हिन्दवी शब्दों का प्रयोग यह सिद्ध करता है कि यह भाषा अपने विकास के प्रारम्भिक चरण से बहुत शीघ्रता से आगे बढ़ रही थी। इससे यह भी सिद्ध होता है कि इसके शब्दों का साहित्यिक प्रयोग प्रारम्भ हो चुका था।

बाद के दिनों में कई लोगों ने अमीर ख़ुसरो की तर्ज़ पर 'ख़ालिक़ बारी' जैसा शब्दकोश तैयार करने का यत्न किया। उसमें कुछ ने तो ख़ुसरो से बहुत अच्छा प्रयास किया। कुछ को ख़ुसरो की पैरोडी कहा जा सकता है। परन्तु इसका अर्थ यह नहीं है कि 'ख़ालिक़ बारी' ख़ुसरो की रचना नहीं है। ऐसा इसलिए हुआ कि 20वीं शताब्दी के कुछ शोधकर्ता 'ख़ालिक़ बारी' को बाद के रचनाकारों की रचना कहने लगे। 'ख़ालिक़ बारी' की ही तर्ज़ पर सफ़ी नामक कवि ने 'मतबूउस्सबियान' के नाम से एक शब्दकोश तैयार किया, जिसे ख़ालिक़ बारी की तर्ज़ पर लिखा जाने वाला प्राचीन शब्दकोश कहा जा सकता है।[46]

प्रमुख कवि और सूफ़ी सैयद अशरफ़ शाह बयाबानी 1459-1528 ने 1503 में वाहिद बारी के नाम से शब्दकोश लिखा था, जो ख़ुसरो की 'ख़ालिक़ बारी' की तर्ज़ पर था।[47]

वाहिद बारी भई तमाम
दुनिया में रहे अशरफ का नाम

उससे 50 वर्ष पश्चात अजय चन्द भटनागर ने 1551 में अपनी विद्वत्तापूर्ण क्षमताओं का प्रयोग करते हुए, ख़ालिक़ बारी की तर्ज़ पर एक काव्यात्मक शब्दकोश लिखा। यह काव्यात्मक शब्दकोश छात्रों की आवश्यकता को ध्यान में रखते हुए लिखा गया था। अजय चन्द ने अपने शब्दाकोश को 29 शीर्षकों में विभक्त किया था। जैसे मतबख़ ख़ाना, आबदार ख़ाना, फ़ील ख़ाना, ख़ियात ख़ाना, फ़र्राश ख़ाना और ख़ज़ाना ख़ाना इत्यादि।[48]

1961 में जब उस काव्यात्मक शब्दकोश की पांडुलिपि मौलवी अब्दुल हक़ को मिली, तो उन्होंने उसे 'मिस्ल ख़ालिक़ बारी' के नाम से प्रकाशित किया। मतबख़ ख़ाना के कुछ शेर देखिए—

मतबख़ हिन्दवी कहूँ रसोई
हाँडी देग कफ़्चा है डोई
ख़ूब माही मछली जान
लहम गोश्त दर हिन्दवी जान
कुर्ता नाम पैरहन जान
ताज़ियाना चाबुक है जान
रोग़न ज़र्द जो घी कहो
शीर बनूश दूध ही पीओ
नमकदार दर हिन्दवी सलोना
तल्ख़ शुदन है कड़वा होना

अजय चन्द ने मिस्ले 'ख़ालिक़ बारी' में हिन्दवी का बार-बार नाम लिया है। मज़ेदार बात यह है कि अजय कुछ फ़ारसी के शब्दों को भी हिन्दवी कहते हैं। जैसे गोश्त, चाबुक, कुर्ता इत्यादि। उसने अधिकतर संज्ञा की शब्दावली को आवश्यकतानुसार प्रयोग किया है।

कवि और वैद्य यूसुफी 1490-1530 ने 'ख़ालिक़ बारी' की तर्ज़ पर एक कसीदा 'दर लुग़ाते हिन्दवी' लिखा। इस शब्दकोश में यूसुफ़ी ने फ़ारसी दवाओं और वस्तुओं के नाम का हिन्दवी समनार्थी दिया है। यूसुफ़ी ने भी इस शब्दकोश को छात्रों की आवश्यकता के लिए लिखा होना बताया था—

आँख चश्म और नाक बीनी बूँ अबरू होंठ लब
दंद दंदां, कारा गर्दन, गोत जानू, मूँड सिर
मूए मिज़गां रा पलक, ख़्वान व कलेजा दां जिगर
बलद गाँव फ़ील हाथी गोरा अस्प व गदह खर
सुर्मा काजल मिर्च फुलफुल, सआद मूठ व ऊद अगर

इश्क़ी ख़ाँ इश्क़ी 1582 फ़ारसी हिन्दवी का मिश्रित कवि है। वह एक व्यंग्यकार था। उसके अधिकतर व्यंग्य घरेलू समस्याओं पर आधारित होते थे। इश्क़ी ख़ाँ शहंशाह अकबर के दरबार में मीर बख़्शी के पद पर तैनात था। उसने 'सर्द गर्म ज़माना' शीर्षक से एक क़सीदा लिखा, जिसमें हिन्दवी फ़ारसी शब्दावली का विशेष रूप से प्रयोग किया गया है। वह 'ख़ालिक़ बारी' की ही तरह हिन्दवी फ़ारसी शब्दों को एक दूसरे में ऐसा विद्वत्तापूर्ण मिश्रण करता है कि दोनों भाषाओं का अन्तर मिट सा जाता है। वह इस कसीदे में व्यंग्यात्मक रूप से धनी और ग़रीब लोगों के अन्तर को चित्रित करता है। उसने ग़रीब और धनी के घरों का वातावरण प्रस्तुत किया है। अगर एक ही व्यक्ति की तुर्की, ताज़िक और हिन्दी पत्नियाँ हैं, तो उनकी शैली के अन्तर को उसने बड़े व्यंग्यात्मक रूप से प्रस्तुत किया है। हिन्दी पत्नी उसका स्वागत हिन्दवी में करती है।

ज़ने हिन्दी जीक तरफ गोयद
हूँ तेरी लौंडी तू मेरा खूँदगार
तुम जो मुझ कूँ प्यार करते हो
हूँ भी करती हूँ तुम्हारा प्यार
अपने कोथे पे मैं बिछाऊँ पलंग
उस ऊपर लेत जिउ पाँव पसार
बीच तू लेट लौंडिया चू गर्द
हिर्मा आस पास तुम पुचकार

जब एक ग़रीब पति घर आता है, तो उसकी हिन्दी पत्नी उसका स्वागत यूँ करती है—

ज़ने हिन्दी जीक तरफ गोयद
तेरी माँ कोली तेरा बाप चमार
झूठ तुझ थीं बहुत सुना मत बोल
सच तेरा हूँ कहूँ मोरा मत मार
तुझ थीं मुझ कूँ न रोटी व पानी
तुझ थीं मुझ कूँ नहीं सवाद व सिंगार
अब ना राहूँ तेरे ख़ुदा की सूं
निकलूँगी तुम्हारे घर थीं बहार

सिराजुद्दीन अली ख़ाँ आरज़ू 1656-1787 का शब्दकोश 'नवादिरूल अल्फ़ाज़' जिसे उन्होंने 1747-52 के बीच तैयार किया था, विगत शब्दकोशों से अच्छा है। उनका सबसे महत्त्वपूर्ण कार्य 1690 में अब्दुल वासे हाँसवी के शब्दकोश 'ग़रायबुल लुग़ात' पर आलोचनात्मक व्याख्या लिखने का है, उन्होंने 'ग़रायबुल लुग़ात' को सूचीबद्ध भी किया। आरजू की व्याख्याओं और उसे सूचीबद्ध करने के कारण ग़रायबुल लुग़ात वास्तविक शब्दकोश से अधिक भिन्न और महत्त्वपूर्ण हो गया। मीर अब्दुल वासे हाँसवी ने 'ख़ालिक़ बारी की तर्ज़ पर समद बारी लिखी, जो प्राय: 'ख़ालिक़ बारी' से भी अधिक प्रभावी दिखाई देती है। उन्होंने समद बारी में ख़ालिक बारी से अच्छी तकनीक का प्रयोग किया। यह पुस्तक अप्राप्य थी। इसकी पांडुलिपि मौलवी अब्दुल हक़ को मिल गई। उन्होंने इसे 'जान पहचान' के नाम से प्रकाशित किया। समद बारी में भी अरबी-फ़ारसी और हिन्दवी के समानार्थी शब्द मिलते हैं—

अब्दुल वासे से यह किताब
तीन ज़बानों का है निसाब

इस पुस्तक से कुछ उदाहरण देखिए—

ख़्वांदन नवीश्तन फ़हमीदन जानो
पढ़ना लिखना समझना मानो
आवुर्दन बुरदन सोख़्तन कहिए
लाना ले जाना जलाना कहिए
पोख़्तन सूदन शुमालीदन जान
पकाना खिसना खुरचना जान
ताफ़्तन याफ़्तन साख़्तन जानो
बाँटना बुनना सँवारना पहचानो

उसी समय 'ख़ालिक़ बारी' की तर्ज़ पर रज़्ज़ाक बारी, मालिक बारी जैसे काव्यात्मक शब्दकोश लिखे गए। एक शताब्दी उपरान्त मिर्ज़ा ग़ालिब ने अपने पुत्र के लिए हिन्दवी में क़ादिरनामा लिखना प्रारम्भ किया, जो उनके पुत्र की मृत्यु के उपरान्त अधूरा रह गया। यहाँ एक बात उल्लेखनीय है कि ख़ुसरो की तरह मिर्ज़ा ग़ालिब ने भी क़ादिरनामा को अपनी रचनाओं की सूची में कभी सम्मिलित नहीं किया, तो इसका अर्थ यह नहीं है कि क़ादिरनामा मिर्ज़ा की रचना ही नहीं है।

हिन्दवी के विकास में जहाँ तक ख़ुसरो की 'ख़ालिक़ बारी' की परम्परा को आगे बढ़ाने का प्रश्न है, वह मृतप्राय हो गया। 20वीं शताब्दी के आलोचक इस प्रश्न पर विचार करने लगे कि काव्यात्मक शब्दकोश 'ख़ालिक़ बारी' ख़ुसरो की रचना है या नहीं। इसमें भिन्न-भिन्न तर्क दिये गए। कभी कहा गया कि 'ख़ालिक़ बारी' के अगर कई बड़े खंड थे, तो वे कहाँ गए। ख़ालिक़ बारी की बड़े-बड़े खंड होने की बात अतिशयोक्ति भी हो सकती है। हिन्दवी तो हिन्दवी है, ख़ुसरो की बहुत अधिक संख्या में फ़ारसी रचनाएँ काल के गाल में चली गईं। उनकी अन्तिम भव्य मसनवी 'तुग़लक़नामा' के कुछ ही शेर उपलब्ध हैं। मुझे तो ऐसा प्रतीत होता है कि अमीर ख़ुसरो की मृत्यु के बाद मुहम्मद बिन तुग़लक़ 1325-1352 ने दिल्ली वालों को तुग़लक़ाबाद देवगिरि जाने का जो फ़रमान सुनाया था। उसी उपद्रव में अन्य रचनाओं की भाँति 'ख़ालिक़ बारी' के सारे खंड भी नष्ट हो गए होंगे। अमीर ख़ुसरो ने 'ख़ालिक़ बारी' में छोटे-बड़े कई प्रकार के छंदों का प्रयोग किया है। कुछ शेर छोटी छंदों में मिलते हैं, उसके तुरन्त बाद कुछ शेर बड़े छंदों में सामने आते हैं। फिर उससे भी बड़े छंद सामने आ जाते हैं। इससे यह बात सिद्ध हो जाती है कि मौलाना मुहम्मद हुसैन आज़ाद ने 'ख़ालिक़ बारी' की जो बड़े-बड़े खंडों में होने की बात कही है, वह केवल कहानी नहीं है, बल्कि उसमें सत्यता है। क्योंकि जो अशआर बच गए हैं। वह किसी बड़े भंडार में से कहीं-कहीं से इकट्ठा किये हुए प्रतीत होते हैं।[49] इसलिए वर्तमान 'ख़ालिक़ बारी' में व्यवस्थित छंद नहीं पाए जाते।

1918 में प्रकाशित 'जवाहरे ख़ुसरवी' और 1925 में प्रकाशित 'उर्दू-ए-कदीम' के लेखक ख़ालिक़ बारी के अमीर ख़ुसरो की रचना होने में किसी प्रकार का शक व्यक्त नहीं करते। बल्कि 'जवाहरे ख़ुसरवी' के सम्पादकों मौलाना अमीन अब्बासी चिरैयाकोटी और मौलाना रसीद अहमद सालिम ने ख़ालिक़ बारी के ऐतिहासिक महत्त्व पर अत्यन्त बौद्धिक भूमिका लिखी है। इसके 10 वर्ष उपरान्त 1928 में प्रकाशित हाफ़िज़ महमूद शीरानी की पुस्तक 'पंजाब में उर्दू' ने ख़ालिक़ बारी पर आपत्तियों की एक नई शृंखला प्रारम्भ कर दी। पहली बार हाफ़िज़ शीरानी ने कहा कि 'ख़ालिक़ बारी' अमीर ख़ुसरो की रचना नहीं है। यदि होती तो उस समय से लेकर आज तक उसके अनुसरण में सैकड़ों पुस्तकें लिखी गई होतीं। उस पर टीकाएँ की गई होतीं। शब्दकोश लिखने वाले उसका सन्दर्भ देते।[50] पंजाब में उर्दू का अध्ययन

करने पर ज्ञात होता है कि हाफ़िज़ महमूद शीरानी साहित्य में स्टंट (stunt) के समर्थक हैं। प्रायः यह आभास होता है कि वह पंजाब को लेकर ईर्ष्यालु हैं। वह उन प्रत्येक घटना और व्यक्तित्व को चोटिल करते हैं, जिसका सम्बन्ध पंजाब से नहीं होता। उन्होंने उन्हीं कवियों, लेखकों, आलोचकों, और सुल्तानों को वरीयता दी है, जिनमें पंजाबियत का प्रभाव दिखाई देता है। तथ्यों के आधार पर कहा जा सकता है कि यह पुस्तक उर्दू के विकास में पंजाब की भूमिका को स्थापित करने के लिए लिखी गई प्रतीत होती है। परन्तु इसका अर्थ यह नहीं है कि दूसरे व्यक्तियों और उनके कार्य को नीचा दिखाकर पंजाब को वरीयता दी जाए। उर्दू के उद्भव और विकास में शीरानी ने लगभग देश के अन्य भागों को तो छोड़िये दिल्ली तक की भूमिका को नगण्य कर दिया है। कबीरदास को शाह कबीर लिखते हैं। परन्तु अमीर ख़ुसरो को कहते हैं कि उन्होंने अपने नाम के आगे शाह क्योंकर लिखा[51]—

मौलवी साहब सरन पनाह
गदा भिकारी ख़ुसरो शाह

हाफ़िज़ शीरानी कहते हैं कि ख़ुसरो को क्या आवश्यकता पड़ी कि वे अपने नाम के आगे शाह लिखें। उन्होंने ऐसा किया, इसलिए 'ख़ालिक़ बारी' उनकी रचना नहीं है। अब उन्हें कौन समझाए कि कवि किस प्रकार अशआर में शब्दों के प्रयोग को आवश्यकतानुसार क़ाफ़िया बन्दी के लिए परिवर्तित कर देते हैं। शीरानी कहते हैं कि शाह शब्द सादात अपने नाम के बाद लिखते हैं। कहते हैं कि अमीर ख़ुसरो के समय में ग़रीबों और फ़क़ीरों के नाम के आगे शाह लिखने की परम्परा थी। अभी सादात के साथ जोड़ रहे थे, चौथे वाक्य में इसे फ़क़ीरों के साथ संलग्न कर दिया। पुस्तक के अगले अध्याय का शीर्षक 'शाह कबीर' है। अब कोई उनसे पूछे कि कबीरदास कब सादात हो गए। मुहम्मद बिन तुग़लक़ अपने नाम के आगे शाह लिखता था, तो क्या वह भी फ़क़ीर या सादात में से था। क्या उसे भी शीरानी फ़क़ीर कहेंगे। उसके पिता सुल्तान ग़ियासुद्दीन तुग़लक़ उपनाम ग़ाज़ी मलिक, सुल्तान जलालुद्दीन की सेना में एक साधारण सैनिक के रूप में भर्ती हुआ था। वह कब से सादात हो गया।

ग़ियासुद्दीन तुग़लक़ मुल्तान और सामाना छावनी में बहुत दिन तक सिपाही और हरकारे के पद पर नियुक्त रहा। उसे पंजाबी पर बहुत अच्छी पकड़ थी। इसलिए हाफ़िज़ शीरानी उसकी बहुत प्रशंसा करते हैं। वास्तव में हाफ़िज़ शीरानी के मस्तिष्क पर पंजाबियत का गहरा प्रभाव था। उन्हें पंजाब के अतिरिक्त देश के अन्य भागों में उर्दू के विकास के लिए कोई योगदान दिखाई नहीं देता। उन्होंने अपनी पुस्तक 'पंजाब में उर्दू' में ख़ुसरो के जो दोहे सम्मिलित किये हैं, उसकी उच्चारण शैली भी पंजाबी आधारित है। भाषा की पहचान के सम्बन्ध में हाफ़िज़ शीरानी ने

आश्चर्यजनक भेद प्रकट किया है। सम्भवतः इस कहानी को उन्होंने फ़रिश्ता से उठाया है। फ़ीरोज़ तुग़लक़ के काल में दिल्ली पर पूरबियों का प्रभाव बढ़ गया था। इसके उपरान्त जब पूरबिये दिल्ली में उत्पात मचाने लगे, तो नासिरुद्दीन मुहम्मद तुग़लक़ 1390-94 ने उन्हें दिल्ली छोड़ने का आदेश दिया। जो लोग उसके आदेश पर भी दिल्ली में छुपे रह गए थे, उनकी पहचान के लिए उनसे 'खड़ा खड़ी' शब्द का उच्चारण कराया गया। शुद्ध उच्चारण न करने वाले पूरबियों को मौत के घाट उतार दिया गया।[52]

हाफ़िज़ शीरानी की सबसे बड़ी समस्या 'ख़ालिक़ बारी' को विशेष साहित्यिक महत्त्व देना है। वे इस बात से अधिक क्रोधित हैं कि लोग उसे इतना महत्त्व क्यों देते हैं। विशेष रूप से 'जवाहरे ख़ुसरवी' के सम्पादक मौलाना अमीन अब्बासी चिरैयाकोटी पर तो वे आगबबूला हैं। शीरानी के अनुसार मौलाना ने काव्यात्मक रूप से बिना तर्क के ख़ुसरो की प्रशंसा की है। बल्कि यही बात उनके लिए कही जा सकती है कि वे अकाव्यात्मक और अतार्किक रूप से 'ख़ालिक़ बारी' पर प्रश्नचिह्न लगा रहे हैं। 'ख़ालिक़ बारी' में ताँबे का सिक्का जीतल का प्रयोग हुआ है। इस आधार पर मौलाना चिरैयाकोटी ने बिना शंका के ख़ालिक़ बारी को अमीर ख़ुसरो की रचना मान लिया है। जबकि ठीक उसी आधार पर कि जीतल तो मुग़ल काल में भी प्रयोग हुआ है, उसे बाद की रचना सिद्ध करते हैं। मौलाना चिरैयाकोटी ने सल्तनत काल में प्रयोग होने वाले मुहावरों को भी आधार बनाया है। जैसे मैं तुझ कहिया, तू कित रहिया अर्थात तू कहाँ रहा, बावा उडानी अर्थात हवा चली, आँखना अर्थात देखना, भाखना अर्थात कहना, चाव अर्थात शौक़ इत्यादि मुहावरों के आधार पर ख़ालिक़ बारी को ख़ुसरो की रचना बताया है। परन्तु हाफ़िज़ शीरानी के अनुसार 'बावा अडानी' हवा चली नहीं है, बल्कि धूल के साथ हवा चलने को कहते हैं। यहाँ हाफिज़ शीरानी ने कितना बारीक बिन्दु ढूँढ़कर निकाला है, जो चिरैयाकोटी को नहीं ज्ञात था, अर्थात जब हवा चलेगी तो धूल उड़ेगी। यह बात केवल शीरानी को ज्ञात है, या यह हो सकता है, कि लाहौर में हवा चलती हो तो धूल उड़ती हो अलीगढ़ या जौनपुर जहाँ चिरैयाकोटी का घर था, हवाएँ बिना धूल के चलती हों। महमूद शीरानी का ख़ालिक़ बारी पर सबसे बड़ा आरोप यह है कि उसके शब्दों में ग्रामों और स्केल का ध्यान नहीं रखा गया है। शब्दों के उचित उच्चारण का ध्यान नहीं रखा गया है। ऐसे में इस पुस्तक को अमीर ख़ुसरो से जोड़ना अनुचित है। उन्होंने कहा कि अरबी-फ़ारसी और हिन्दवी के विकल्प यथा स्थान नहीं रखे गए हैं, परन्तु हाफ़िज़ जी को समझना चाहिए कि यह समस्त कमियाँ इसलिए हैं कि उन्होंने हिन्दवी काव्य पर विशेष ध्यान नहीं दिया, जैसा कि आवश्यकता थी। ख़ालिक़ बारी आज से सात सौ वर्ष पूर्व लिखी गई। आज के स्तर पर हमें उस समय की भाषा के उच्चारण और उसके गठन की माँग नहीं करनी चाहिए। जब ख़ुसरो, 'ख़ालिक़

बारी' लिख रहे थे, हिन्दवी के उच्चारण में आज की तरह निखार नहीं आया था। यह भाषा विकास की प्रक्रिया से गुज़र रही थी। ख़ालिक़ बारी के मूल पाठ में समय के साथ-साथ अत्यधिक परिवर्तन हुआ है। हमें इसे भी नहीं भूलना चाहिए।

यही नहीं कि हाफ़िज़ महमूद शीरानी ने केवल 'ख़ालिक़ बारी' पर उसकी वास्तविकता का आरोप लगाया हो। उन्होंने पृथ्वीराज चौहान के दरबारी कवि और मित्र चन्दबरदाई पर भी एक शोध पत्र लिखकर बताया, कि चन्दबरदाई का पृथ्वीराज चौहान से कोई सम्बन्ध नहीं था। उन्होंने चन्दबरदाई के रासो महाकाव्य की भाषा और मुहावरे को भी बाद के काल का होना बताया। यहाँ उल्लेखनीय है कि हिन्दी के लेखकों और शोधकर्ताओं ने शीरानी का नोटिस नहीं लिया। शीरानी यहीं नहीं रुके महमूद गजनवी और फ़िरदौसी के क़िस्से पर भी प्रश्न खड़ा किया है।[53] इसका सम्पूर्ण विवरण आगे के पृष्ठों में प्रस्तुत किया गया है। शीरानी ने कहा कि महमूद गजनवी ने फ़िरदौसी से 'शाहनामा' लिखने का अनुरोध ही नहीं किया था, न ही फ़िरदौसी से उसका कोई अनुबंध हुआ था। उन्होंने कहा कि गज़नी की जामा मस्जिद पर महमूद गज़नवी के विरुद्ध, फ़िरदौसी के नाम से जो शिकायती कविता चिपकाई गई थी, उसे किसी अन्य ने फ़िरदौसी के नाम से लिखकर वहाँ चिपका दिया था।

आश्चर्य होता है कि इतने महत्त्वपूर्ण स्रोत को जिसे सैकड़ों इतिहासकारों ने अपनी पुस्तकों में प्रस्तुत किया है, हाफ़िज़ शीरानी ने कितनी आसानी से झुठला दिया। बात तो उस समय अधिक बिगड़ गई, जब हाफ़िज़ शीरानी ने उर्दू के प्रख्यात आलोचक साहित्यकार और कवि शिब्ली नोमानी के पाँच खंडों में प्रकाशित फ़ारसी साहित्य का इतिहास 'शैरूल अजम' में प्रस्तुत कुछ घटनाओं और सन्दर्भों को असत्य कह दिया। शिब्ली स्कूल के लेखक हाफ़िज़ शीरानी पर चढ़ बैठे। उन्होंने उनसे कलमी युद्ध छेड़ दिया। आजमगढ़ी लेखक शीरानी का बखिया उधेड़ने लगे। पंजाब और आजमगढ़ के बीच हो रहा यह कलमी युद्ध पानीपत के युद्ध जैसा था। इस युद्ध में उस समय के बड़े-बड़े लेखक कूद पड़े, जैसे मौलाना हबीबुर्रहमान शेरवानी, सैयद सुलेमान नदवी, मौलवी अब्दुल हक़, डॉ. इकबाल और मौलवी मुहम्मद शफीअ इत्यादि।[54]

जब हाफ़िज़ शीरानी ने यह कहा कि 'ख़ालिक़ बारी' इसलिए अमीर ख़ुसरो की रचना नहीं है कि उत्तरकालीन लेखकों ने कभी अमीर ख़ुसरो का नाम नहीं लिया और न ही उनकी तर्ज़ पर कोई पुस्तक ही लिखी। इस बात को उर्दू के जाने-माने आलोचक लखनऊ विश्वविद्यालय के विभागाध्यक्ष प्रो. मसऊद हसन रिज़वी ने गम्भीरता से लिया। वे शोध में जुट गए। उन्हें एक पुस्तक 'अल्लाह ख़ुदाई' मिली, जो 1664 में प्रकाशित हुई थी। उन्होंने 1932 में हिन्दुस्तानी मैगज़ीन इलाहाबाद में 'अल्लाह ख़ुदाई' के नाम से एक लेख प्रकाशित कराया, और सिद्ध किया कि

'तजल्ली' नामी कवि ने ख़ुसरो की 'ख़ालिक़ बारी' की तर्ज़ पर अल्लाह ख़ुदाई लिखी है, और उस पुस्तक में तजल्ली ने ख़ुसरो और उनके पीर शेख़ निज़ामुद्दीन औलिया से आशीर्वाद माँगा है—

बहरे मुर्ग सुख़न निहादम दाम
मददे ख़्वास्तम ज़े रूह निज़ाम
शायद अज़ लुत्फ़ रहमत बारी
रूहे ख़ुसरो नुमायदम यारी

(चिड़ियों का स्वर जैसे पिंजड़े से बाहर प्रत्येक व्यक्ति को आनन्दित करता है। उसी प्रकार हजरत निजामुद्दीन औलिया से प्रार्थना है कि मेरी सहायता करें। ख़ुसरो की मित्रता हमारे लिए लाभप्रद है। सम्भवतः इसी में ख़ुदा की कृपा सम्मिलित हो।)

ख़ान आरज़ू अपने ग्रंथ 'मजमउल नफ़ायस' में 'ख़ालिक़ बारी' को अमीर ख़ुसरो की रचना स्वीकार करते हुए कहते हैं कि ख़ुसरो ने इसका नाम 'ख़ालिक़ बारी' नहीं रखा था। बाद में उसकी प्रथम पंक्ति 'ख़ालिक़ बारी सृजन हारा' के अनुसरण में इसका नाम 'ख़ालिक़ बारी' प्रचारित हो गया। उन्होंने इसको 'रिसाला मंजूम ख़ुसरो' कहा है।[55] मसऊद हुसैन रिजवी की अल्लाह ख़ुदाई के शोध के बाद हाफ़िज़ शीरानी 12 वर्ष ख़ामोश रहे। वह 1940 में पंजाब विश्वविद्यालय के ओरिएंटल कॉलेज से रिटायर होने के बाद टोंक चले गए। कुछ दिनों बाद मौलवी अब्दुल हक़ ने उन्हें अंजुमन तरक़्क़ी उर्दू में शोध अधिकारी नियुक्त कर दिया। अंजुमन में कार्य के दौरान उन्हें 'ख़ालिक़ बारी' की एक प्राचीन पांडुलिपि दिखाई दी, जिसे कभी 'हिफ़्ज़ुल्लिस्सान' के नाम से प्रकाशित किया गया था। कोई ज़ियाउद्दीन ख़ुसरो नाम के व्यक्ति ने इस पत्रिका को लिखा था। हाफिज़ जी ने कहा कि वास्तव में यह हिफ़्ज़ुल्लिस्सान ही वास्तविक ख़ालिक़ बारी है। हिफ़्ज़ुल्लिस्सान को ज़ियाउद्दीन ख़ुसरो ने किसी बाबा इसहाक़ के अनुरोध पर लिखा था। हाफ़िज़ शीरानी के अनुसार हिफ़्ज़ुल्लिस्सान 1634 में प्रकाशित हुआ था। उनके इस दावे में सत्यता नहीं है। क्योंकि 1634 के प्रकाशन की जो तिथि बताई गई है। वह इंडिया ऑफ़िस लाइब्रेरी की पांडुलिपि नं. 225 की तिथि से मेल नहीं खाती और न ही मौलवी अब्दुल हक़ के प्रकाशन की तिथि से मेल खाती है।[56]

दोनों प्रतियों में कोई समानता नहीं है। क्योंकि दोनों के अशआर में अन्तर है। हाफ़िज़ शीरानी ने इंडिया ऑफ़िस लाइब्रेरी और अंजुमन तरक़्क़ी उर्दू की प्रतियों को इकट्ठा करके एक भूमिका लिखी और नई सूची प्रकाशित की। शीरानी ने उसे मसऊद हसन रिज़वी की 'अल्लाह ख़ुदाई' का उत्तर तो नहीं कहा, परन्तु उनके

मन को शान्ति अवश्य मिली होगी कि उन्होंने रिज़वी की अल्लाह ख़ुदाई का उत्तर दे दिया है। यद्यपि यह बाद में ज्ञात हुआ कि अल्लाह ख़ुदाई और हिफ़्ज़ुल्लिस्सान से 100 वर्ष पूर्व अजयचन्द भटनागर की पुस्तक 'मिस्ले ख़ालिक़ बारी' प्रकाशित हो चुकी थी। उसके बारे में मौलाना अमीन अब्बासी चिरैयाकोटी, मसऊद हसन रिज़वी और हाफ़िज़ महमूद शीरानी को जानकारी नहीं थी, वरना ये विद्वान अपने शोध पत्रों में अजयचन्द का ज़िक्र अवश्य करते। 1960 में आलोचक सफदर आह ने मुम्बई की प्रत्रिका नवाए अदब में एक निबन्ध 'अमीर ख़ुसरो बहैसियत उर्दू शायर' शीर्षक से लिखा, जिसमें उन्होंने उर्दू रिसर्च इंस्टीट्यूट मुम्बई और प्रो. नजीब अशरफ की अप्राप्य पांडुलिपियों को आधार बनाकर सिद्ध किया कि ख़ालिक़ बारी अमीर ख़ुसरो की रचना है। दो भागों में प्रकाशित इस लेख में आह ने बताया कि ये दोनों पांडुलिपियाँ अमीर ख़ुसरो की मृत्यु के 11 वर्ष बाद 1336 की लिखी हुई है। 'आह' के लेख के प्रकाशन के बाद ख़ालिक़ बारी पर चर्चा की नई शृंखला प्रारम्भ हो गई, परन्तु उस समय तक महमूद शीरानी जीवित नहीं थे।[57]

उक्त चर्चा के बाद अब किसी किन्तु परन्तु की आवश्यकता नहीं रह गई है, कि 'ख़ालिक़ बारी' अमीर ख़ुसरो की रचना नहीं है। अमीर ख़ुसरो ने ख़ालिक़ बारी की रचना अत्यन्त सादगी से की थी। उन्होंने हिन्दवी शब्दावली को ठीक उसी प्रकार प्रस्तुत किया जैसा वह उस समय बोली जाती थी। इसीलिए उनके अन्य हिन्दवी काव्य दोहों, मिश्रित रेख़्ता ग़ज़लों, पहेलियों, कहमुकरियों, क़व्वालियों और गीतों की तरह 'ख़ालिक़ बारी' की शैली में भी एक प्रकार की अगाम्भीर्यता दिखाई देती है। भले ही उन्होंने अपने हिन्दवी काव्य को उत्कृष्ट बनाने के लिए कोई परिश्रम न किया हो, फिर भी उनके हिन्दवी काव्य में सम्मोहन है, जो पाठक को अपनी ओर खींचता है। यह सम्मोहन उनके हिन्दवी काव्य में प्राकृतिक रूप से दिखाई देता है। ख़ालिक़ बारी में भी हिन्दवी शब्दावली का प्रयोग बहुत अलंकरणीय है, परन्तु जब छंदशास्त्री उसे स्केल और ग्रामों पर परखने का प्रयत्न करते हैं, तो कुछ शेर उस पर खरे नहीं उतरते। उसका एक बड़ा कारण समय चक्र और परिवर्तनशील परिस्थितियाँ हैं, जो इस प्रकार की रचनाओं के साथ क्रूर मज़ाक़ करती हैं। इसमें कोई शंका नहीं है कि 'ख़ालिक़ बारी' भी जन स्मरण शक्ति के माध्यम से एक काल से दूसरे काल तक पहुँची हैं। जो प्राच्य प्रतियाँ हमारे पास तक पहुँची हैं। वे भी समय चक्र के प्रभाव से अछूती नहीं हैं। फिर भी 'ख़ालिक़ बारी' का सबसे बड़ा महत्त्व यह है कि उससे उर्दू की प्राचीन शब्दावली के ढाँचे का अध्ययन करने में सहायता मिलती है।

ख़ालिक़ बारी के अध्ययन से यह भी ज्ञात होता है कि उस समय की विभिन्न बोलियों का एक दूसरे से किस प्रकार का आन्तरिक सम्बन्ध था। वहाँ भाषायी स्तर पर किस प्रकार की हलचल मची हुई थी। एक ऐसी सांस्कृतिक हलचल जिसमें

अरबी-ईरानी संस्कृति का हिन्दवी में मिश्रण का कार्य बहुत शीघ्रता से क्रियाशील था। यद्यपि मिश्रण की यह क्रिया अधूरी थी, इसलिए उस समय के समस्त कवि फ़ारसी के साथ-साथ हिन्दवी शब्दावली का अत्यधिक प्रयोग कर रहे थे।[58]

अमीर ख़ुसरो और तसव्वुफ़ का परिचय

अमीर ख़ुसरो का तसव्वुफ़ परम्परागत नहीं था, बल्कि यह उनके व्यक्तित्व की स्वाभाविक माँग थी। वे एक विनोदी स्वभाव के सांसारिक व्यक्ति थे। ऐसा विनोदी व्यक्ति जिसने अपना सम्पूर्ण जीवन मस्ती, भोग-विलास और सुख-चैन में व्यतीत किया हो, हम उसे सूफ़ी कहकर उसके बहुआयामी व्यक्तित्व को सीमित करने का प्रयास करते हैं, जिसमें एक राजनीतिज्ञ, एक कवि, एक इतिहासकार का हृदय बसा हुआ था। अमीर ख़ुसरो को हज़रत ख़्वाजा शेख़ निज़ामुद्दीन औलिया से गहरी मित्रता और समर्पण का भाव था। इस मित्रता और समपर्ण को हम विद्वान और बहुआयामी व्यक्तित्व वाले दो लोगों के बीच मानसिक सम्मोहन के रूप में देख सकते हैं, एक ऐसा व्यक्ति जो संसार के अस्थायित्व को बहुत गहराई से समझता हो, उसके स्वभाव में तसव्वुफ़ के तत्त्व का प्रवेश कर जाना एक स्वाभाविक क्रिया है। इसका सबसे बड़ा कारण उनकी फ़ारसी कविता पर सूफ़ियाना रंग का प्रभाव होना कहा जा सकता है, जो कहीं भी उनके विनोदी स्वभाव से नहीं टकराता, बल्कि उसे आभावान करता है। इस बात पर आगे प्रकाश डाला जाएगा कि किस प्रकार उस काल के फ़ारसी कवियों के मन में तसव्वुफ़ का रंग घर कर गया था। अमीर ख़ुसरो ने अपने बहुरंगी जीवन में बहुतों को प्रभावित किया, जिनमें सुल्तान से लेकर साधारण जन तक सम्मिलित थे। उनके व्यक्तित्व का प्रभाव और उनकी लोकप्रियता के चरमोत्कर्ष को, उनकी हिन्दवी कविता में आसानी से देखा जा सकता है।

जब हम उनके व्यक्तित्व में तसव्वुफ़ के तत्त्व की खोज करते हैं, तो हमें तसव्वुफ़ की उभरती हुई संरचना पर भी चर्चा आवश्यक जान पड़ती है। हमें उस समय को देखना होगा और उनके मानवीय स्वभाव को परखना होगा, जिसमें तसव्वुफ़ के बीज से कोंपल निकलने लगे थे। आज भी हम सूफ़ियाना रहस्यों पर सिर धुनते दिखाई देते हैं। हमारी स्वाभाविक माँग हमें तसव्वुफ़ के बृहद संसार की सैर के लिए बाध्य करती है। देखने में आया है कि कुछ संभ्रान्त और शिक्षित व्यक्तियों का मन मस्तिष्क तसव्वुफ़ से प्रायः प्रेरित रहता है। ऐसे लोग सूफ़ियाना आचार-विचार से प्रभावित होते हैं। वह तसव्वुफ़ से लगाव महसूस करते हैं। वे सांसारिक सुख-शान्ति की अपार वातावारण में रहते हुए भी उनका मन उससे विरक्त रहता है। वे तसव्वुफ़ के संसार में खो जाना चाहते हैं। उनका हृदय उन्हें बार-बार

तसव्वुफ़ की माँग को पूरा करने के लिए प्रेरित करता रहता है। ऐसे में अमीर ख़ुसरो के व्यक्तिगत तसव्वुफ़ पर चर्चा से पूर्व तसव्वुफ़ का एक परिचय आवश्यक है।

क्या है तसव्वुफ़?

मुहम्मद रसूलुल्लाह स. (सल्लल्लाहु अलैहि वसल्लम) की मृत्यु के लगभग दो शताब्दियों बाद मानवीय प्रेम, भाई-चारा, जनसेवा और समर्पण को अपने जीवन का मूल आदर्श बनाने वाले लोग ऊन का लबादा पहनकर घूमने लगे थे, इसलिए उन्हें सूफ़ी कहा जाने लगा। तसव्वुफ़ की उत्पत्ति की खोज के दौरान कुछ शोधकर्ता मदीना में मुहम्मद स. के प्रिय मित्रों जिन्हें 'सहाबा' कहा जाता था, के निकट तक चले जाते हैं, जो मस्जिद-ए-नबवी के चबूतरे पर बैठे रहते थे। उन्हें अहले सुफ़्फ़ा कहा गया। सुफ़्फ़ा अर्थात चबूतरा। परन्तु यह तर्क बहुत स्पष्ट नहीं है। क्योंकि मुहम्मद के मित्रों के लिए सूफ़ी शब्द का कभी प्रयोग नहीं हुआ। यह घटना है कि मुहम्मद स. के मित्रों में मक्का से हिज़रत करके मदीना आने वाले कुछ लोग वैराग्य का जीवन व्यतीत करने लगे थे, क्योंकि उनकी पत्नियाँ मक्का में ही रह गई थीं, और उन्हें मदीना में रहने के लिए घर की व्यवस्था नहीं हो पाई थी। रसूलुल्लाह स. उनके खाने-पीने की व्यवस्था करते थे। कुछ लोगों ने इसे शब्द 'सफ़' से निकला हुआ बताया है। सफ़ अर्थात पंक्ति में खड़े लोग, बिलकुल निश्चित जीवन पद्धति को मानने वाले। कुछ शोधकर्ताओं की राय के अनुसार यह शब्द अरब के कबीला 'बनी सोफ़्ता' से निकला है। कुछ का विचार है कि सुफांता एक तरकारी है, जिससे यह शब्द निकला है, क्योंकि सूफ़ी लोग यह तरकारी बहुत पसन्द करते थे। कुछ लोग इस शब्द का अर्थ सुफ़ूतुल कज़ा से निकालने का प्रयास करते हैं। सुफ़ूतुल कज़ा अर्थात गद्दी पर बालों का गुच्छा, उनका विचार है कि रसूलुल्लाह स. लम्बे बाल रखते थे, जो उनकी गद्दी तक लटके रहते थे। कुछ विद्वानों का विचार है कि यह यूनानी शब्द सुफ़ोस अर्थात थियोसोफ़िया (Theosophia) से निकला है।[59]

सूफ़ी शब्द की उत्पत्ति की ख़ोज में उक्त समस्त वक्तव्यों को भले ही तर्क के रूप में प्रस्तुत किया जाता रहा हो, परन्तु वास्तविकता यह है कि इस्लामी संसार में तसव्वुफ़ का कोई व्यवस्थित और स्पष्ट सिद्धान्त कभी सम्पादित नहीं किया गया। बल्कि तसव्वुफ़ एक स्वाभाविक क्रिया था, जो सामाजिक आवश्यकता के अनुरूप अस्तित्व में आया। संगठित रूप से नहीं कहा जा सकता परन्तु लोगों के बीच घिरे रहने वाले सूफ़िया ने जनसेवा की भावना को अपनी विशेषता का एक अंग बना लिया। यह कहा जा सकता है कि उनका मोटो (motto) था—"दिलों को सुख पहुँचाना अल्लाह तक पहुँचने का सबसे अच्छा और आसान रास्ता है।"[60] प्रारम्भिक समय में तसव्वुफ़ का उल्लेखनीय कार्य निर्धनों का पोषण ही था। सूफ़िया अपनी

मधुर वाणी से संकटग्रस्त और दुखों से निढाल मनुष्यों के दुखी हृदय पर नर्म रुई का फाहा रखते थे और उनकी समस्याओं को सीमित स्तर पर ही सही निराकरण करने का प्रयास करते थे। यह तसव्वुफ़ ही है जो सम्पूर्ण प्राणी जगत से प्रेम का सन्देश देता है। इसमें दो तत्त्व बहुत ही महत्त्वपूर्ण हैं, एक आत्मशुद्धता और दूसरा जनसेवा, आत्मशुद्धता और जनसेवा को हम 7 भागों में बाँट सकते हैं। ईश्वर से प्रेम, रसूलुल्लाह स. के आचरण की पैरवी, परलोक का डर, जनता की चिन्ता, जनसेवा, समानता और अभिव्यक्ति की स्वतंत्रता।

पूर्वी भाषाओं का अंग्रेज़ विद्वान रीनाल्ड एलेन निकल्सन (Reynold Alleyne Nicholson 1868-1945) ने हज़रत शेख़ फ़रीदुद्दीन अत्तार 1145-1220 की पुस्तक 'तज़्किरतुल औलिया' और मुहम्मद अबुल क़ासिम अब्दुल करीम बनी हवाज़न कुशेरी 986-1072 की पुस्तक 'अलरिसालतुल कुशेरिया' से तसव्वुफ़ के सम्बन्ध में कुछ उद्घोषणाएँ इकट्ठा करके 'दी जर्नल ऑफ़ दी रॉयल एशियाटिक सोसाइटी' (The Journal of Royal Asiatic Society) के 1906 के अंक में प्रकाशित किया था। निकल्सन द्वारा तसव्वुफ़ पर प्रस्तुत की गई निम्नलिखित उद्घोषणाओं से ज्ञात होता है कि एक सूफ़ी के व्यक्तित्व में कम-से-कम किस प्रकार का स्वभाव प्रेम और भावनात्मक एकता का होना आवश्यक है[61]—

- तसव्वुफ़ यह है कि कोई व्यक्ति ऐसे कार्यानुभव से गुज़र रहा हो, जिसका ज्ञान केवल अल्लाह को है और वह हमेशा इस प्रकार अल्लाह के साथ रहे कि उसका ज्ञान केवल अल्लाह को रहे। अबूसुलेमान अल-दारानी मृत्यु-830।
- ये वे लोग हैं जिन्होंने अल्लाह को प्रत्येक वस्तु पर वरीयता दी है, और अल्लाह ने भी प्रत्येक वस्तु पर उन्हें वरीयता दी है। जुन्नून मिश्री मृत्यु-859।
- सूफ़ी को कोई वस्तु अपवित्र नहीं कर सकती और वह प्रत्येक वस्तु को पवित्र कर सकता है। अबूतुराब अल-नक़्शबन्दी, मृत्यु-859।
- यह वह है जिसकी पहचान का ईश्वरीय प्रकाश उसकी शुद्धता के प्रकाश को बुझाता नहीं है। ऐसा कोई छुपा हुआ नियम उसके जिह्वा पर प्रकट नहीं होता जो क़ुरआन और सुन्नत के प्रकाश के विरुद्ध हो और उसे जो चमत्कार सौंपा गया है, उनके द्वारा वह अल्लाह के आदेशों की अवहेलना नहीं करता हो। सिर्री अल-सक्ती, मृत्यु-870।
- तसव्वुफ़ सम्पूर्ण आत्मशुद्धता है। अबूहफ़्स अल-हद्दाद, मृत्यु-875।
- सूफ़ी वह है जिसने अपने पास कुछ बाँधकर नहीं रखा और जो किसी वस्तु से बँधा हुआ नहीं है। तसव्वुफ़ स्वतंत्रता है और फुतुव्वत है और

बन्धनों से मुक्ति है और दानशीलता है। अबुल हसन अल-नूरी, मृत्यु-907।

- सूफ़ी धरती के समान है, जिस पर प्रत्येक गंदी वस्तु फेंकी जाती है और जिससे केवल अच्छी वस्तुएँ ही बाहर आती हैं। उन्होंने कहा कि किसी के पास एक दिरहम धन भी हो तो वह धनलोलुप ही रहेगा। संसार की इच्छा रखना और उसे बहुमूल्य समझना मनुष्य को तसव्वुफ़ से दूर कर देता है। सूफ़ी वह है जो बाल के समान भी संसार को महत्त्व न दे और न ही उसका कण भर दुख करे। जुनैद बग़दादी, मृत्यु-909।
- सूफ़ी वह है, जो अपनी देनदारी को अपराध समझता है और जिसके लिए अल्लाह से मुआफ़ी का इच्छुक होता है। अबूबक्र अल-कत्तानी।
- सूफ़ी उसी समय सच्चा सूफ़ी होता है, जब संसार की समस्त प्राणियों को अपना आश्रित समझता हो। अबू बक्र शिब्ली, मृत्यु-945।
- अच्छा कार्य करना और बुरे कार्य का विरोध करना तसव्वुफ़ है। अबू उमरू बिन अल-नजीद, मृत्यु-976।
- सूफ़ी वह है जिसका इश्क़ ही उसका जीवन हो, और जिसकी विशेषताएँ उसका पर्दा हों। अबुल हसन हुसरी, मृत्यु-981।
- सूफ़ी अपने ख़िर्के के कारण सूफ़ी नहीं होता। वह अपने दिनचर्या और परिस्थितियों के कारण भी सूफ़ी नहीं होता, बल्कि सूफ़ी वह होता है, जो अपने अस्तित्व को मिटा देता है। अबुल हसन ख़र्कानी, मृत्यु-1033।

निकल्सन के तसव्वुफ़ की उक्त परिभाषाओं के अतिरिक्त भी कुछ ऐसे उदाहरण हैं, जो एक सूफ़ी में आवश्यक बताई गई हैं, जैसे सूफ़ी के पास आध्यात्मिक शक्तियाँ होनी चाहिए, ताकि वह अपने शिष्यों को सत्य का मार्ग दिखा सके। उसे दानशील, निष्कपट और शुद्ध हृदय वाला होना चाहिए। उसे शिष्यों के पास उपलब्ध सम्पत्ति की इच्छा नहीं रखनी चाहिए। उसे चाहिए कि प्रेम और कड़ाई, दोनों प्रकार से अपने शिष्यों को प्रशिक्षित करे और यह कि उसके आदेश शरीअत के अनुसार हों। इस बात को और अधिक स्पष्ट करते हुए कहा गया है कि सूफ़ी को दयालु, धैर्यवान और मधुर स्वभाव का व्यक्ति होना चाहिए। उसे मुँहफट, कटुभाषी और दुर्गुणों वाला व्यक्ति नहीं होना चाहिए।[62]

रूसी दार्शनिक आई. पी. पेत्रोशेवस्की (I.P. Petrushevasky 1898-1977) ने तसव्वुफ़ को परिभाषित करते हुए कहा है कि तसव्वुफ़ को विशुद्ध इस्लामी सिद्धान्त नहीं कहा जा सकता, उसका प्रसिद्ध ग्रंथ 'ईरान में इस्लाम' (Islam in Iran) जो 1966 में प्रकाशित हुआ था, उसमें पेत्रोशेवस्की ने तसव्वुफ़ पर एक सम्पूर्ण अध्याय ख़र्च किया है। वह कहता है कि भिन्न-भिन्न राष्ट्रों और भिन्न-भिन्न समय में इस प्रकार के रुझान विकसित हुए थे। उसका कहना है कि तसव्वुफ़ कई प्रकार के दर्शन

और सिद्धान्तों के मिश्रण का परिणाम है। उसने कहा कि शामी ईसाइयत और नव अफ़लातूनियत भी इसी प्रकार की वस्तु थी, बल्कि इस्लामी तसव्वुफ़ हिन्दुस्तान में वेदांत के विश्वदेवतावाद (Pentheism) के सिद्धान्त से पूरी तरह एकरूपता लिये हुए है। ईसाई राहिब जो बड़ी-बड़ी ख़ानक़ाहों में रहते थे, उन्हें शामी ईसाइयत का बड़ा उदाहरण कहा जा सकता है। वे चमत्कार भी करते थे। यद्यपि उनके अन्दर सर्वशक्तिमान की भावना जागृत हो गई थी, ये बात उन्हें जनलोकप्रियता से दूर कर रही थी। ये दुर्गुण उन्हें मुस्लिम सूफ़ियों की तरह जनसेवा करने से भी रोकती थी।[63]

तसव्वुफ़ एक परिचय

ईरान और अरब के अतिरिक्त दूर-दराज़ के देशों में भी तसव्वुफ़ ने ही इस्लाम को जनता के निकट पहुँचाया। लोग अपने दुख-दर्द लेकर उलमा के पास नहीं बल्कि सूफ़ियों के पास जाते थे। जनता जनार्दन का उलमा के निकट न जाने का सबसे बड़ा कारण शरीअत थी, जिसके कड़े क़ानून और विधि-विधान की लम्बी सूची साधारण आदमी की समस्याओं का निराकरण करने में असमर्थ थी। लोग शरीअत को कड़ाई से पालन करने के नियम से भी डर जाते थे, जबकि सूफ़िया ने जिस मार्ग को स्वीकार किया, उसे वे तरीक़त कहते थे। तरीक़त ने सूफ़ियों को जनसेवा के लिए प्रेरित करने के साथ मनुष्य की कोमल भावनाओं को विकसित करने का कार्य किया। तरीक़त उन मानवीय आवश्यकताओं की पूर्ति की क्षमता रखती है, जो शरीअत पूर्ण नहीं कर पाती। शेख़ हमीदुद्दीन नागौरी के अनुसार शरीअत का क्रियान्वयन करने वाले अपने व्यक्तित्व और सांसारिकता से मुक्ति प्राप्त करते हैं, जबकि तरीक़त पर जो लोग चलते हैं वह अपने जीवन और हृदय से मुक्ति के इच्छुक होते हैं।[64]

उलमा और सूफ़ियों के बीच शरीअत और तरीक़त के क्रियान्वयन की शैली में मूलभूत अन्तर रहा है। जहाँ उलमा शरीअत के क्रियान्वयन में वार्तालाप (Dialogue and Narration) का प्रयोग करते हैं, वहीं सूफ़ियों ने तरीक़त को सार्वजनिक करने के लिए क्रिया का सहारा लिया। यद्यपि प्रारम्भिक काल के सूफ़ियों की दृष्टि में शरीअत और तरीक़त एक-दूसरे से सम्बद्ध थे और उनके अनुसार तरीक़त शरीअत की कार्यवृत्ति को व्यापकता प्रदान करती थी, परन्तु इस सिद्धान्त को उलमा ने कभी स्वीकार नहीं किया। फ़वायदुल फुवाद में हज़रते शेख़ निज़ामुद्दीन औलिया ने कहा कि शरीअत और तरीक़त का आपसी सम्बन्ध अत्यन्त महत्त्वपूर्ण है, क्योंकि तरीक़त शरीअत से प्रभावित है और उसमें इस प्रकार घुल-मिल गई है कि कोई व्यक्ति तरीक़त से भटक भी जाए तो वह शरीअत के वृत्त में ही रहता है, परन्तु शरीअत से बाहर आने वाले कहीं के नहीं रहते।

तसव्वुफ़ के फलने-फूलने का सबसे बड़ा कारण शरीअत की कठोरता के अतिरिक्त केवल क़ुरआन के माध्यम से ख़ुदा तक पहुँचने में लोगों की असफ़लता भी थी। मुहम्मद स. के जाने के उपरान्त धीरे-धीरे लोगों के अन्दर ख़ुदा के अस्तित्व में डूब जाने की इच्छा बलवती होने लगी और यह इच्छा शरीअत के नीरस और अनुदार नियमों से पूरी नहीं हो पा रही थी। आत्मा के अन्त:प्रकाश की खोज भी एक बड़ा कारण था। एक कारण आध्यात्मिक यात्रा था। एक कारण था आत्मशुद्धीकरण करने की आवश्यकता। ख़ुदा कहाँ है, हम उसका अनुभव कैसे कर सकते हैं? यह प्रश्न लोगों की मन:स्थिति में निरन्तर जिज्ञासा का विषय बना हुआ था। क़ुरआन के दिखावटी व्याख्या के अतिरिक्त उसमें और क्या कुछ है, इसकी खोज हृदय को निरन्तर प्रफुल्लित कर रही थी। सत्यता की खोज करने वाले निरन्तर इस सोच में डूबे हुए थे, कि क़ुरआन, हदीस और शरीअत के अतिरिक्त कहीं कुछ अवश्य है, जहाँ तक हम पहुँच नहीं पा रहे हैं। पाँच समय की नमाज़ और शरीअत के पालन का कर्तव्य तो उस आनन्दातिरेक तक पहुँचने में सहायक नहीं हो रहे थे, जो रसूले ख़ुदा के कलाम से प्राय: टपकता था। इबादत के उस आनन्द और चरमोत्कर्ष तक पहुँचने की इच्छा ने लोगों को नया मार्ग दिखाया, और वह इश्क़े ख़ुदा का मार्ग था। जिन लोगों ने इश्क़े ख़ुदा के मार्ग को पसन्द किया, उन्हें सूफ़ी कहा गया। जब सूफ़ी का अस्तित्व ख़ुदा के अस्तित्व में विलीन हो जाए, तो वह वली हो जाता है। इसके लिए तपस्या, संयम, इन्द्रिय निग्रह, धैर्य और जनसेवा की आवश्यकता होती है।

रसूले ख़ुदा (स.) के समय में जीवन के व्यावहारिक कर्तव्यों को धार्मिक दृष्टिकोण पर वरीयता दी जाती थी। पूजा-पाठ में भी उन्होंने ललक, अभिरुचि, विश्वास, आस्था और तड़प को प्रोत्साहित किया। उनके समय में सरलता, सादगी और भलाई का दर्जा बहुत ऊँचा था। उनकी संगत में रहते हुए सहाबा के चरित्र और व्यवहार में तरलता और परिपक्वता उत्पन्न हो गई थी। इसलिए वहाँ तसव्वुफ़ जैसे किसी विषय के अस्तित्व में आने का प्रश्न ही नहीं था। बाद के दिनों में स्थितियाँ बदल गईं, लोग धनलोलुप और कामवासना में लिप्त रहने लगे। आत्मइच्छाएँ प्रबल हो गईं। आस्था और विश्वास का ह्रास होने लगा। ऐसा प्रतीत होता है कि उन कमियों में सुधार के लिए सूफ़ियों का गिरोह अस्तित्व में आया। सूफ़ियों के इस गिरोह को हम इस्लाम की प्राकृतिक उपज कह सकते हैं।[65] परन्तु यह वास्तविकता है कि तसव्वुफ़ का वास्तविक उद्‌गम रसूलुल्लाह स. का व्यक्तित्व ही है।

इश्क़, वह शब्द है, जो प्रारम्भिक दौर के सूफ़ियों के लिए बड़ा आकर्षक और मादक था। क़ुरआन और हदीस में इस शब्द का वर्णन नहीं मिलता है, इसलिए इस शब्द के प्रयोग को उचित ठहराने के लिए सूफ़ियों ने कई प्रकार के तर्क ढूँढ़े और कहानियाँ गढ़ीं। ख़ुदा से इश्क़ करके सूफ़ी उसके अस्तित्व में विलीन हो जाना चाहते थे। इसकी महत्ता को प्रदर्शित करने के लिए वे हज़रत अली र. (रज़ी

अल्लाह अन्हु) के चरित्र की महानता तक गए। अली र. का व्यक्तित्व ऊर्जा, साहस, पराक्रम, पवित्रता, सम्मान और बड़प्पन का मिला-जुला घटक था। वे हज़रत अली र. को तसव्वुफ़ के आदि पुरुष के रूप में देखते थे। घटना यूँ वर्णित है कि एक दिन अचानक एक नौजवान उनके सामने तलवार भाँजता हुआ आ धमका। उन्होंने नौजवान को डाँटते हुए कहा कि मूर्ख लड़के, "तुम जानते नहीं हो, मैं कौन हूँ? मैं अली हूँ। तलवारबाज़ी में तुम मुझे पराजित नहीं कर सकते, मुझ पर वार मत करो।" लड़के ने कहा, "परन्तु मैं इश्क़ में गिरफ़्तार हूँ। मेरी प्रेमिका ने कहा है, यदि अली की हत्या कर दूँ, तो वह मेरी हो जाएगी।" उसने कहा। "परन्तु यदि हम लड़ेंगे तो इसका बहुत अधिक अन्देशा है कि मैं तुम्हारी हत्या कर दूँ।" अली र. ने कहा। "कोई बात नहीं, मुझे अपनी जान की परवाह नहीं। किसी के इश्क़ में जान देने से अच्छा और क्या हो सकता है।" लड़के ने उत्तर दिया। हज़रत अली यह देखकर दंग रह गए कि एक लड़का इश्क़ में अपनी जान देने के लिए तैयार है। उन्होंने इश्क़ की महत्ता को प्रदर्शित करने और नौजवान लड़के के इश्क़ की भावना को सम्मानित करने के लिए स्वयं जान देने का निर्णय कर लिया। उन्होंने अपने सिर से पगड़ी उतारी और उसके सामने अपनी गर्दन झुकाते हुए कहा कि "देखो ठीक इस स्थान पर तलवार मारना, ताकि मेरा सिर आसानी से धड़ से अलग हो जाए।" यह देखकर कि इश्क़ के लिए अली भी जान देने के लिए तैयार है, उसका हृदय प्रकाशवान हो गया। उसका हृदय एक औरत के इश्क़ से और उच्च स्तर के इश्क़ की ओर झुक गया, अर्थात ख़ुदा के इश्क़ की ओर, केवल एक क्षण में एक भटका हुआ नौजवान सिद्ध सूफ़ी बन गया। इस घटना का कोई ऐतिहासिक सन्दर्भ उपलब्ध नहीं है, परन्तु ऐसी कहानियों ने उन सूफ़ियों को इश्क़ की महत्ता के लिए प्रेरित किया, जो इश्क़ की तड़प में अपने दिलों को ऊर्जावान बनाने के लिए आतुर थे।[66]

अबू हामिद मुहम्मद बिन मुहम्मद अल-ग़ज़ाली 1058-1111 तसव्वुफ़ को प्रामाणिकता देने वाले इस्लामी संसार के सर्वप्रथम बड़े विद्वान थे। इस्लाम पर किये गए उनके उपकारों के कारण उन्हें हुज्जतुल इस्लाम कहा जाता है। उन्होंने फ़िक्रा का सिद्धान्त, व्याकरण, दर्शन, तर्कशास्त्र, तसव्वुफ़, नैतिक शिक्षा और धर्मशास्त्र पर बहुत अधिक शोधकार्य किया। गोया वह अकेले इतनी विद्याओं में निपुण थे कि उन्हें इस्लाम का इन्साइक्लोपीडिया कहना अधिक उचित होगा। इमाम ग़ज़ाली के काल में इस्लामी संसार संकट काल से गुज़र रहा था। मुअतज़ला और बातिनिया सम्प्रदायों ने इस्लामी देशों में विवाद का तूफ़ान खड़ा कर रखा था। इमाम ने अपने ज्ञान के प्रभाव से इन विवादित सम्प्रदायों को एक झटके में नष्ट कर दिया। उन्होंने अपने ज्ञान और अपनी लेखन क्षमताओं का पूरे विश्व में लोहा मनवाया था। उनकी पुस्तक 'तहाफ़तुल फलास्फ़ा' ने प्रथम बार पाश्चात्य देशों को यूनानी दार्शनिक अरस्तू से परिचित कराया। कुछ लोग जहाँ इस बात पर प्रसन्न होते हैं कि ग़ज़ाली

ने धर्मशास्त्र और फ़िक्रा का पुनर्गठन किया और मुसलमानों को संगठित करने में महत्त्वपूर्ण भूमिका निभाई, वहीं उन्होंने विज्ञान और दर्शन जैसे प्रगतिशील विषयों में ऐसे तत्त्व की खोज की जिनसे इस्लाम धर्म को हानि पहुँच रही थी। मुसलमानों में इस्लाम के प्रति लापरवाही फैल रही थी। लोग विज्ञान और दर्शन जैसे विषयों को पढ़कर शरीअत के आदेशों पर प्रश्नचिन्ह लगा रहे थे। ऐसे में उन्होंने विज्ञान और दर्शन जैसे विषयों के भटकाव वाले सिद्धान्तों से रोका।

उस समय इमाम ग़ज़ाली बग़दाद के निज़ामिया विश्वविद्यालय के कुलपति थे। निज़ामिया विश्वविद्यालय आज के ऑक्सफ़ोर्ड से बड़ा विश्वविद्यालय था। उन्होंने दर्शन और विशेष रूप से विज्ञान को 6 भिन्न विषयों गणित, तर्कशास्त्र, राजनीति शास्त्र, भौतिक शास्त्र, धर्मशास्त्र और नैतिक शास्त्र में विभक्त करके उन पर विस्तृत चर्चा की और उनमें जो भी सिद्धान्त क़ुरआन और शरीअत के अनुरूप नहीं थे, उन्हें पढ़ने से मना करते हुए, उस पर विश्वास करने वालों के विरुद्ध कुफ्र का फ़तवा दे दिया। अलग़ज़ाली के इस निर्णय से इस्लामी संसार में क्रान्ति आ गई, जो लोग विज्ञान और दर्शन की ओर झुकाव रखते थे, वे धीरे-धीरे वापस आने लगे। केवल इमाम ग़ज़ाली ने ही विज्ञान के विकास में रुकावट नहीं डाली, बल्कि उनके डेढ़ सौ वर्ष बाद आए इब्न तैमिया 1263-1328 ने वैज्ञानिक सोच और दार्शनिक विद्याओं के विकास को इस्लाम के विरुद्ध बताया। उन्होंने इमाम अहमद बिन हंबल 780-855 और इमाम अबुल हसन अलअशअरी 873-936 की परम्परा को आगे बढ़ाते हुए सीधे शब्दों में कहा कि क़ुरआन की व्याख्या में बुद्धि का प्रयोग इस्लाम से भटकाने वाला है। उसकी व्याख्या में बुद्धि, विज्ञान और दर्शन का प्रयोग न किया जाए। उसे केवल शाब्दिक अर्थों में समझा जाए।[67]

इस फ़तवे का परिणाम यह हुआ कि धीरे-धीरे मुसलमानों में अन्वेषण, शोध और रचनाधर्मिता की क्षमता धुँधली होने लगी। जब इमाम ग़ज़ाली और इब्ने तैमिया सामाजिक विषयों, विज्ञान और दर्शन के विरुद्ध अभियान चला रहे थे, ऐसे में इस्लामी सोच में शीघ्रता से गिरावट आनी प्रारम्भ हो गई। इस्लाम के चरम और गिरावट के बीच चार सौ वर्ष तक प्रत्येक काल में विश्व का सबसे बड़ा वैज्ञानिक मुस्लिम था, परन्तु यह परम्परा 12वीं शताब्दी के बाद एकदम रुक गई।

विज्ञान और दर्शन न पढ़ने के इमाम ग़ज़ाली के फ़तवे की कड़े शब्दों में आलोचना भी हुई। इस सम्बन्ध में पूर्वी भाषाओं का एक जर्मन विद्वान डॉ. कार्ल एडवर्ड शाशो (Dr. Carl Aduard Sachau 1845-1930) ने इमाम ग़ज़ाली और उनके पूर्ववर्ती इस्लामी विद्वानों इमाम अहमद बिन हंबल और इमाम अबुल हसन अलअशअरी को इस्लामी संसार में अज्ञानता और मानसिक गतिरोध (mental saturation) फैलाने का ज़िम्मेवार करार दिया। वह कहता है कि यदि ये लोग न होते तो अरब की धरती में कई गैलीलियो (Galelio 1564-1642), जोहांस केपलर

(Johannes Kepler 1571-1630) और आईज़क न्यूटन (Issac Newton 1642-1726) का जन्म हुआ होता।[68] डॉ. शाशो ऐसा इसलिए कहते हैं कि उन दिनों बग़दाद में ज्ञान-विज्ञान में तेज़ी से बढ़ोतरी हो रही थी। इस्लामी संसार में समृद्धि और ख़ुशहाली थी। चारों ओर ज्ञान का बोलबाला था। ऐसे में लोगों का रुझान शीघ्रता के साथ प्राकृतिक विज्ञान (Natural Science) की ओर अग्रसर था। यह घटना उस समय की है जब यूरोप अन्धकार में डूबा हुआ था। कलीसा के प्रभाव के कारण वहाँ अज्ञानता और भटकाव अपने चरम पर था। जनता वर्गों और सम्प्रदायों में बँटी हुई थी। अन्धविश्वास और धार्मिक कुरीतियाँ फल-फूल रही थीं। ज्ञान-विज्ञान के प्रकाश से वहाँ की जनता वंचित थी। ठीक उस समय अरब संसार पूरे विश्व के लिए ज्ञान और साहित्य का केन्द्र था। यदि डॉ. शाशो की बात सत्य है तो यह स्वीकार कर लेना चाहिए कि यूरोप से पाँच सौ वर्ष पूर्व अरब में औद्योगिक क्रान्ति आ चुकी होती, जो बाद में यूरोप के हिस्से में आई।

एक समय ऐसा आया जब इमाम ग़ज़ाली मानसिक रूप से व्यग्र रहने लगे। वे किसी बात से व्यथित थे। उन दिनों उन्हें अपने व्यक्तित्व में कोई खोट दिखाई देने लगी थी। ऐसे में एक दिन वे अदृश्य हो गए। इस बीच उन्होंने लोगों से भेंट-मुलाक़ात बन्द कर दी। यहाँ तक कि अपने मित्रों और रिश्तेदारों से भी मिलना-जुलना बन्द कर दिया। कई महीनों बाद जब उनका पुनः पदार्पण हुआ, तो उन्होंने उलमा के कामकाज पर सूफ़ियों के कामकाज की श्रेष्ठता की घोषणा कर दी। उन्होंने कहा कि उलमा अच्छे हैं, परन्तु सूफ़ी उनसे बहुत अच्छे हैं। सही अर्थों में सूफ़ी ही ख़ुदा के मार्ग के सच्चे यात्री हैं। उन्होंने कहा कि सूफ़ियों का चरित्र सबसे उत्तम, उनका व्यवहार सबसे उत्तम, उनकी कार्यप्रणाली सबसे उत्तम, बल्कि यूँ कहा जाए कि सभी उलमा, दार्शनिक और विद्वानों के चरित्र को एक स्थान पर इकट्ठा कर दिया जाए तो भी वे सूफ़ियों के चरित्र और व्यवहार का सामना नहीं कर सकते। उन्होंने शरीअत और तरीक़त दोनों को समानार्थी बताया। उन्होंने 'क़ीमिआ-ए-शहादत' और 'अहिया-उल-उलूम' जैसे उच्चकोटि के ग्रंथ लिखे, जिसके द्वारा सिद्ध किया कि रासिखुलअक़ीदा धर्मशास्त्र और तसव्वुफ़ एक दूसरे के समान हैं। उन्होंने कहा—

> अल्लाह तक पहुँचने के लिए पुस्तकीय ज्ञान और उत्तम चरित्र ही दरकार नहीं है, आवश्यकता इस बात की है कि हृदय के पट खुलें और केवल सूफ़ियों को ही हृदय का पट खोलने के गुण का ज्ञान है।[69]

इसके बाद इमाम ग़ज़ाली ने आत्मचेतना की परिकल्पना प्रस्तुत की। अल्लाह की पहचान की विशेषता इस्लाम के ख़मीर में है। उन्होंने कहा कि वास्तविक पूजा से ही ख़ुदा की निकटता प्राप्त की जा सकती है। ख़ुदा उनके दिलों से कलाम करता है, जो विनय और नम्रता से उसे याद करते हैं। ख़ुदा अपने विशेष कृपापात्र बन्दों

पर बिना किसी सहारे के ज्ञान की वर्षा करता है।

रसूलुल्लाह स. और उनके मित्र रात्रि के पिछले पहर इबादत और दिन में सांसारिक कार्य करते हुए अपने दैनिक उपयोग की वस्तुओं की पूर्ति करते थे। यदि रसूलुल्लाह स. ने वर्तमान सूफ़ियों के जीवन पद्धति का प्रतिनिधित्व किया होता तो आज जीवन की विकास गति रुक गई होती। रसूले ख़ुदा स. ने साधारण मुसलमानों को रात के पिछले प्रहर की तपस्या के लिए कभी नहीं उकसाया। उन्होंने वैराग्य और ब्रह्मचर्य जीवन व्यतीत करने से भी कड़ाई से मना किया। यद्यपि प्रारम्भिक काल के सूफ़ी भी वैराग्य और ब्रह्मचर्य जीवन से दूर ही रहते थे। परन्तु बाद के सूफ़ी ख़ानक़ाहों में वैरागी जीवन को वरीयता देने लगे। भूख एक ऐसी समस्या थी, जिसने सूफ़ियों को हमेशा व्यथित रखा। खाद्यान्न का असमान वितरण, ख़ानक़ाहों के स्थापित होने का वास्तविक कारण हो सकता है। ऐसा प्रतीत होता है कि इस घोर सामाजिक आवश्यकता की पूर्ति के लिए ही ख़ानक़ाहों में लंगर का संचालन प्रारम्भ हुआ।

खुलफ़ा-ए-राशिदीन के दो सौ वर्षों बाद के इस्लामी गणराज्यों में निर्धनों के पोषण और भूखे व्यक्तियों की आवश्यकताओं की पूर्ति को बिलकुल अनदेखा कर दिया गया था। ऐसे समय में भूख इस्लामी आवश्यकता बन चुकी थी, जिसे दूर करना सूफ़ियों ने अपने कर्तव्य का एक अंग बना लिया। क्योंकि जो भलाई और जनसेवा की भावना सूफ़ियों का वास्तविक कर्तव्य है, उसकी पूर्ति भूखे लोगों की सहायता के बिना असम्भव था। सूफ़ियों की देखरेख में ख़ैरात और फुतूह पर चलने वाली ख़ानक़ाहों ने अन्य सामाजिक समस्याओं के साथ-साथ भूख को सीमित स्तर पर समाप्त करने का नाकाम प्रयास किया। इच्छुक भिखारियों को फुतूह और ख़ैरात लेकर सहायता करने के सम्बन्ध में एक सूफ़ी हज़रत कुतुबुद्दीन औलिया अबू इसहाक़ ने रसूलुल्लाह स. से सपने में निर्देश लेने की बात कही है। वे जेद्दा की किसी मस्जिद में रहते थे। वह अपने यहाँ आने वाले लोगों से ख़ैरात लेकर ग़रीब लोगों की सहायता किया करते थे। एक बार उन्होंने सोचा कि दूसरों से ख़ैरात लेकर अन्य लोगों की सहायता करना कहीं अनुचित न हो? कहीं इसके लिए उनकी पकड़ न हो जाए? दूसरे दिन से उन्होंने ऐसा करना बन्द कर दिया। फिर उन्हें सपने में रसूलुल्लाह स. दिखाई दिये। उन्होंने निर्देश दिया कि तुम्हें लेन-देन से नहीं डरना चाहिए। यह एक ऐसा उदाहरण है, जिससे स्पष्ट हो जाता है कि सूफ़ियों को इच्छुक लोगों की सहायता करनी चाहिए।

हज़रत शेख़ निज़ामुद्दीन औलिया की ख़ानक़ाह में इतनी भारी मात्रा में फुतूह और नज़राना आता था कि दरवाज़े पर उसका ढेर लग जाता था। वह फुतूह और नज़रानों से ग़रीबों और इच्छुकों की सहायता किया करते थे। उन्होंने इसके लिए नियम बनाया था। उनका विचार था कि 10-10 लो और 1-1 दो, अर्थात एक

व्यक्ति से 10 जीतल लिया जाए और उससे 10 व्यक्तियों की सहायता की जाए। वह नज़्र को वापस नहीं करते थे, और नज़्र न देने वालों से कटुता भाव भी नहीं रखते थे। वह फुतूह और नज़राने देने वालों का साप्ताहिक और मासिक किस्त भी नहीं बनाना चाहते थे। परन्तु वह उसे कल के लिए भी नहीं टालते थे। वह देने वालों को दान देने के लिए उकसाते रहते थे और न देने वालों को टोकते भी रहते थे। सियरुल औलिया में एक घटना दर्ज है कि एक दिन सल्तनत का कोई बड़ा अधिकारी शेख़ के पास आया और अपने खोए हुए नियुक्ति पत्र की प्राप्ति के लिए दुआ करने का अनुरोध किया। शेख़ ने उसे टालने का प्रयास किया, परन्तु वह निरन्तर अनुरोध करता रहा, शेख़ ने उससे कहा ठीक है, जाओ हलवाई की दुकान से अच्छी मिठाई लाओ, ताकि मैं अपने पीर बाबा फ़रीद की नज़्र उतारूँ, फिर दुआ करूँगा। वह व्यक्ति निकट ही एक हलवाई की दुकान पर जाकर अच्छी मिठाई बाँधने का आदेश दिया। उसे यह देखकर प्रसन्नता का ठिकाना नहीं रहा कि हलवाई जिस काग़ज़ में मिठाई बाँध रहा था, वह उसका खोया हुआ नियुक्ति पत्र था।[70]

भूख एक विशेष कारण था, जिसकी ओर फ्रेडरिक एंगेल्स (Friedrich Engels, 1820-1895) जैसा विद्वान कूटनीतिज्ञ भी आकर्षित हुआ। उसका कहना था कि सूफ़ियों का तसव्वुफ़ आन्दोलन और ख़ानक़ाहों की स्थापना लोगों को भूख से निजात दिलाने का एक सीमित प्रयास मात्र था। वह अपनी पुस्तक 'जर्मनी में किसानों की बग़ावत 1850, भाग 5' में कहता है कि विश्व भर में जागीरदारी व्यवस्था के विरुद्ध जो आन्दोलन हुए, उनमें तसव्वुफ़ आन्दोलन एक महत्त्वपूर्ण और प्रभावशाली आन्दोलन था। चिश्तिया परम्परा के सूफ़ी शेख़ निज़ामुद्दीन औलिया ने अपने जीवन के अन्तिम 40 वर्षों में कभी चन्द कौर से अधिक नहीं खाया। उनका तर्क था कि प्रतिदिन लाखों की संख्या में लोग भूखे पेट सो रहे हैं, ऐसी स्थिति में वह कैसे भर पेट खाना खा सकते हैं। कम खाना और भूखे पेट रहने वालों को भोजन उपलब्ध कराना और अपने हिस्से का खाना भूखे लोगों को दे देना, आधारभूत इस्लामी मंत्र है। उन्होंने कहा कि दरवेशी यह है कि जो भी आने वाला आए सलाम के बाद उसके सामने खाना प्रस्तुत किया जाए। "प्रारम्भ करो सलाम से, फिर तुआम, फिर कलाम।"[71] इसके महत्त्व का आकलन इस घटना से हो सकता है कि एक दिन उन्होंने अपने सेवक से कहा कि तुम लंगर में खाने का प्रकार बढ़ा दो। सम्भव है किसी को कोरमा रोटी अच्छा न लगे। उन्होंने अतिथियों के सामने कई प्रकार के भोजन प्रस्तुत करने का निर्देश दिया। यह लंगर हम केवल जिह्वा के चटख़ारे के लिए नहीं चलाते, बल्कि यह हमारे पीर बाबा फ़रीद का उपहार है। उन्होंने कहा—

> मेरा जी चाहता है कि यहाँ से दिल्ली नगर तक प्रत्येक स्थान पर तंदूर लगा दूँ, और वहाँ भिन्न-भिन्न प्रकार के खाने हर समय उपलब्ध रहें,

जिनसे अल्लाह के बन्दे लाभान्वित हो सकें, खाएँ और साथ बाँधकर भी ले जाएँ।[72]

ख़ुदा के बन्दों को अपने दस्तरख़्वान पर खाना-खिलाना सूफ़ियों की पुरानी परम्परा रही है। चिश्ती परम्परा के उच्चकोटि के सूफ़ी हज़रत शेख़ मुईनुद्दीन चिश्ती अजमेरी ने कहा कि जो व्यक्ति भी क़यामत के दिन दुखों से पार पाना चाहता है, उसे तीन कार्य अवश्य करना चाहिए। प्रथम, संकटग्रस्त लोगों की सहायता, द्वितीय, बेसहारा लोगों की आवश्यकताओं की पूर्ति और तृतीय, भूखों को भोजन कराना। उन्होंने कहा—"यह कार्य अल्लाह की दृष्टि में सर्वोत्तम है।"[73] भूखों और निर्धनों की सहायता करने वाली शेख़ निज़ामुद्दीन औलिया की सियर-उल-औलिया में दर्ज एक अन्य घटना हमें अपनी ओर आकर्षित करती है। यह घटना भूख और यमुना के पानी में सुन्दर मिश्रण प्रस्तुत करती है। 'सियर-उल-औलिया' के सम्पादक मुहम्मद बिन मुबारक किरमानी के विवरण के अनुसार एक दिन एक निर्धन महिला यमुना के किनारे खारे पानी के कुएँ से पानी खींच रही थी। नज़दीक ही बैठे शेख़ निज़ामुद्दीन ने उससे पूछा कि भाग्यवान यमुना नदी इतनी निकट है, उसके बावजूद तुम खारे पानी वाले कुएँ से पानी खींच रही हो? उसने अपना दुखड़ा रोते हुए कहा, हम लोग निर्धन आदमी हैं, अत्यन्त परिश्रम से मज़दूरी करने पर किसी तरह एक समय का भोजन मिल पाता है। यमुना का पानी पीने से बहुत जल्दी-जल्दी भूख लग जाती है, इस डर से हम लोग खारा पानी पीने के लिए विवश हैं। शेख़ महिला का उत्तर सुनकर रुआँसे हो गए। उन्होंने ख़ानक़ाह पहुँचकर अपने सेवक से उस महिला के बारे में पता लगाने और पूरे माह उसके परिवार को कितने अनाज की आवश्यकता है मालूम करने का आदेश दिया। शेख़ ने उसके घर आवश्यकतानुसार अनाज भेजा और अपने सेवक से यह कहला भेजा कि वह यमुना का पानी पिया करे।[74]

प्राय: यह प्रश्न मन में उठता है कि क्या तसव्वुफ़ मनुष्य की कार्य क्षमता को प्रभावित करता है? तसव्वुफ़ में इस प्रकार का रुझान उस समय उत्पन्न हुआ, जब अशिक्षित और अनपढ़ लोग भी यह दावा करने लगे कि वे सूफ़ी हैं। बड़ी संख्या में किसान और मज़दूर अपना परम्परागत कार्य छोड़कर तसव्वुफ़ की ओर अग्रसर हो गए। इसमें कोई शंका नहीं कि उसकी अच्छाइयों के साथ-साथ उनमें बुराइयाँ भी सम्मिलित हो गईं। जहाँ तक प्रश्न कार्य क्षमता के प्रभावित होने का है, तो कहा जा सकता है कि सूफ़ियों का समुदाय समाज की बहुत बड़ी संख्या नहीं है, इसलिए यह नहीं कहा जा सकता कि उनके कारण समाज में कार्य क्षमता प्रभावित हो सकती है। परन्तु यह सच है कि कुछ ऐसे नक़ली सूफ़ी अवश्य इस क्षेत्र में आ गए जिनका तसव्वुफ़ और अध्यात्म से कोई लेना-देना नहीं था। वे केवल दिखावे और आर्थिक लाभ के लिए सूफ़ी बन गए थे। ऐसे मक्कार और धोखेबाज़ लोगों को मत्तसूफ कहा जाने लगा। निश्चित रूप से ऐसे लोग धन-दौलत के लालची हैं,

और अधिक से अधिक धन-संग्रह के लिए प्रयत्नशील रहते हैं। ये मक्कार सूफ़ी तसव्वुफ़ को अत्यधिक हानि पहुँचाते रहे। यह ज्ञान और व्यवहार में बिलकुल कोरे अनपढ़ लोगों का गिरोह है, जिन्हें सूफ़ियों के ज्ञान और कार्यप्रणाली से दूर का भी सम्बन्ध नहीं होता है। ऐसे लोग कुछ रस्मों और परम्पराओं के अधीन होते हैं, जिनके आधार पर ये भोले-भाले लोगों को फँसाते हैं। ऐसे नक़ली सूफ़ियों के यहाँ पीरी-मुरीदी का बाज़ार बहुत गर्म होता है।[75]

इमाम ग़ज़ाली ने भी नक़ली सूफ़ियों की भर्त्सना और उनका तिरस्कार भी किया है। उन्होंने अपनी इच्छाओं को शरीअत, झूठे अंधविश्वासों को ईश्वरीय ज्ञान, माया और तृष्णा को ईश्वरीय प्रेम और शरीअत की अवमानना को तसव्वुफ़ का तरीक़ा कहने वाले सूफ़ियों की विशेष निन्दा की है। ग़ज़ाली ने तो केवल नक़ली सूफ़ियों का अपमान किया है। परन्तु अल्लामा अबूफ़रज़ इब्ने ज़ौजी (1116-1201) और अल्लामा शेख़ तक़ीउद्दीन अहमद इब्न तैमिया (1263-1328) जैसे उच्चकोटि के उलमा तो सम्पूर्ण तसव्वुफ़ के ही विरोधी थे। उन दोनों विद्वानों ने क़ुरआन और हदीस से सिद्ध किया कि इस शब्द का प्रयोग क़ुरआन और हदीस में हुआ ही नहीं है, इसलिए इसकी परम्परा ही त्रुटिपूर्ण है। शेख़ अबुल हसन ख़र्कानी (963-1033) ने नक़ली सूफ़ियों के सम्बन्ध में कहा है कि गुदड़ी पहनने और चटाई पर बैठने से कोई सूफ़ी नहीं बन जाता बल्कि उसकी आत्मा और उसका शरीर दोनों पवित्र और प्रकाशवान होना चाहिए। वह उस समय तक सूफ़ी नहीं बन सकता जब तक अपने अहंभाव को नष्ट न कर दे। उसे दिन में सूर्य और रात्रि में चन्द्रमा और तारों की आवश्यकता न हो। उन्होंने कहा कि पूर्व में धार्मिक विद्वान तप और योग से प्रसिद्धि प्राप्त करते थे और संयम और धर्म के बल पर पहचाने जाते थे। अब गुदड़ी पहनकर सूफ़ी बन बैठे हैं—

पोशीदा मुरक़्क़ए खामे चन्द
बरबस्ता तामाते अलिफ़ लामे चन्द
ना रफ़्ता रहे सिद्क व सफ़ा गामे चन्द
बदनाम कुनिंदा निको नामे चन्द

अर्थात—कुछ अकर्मण्य लोगों ने गुदड़ी पहन ली है और तसव्वुफ़ के अधिकारी बन बैठे हैं। सत्यता और पवित्रता के रास्ते पर कुछ क़दम भी नहीं चल सके। ये लोग अपने त्रुटिपूर्ण कार्यों के कारण तरीक़त को बदनाम करते हैं।

इमाम फ़ख़रुद्दीन राज़ी (1194-1210) भी सूफ़ियों के कड़े विरोधी थे। राजी का सुल्तान ख़्वारिज़्म शाह के दरबार में बहुत प्रभाव और पहुँच थी। उन्होंने अपने प्रभाव का प्रयोग करते हुए सुल्तान को सूफ़ियों के विरुद्ध बहुत भड़काया। जिसके बाद सूफ़ी मुज़दुद्दीन बग़दादी के अतिरिक्त कई सूफ़ियों की मृत्यु हो गई। मौलाना

जलालुद्दीन रूमी ने इमाम राज़ी की कड़े शब्दों में निन्दा की। शम्स तबरेज ने तो इमाम राज़ी को 'अलकाफ़िर-उल-अहमर' तक कह डाला। मौलाना रूमी ने राज़ी के बारे में एक आकर्षक शेर कहा है।[76]

गर ब इस्तदलाले कारे दीं बुदे
फ़ख़्रे राज़ी राज़दारे दीं बुदे

अर्थात—यदि बुद्धि की दृष्टि से धर्म की खोज सम्भव होती तो फ़ख़रुद्दीन राजी धर्म के उपवन के सबसे बड़े रखवाले होते।

तसव्वुफ़ में चमत्कार

अलौकिक शक्तियों (super natural powers) को तसव्वुफ़ में चार भागों में विभक्त किया गया है। मोजिज़ा, करामत, मुआवनत और इस्दराज। ये चारों भाग भिन्न-भिन्न स्वभावों और विशेषताओं वाले व्यक्तियों पर प्रदर्शित होते हैं। मोजिज़ा क़ुरआन और हदीस के अनुसार सत्य है, जो केवल नबियों (prophets) पर ही प्रदर्शित होते हैं, उनका ज्ञान और कर्म सम्पूर्ण होता है और उन पर वह्यी आती है। रसूलुल्लाह स. से पूर्व भी नबियों पर हज़ारों की संख्या में मोअजिज़े प्रदर्शित हुए हैं। ज्ञान और कर्म तो वलियों का भी पूर्ण होता है, परन्तु वे वश में होते हैं, इसलिए उन पर करामतें प्रदर्शित होती हैं। मुआवनत के सम्बन्ध में कहा जाता है कि वह मजज़ूबों पर ही दिखाई देता है, जिनके पास न तो सम्पूर्ण ज्ञान, न संयम और न ही धैर्य होता है। इस्तदराज जादू है, जो केवल अविश्वासियों के पास होता है, जो पूरी तरह हराम है। कहा जाता है कि तसव्वुफ़ के मार्ग में एक सौ स्थान होते हैं, जिनमें करामत का 17वाँ स्थान होता है। जो सूफ़ी करामत के स्थान पर रुक जाता है, वह शेष स्थान प्राप्त नहीं कर पाता।[77]

तसव्वुफ़ की कोंपलें फूटने के कुछ वर्षों बाद से ही 'कशफ़' दैवीय शक्ति और 'करामत' चमत्कार सूफ़ियों के आचार-व्यवहार का एक महत्त्वपूर्ण अंग बन गया। ये पारलौकिक आचार व्यवहार (super natural habits) बाद के सूफ़ियों के जीवन और ख़ानक़ाहों की आवश्यकता का अंग बनकर रह गया। इसी बहाने सूफ़ी अपने शिष्यों को आत्म शान्ति उपलब्ध कराने लगे। उन्हें अपने शिष्यों और जनमानस की अन्य समस्याओं के निराकरण के लिए भी चमत्कारों का सहारा लेना पड़ा। सभी सूफ़ी चमत्कारों का सहारा नहीं लेते थे, परन्तु सूफ़ियों की एक बड़ी संख्या कशफ़, दैवीय शक्ति और करामतों, चमत्कारों पर निर्भर हो गई थी। सूफ़ी शब्दावली में करामतों को दो भागों में विभक्त किया गया है। एक 'हिस्सी' करामत अर्थात ऐसे चमत्कार जिसमें सांसारिक नियमों और बुद्धि के विरुद्ध घटना घटित

हो, जैसे पानी पर चलना, भविष्य की बातें बताना इत्यादि। दूसरी करामत 'मानवी' है अर्थात शाब्दिक अर्थ में चमत्कार।[78]

अबुल कासिम जुनैद बग़दादी (835-910) और बायज़ीद बिस्तामी (804-875) जैसे प्रारम्भिक काल के सूफ़ियों ने चमत्कारों को मायावी छल-कपट की संज्ञा देने से भी परहेज नहीं किया। इन सूफ़ियों ने चमत्कारों की कड़े शब्दों में निंदा की। हज़रत जुनैद बग़दादी ने अपने समकालीन सूफ़ी हज़रत अबुल हसन नूरी मृ. 907 के एक चमत्कार को धोखाधड़ी तक कह डाला। हुआ यूँ कि एक दिन नूरी ने दजला नदी के किनारे खड़े होकर नदी में एक लोहे की छड़ डाल दी और ख़ुदा से कहा कि जब तक इसमें मछली नहीं फँसती, मैं यूँ ही खड़ा रहूँगा। कुछ क्षणों बाद उसमें एक मछली फँस गई। हज़रत नूरी ने गौरवान्वित शैली में इस घटना का हज़रत जुनैद बग़दादी से वर्णन किया। उन्होंने सुनकर कहा कि काश उस छड़ में साँप फँस गया होता तो यह चमत्कार होता, क्योंकि साँप तुमको डस लेता और तुम्हारा गुनाह समाप्त हो जाता। उन्होंने कहा कि तुम अभी बीच मझधार में हो इसलिए तुम इस पर गर्व कर रहे हो, यह चमत्कार नहीं बल्कि धोखा है।[79] परन्तु यही वह समय था जब चमत्कारों को सूफ़ी होने का पैमाना समझा जाने लगा था। यदि वह चमत्कार कर सकता है तो सूफ़ी है, ये विचार साधारणतया शिष्यों के मस्तिष्क में प्रवेश कर गए। शिष्यों का विचार था कि यदि पीर में चमत्कार की शक्ति है तो वह ख़ुदा से कुछ भी मनवा सकता है।

हम देखते हैं कि चमत्कार का जो मानसिक प्रभाव (Psycho effect) है, उसे वर्तमान समय में हेप्नोटिज़्म (hypnotism) और मेसमरिज़्म (mesmerism) कहा जा सकता है। आधुनिक विज्ञान में मानसिक संचार को टेलीपैथी (telepathy) का नाम दिया जा सकता है। 'सियर-उल-औलिया' के सम्पादक ने शेख़ निजामुद्दीन औलिया के हज़ारों की संख्या में चमत्कार दर्ज किया है। परन्तु 'सियर-उल-औलिया' में ही कहा गया है कि शेख़ निजामुद्दीन औलिया ने कहा कि शेख़ को अपने चमत्कार छुपाकर रखना चाहिए। वली को चमत्कार छुपाकर रखना इसलिए भी आवश्यक है कि चमत्कार को प्रदर्शित करने में वह ख़ुदा से दूर हो जाता है। एक चमत्कार दिखाने में वली ख़ुदा की निकटता से 100 सीढ़ी नीचे लुढ़क जाता है। एक बड़े सूफ़ी और कवि अत्तार ने अपनी महत्त्वपूर्ण पुस्तक 'तज़्किरतुल औलिया' में 96 सूफ़ियों का वर्णन किया है, जिनमें बहुतों के चमत्कारों का भी वर्णन है, जो अधिकतर प्राकृतिक घटनाएँ प्रतीत होती हैं। ऐसा इसलिए है कि पूर्व के सूफ़ियों में अलौलिक तत्त्वों का अधिक रूझान नहीं था। यह बात कह पाना निश्चित रूप से सम्भव प्रतीत नहीं होता कि सूफ़ियों में करामतों का प्रदर्शन कब से प्रारम्भ हुआ, या करामतों का प्रदर्शन भी एक साथ न होकर अन्य बातों की तरह सूफ़ियों के स्वभाव में धीरे-धीरे प्रविष्ट हुआ हो। परन्तु 9वीं शताब्दी के महान सूफ़ी मंसूर हल्लाज ने

पहली बार अलौकिक शक्तियों को अत्यन्त प्रभावशाली रूप से प्रदर्शित किया। उन्होंने अन'ल हक का नारा दिया, जिसको लोगों ने कुफ्र से सम्बोधित किया, जिसके परिणामस्वरूप उस महान सूफ़ी को अपने प्राण त्यागने पड़े।

अबुल मुग़ीस अलहुसैन बिन मंसूर हल्लाज (858-922) का जन्म तुर्की के शहर तूर बैजा में हुआ था। बचपन में ही वे वासित चले गए, जहाँ उनके पिता मंसूर बिन मुहम्मद बैजवी रुई धुनने यानी हल्लाजी का कार्य करते थे। हुसैन अत्यन्त कुशाग्र बुद्धि छात्र (Brilliant scholar) के रूप में जाने जाते थे। उनकी प्रारम्भिक शिक्षा वासित में ही हुई। 12 वर्ष की आयु में उन्होंने सम्पूर्ण क़ुरआन याद कर लिया था। लगभग 18 वर्ष की आयु में वे तुश्तर चले गए, जहाँ वे सूफ़ी सुहैल बिन अब्दुल्लाह तुश्तरी के मदरसे में अध्ययनरत हो गए। उसके दो वर्ष बाद वे बसरा चले गए और वहीं बस गए। बसरा में उन्होंने शेख़ उमर बिन उस्मान मक्की 904 की संगत में तसव्वुफ़ के भेद सीखे और उनसे खिर्का प्राप्त किया। उसी दौरान उन्होंने शेख़ अबू याकूब अक़्ताअ की पुत्री से विवाह भी कर लिया। उसके उपरान्त बग़दाद चले गए, जहाँ शेख़ जुनैद बग़दादी की संगत में रहे। शेख़ जुनैद ने मंसूर को ख़िलवत और सुलूक का प्रशिक्षण दिया।

हुसैन बिन मंसूर हल्लाज इस्लाम के प्रथम बाग़ी सूफ़ी कहे जा सकते हैं। उन्हें प्रतिभावान (genius) सूफ़ी कहना चाहिए। वे बहुआयामी प्रतिभा के धनी थे। उनकी शान ही निराली थी। वे सूफ़ी के अतिरिक्त एक बड़े कवि और लेखक भी थे। उनकी पुस्तकें 'अत्तवासेन' और 'रवाया' बहुत लोकप्रिय हुईं। उनके नाम से एक काव्य-संग्रह 'दीवाने हल्लाज' भी नामित है। वे अच्छे पर्यटक थे। उन्होंने दूर-दूर की यात्राएँ कीं। 905 में उनके गुजरात भी आने की सूचना मिलती है। गुजरात से वे सिंध होते हुए चीन तक गए।[80] उन्होंने कई बार ख़ाना काबा का दर्शन किया। एक बार वे निरन्तर एक वर्ष तक ख़ाना काबा के सामने खड़े रहे। वे वहदतुल वजूद दर्शन के मानने वाले थे। वे एक उत्कृष्ट वक्ता थे। उन्होंने ख़ुदा के अस्तित्व और उसके भेदों को जनता के सामने बहुत प्रभावशाली शैली में व्यक्त किया। उन्होंने नूरे ईमानी के द्वारा ख़ुदा के अस्तित्व की खोज करने का निर्देश दिया। उन्होंने कहा कि सबसे बड़ा सदाचार यह है कि लोगों के अत्याचार पर धैर्य से काम लिया जाए, और अपने कार्य व्यवहार में किसी प्रकार की घृणा को स्थान न दिया जाए। हुसैन प्रतिभाशाली इसलिए थे कि वे जो कुछ कर रहे थे, उनके समकालीनों की समझ से परे था। वे क़दम-क़दम पर दिखावटी परम्पराओं और रीतियों को चुनौती दे रहे थे। उनकी बातों से आस्थावान उलमा और इस्लामी क़ानूनविद् दोनों क्रोधित हो गए। उनके समकालीन सूफ़ी भी उनके तर्कों और आचार-विचार से सन्देह में पड़ चुके थे। वे ईश्वर की याद में लीन रहते थे। एक समय ऐसा आया जब उनका व्यक्तित्व ख़ुदा के व्यक्तित्व में गड्डमड्ड हो गया। यही स्टेज उनकी मृत्यु का

कारण बना। इन्हीं परिस्थितियों में उन्होंने अन'ल हक़ का नारा लगाना प्रारम्भ कर दिया। अन'ल हक़ अर्थात मैं ही सत्य हूँ। इस वाक्यांश के भिन्न-भिन्न अर्थ निकाले गए। अन'ल हक़ अल्लाह के 99 नामों में से एक है। इसलिए कहा गया कि मंसूर यह कहना चाहते हैं कि 'वे ही ख़ुदा हैं', परन्तु मंसूर ने इस आरोप पर किसी प्रकार की सफ़ाई नहीं दी। उन्होंने लोगों को विषेश रूप से उलमा को स्वतंत्र छोड़ दिया था, कि वे जैसा चाहें इसका अर्थ निकालें। मंसूर की आस्था को परिवर्तित करने और सत्य मार्ग पर लाने के लिए उन्हें कारावास में डाल दिया गया। वे 11 वर्ष तक कारावास में पड़े रहे। समाज में जितनी संख्या में विरोधी थे, उससे अधिक संख्या उनके समर्थकों की थी।

कहा जाता है कि कारावास के दौरान उन्होंने जेल के कई सौ क़ैदियों की बेड़ियाँ अपनी अलौकिक शक्ति द्वारा तोड़ डालीं, जिसके बाद वे फ़रार हो गए। फ़रार हो रहे क़ैदियों ने उनसे भी जेल से बाहर निकलने का निवेदन किया, परन्तु उन्होंने यह कहते हुए इनकार कर दिया कि उनके प्रेमी की इच्छा नहीं है। अर्थात उनके प्रेमी का निर्णय हो चुका था कि उन्हें फाँसी पर लटका दिया जाए। इस दौरान इस्लामी क़ानूनविद् और उलमा ख़लीफ़ा पर उनके मुक़द्दमे के शीघ्रता से निस्तारण के लिए दबाव बना रहे थे। नौजवान ख़लीफ़ा अलमुक़्तदर क़ैदियों को जेल से फ़रार करवाने वाले मामले में मंसूर से बहुत क्रोधित था, परन्तु वह इतने लोकप्रिय सूफ़ी की फाँसी के लिए जल्दबाज़ी में कोई निर्णय नहीं लेना चाहता था। उलमा आए दिन मंसूर पर कोई न कोई भयानक आरोप लगाते रहते। एक दिन उन्होंने ख़लीफ़ा से कहा कि वे चरमपंथी शिया करामती सम्प्रदाय के प्रचारक हैं। कभी कहा जाता कि उन्होंने ख़ुदा की शक्ति को हथिया लिया है। कभी आरोप लगाया जाता कि मंसूर ने ख़ुदा और मनुष्य के सम्बन्धों को वास्तविक होने का समर्थन किया है। यह भी कहा गया कि उनके ऐसा करने से धार्मिक नियम और राज्य को भी हानि पहुँच सकती है। कुछ ही दिनों बाद इन आरोपों के आधार पर आस्थावान उलमा ने मंसूर को फाँसी देने का फ़तवा दे दिया। ख़लीफ़ा ने फाँसी का आदेश देने से पूर्व बग़दाद के सैकड़ों अन्य उलमा, बुद्धिजीवियों और सूफ़ियों से आदेश पत्र पर हस्ताक्षर कराया।

मंसूर को बहुत निर्दयता से फाँसी दी गई। प्रथम दिन उन्हें चौराहे पर कोड़े लगाए और पत्थर मारे गए। दूसरे दिन उन्हें फाँसी देकर उनके शरीर के प्रत्येक अंग को काटकर अलग-अलग कर दिया गया। तीसरे दिन उनकी लाश को जलाकर भस्म कर दिया गया और राख को दजला नदी में फेंक दिया गया। इस दौरान उनके शरीर के प्रत्येक अंग से निरन्तर अन'ल हक़ की आवाज़ें निकलती रहीं। पत्थरबाज़ी के दौरान लोगों ने उनसे पूछा कि तसव्वुफ़ क्या है। उन्होंने उत्तर दिया, जो तुम देख रहे हो वह तसव्वुफ़ का निम्नतम दर्जा है, क्योंकि उच्चतम दर्जे

से कोई परिचित नहीं है। फिर उन्हें कोड़े लगाए गए। उनके समकालीन एक बड़े सूफ़ी और विद्वान अबू बक्र इब्न शिब्ली (861-946) भी उनसे क्रोधित रहते थे, और उनकी फाँसी की कार्यवाही में सम्मिलित थे। इब्ने शिब्ली ने पूछा कि 'इश्क़' किसे कहते हैं, मंसूर ने कहा आजकल और परसों आपको पता चल जाएगा कि इश्क़ क्या है। इब्ने शिब्ली ने पत्थरबाज़ी में भी भाग लिया। जब उन्होंने एक मिट्टी का ढेला उठाकर मंसूर की ओर फेंका तो वे चीख़ पड़े। लोगों को आश्चर्य हुआ कि इतनी पत्थरबाज़ी में वे चुप थे और इब्ने शिब्ली के एक छोटे ढेले पर उनकी चीख़ निकल गई। लोगों ने पूछा कि ऐसा क्यों है? उन्होंने उत्तर दिया कि लोग मेरी वास्तविकता से अपरिचित हैं, परन्तु इब्ने शिब्ली को ढेला इसलिए नहीं मारना चाहिए कि वे मेरी वास्तविकता से परिचित हैं। इसके अतिरिक्त कि इब्ने शिब्ली मंसूर के एकेश्वरवाद और उनके इश्क़े ख़ुदा को पहचानते थे, उन्होंने उनकी फाँसी का समर्थन किया, परन्तु इस घटना से उन्हें बहुत दुख हुआ। मंसूर की फाँसी के बाद उन्होंने ख़ुदा से दुआ की, ऐ मेरे अल्लाह आख़िर तूने अपने इतने बड़े आशिक़ को इतनी भयावह मृत्यु क्यों दी? इब्ने शिब्ली कहते हैं कि इसी दौरान उन्हें नींद आ गई और उन्होंने सपने में ख़ुदा को यह कहते सुना कि मंसूर उसके भेदों को लोगों पर प्रकट कर दिया करता था।[81]

हाफ़िज़ शीराजी के अनुसार—

गुफ़्त आं यार के कज़ व सरेदार बुलंद
जुर्मश आं बूद के इसरारे हवेदा मी कर्द

अर्थात—वह कहता है कि उसने अपने मित्र को इसलिए फाँसी पर लटका दिया कि वह उसके भेद खोलने का अपराध करता था।

कट्टर उलमा, इस्लामी शिक्षाविदों और सरकारी क़ाज़ियों ने अवश्य हुसैन बिन मंसूर को फाँसी पर चढ़वा दिया, परन्तु संसार की दृष्टि में मंसूर के सम्मान और प्रेम में कभी कोई कमी नहीं आई। अपनी मृत्यु के बाद वे एक देवमालाई चरित्र बन गए। वे जनता के जिह्वा पर किसी लोक कहानी की तरह छा गए। लोग उन्हें भिन्न-भिन्न रूपों में याद करते रहे। उनकी फाँसी के दो सौ वर्ष बाद पहली बार फ़ारसी के कवि और सूफ़ी हकीम सनाई (1131) ने अपनी पुस्तक 'हदीक़तुल हक़ायक़' में उनका विस्तारपूर्वक वर्णन किया। कवि अबू सईद अबूखैर (967-1049) की रुबाइयों में भी उनका वर्णन मिलता है। रूज़बेहान बाक़ली (1209) ने पहली बार मंसूर की पुस्तकों की व्याख्या लिखकर उन्हें प्रकाशित किया। सूफ़ियाना इश्क़ के प्रख्यात टीकाकार ऐनुलक़्कुज़्ज़ात हमदानी (1132) ने मंसूर को सोज़े इश्क़ का नमूना कहा। हमदानी को भी फाँसी दे दी गई। फ़रीदुद्दीन अत्तार ने अपनी पुस्तक 'तज़्किरतुल औलिया' में मंसूर पर एक विस्तृत अध्याय लिखा है। सूफ़ियों, कवियों

और साहित्यकारों के इन प्रयासों से मंसूर को नई पहचान मिली। यही नहीं बाद में कहा जाने लगा कि अत्तार के शरीर में मंसूर की आत्मा विलीन कर दी गई है। सूफ़ी जलालुद्दीन रूमी ने कहा—

बूद अन'ल हक़ बर लबे मंसूर नूर
बूद अना अल्लाह बर लबे फ़िरऔन ज़ोर

अर्थात—मंसूर का अन'ल हक़ विशुद्ध रूप से नूर यानी प्रकाश था और फ़िरऔन का अना इलल्लाह उसकी शक्ति का परिचायक था।

अमीर ख़ुसरो ने क़सीदा 'निहायतुल कमाल' में मंसूर के ख़ुदा के भेद को खोलने और सूली पर लटकाए जाने का वर्णन एक शेर में कुछ इस अन्दाज़ में प्रस्तुत किया है—

सिर्रे इलाही बतहे तेग़ गोई
रम्ज़ अन'ल हक़ बसरे दार बेह

अर्थात—ख़ुदा का भेद खोलने पर हत्या होती है, और अन'ल हक़ का भेद खोलने पर फाँसी पर लटकाया जाता है।

करामतों का प्रदर्शन और अलौकिक शक्तियों के उबाल के कारण तसव्वुफ़ का सामाजिक और कल्याणकारी चरित्र कमज़ोर अवश्य हुआ, परन्तु करामतों ने सूफ़िया को समाज में विश्वसनीयता भी प्रदान की। हज़रत ज़ाफ़र सादिक़ को ख़लीफ़ा अबूज़ाफ़र अब्दुल्लाह मंसूर ने हत्या की नीयत से दरबार में तलब किया। उसने जल्लाद को आदेश दे रखा था कि जैसे ही ज़ाफ़र दरबार में आएँ उनकी हत्या कर दी जाए। परन्तु उनके दरबार में पहुँचने के उपरान्त ख़लीफ़ा मंसूर बेचैन हो गया और स्वयं उनके सम्मान में उठ खड़ा हुआ। उसने उनको सम्मानित किया और उनके साथ अत्यन्त प्रेमपूर्वक आचरण किया। इसके थोड़ी ही देर बाद वह डर से काँपने लगा। फिर ज़ाफ़र सादिक़ दरबार से वापस आ गए। उनके आने के बाद ख़लीफ़ा तीन दिन तक बेहोश पड़ा रहा। बाद में उसने बताया कि उसने ज़ाफ़र के साथ एक भयानक साँप देखा, जो मुँह खोले उसकी ओर देख रहा था। इसलिए वह उनके सम्मान के लिए विवश हो गया और उस पर डर व्याप्त हो गया।

प्रश्न यह है कि इस प्रकार के चमत्कार कभी रसूलुल्लाह स. के सहाबा र. के ऊपर दिखाई न देने का क्या कारण हो सकता है? जबकि वे किसी भी सूफ़ी से अधिक पवित्र, अधिक आत्मशुद्ध और आस्थावान थे? क्या उनकी नमाज़ों में विनय या विनम्रता का अभाव था? वे जीवन के प्रत्येक क्षेत्र में व्यावहारिक रूप से अधिक क्रियाशील थे, फिर भी उन्हें गज़वा-ए-ऊहद और गज़वा-ए-ख़ैबर में भारी क्षति उठानी पड़ी। निश्चित रूप से नहीं कहा जा सकता कि सहाबा र. पर कभी

चमत्कार का प्रदर्शन नहीं हुआ। परन्तु कुछ ऐसी घटनाएँ अवश्य हुईं जिन्हें इस संवर्ग में रखा जा सकता है। इस प्रकार का दैवीय ज्ञान का प्रदर्शन ख़लीफ़ा उमर र. पर एक से अधिक बार हुआ है। एक बार ख़लीफ़ा उमर र. ने एक सहाबी सारिया बिन ज़नीम ख़िलजी र. को एक सेना का नायक बनाकर फ़ारस की ओर भेजा। इस्लामी सेना ने नहावंद शहर का घेराव कर लिया। परन्तु स्थितियाँ कुछ अचानक ऐसी करवट लीं कि दुश्मन ने इस्लामी सेना को अपने घेरे में ले लिया। इस्लामी सेना संकट में घिर चुकी थी। दोपहर का समय था, उमर मस्जिद में ख़ुत्बा दे रहे थे। उन्होंने भाषण के बीच में ही चिल्लाना प्रारम्भ कर दिया कि सारिया पहाड़ में शरण लो, सारिया पहाड़ में शरण लो, सारिया पहाड़ में शरण लो। जब इस्लामी सेना उस सैनिक अभियान से सकुशल वापस आई, तो उसने बताया कि संकट की स्थिति में उन्हें ऐसा प्रतीत हुआ, जैसे ख़लीफ़ा कह रहे हों 'पहाड़ में शरण लो'। सेना ने तुरन्त अपनी रणनीति बदली और पहाड़ की ओर हटकर दुश्मनों से सुरक्षित हो गई। यह घटना तसव्वुफ़ की बड़ी-बड़ी पुस्तकों में उदाहरणार्थ वर्णित है।[82]

ख़लीफ़ा उमर से ही सम्बन्धित एक अन्य घटना, जिसे मौलाना रूमी ने अपनी मसनवी में वर्णन किया है, हमें अपनी ओर खींचती है। यह घटना एक सारंगी बजाने वाले से सम्बन्धित है, जो मदीने की गलियों में सारंगी बजाकर अपनी रोज़ी-रोटी कमाता था। एक दिन वह मदीने के क़ब्रिस्तान जन्नतुल बक़ीया की ओर चला गया और अल्लाह से कहा कि उसकी टांगे बहुत कमज़ोर हो चुकी हैं, अब वह गली-गली घूमकर अपने खाने-पीने की व्यवस्था नहीं कर सकेगा, 'ऐ मेरे अल्लाह अब तू मेरे खाने की व्यवस्था कर।' उसने सारंगी एक ओर रख दिया और एक झाड़ी के नीचे गहरी नींद सो गया। दोपहर से कुछ देर पूर्व ख़लीफ़ा उमर जब न्यायालय में बैठकर अपना काम निपटा रहे थे, तो उन्हें ऐसा प्रतीत हुआ जैसे नींद आ रही हो। उन्होंने सोचा कि इस समय तो कभी नींद नहीं आती है। आज क्या बात है। वे उठे और पर्दे के पीछे जाकर सो गए। उन्हें सपने में अल्लाह ने आदेश दिया, ऐ उमर, जन्नतुल बकीया में मेरे प्रिय इच्छुक बन्दे की सहायता कर। उमर हड़बड़ाकर उठे, बैतुलमाल से अशर्फियों की एक थैली उठाई और जन्नतुल बकीया की ओर भागे। रास्ते में वे अल्लाह से क्षमा-याचना भी करते जा रहे थे कि मदीना में कोई इच्छुक है और उन्हें इसकी सूचना नहीं है। जन्नतुल बकीया पहुँचकर उन्होंने चारों ओर एक चक्कर लगाया, उन्हें कोई ऐसा बन्दा दिखाई नहीं दिया, जो उनके अनुसार सहायता के योग्य हो। बस सारंगी बजाने वाला सो रहा था, जिसके बारे में उनकी धारणा थी कि वह अल्लाह का निकटतम बन्दा नहीं हो सकता। वह तो कभी मस्जिद भी नहीं जाता। कभी धर्म के कार्य में भी भाग लेते नहीं देखा गया। उमर उसे अधर्मी समझते थे। वे जब भी मदीने की गलियों में सारंगी बजाते देखते, उसे डाँटते-फटकारते और अच्छा कार्य करने के लिए प्रेरित

करते रहते। इसी ऊहापोह में सारंगी बजाने वाले की नींद खुल गई। वह उमर को देखते ही अपनी सारंगी उठाकर भागने लगा। उसने कहा, ऐ अल्लाह! मैंने तुझसे मदद माँगी थी और तूने इस परीक्षक को भेज दिया। उमर समझ गए कि ख़ुदा का आदेश इसी बन्दे के लिए है। वे बहुत शर्मिंदा हुए और उसके पीछे भागे। उन्होंने उससे क्षमा-याचना की और अशर्फ़ियों की थैली उसे देकर कहा कि इसे ख़र्च करो और जब ये समाप्त हो जाए, ख़ज़ाने का दरवाज़ा हमेशा तुम्हारे लिए खुला रहेगा।

तसव्वुफ़ की पुस्तकों में इस्लाम के तीसरे ख़लीफ़ा हज़रत उस्मान ग़नी र. के सम्बन्ध में एक घटना वर्णित है। कहा गया है कि एक दिन हज़रते उस्मान कहीं बैठे हुए थे, उस सभा में एक व्यक्ति आकर बैठ गया। उसने किसी महिला के साथ छेड़छाड़ की थी। उसे देखकर उस्मान र. ने कहा कि इस सभा में एक व्यक्ति ऐसा भी है, जिसकी आँखों में बलात्कार का प्रभाव है। उस व्यक्ति ने कहा ऐ अमीरुल मोमिनीन क्या रसूलुल्लाह स. के बाद भी वह्यी उतर रही है? उस्मान ने कहा कि नहीं यह वह्यी नहीं बल्कि एक मोमिन का अन्तर्ज्ञान है।[83] इस प्रकार की घटनाएँ सहाबा के साथ बड़ी संख्या में घटित हुई हैं। परन्तु उन्होंने इन्हें कभी महत्त्व नहीं दिया और न ही उसे अलौकिक शक्तियों के रुझान के रूप में देखा।

सुहरावर्दी परम्परा के सूफ़ियों में अलौकिक तत्त्वों का रुझान नहीं पाया जाता था। वे चमत्कारिक कारनामे प्रदर्शित नहीं करते, बल्कि वे सत्ता के नज़दीक रहे और जनता की समस्याओं को सुल्तान के समक्ष प्रस्तुत करके उन पर आदेश निर्गत कराते रहे। ऐसे उदाहरण मुल्तान के सूफ़ी शेख़ रुक्नुद्दीन के यहाँ मिलते हैं, जिनके पास बड़ी संख्या में जनसमस्याओं से सम्बन्धित प्रत्यावेदन जमा हो जाते थे। वे उन आवेदनों को बैलगाड़ी पर लादकर दिल्ली लाते और सुल्ताने वक़्त से उस पर कार्यवाही की संस्तुति करते। सुहरावर्दी परम्परा के सूफ़ियों का विचार था कि यदि धन-सम्पदा व्यक्ति के हृदय को मलिन न करे तो उन्हें रखने में कोई बुराई नहीं है। शेख़ रुक्नुद्दीन ऐसे सूफ़ी थे जो सांसारिक कार्यों में अच्छी दिलचस्पी लेते थे। इसके उलट चिश्तिया परम्परा के सूफ़ी समाअ, नृत्य और मादकता में झूमने जैसे कार्य को उचित समझते थे, परन्तु धन-सम्पदा रखने के कड़े विरोधी थे। चिश्तिया परम्परा के महान सूफ़ी शेख़ निज़ामुद्दीन रात्रि में सोने जाने से पूर्व ख़ानक़ाह की रसोई और स्टोर रूम की सफ़ाई कराते और उसमें जो भी सामग्री होती, उसे उठवाकर बाहर निर्धनों और इच्छुकों के बीच बँटवा देते। जब उन्हें उनका सेवक बताता कि अब रसोई और स्टोर में कुछ भी शेष नहीं है, तब वे अपनी कुटिया की ओर प्रस्थान करते। शेख़ ने कभी कल के लिए कुछ भी बचाकर नहीं रखा। आख़िर कल भी लंगर पकना था, परन्तु उनमें भरोसा, धैर्य और संयम की बेहद शक्ति थी, जो उन्हें रसोई की सफ़ाई के लिए विवश करती थी। यह एक सन्देश था, उन लोगों के लिए

भी, जो क़ुरआन और हदीस के विरुद्ध अपने ख़ज़ाने भरते रहते हैं, परन्तु इच्छुकों और निर्धनों की सहायता में कंजूसी करते हैं।

तसव्वुफ़ के अंग

वली या सूफ़ी तसव्वुफ़ के पदानुक्रम का एक अंग है, जिसमें कुतुब या गौस का दर्जा सबसे ऊँचा होता है। उनके नीचे अमामान, अवताद, अब्दाल, अख़्यार, अबरार, नुक़्बा, नुज्बा, मक्तूमीन और मफ़रदीन वग़ैरह होते हैं। कुतुब या गौस पर अल्लाह की विशेष कृपा दृष्टि होती है। वे प्रत्येक बस्ती में पाए जाते हैं। परन्तु कुतुबुल अक़्ताब संसार में केवल एक होता है। कुतुब संसार में रसूलुल्लाह र. की सत्यता के रखवाले होते हैं। उनके ज़िम्मे लोगों का सुधार और उनकी आवश्यकताओं की पूर्ति की ज़िम्मेवारी सौंपी गई है। कुछ सूफ़िया ने कुतुब को भी विभक्त किया है, जैसे आबिद, ज़ाहिद, आरिफ़, औलिया और उश्शाक़ इत्यादि। यह जनता के सामने कभी दिखाई देते हैं कभी अदृश्य हो जाते हैं। उनका निवास स्थान भी बदलता रहता है। उनका शरीर मृदुल और पवित्र होता है। हिन्दुस्तान में सैयद मख़दूम अशरफ जहाँगीर सिमनानी कुतुब थे। 'लतायफ़े अशरफ़ी' के सम्पादक निज़ाम यमनी ने कुतुब के शरीर की मृदुलता के सम्बन्ध में कई घटनाएँ दर्ज की हैं—

> इस सेवक को प्रायः अवसर प्राप्त हुआ कि हज़रत का शरीर दबाते हुए जब हाथ कमर पर पहुँचता तो इस पार से उस पार हो जाता, शरीर हाथ में बिलकुल प्रतीत नहीं होता। कभी-कभी प्रतीत भी होता परन्तु इतना सूक्ष्म कि उसकी व्याख्या असम्भव है।[84]

अमामान— दो प्रकार के सूफ़ी होते हैं। एक का तख़्त कुतुब के दाएँ और दूसरे का बाईं ओर होता है। कभी अमामान से संसार ख़ाली नही रहता।

अवताद— अवताद के सम्बन्ध में कहा जाता है कि यह अल्लाह के सिपाही होते हैं। अल्लाह उनके द्वारा संसार की सुरक्षा करता है। अवताद पूरे संसार में केवल चार होते हैं। चार से उनकी संख्या कम होती है न अधिक।

अब्दाल— यह सात होते हैं। कुछ मशायख़ का कहना है कि उनकी संख्या चालीस तक होती है। उनके बारे में कहा जाता है कि जब वे अपना स्थान छोड़ते हैं तो वहाँ अपने हमशक़्ल को नियुक्त कर देते हैं। इसीलिए किसी को अब्दाल की उपस्थिति और अनुपस्थिति का ठीक ज्ञान नहीं होता। यह भी कहा गया है कि चेहरे केवल अब्दाल ही नहीं बल्कि अन्य सूफ़ियों और मशायख़ भी बदल लेते हैं।

अख़्यार— अख़्यार की संख्या तीन सौ के निकट होती है। उनकी संख्या में समानता नहीं होती। मशायख ने उनकी संख्या भिन्न-भिन्न बताई है, जो भी हो उनके

बारे में कहा जाता है कि वे अल्लााह के सहायक होते हैं, और पर्दे में रहते हैं।

अबरार—अबरार की कुल संख्या सात बताई गई है।

नुक़्बा—नुक़्बा की संख्या तीन सौ बताई गई है। इनमें सदाचारिणी स्त्रियाँ भी सम्मिलित हैं।

नुज्बा—नुज्बा की संख्या चालीस होती है। उनकी ज़िम्मेवारियाँ जनसेवा के सम्बन्ध में होती हैं। वे जनता के कष्टों को दूर करते हैं और लोगों के आपसी सम्बन्धों को अच्छा बनाते हैं।

मक्तूमीन—मक्तूमीन की संख्या चार हज़ार होती है। ये लोग दूसरे को नहीं पहचान सकते और अपनी विशेषताओं से भी परिचित नहीं होते। ये लोग जनता के समस्त कार्यों में छुपे रहते हैं।

मफ़रदीन—मफ़रदीन सूफ़ियों का वह समुदाय है, जो कुतुब की दृष्टि से बाहर होता है। खिज्र को मफ़रदीन में सम्मिलित किया गया है। उन्हें अलौकिक पुरुष भी कहा जाता है, जो पूर्व में रहकर पश्चिम और पश्चिम में रहकर पूर्व की ओर देख लेते हैं।

सालिक

तसव्वुफ़ में जिस प्रकार पीर को उच्च व्यक्तिगत आदर्शों और मानकों के साथ आत्म शक्ति से परिपूर्ण होना चाहिए, उसी प्रकार मुरीद के व्यक्तित्व में भी कुछ विशेषताओं का होना आवश्यक बताया गया है। जब कोई व्यक्ति किसी पीर से बैअत करता है, तो वह शेख़ का मुरीद हो जाता है। बैअत के साथ ही मुरीद को प्रतिज्ञा करनी पड़ती है कि वह शेख़ के बताए हुए रास्ते पर ही चलेगा। इस दौरान मुरीद को एक विशेष प्रकार के आचार व्यवहार अर्थात 'सुलूक' से गुज़रना पड़ता है। इसलिए तसव्वुफ़ की भाषा में उस मुरीद को सालिक कहा जाता है। यहाँ एक बात उल्लेखनीय है कि प्रत्येक मुरीद जो पीर से बैअत करता है, आवश्यक नहीं है कि वह सालिक बने। क्योंकि मुरीदों को भी चार भागों में बाँटा गया है। मुरीदों का एक वर्ग वह है, जो मुरीद तो है, परन्तु वह सूफ़ियों के नियमों पर पूरी तरह विश्वास नहीं करता, और उनकी तरह तपस्या नहीं करता और उनकी तरह संयम और धैर्य नहीं रखता है। एक वर्ग सूफ़ियों के प्रेमियों का है, जो पीर का मुरीद होता है। वह अपने पीर पर पूरी आस्था भी रखता है। वह अपना सब कुछ पीर पर न्योछावर भी करने के लिए तैयार रहता है, परन्तु उसके अन्दर भी तपस्या करना, संयम और धैर्य करने की क्षमता नहीं होती। मुरीदों का एक वर्ग सेवकों का है, जो सूफ़िया के सम्बन्ध में कोई जानकारी नहीं रखता, उसे कोई ज्ञान प्राप्त करने की

ललक भी नहीं होती है। बस वह दिन-रात अपने पीर की सेवा में लगा रहता है। वह अपने पीर को आराम पहुँचाने में अपनी पूरी शक्ति लगा देता है। मुरीदों का चौथा वर्ग उन सालिकों का होता है, जिसका वर्णन ऊपर किया जा चुका है। जो सबसे अलग होते हैं। ऐसे मुरीद जो सुलूक के रास्ते को चुनते हैं, उन्हें सूफ़ी के दर्जे पर पहुँचना होता है। वे पीर के प्रत्येक आदेश को तत्परता से पालन करते हैं। रियाज, धैर्य और संयम में अपना सम्पूर्ण समय व्यतीत करते हैं। वे सूफ़ी सिद्धान्त पर निष्ठा से क्रियान्वित रहते हैं।[85]

सालिक का स्वभाव पीर के महत्त्व से बढ़ता है। एक आत्मशक्ति सम्पन्न शेख़ ही सालिक का अच्छा प्रशिक्षण कर सकता है। उसके कई चरण बनाए गए हैं। प्रथम चरण में शेख़ सालिक को पूरी तरह संसार से विरक्त कर देता है, उसे सांसारिकता के साथ ही जनसेवा का कार्य सौंपा जाता है। उसे अपने समाज, परिवेश और परिवार के साथ अत्यन्त प्रेम और सहानुभूति का व्यवहार करने का निर्देश दिया जाता है। उसे अपने आसपास के लोगों से अधिक से अधिक मेल-जोल बढ़ाने के लिए कहा जाता है। उसे अपने और अपने परिवार के लिए पवित्र खाद्य सामग्री की उपलब्धता का तरीक़ा बताया जाता है। पीर सालिक को जनता के साथ भलाई करने का निर्देश देता है। शेख़ अबू ख़ैर अक़्ताअ ने कहा कि जब तक बन्दा अल्लाह वालों की सेवा नहीं करता उसका शरीर पवित्र नहीं होता। इस परीक्षा में सफल होने के बाद ही सालिक को पीर की देखरेख में माअरिफत की राह पर चलाया जाता है। माअरिफत की राह में सालिक को निरन्तर इबादत करना पड़ता है, ताकि वह ख़ुदा के व्यक्तित्व को जानने में रुचि ले और उसमें लालसा उत्पन्न हो सके। तृतीय चरण में सालिक को कहा जाता है कि वह स्वयं को परखे कि वह किस स्थान पर खड़ा है। इस स्तर पर सालिक कड़ी तपस्या करता है। इस मार्ग में उसे विभिन्न प्रकार के संकट से गुज़रना पड़ता है, इसलिए उसके लिए आवश्यक है कि वह पीर का हाथ मज़बूती से पकड़े रहे। यदि पीर साथ है, तो सालिक की तपस्या के मार्ग में आने वाले संकट स्वयं समाप्त हो जाएँगे। सुलूक के दौरान उसे अपने पीर से उसी प्रकार चिपका रहना चाहिए जैसे रास्ता पार करते हुए अंधा अपने अगुआ से चिपका रहता है। इसीलिए कहा गया है उस मार्ग में आज्ञापालन बहुत आवश्यक है। यदि आज्ञा का पालन नहीं है तो सालिक कभी आरिफ नहीं बन सकता—

शबे तारीक व बीमे मौज व गिर्दाब चुनीं हायल
कुजा दानन्द हाले मा सुबुकसाराने साहिल हा

अर्थात—रात्रि अँधेरी है। लहरों का डर है। भँवर बहुत डरावने हैं। वे हमारी स्थिति क्या जानें, जो समुद्र के क़िनारे आराम से टहल रहे हैं।

पीर की अगुआई में मुरीद को ख़ुदा की इच्छा और कृपा प्राप्त करनी पड़ती है, और यही तसव्वुफ़ की मंशा है। यानी हम कह सकते हैं कि एक सालिक के लिए तपस्या, अभ्यास, चिन्तन, आत्मयुद्ध, चुप्पी और तन्हाई, माँग और खोज, ख़ुदा से प्रेम, संयम, धैर्य, भलाई, विश्वास, पहचान, अनुभव, ईश्वर में तल्लीनता और उसके अस्तित्व की खोज जैसे आध्यात्मिक विशेषताओं में विशेषज्ञता प्राप्त करना आवश्यक है। बिना पीर के सालिक उन मार्गों पर सफलतापूर्वक आगे नहीं बढ़ सकता, और न ही उन विशेषताओं को प्राप्त कर सकता है, जिनसे वह ईश्वर के अस्तित्व में तल्लीनता प्राप्त कर सके। सालिक के अन्दर इश्क़े इलाही की लालसा उत्पन्न करने और इश्क़े इलाही के प्रकाशपुंज की झलक देखने के लिए उसे उन स्थानों से गुज़रना पड़ेगा।

लज्जते ईं मय न शनासी बख़ुदा तन चशी

अर्थात—ख़ुदा के लिए, जब तक चखोगे नहीं उस शराब के स्वाद को नहीं पहचान सकते।

एक बड़ी बात जो सालिक के लिए आवश्यक है, वह है पवित्र और परिश्रम से कमाया हुआ आहार। सुलूक के दौरान शेख़ का कड़ा निर्देश होता है कि अपवित्र और प्रतिबन्धित आहार का एक अन्न भी सालिक के पेट में न जाए वरना उसका समस्त अभ्यास और तपस्या न केवल अस्वीकार हो जाएगी, अपितु पूर्व में किये गए उसके समस्त प्रयास भी व्यर्थ हो जाएँगे। परिश्रम से कमाया हुआ पवित्र आहार उस बीज की तरह है, जो सालिक की आँतों की धरती में पहुँचकर उसे पवित्र ऊर्जा से परिपूर्ण करता है, उसमें से पुण्य का वृक्ष उगता है। यदि आहार अपवित्र और प्रतिबन्धित है, तो उसके भयानक परिणाम निकलते हैं, उसकी तपस्या और उसके सद्‌गुणों में लापरवाही उत्पन्न होती है, उसकी आँतों की धरती में जो बीज पनपता है, उससे पाप और अपराध का फल प्राप्त होता है, उसी प्रकार सालिक को दुष्ट स्वभाव के लोगों की संगत से दूर रहना चाहिए, ऐसे लोगों की संगत में भी नहीं रहना चाहिए, जो उसके स्वभाव के विपरीत हों। उन्हें केवल तरीक़त के भाइयों के ही सम्पर्क में रहना चाहिए। सालिक को विपरीत स्वभाव के लोगों से अपने मन की बात कहने-सुनने से भी मना किया गया है। कहा गया है कि अन्य विपरीत स्वभाव वाले व्यक्तियों की संगत सालिक के लिए विष के समान है। यदि वह ऐसे लोगों की संगत में रहेगा तो उसे शान्ति नहीं मिलेगी। यहाँ तक कि विपरीत स्वभाव वाले व्यक्तियों के कपड़े आदि भी पहनने से मना किया गया है—

बूवद दर जामा हम तासीर मर्दुम
कसे कीं न शुनूद तक़्सीर दारद

अर्थात—पोशाक में भी मनुष्य के स्वभाव का प्रभाव होता है, जो इस बात को नहीं स्वीकार करते वे ग़लत हैं।

सुलूक के मार्ग में सालिक को कई स्थानों से गुज़रना पड़ता है। ऐसे में उसे चाहिए कि वह अपनी इन्द्रियों, आत्मा, हृदय और मस्तिष्क को क्रियाशील रखे और ख़ुदा के ज़िक्र और उसकी याद में खोया रहे। इन परिस्थितियों को लतायफ़े सित्ता कहते हैं[86]—

मुकामे सहू—वह स्थिति है, जिसमें सालिक की बाह्य और आन्तरिक आदेशों की स्थिति में अन्तर शेष रहता है।

मुकामे सुक्र—सालिक की उस स्थिति को कहते हैं, जिसमें आन्तरिक और बाह्य आदेशों में अन्तर मिट जाता है।

इम्बिसात—सालिक की उस स्थिति को कहते हैं, जिसमें निरन्तर रहस्यमयी घटनाओं के दर्शन के कारण उसकी आत्मा में प्रसन्नता फैली रहती है।

इन्किबाज—उस स्थिति को कहते हैं, जिसमें सालिक के ऊपर रहस्यमयी घटनाओं के दर्शन बन्द हो जाने से उसकी आत्मा में घुटन का अनुभव होता हो।

मह्व और फना—उस स्थिति को कहते हैं, जिसमें सालिक अपने अस्तित्व को मिटा दे।

मुकामे हैरत—इस स्थिति में सालिक के ऊपर ख़ुदा के प्रकाश की वर्षा होती है। उस स्थिति में सालिक का ध्यान ख़ुदा के वर्णन से हट जाता है और उस पर एक प्रकार की निस्पृहता की स्थिति स्थापित हो जाती है।

हैरते मोरा ज़ेहर दो जहाँ बेनियाज़ कर्द
ईं ख़्वाब कारे दौलत बेदार मी कुनद

अर्थात—बुद्धिमत्ता की स्थिति ने दोनों लोकों से निस्पृह कर दिया है। यह सपना है, जो जागरण का कार्य करती है।

मुकामे रज़ा—सालिक मुकामे रज़ा में प्रवेश करके संकट और अपमान को ख़ुदा का तोहफ़ा समझकर ग्रहण करता है। उसमें उसकी आत्मा की स्थिति वैसी ही होती है, जैसी सत्य के उपहारों के दौरान होती है। यह स्थिति उस समय प्राप्त होती है, जब सालिक संकट और कठिनाई में भी सुख का अनुभव करे। नक्शबन्दिया परम्परा में कहा गया है कि इस दौरान सालिक का हृदय शान्त रहता है। वह इस स्थिति में हृदय की ओर ध्यान देता है और उसकी देखभाल करता है। उस स्थिति में सालिक अपने हृदय में अल्लाह के अतिरिक्त किसी अंन्य का विचार नहीं आने देता।[87]

आरिफ़

ख़ुदा के अस्तित्व में डूब जाने को मारिफत कहते हैं। सूफ़ियों की प्रारम्भिक मंज़िल को आरिफ कहा गया है, जो ख़ुदा के व्यक्तित्व व क्रिया विशेषण के प्रत्येक स्तर को पहचानता है। आरिफ़ वह है, जो अल्लाह के सिवा किसी को देखे और न पहचाने। अल्लाह को अल्लाह से पहचानना और ग़ैर अल्लाह को अल्लाह के प्रकाश से पहचानना ही माअरिफत है। आरिफ़ को चाहिए कि वह सत्य का अनुभव करे। जब वह एकेश्वर से प्रतिष्ठित होता है और बाहुल्यता में एकत्व देखता है तो समस्त प्राणी में वास्तविक प्रियतम के सौन्दर्य और गुण का अवलोकन करता है। उसके बारे में कहा गया है कि वह खाने-पीने-बोलने अर्थात वार्तालाप के किसी भी स्तर पर अल्लाह से निश्चेत नहीं होता, इसलिए आरिफ़ का एक क्षण आबिद के एक हज़ार क्षण से श्रेष्ठ है। आरिफ़ ख़ुदा से उसी प्रकार निश्चेत नहीं होता जैसे आँख अपनी दृष्टि से और कान श्रवण से अनभिज्ञ नहीं हो सकता।[88]

फ़क्र

फ़क्र भी सूफ़ी परम्परा का एक अंग है। फ़क़ीर संसार की धन-सम्पदा से कोई सम्बन्ध नहीं रखते। उन्हें चल और अचल सम्पत्ति का स्वामी नहीं होना चाहिए। फ़क़ीर में तीन प्रकार की विशेषताएँ होनी चाहिए। प्रथम—उसे अपने फटे कपड़े में ठीक प्रकार से टाँका लगाना आना चाहिए। द्वितीय—वह सत्य बोलना और सुनना जानता हो। तृतीय—वह पैर को धरती पर ठीक ढंग से रखे अर्थात वह ख़ुदा की याद में डूबा रहे, जब धरती पर चले तो सांसारिक स्वादों से दूर रहे। हुसैन बिन मंसूर ने कहा, "ख़ुदा के अतिरिक्त संसार की प्रत्येक वस्तु से बेपरवाह होकर तपस्या करना ही फ़क्र है।"[89] फ़क्र को तसव्वुफ़ का प्रारम्भ कहा गया है। सम्पत्ति के साथ जुहद, अबद और फ़क्र सम्भव नहीं। बहुत से लोग संसार में पूरी तरह डूबे रहते हैं और उनका अपनी इन्द्रियों पर वश नहीं होता है फिर भी आबिदों, ज़ाहिदों और फ़क़ीरों से अपनी समानता का चित्रण करते रहते हैं—

इक फ़क्र सिखाता है सैय्याद को नख़चीरी
इक फ़क्र से खुलते हैं असरारे जहाँगीरी

समाअ

सूफ़ियों के निकट समाअ ख़ुदा तक पहुँचने का मार्ग रहा है। प्रत्येक काल में सूफ़ियों ने मन-मस्तिष्क को एकाग्र (concentrat) करने और आध्यात्मिक यात्रा

की मंज़िलों की खोज के लिए समाअ का सहारा लिया है। समाअ शब्दकोश के अनुसार उस स्वर को कहते हैं, जिसका श्रवण करने से हृदय में प्रसन्नता और हर्षोल्लास उत्पन्न हो। समाअ की सबसे उत्तम परिभाषा इमाम ग़ज़ाली ने दी है। उन्होंने कहा, "समाअ लयबद्ध और सन्तुलित स्वर के सुनने का नाम है। ऐसा स्वर जो समझ में आए और हृदय को स्पंदित करे।"[90]

यदि वास्तविक रूप से यह राग और संगीत है और उसे सुनने से प्रसन्नता प्राप्त होती है तो संसार में उससे अच्छी कोई अवस्था नहीं हो सकती। राग या संगीत भौतिक (Physical) नहीं है। उसकी अभिरुचि हृदय में उमंग उत्पन्न करती है। कहा जाता है कि संसार में प्रत्येक वस्तु गीत गा रही है। पानी से मोहक स्वर सुनाई देता है। हवा भी गीत गा रही है। अग्नि में एक प्रकार का साहस और उत्साह पाया जाता है। धरती से भी संगीत का आभास होता है। अर्थात प्रत्येक तत्त्व राग की अवस्था का द्योतक है। अरबी वैज्ञानिक बू अली सीना (938-1080) ने संगीत को गणित की एक शाखा कहा है।[91] राग कोई दर्शन नहीं है, परन्तु इससे मनुष्य को आत्मिक सुख और चैन प्राप्त होता है। इसके अन्दर ऐसी अवस्थाएँ उत्पन्न होती हैं, जो प्रेम के उच्च मापदंड की अनुभूति कराती हैं। यदि राग और संगीत के अन्दर प्रेम और समर्पण की भावना का विकास हो तो यह अवश्य ही दर्शन है। "संसार में चाहे प्रत्येक वस्तु मिट जाए, परन्तु सुर शेष रहेंगे। सुर अटल हैं।"[92]

मुस्लिम दार्शनिकों ने संगीत द्वारा रसास्वादन करने की भावना को विकसित किया है, और जो स्वर रसास्वाद उत्पन्न करते हैं, उन्हें गीत का नाम दिया गया है। आनन्दमयी और लय गीत हृदय के अन्दर के भेद को उजागर करते हैं। बहुचर्चित और सुप्रसिद्ध वैज्ञानिक और संगीतकार अबू नस्र मुहम्मद अल फ़राबी कहता था कि गीत एक स्वर है, जिसमें समय की तरह फैलने की क्षमता होती है। उसमें ग्राम scale होता है, जिसकी अनुभूति की जा सकती है। वह लकड़ी के टुकड़ों की सहायता से ऐसे स्वर निकालता था, कि लोग हँसने और रोने के लिए विवश हो जाते थे। कभी-कभी वह अपना संगीत सुनाकर लोगों को अचेत भी कर दिया करता था।[93]

उपन्यासकार कुर्रतुल ऐन हैदर ने अपने उपन्यास 'गर्दिश-ए-रंग-ए-चमन' में समाअ और राग-रागिनियों पर अच्छी चर्चा की है। उनके कुछ चरित्र इस विषय पर आपस में बातचीत कर रहे हैं—

> कुछ राग-रागिनियों की विशेष बन्दिशें ऐसी होती हैं कि उसे यदि विशेषज्ञ गाएँ तो वह कुछ बीमारियों से मुक्ति देती हैं। बड़े-बूढ़ों से सुना है दिल्ली वाली दिलनवाज़ राग से इलाज करती थी।...सोहनी एक अत्यन्त मोहक रागिनी है। उन्होंने गाई तो वहाँ उपस्थित लोग गहरी नींद सो गए।[94]

अरब में हुदी ख़्वानी[95] की परम्परा थी। जानवर यदि लयबद्ध स्वर सुनकर

मंत्रमुग्ध हो सकता है तो मनुष्य जो समस्त प्राणियों में उत्तम है, उस पर मुग्धता छाना क्यों असम्भव है। "एक दिन समाअ पर बात हो रही थी। मियाँ ने कहा कि मनुष्य तो उत्तम जीव है ऊँट को देखिए कि वह अरबी गीत सुनकर किस प्रकार मंत्रमुग्ध होकर दौड़ता चला जाता है।"[96]

अपने काव्य-ग्रंथ 'शम्स तबरेज़' में महान सूफ़ी और कवि जलालुद्दीन रूमी ने समाअ पर कुछ शेर कहा है। ये अशआर समाअ को परिभाषित करने के लिए काफ़ी हैं।[97]

समाअ चीस्त ज़े पिंहानियाने दिल पैग़ाम
दिले ग़रीब बबायद ज़े नाम शान आराम
समाअ आरामे जान ज़री कानस्त
कसे दानद कि ऊ रा जान जानस्त
समाअ आंजा बकुन कांजा उरूसत
न मातम कि आंजाए फुग़ान अस्त

अर्थात—समाअ हृदय का गुप्त सन्देश है। समाअ निर्बल हृदय को बल प्रदान करता है। समाअ प्रेमियों के लिए आत्मशान्ति का प्रतीक है। शरीर के स्वास्थ्य और उसके उपचार का प्रतीक है। समाअ जीवन की विभिन्न बीमारियों को ठीक करता है। किसी दुख में विलाप न करो उसे समाअ ही ठीक कर सकता है।

उर्दू कविता में भी सूफ़ियों के लिए समाअ को बहुत महत्त्व दिया गया है। उर्दू कवि हसरत मोहानी ने यहाँ तक कहा कि उनके निकट समाअ उचित है। बल्कि वे यहाँ तक कहते हैं कि सूफ़ी के लिए समाअ बहुत आवश्यक है। उन्होंने अपने दृष्टिकोण को बल प्रदान करने के लिए कुछ शेर भी कहे हैं। यहाँ जिनकी प्रस्तुति आवश्यक जान पड़ती है—

आशिक़ाने तराना हाए जमील
हैं जलाल व कमाल अहले समाअ
अहले दिल का है एक ही मसलक
मसलके बे मिसाल अहले समाअ
कुश्ता-ए-इश्क़ है हर इक उनमें
रहमते हक बहाल अहले समाअ
उनसे जो कुछ है सब मुहब्बत है
हाल हो या कि क़ाल अहले समाअ
ज़ाहिदों के पड़ेगा सिर हसरत
इक न इक दिन वबाल अहले समाअ

इससे पूर्व हम देखते हैं कि ग़ालिब ने भी समाअ की तारीफ़ में एक सुन्दर शेर कहा है—

जां क्यों निकलने लगती है तन से दमे समाअ
गर वह सदा समाई है चंग व रबाब में

कवि आतिश का एक शेर समाअ के महत्त्व पर विशेष रूप से प्रकाश डालता है—

सूफ़ियों को वज्द में लाता है नग़्मा साज़ का
शुब्हा हो जाता है पर्दे से तिरी आवाज़ का

उर्दू कविता में तसव्वुफ़ के अग्रणी कवि के रूप में मीर दर्द को माना जाता है। जो एक कुशल संगीतकार के अतिरिक्त उत्कृष्ट सूफ़ी भी थे। उन्होंने भी समाअ के महत्त्व पर दर्जनों शेर कहे हैं—

ऐ दर्द इस जहाँ में आकर सदाए ग़ैब
बे पर्दा हुए जिस से वह पर्दा है साज़ का

परन्तु हम देखते हैं कि सोलहवीं शताब्दी के हिन्दवी कवि बहाउद्दीन बाजन (1516) जो भारत के सुप्रसिद्ध औलिया में सम्मिलित थे, उनकी समाअ में दिलचस्पी बहुत प्रसिद्ध है। कहा जाता है कि गाने-बजाने में विशेषज्ञता के कारण उन्होंने अपना उपनाम बाजन रख लिया। अमीर ख़ुसरो के बाद प्रारम्भिक हिन्दवी का जो काव्य है उनमें बाजन का यह दोहरा बहुत महत्त्व रखता है—

यूँ बाजन बाजे रे इसरार छाबे
मंडल मन में धुमके
रबाब मन में झुमके
सूफ़ी उन पर ठुमके।

प्रसिद्ध सूफ़ी शेख़ सिर्री सक्ती ने कहा कि 'समाअ उपजाऊ धरती के लिए वर्षा की तरह है।' उन्होंने समाअ को अत्यन्त भयानक वस्तु कहा है। उन्होंने कहा कि 'सालिक उस पर उसी समय अधिकार में कर सकता है, जब कोई शेख़ उपस्थित हो। समाअ को ख़ुदा की कृपा कहा गया है, जो अल्लाह के बन्दों के हृदय को उसकी ओर आकर्षित करता है।'[98] हृदय की इस अवस्था को मुग्धता कहते हैं। यदि यह अवस्था सन्तुलित है तो ताल और नृत्य उत्पन्न होता है और असन्तुलित है तो बेचैनी और निराशा की अवस्था उत्पन्न हो जाती है। उसे तसव्वुफ़ की पारिभाषिक शब्दावली में देखा जाए तो मुग्धता की स्थिति में सूफ़ियों के नृत्य करने को समाअ का नाम दिया जा सकता है।[99] अर्थात उसका प्रथम दर्जा यह है कि जो कुछ सुना

जाय वह समझ में आए और जो समझ में आए वह हृदय को प्रभावित करे और जब उसका प्रभाव हृदय पर पड़ेगा तो मुग्धता छा जाएगी। सूफ़ियों के लिए मुग्धता इसलिए आवश्यक है कि वह अल्लाह और उसके बीच की दूरी को समाप्त करती है। मुग्धता के दौरान सूफ़ी अनुभव, समझ, भविष्य की जानकारी और हृदय के भेद को समझने लगता है। मुग्धता के दौरान सूफ़ी अपने अहम् को भी समाप्त कर देता है, जिसने अपने अहम् को समाप्त कर दिया, उसने मुग्धता का स्वाद चख लिया और उसका अन्त:करण प्रकाशवान हो गया। स्पंदित हृदय वाले सूफ़ियों की सभाओं में समाअ से जो स्थिति उत्पन्न होती है, वह अग्नि से कम नहीं है। लकड़ियों के जलने से धुआँ निकलता है और हृदय के जलने से धुआँ नहीं निकलता। परन्तु ऐसी जलन होती है, जिसका उदाहरण अन्य अग्नि में नहीं पाया जाता है। समाअ के दौरान सूफ़ी अपने हृदय को अपनी ही अग्नि से फूँक देते हैं। यह वैसे ही है, जैसे सोनार सोने-चाँदी आभूषण की मैल को आग में तपाकर स्वच्छ कर देता है। फ़ारसी के प्रसिद्ध कवि शेख़ अहमद जाम (1048-1141) का एक क़त्आ उदाहरण के रूप में प्रस्तुत किया जाना आवश्यक जान पड़ता है, जो समाअ की सभाओं में सुना जाने वाला सूफ़ियों का सबसे प्रिय क़त्आ है—

याफ़्तम शग़्ल आशिकी वाक़िफ़
खानमा फ़राग़ मय सोज़म
कुश्तगाने ख़ंजरे तस्लीम रा
हर जमां अज ग़ैब जाने दीगरस्त

अर्थात—आशिक़ व आशिक़ी से मैं पूरी तरह परिचित नहीं हूँ। इश्क़ के मार्ग में भले ही मेरा सब कुछ नष्ट हो गया हो परन्तु आस्था के ख़ंजर से कत्ल होने वालों के लिए किसी समय भी जीवन का कोई मूल्य नहीं रहा है।

कहा जाता है कि दिल्ली के कुतुबुद्दीन बख़्तियार काकी (1235) की समाअ की एक सभा में क़व्वाल शेख़ जाम का उपर्युक्त क़त्आ पढ़ रहा था। काकी 'कुश्तगाने ख़ंजरे तस्लीम रा' की पुनरावृत्ति को सुनकर बेहोश हो गए। जब उन्हें होश आया तो भी उनके जिह्वा पर कुश्तगाने ख़ंजरे तस्लीम रा की निरन्तर पुनरावृत्ति हो रही थी। कहा जाता है कि वे जब तक जीवित रहे उसी पंक्ति को दुहराते रहे, उसी मुग्धता की स्थिति में उनकी मृत्यु हो गई। "सूफ़ियों ने समाअ को अल्लाह की निकटता और अन्त:करण की शुद्धता का माध्यम माना है।"[100] शेख़ निज़ामुद्दीन औलिया कहते हैं कि समाअ तरीक़त वालों और रसास्वादन करने वालों पर ही प्रकट होता है। यह स्वाद का चरम है। किसी भी शेर और गीत को लय के साथ सुनने से स्वाद में बढ़ोतरी होती है। हृदय पर विलाप छा जाता है। यह स्वाद ही है जो तरीक़त वालों

के हृदय में अग्नि की ज्वाला भड़काता है। यदि यह स्वाद न होता और मुग्धता की अवस्था का संचरण न होता। फिर जीवन का मज़ा ही न मिलता—

ऐ दोस्त ब तेग इंतज़ारम कुशी

अर्थात—ऐ मित्र! तूने प्रतीक्षा की तलवार से मुझे मार डाला।

"शेख़ अबुलख़ैर अस्क़लानी समाअ की सभाओं में प्राय: बेहोश हो जाया करते थे।"[101] यह मुग्धता का ही विषय है कि शेख़ बहाउद्दीन ज़करिया एक दिन अपने घर के दरवाज़े पर खड़े होकर एक हाथ एक किवाड़ और दूसरा हाथ दूसरे किवाड़ पर रखकर निरन्तर यह शेर पढ़ रहे थे—

कर्दी सनमा बरसरे मा बारे दिगर
मा हेच न करदेम ख़ुदा मी दानद

अर्थात—ऐ मेरे सनम! तूने मेरे साथ पुन: वही व्यवहार किया। परन्तु ख़ुदा जानता है कि मैं निर्दोष हूँ। मैंने कुछ भी नहीं किया।

ख़्वाजा बद्र इस्हाक़ पर नमाज़ के दौरान ही मुग्धता छा गई। वे निरन्तर एक ही शेर पढ़ रहे थे।

पेशे सियासते गमश रूह चे नुत्क़ नमी ज़नद
ऐ ज़ि हज़ार सउआ कम पस तू नवा चे मीज़नी

अर्थात—उसके इश्क़ के ग़म की मार के सामने तेरी आत्मा तक नहीं बोलती। ऐ मनुष्य तेरा अस्तित्व एक चिड़िया के सहस्त्र भाग से भी कमतर है। फिर तू इतना क्यों चहक रहा है।

इमाम ग़ज़ाली के अनुसार दिल के अन्दर जो भी वस्तुएँ हैं उनके प्रकटीकरण के लिए समाअ से अच्छा कोई माध्यम नहीं है। समाअ इश्क़ है और अल्लाह से इश्क़ में बढ़ोतरी करता है, तो समाअ आवश्यक है। यह रुचि को उभारता है। स्वाद को बढ़ाता है और ख़ुदा के अस्तित्व से सम्बन्ध और लगाव को प्रगाढ़ करता है। अर्थात पत्थर दिल, मूर्ख और ठोस दिल (concreted heart) वाले लोग समाअ के स्वाद से वंचित रहते हैं। जैसे डॉ. इक़बाल ने कहा—

फूल की पत्ती से कट सकता है हीरे का जिगर
मर्दे नादां पर कलामे नर्म व नाज़ुक बे असर

इमाम ने बताया है कि समाअ मनुष्य के मन-मस्तिष्क पर क्या प्रभाव छोड़ता है। जैसे समाअ सोच से वंचित दिलों को सोचने पर विवश कर देता है। समाअ के द्वारा मूर्ख और मोटी बुद्धि वालों की बुद्धि बढ़ जाती है। समाअ थके हुए दिलों को

चुस्त करता है। धूमिल हृदय को स्वच्छ करता है और बुद्धि (common sense) को तीव्र करता है। इमाम ने समाअ के प्रतिबन्धित होने की चार स्थितियाँ गिनाई हैं। निश्चित रूप से कामवासना में लिप्त नौजवानों के लिए समाअ प्रतिबन्धित है, जो उसे मनोविनोद और जैविक भावनाओं की पूर्ति के लिए सुनते हैं। ऐसे लोगों के हृदय पर समाअ कोई प्रभाव नहीं छोड़ता, बल्कि उनके हृदय के अन्दर के बुरे स्वभाव प्रकट हो जाते हैं। द्वितीय उन लोगों के लिए समाअ घृणित है, जो उसे जीव न समझें और उसे मनोविनोद के रूप में अपने स्वभाव में सम्मिलित कर लें। तृतीय समाअ उन के लिए उचित है जिन्हें उससे रसास्वादन के अतिरिक्त कोई अन्य इच्छा न हो। चतुर्थ ऐसे लोगों के लिए समाअ उत्कृष्ट है जिनके स्वभाव में अल्लाह के प्रेम का वर्चस्व स्थापित हो गया हो और उनके हृदय में पवित्रता के गुणों के अतिरिक्त और कोई वस्तु उपस्थित न हो।

सूफ़ियों की समस्त परम्पराओं में नहीं परन्तु चिश्तिया और नक़्शबन्दिया परम्परा में विशेष रूप से समाअ आकर्षण का केन्द्र रहा है। तसव्वुफ़ के प्रारम्भ से ही उसके उचित और अनुचित होने पर निरन्तर लम्बी चर्चाएँ होती रही हैं। यह एक ऐसा विषय है, जिस पर सूफ़ियों का कभी एक मत नहीं रहा। उलमा और फ़ुक़हा तो विशेष रूप से समाअ के विरोधी थे और इसे प्रतिबन्धित समझते थे। यह एक ऐसा विषय है कि जिसके विपक्ष और पक्ष दोनों ओर से दिये गए तर्क उचित जान पड़ते हैं। प्रारम्भिक काल में शेख़ जुनैद बग़दादी, शेख़ सिरी सक्ती, शेख़ जुन्नून मिश्री, हज़रत ज़ाफ़र तैय्यार, शेख़ फ़रीदुद्दीन अत्तार, मौलाना जलालुद्दीन रूमी, शम्स तबरेज़ और हज़रत शेख़ निज़ामुद्दीन औलिया इत्यादि समाअ के बहुत बड़े समर्थक रहे हैं। वहीं इमाम अबूहनीफा, इमाम मालिक, शेख़ सूफ़ियान सूरी, क़ाज़ी तैयब तबरी, इमाम शाफ़यी, इमाम अहमद बिन हंबल इत्यादि ने समाअ को केवल प्रतिबन्धित ही नहीं किया बल्कि समाअ का आयोजन करने वाले सूफ़ियों को काफ़िर और नास्तिक तक कह डाला। परन्तु जैसा कि स्पष्ट है प्रख्यात चिन्तक और दार्शनिक इमाम ग़ज़ाली ने बीच का मार्ग निकालते हुए कुछ शर्तों के साथ समाअ को 'नस' और 'क़ियास' के आधार पर उचित ठहराया। नस अर्थात रसूलुल्लाह स. की क्रिया और वार्ता या क़ुरआन की आयतों के आदेशों से किसी कार्य के होने की आज्ञा प्राप्त हो और क़ियास अर्थात रसूलुल्लाह स. की क्रिया और वार्ता से किसी कार्य के होने या न होने की बात सिद्ध न हो। उन्होंने अपने विश्व प्रसिद्ध ग्रंथ अहिया-उल-उलूम में समाअ और गीत-संगीत के विषय पर तीन अध्यायों में विस्तृत चर्चा की है। निश्चित रूप से समाअ को नहीं परन्तु इमाम ने अच्छे स्वर सुनने को क़ुरआन और हदीस से सत्य सिद्ध करने का सफल प्रयास किया है।

हज़रत अबू मूसा अशअरी र. की आवाज़ बहुत अच्छी थी, जिसके सम्बन्ध में रसूलुल्लाह ने कहा, मूसा को दाऊद का गीत-संगीत दिया गया है—

इन्न अंकरलअसवातुल हमीर

अर्थात—निश्चित रूप से आवाज़ों में सबसे बुरी आवाज़ गधों की है।[102]

उससे ज्ञात हुआ कि अच्छी आवाज़ की प्रशंसा की गई है। यदि बुलबुल की आवाज़ सुनना उचित है तो इमाम ने कहा कि उन अच्छी आवाज़ों को क्यों बुरा कहें जिनमें कोई दर्शन और बुद्धि की बात बताई गई हो। सूफ़ी इब्ने मुजाहिद के अनुसार यदि कोई अच्छी आवाज़ में शेर पढ़े तो उसका सुनना कैसे अनुचित हो जाएगा? और अच्छे शेर सुनकर यदि मुग्धता छा गई तो यह कैसे हराम हो गया? वे समाअ पर इतना कड़ा व्यवहार करते थे कि भोजन का निमंत्रण ही स्वीकार नहीं करते थे, यदि वहाँ समाअ का आयोजन न हो। अल्लामा ज़ाहिर बिन बलाल हमदानी वराक़ ने एक दिन जद्दा के तटीय क्षेत्र की एक मस्जिद में देखा कि कुछ लोग समाअ की सभा आयोजित किये हुए हैं। हमदानी इस आयोजन को अनुचित समझ रहे थे, फिर उसी रात उन्होंने मस्जिद में रसूलुल्लाह स. को सपने में देखा जो अबूबकर र. से शेर सुनकर प्रसन्न हो रहे थे और अपने सीने पर हाथ रखे अच्छे शेरों की प्रशंसा भी करते जा रहे थे। इस घटना के बाद हमदानी ने सोचा कि उन्हें कोई अधिकार नहीं है कि वे समाअ के आयोजन को अपराध समझें। इस सम्बन्ध में जुनैद बग़दादी का विचार उल्लेखनीय है, जिसमें उन्होंने कहा कि समाअ के दौरान मुग्धता छा जाए और हक़ सामने हो तो कृपा की वर्षा होती है।[103]

हिन्दुस्तान के एक बड़े सूफ़ी हमीदुद्दीन नागौरी समाअ को सुन्नत और उचित समझते थे। उनके अनुसार इमाम अबूहनीफ़ा ने मृत्यु-शय्या पर पड़े हुए एक मरीज़ को शराब के द्वारा चिकित्सा करने को उचित ठहराया है, तो उन्होंने कहा कि मेरा दिल भी इश्क़े ख़ुदा में बीमार है और बिना समाअ के इसका इलाज सम्भव नहीं है। इसलिए मेरे लिए समाअ उचित है और दूसरों के लिए अनुचित है।[104]

13वीं शताब्दी के सूफ़ी जलालुद्दीन रूमी (1207-1273) ने समाअ को विश्वसनीयता के चरम पर पहुँचा दिया। वह इमाम ग़ज़ाली की परम्परा के सूफ़ी थे। उन्होंने समाअ में नये-नये अनुभव किये और उसको लोकप्रिय बनाया। रूमी इस्लामी संसार के ऐसे सूफ़ी हैं, जो पाश्चात्य देशों में भी उसी प्रकार लोकप्रिय हैं, जैसे पूर्वी एशिया के देशों में। उन्होंने बाँसुरी को रहस्यात्मक गीत और ईश्वरीय पहचान के प्रतीक के रूप में प्रस्तुत किया। उनकी मसनवी का प्रथम शेर ही बाँसुरी से प्रारम्भ होता है। 'बशनवाज नय चूँ हिकायत मी कुनद' अर्थात बाँसुरी से सुन क्या कहानी कहती है। समाअ की सभाओं में रबाब का प्रथम बार प्रयोग का श्रेय विशेष रूप से रूमी के सिर जाता है। लकड़ी के बने इस यंत्र में रूमी ने 6 खाने बनाए थे, जो जीवन और व्यवहार की 6 दिशाओं का प्रतिनिधित्व करते हैं। रबाब के सन्दर्भ में रूमी प्रायः कहा करते थे कि उन्होंने समस्त सम्मान और उपाधियाँ

उलमा और फुक़हा को दे दिये और स्वयं रबाब के साथ एकान्त के कुंज में चले आए। उन्होंने कहा कि रबाब उलमा के किसी काम का नहीं है, वरना उसे भी उनको दे देता। निर्धनों का पोषण उलमा का कार्य नहीं है। यह कार्य पुरुषार्थ का है, इसलिए इस कार्य को उन्होंने अपने जिम्मे ले लिया है। उन्होंने संगीत को इस लिए उचित ठहराया कि इसके माध्यम से मनुष्य जीवन और ब्रह्मांड के रहस्यों में डुबकी लगाता है।

अंग्रेज़ी भाषा के सुप्रसिद्ध कवि और आलोचक ए. सी. स्वीनबर्न (Algernon Charles Swinburne 1837-1909) के अनुसार अच्छी कविता वह है, जो संगीत की शर्त पर खरी उतरे इसलिए कहा जा सकता है कि अच्छे शेर की पहचान उसका लय है। हम देखते हैं कि रूमी की सम्पूर्ण कविता उस शर्त पर पूरी उतरती है। उनकी कविता संगीतमय है। शेर का महत्त्वपूर्ण शर्त उसका संगीतमय होना है, परन्तु अधिकतर कवियों के यहाँ बाह्य संगीत पाई जाती है। रूमी की कविता में अन्त: संगीत मिलती है, जो अनुभवों में कंपन उत्पन्न करती है। रूमी ने कहा कि जिस प्रकार रोज़ा नमाज़ आवश्यक है, उसी प्रकार दिलवालों के लिए समाअ आवश्यक है। उन्होंने कहा कि आत्मिक आहार चाहने वालों के लिए समाअ उचित है और पशुवत भावनाओं को उभारने वाला संगीत हराम है।

बर समाए रास्त हर कसे चीज नीस्त
तुअमाए हर मुर्गके अंजीर नीस्त

अर्थात—हर कोई व्यक्ति उचित समाअ का श्रवण करने में सक्षम नहीं हो सकता, उसी प्रकार जैसे अंजीर चिड़ियों का खाद्य नहीं है।

प्राय: देखा गया कि समाअ के दौरान जब रूमी पर मुग्धता छा जाती थी, तो वे अपने सिर दीवार से टकराने लगते और क़व्वालों से लिपट-लिपट जाते थे। वे प्राय: कई-कई दिन तक बिना कुछ खाए-पिए समाअ में व्यस्त रहते। रूमी का कहना था कि ख़ाली पेट के साथ समाअ में लुत्फ़ बढ़ जाता है। वे कहते हैं कि अल्लाह वालों पर व्यग्रता और बेचैनी की स्थिति आती है उसे समाअ और मुग्धता के बिना दूर करना सम्भव नहीं है। यदि समाअ और मुग्धता न हो तो ईश्वरीय प्रकाश के प्रभाव में आकर औलिया की मृत्यु हो जाएगी।[105]

प्रारम्भिक काल के कुछ सूफ़ियों के यहाँ औरतों को भी समाअ की सभाओं में सम्मिलित किये जाने की साधारण परम्परा थी। कुछ सूफ़ी अपनी पत्नियों और निजी नौकरानियों को भी समाअ में सम्मिलित करते थे। शेख़ अत्तार के पास दो नौकरानियाँ थीं जिन्हें वे समाअ की सभाओं में नृत्य के लिए सम्मिलित करते थे।[106] परन्तु हिन्दुस्तान के महबूबे इलाही शेख़ निज़ामुद्दीन औलिया समाअ की सभाओं में औरतों की भागीदारी को अनुचित समझते थे, बल्कि वे तो वाद्ययंत्रों के प्रयोग के भी

विरोधी थे। हिन्द के सुल्तानुल मशायख़ की मृत्यु कौनिया के रूमी से 50 वर्ष बाद हुई। शेख़ की समाअ की सभा बहुत ही पवित्र वातावरण में आयोजित होती थी। वे समाअ की सभाओं को प्रसाद समझते थे। वे इसके लिए विशेष आयोजन करते थे। उन्होंने इसके आयोजन के लिए कुछ नियम बनाए थे, जिसके अनुसार ही वे आचरण करते थे। वे चाहते थे कि समाअ का स्थान आकर्षक हो जहाँ आत्मा को शान्ति मिले। समाअ सुनने वाले भी एक ही वर्ण के हों अर्थात सभी समाअ वाले हों। समाअ के आयोजन से पूर्व उस स्थल को झाड़-पोंछकर स्वच्छ किया जाता था। उसके उपरान्त वहाँ लोहबान जलाया जाता और इत्र आदि का प्रयोग किया जाता था। इस दौरान उस कक्ष को अन्दर से बन्द रखा जाता था। उन सभाओं में शेख़ के कुछ चुने हुए सालिक ही उपस्थित रहते। प्रभावशाली आवाज़ वाले क़व्वाल फ़ारसी के शेर गाते। कभी-कभी ऐसा हुआ, जब फ़ारसी के शेर का शेख़ पर कोई प्रभाव नहीं पड़ा और मुग्धता नहीं छाई तो उन्होंने क़व्वालों को आदेशित किया कि वे हिन्दवी दोहे पढ़ें, जिन्हें अधिकतर अमीर ख़ुसरो लिखते थे। उसके उपरान्त शेख़ पर मुग्धता छा जाती और वे नृत्य करने लगते।

शेख़ के लिए सबसे बड़ी संकट की घड़ी उस समय उत्पन्न हो गई, जब सुल्तान ग़ियासुद्दीन तुग़लक़ ने उलमा की उपस्थिति में समाअ के उचित-अनुचित होने के सम्बन्ध में उन्हें अपनी पोजिशन स्पष्ट करने के लिए दरबार में तलब कर लिया। यह प्रथम बार था, जब शेख़ ने दरबार में जाने के लिए अपनी सहमति दे दी। इससे पूर्व वे दिल्ली के किसी भी सुल्तान के दरबार में नहीं गए थे। इस तलबी पर उनके मुरीद चिन्तित थे, अधिकतर लोगों का विचार था कि शेख़ को गिरफ़्तार करके जेल में डाल दिया जाएगा। परन्तु इस दौरान शेख़ ने लम्बी चुप्पी की चादर ओढ़े रखी। इस घटना को 'सियर-उल-औलिया' के लेखक ने बहुत विस्तार से लिखा है। उनके शिष्यों और दोस्तों ने समाअ के विषय पर उन्हें बहुत अधिक लिटरेचर उपलब्ध कराया, परन्तु उन्होंने उसकी ओर देखा तक नहीं। वे गहरी सोच में डूबे रहे। आख़िर नियत समय पर वे लम्बा लबादा ओढ़े सिर पर पीले रंग का रूमाल बाँधे अपनी ख़ानक़ाह से निकले। उनके मुख से तेज़ टपक रहा था। उनके साथ ख़्वाजा मुहियुद्दीन काशानी और मौलाना फ़ख़रुद्दीन ज़र्रादी भी थे। सम्पूर्ण दरबार सरकारी उलमा और फुक़हा से भरा हुआ था।

चर्चा का प्रारम्भ करते हुए उप धर्माधिकारी क़ाज़ी जलालुद्दीन ने लम्बा-चौड़ा भाषण दिया। इस दौरान उन्होंने शेख़ के लिए कुछ आपत्तिजनक शब्दों का भी प्रयोग किया। शेख़ उनकी भाषा से बहुत क्रोधित हुए। शेख़ ने क़ाज़ी से कहा कि तुम जिस पद के कारण इस प्रकार का घमंडपूर्ण भाषा का प्रयोग कर रहे हो, वह पद आज है कल नहीं रह सकता है। बाद में ज्ञात हुआ कि उस घटना के दूसरे सप्ताह ही क़ाज़ी जलालुद्दीन को उनके पद से बर्ख़ास्त कर दिया गया। इस चर्चा में

समाअ के विरोध में शेख़ज़ादा हिसामुद्दीन ने भी भाषण दिया। शेख़ ने हिसामुद्दीन से समाअ की परिभाषा बताने के लिए कहा। उन्होंने कहा कि मुझे परिभाषा नहीं आती, केवल मैं इतना जानता हूँ कि समाअ अनुचित और हराम है। शेख़ ने कहा, जब तुम समाअ का अर्थ ही नहीं जानते तो इस चर्चा में भाग लेने के योग्य ही नहीं हो। दरबार में हंगामा होता रहा। सुल्तान ने कई बार हंगामा करने वालों को कड़ाई से डाँटा। सुल्तान ने शेख़ से कहा कि वे अपनी बात रखें।

शेख़ ने कहा कि जब शरीर और स्वभाव पूरी तरह घायल हो जाए तो उसका अधिकार है कि उसे समाअ के माध्यम से शक्ति और ताज़गी प्रदान की जाए। उन्होंने रसूलुल्लाह स. की एक हदीस—

इन्ना लिनफ़सिक अलैका हक़्क़ा, व लिरब्बका अलैका हक्का, व लिज्जैयफिका अलैका हक्का, व इन्ना लिअहलिक इलैका हक्का...

अर्थात—तुम्हारे ऊपर तुम्हारे जीव और आत्मा का अधिकार है, तुम्हारे रब का अधिकार है, तुम्हारे मेहमानों का अधिकार है और तुम पर तुम्हारे बाल-बच्चों का अधिकार है।

अभी पढ़ना प्रारम्भ ही किया था कि सरकारी उलमा ने शोर मचाना प्रारम्भ कर दिया। उनका कहना था कि यह हदीस शाफ़ई धर्मावलम्बियों की है, आप हनफ़ी मसलक के मानने वाले हैं, इसलिए इमाम अबू हनीफा की कोई हदीस प्रस्तुत करें। इस प्रश्न पर शेख़ बहुत दुखी हुए। उन्होंने कहा कि वह सभा ही अनुचित है जिसमें रसूलुल्लाह स. की हदीस भी बँट जाए। फिर एक बार हंगामा प्रारम्भ हो गया। मौलाना अलीमुद्दीन ने बात सँभाली और कहा कि जो लोग समाअ दिल से सुनते हैं उनके लिए उचित है परन्तु जो लोग भोग-विलास के लिए सुनते हैं, उनके लिए अनुचित और हराम है। सुल्तान ने मौलाना अलीमुद्दीन की ओर ध्यान दिया और उनसे पूछा कि 'क्या बग़दाद, दमिश्क़ और रोम में भी समाअ का आयोजन होता है?' मौलाना ने उत्तर दिया, हाँ। इस उत्तर पर सुल्तान चुप हो गया। एक बार फिर क़ाज़ी जलालुद्दीन ने सुल्तान से अनुरोध किया कि वे अबूहनीफ़ा के धर्म की रक्षा के लिए समाअ के अनुचित होने के सम्बन्ध में एक फ़रमान निर्गत कर दें। इस पर शेख़ ने सुल्तान से कहा कि अच्छा तो यह है कि सुल्तान न उचित और न ही अनुचित होने का फ़रमान निर्गत करें। सुल्तान ने कोई फ़रमान निर्गत नहीं किया। उसने दिन-भर चली इस उबाऊ और थका देने वाली चर्चा को समाप्त करते हुए शेख़ को घर जाने की आज्ञा दे दी।

वहाँ शेख़ के हजारों की संख्या में उपस्थित श्रद्धालुओं में प्रसन्नता की लहर दौड़ गई। उन्होंने इसे बड़ी जीत के रूप में देखा। परन्तु शेख़ इस पूरी घटना से अत्यन्त असहज थे। वे अपने श्रद्धालुओं और समर्थकों की बड़ी संख्या के बावजूद

दरबार में अपने विरोधी कट्टर उलमा के दिलों में उनके लिए उमड़ रही घृणा और उनके खूँख़्वार चेहरे को देखकर आश्चर्यचकित रह गए। उन्होंने अपने निकट मित्रों को बुलाया और कहा कि वह नगर ही रहने योग्य नहीं है, जिस नगर में घृणा की खेती इतनी व्यापक हो, जहाँ उलमा ज़बर्दस्ती अपनी बात मनवाना चाहते हों, ऐसे नगर में किसी भलाई की आशा नहीं की जा सकती। उन्होंने कहा कि उन्हें आश्चर्य है कि यह नगर किस प्रकार सही-सलामत है। शेख़ की मृत्यु के कुछ वर्षों उपरान्त जब मुहम्मद बिन तुग़लक़ ने दिल्ली वालों को उसकी नई राजधानी दौलताबाद देवगिरि जाने का फ़रमान सुनाया तो चमक-दमक वाली दिल्ली उजाड़ सी हो गई। सैकड़ों की संख्या में वृद्ध, कमज़ोर और बेबस लोग दौलताबाद पहुँचने से पूर्व रास्ते में ही मर गए और जो नियत स्थान तक पहुँचे भी उनका दिल दिल्ली में ही अटका रहा। इस यात्रा में दिल्ली वालों ने बहुत सज़ा भुगती। दौलताबाद आबाद नहीं हुआ और दिल्ली उजड़ गई।

हज़रत शेख़ निज़ामुद्दीन औलिया

ऊपर तसव्वुफ़ का जो परिचयात्मक विवरण प्रस्तुत किया गया है, उस मानक पर हमारे कवि और साहित्यकार अमीर ख़ुसरो कहीं खरे नहीं उतरते, परन्तु यहाँ जो बात उल्लेखनीय है वह है उनके निकट सहयोगी और सूफ़ी मित्र शेख़ निज़ामुद्दीन औलिया का व्यक्तित्व जो उन्हें अपना घनिष्ठ मित्र तो मानते रहे परन्तु उन्हें खिर्का प्रदान नहीं किया। शेख़ का सम्पूर्ण जीवन ख़ुदा की याद में व्यतीत हुआ। वे व्यथित हृदय वालों के लिए ठंडी हवा के झोंके जैसे थे, उस छायादार वृक्ष की तरह जिसके छाये में बैठकर संकटग्रस्त, कष्टप्रद और टूटे हृदय वालों को शान्ति मिलती थी। उनके अहम् में ईश्वर की छाया थी। वे दरबारी सम्मान और पुरस्कार के कभी इच्छुक नहीं रहे। उन्होंने कभी सुल्तानों की चाटुकारिता नहीं की। वे उनके दरबार में नहीं गए। परन्तु अपनी ख़ानक़ाह का दरवाज़ा बादशाहों, सुल्तानों, मंत्रियों, सूबेदारों, अधिकारियों और राजकुमारों के लिए हमेशा खुला रखा।

बात यदि तसव्वुफ़ की हो रही हो और उसका अन्त अमीर ख़ुसरो पर हो तो शेखुल मशायख़ हज़रत निज़ामुद्दीन औलिया के वर्णन के बिना अर्थहीन हो जाती है। हज़रते शेख़ (1238-1325) का जन्म बदायूँ में हुआ था। उनका नाम मुहम्मद बिन अहमद अली बुख़ारी था। उनके पिता ख़्वाजा अहमद अली बुख़ारा से दिल्ली आए थे। तत्कालीन दिल्ली सरकार ने उन्हें क़ाज़ी के पद पर नियुक्त करके बदायूँ भेज दिया। वे बदायूँ चले गए। बदायूँ में हज़रते शेख़ के जन्म से पूर्व ही उनकी मृत्यु हो गई। हज़रते शेख़ की माता बीबी जुलेख़ा अत्यन्त संयमी और दयालु प्रवृत्ति

की आस्थावान महिला थीं। उनका ख़ुदा से बहुत गहरा लगाव बताया जाता है।[107] पति की मृत्यु के बाद घर की समस्त जिम्मेवारी बीबी जुलेख़ा के ऊपर आ गई। उन्होंने अपनी पुत्रियों और हज़रते शेख़ की परवरिश बहुत आत्मविश्वास के साथ की। कहा जाता है कि उन्हें सपने के माध्यम से ज्ञात हो चुका था कि उनका पुत्र बहुत बड़ा वली और सूफ़ी होगा और उसके माध्यम से जनता बहुत लाभान्वित होगी। यही कारण था कि बीबी ने अपने होनहार पुत्र की देखभाल के लिए बड़ा प्रयोजन किया। उन्हें प्रारम्भिक शिक्षा के लिए शेख़ अलाउद्दीन उसूली के मदरसे में भेजा गया, जहाँ उन्होंने फ़िक़्ह और व्याकरण की शिक्षा ग्रहण की। उसके बाद उन्हें पगड़ी बाँधी गई।

हज़रते शेख़ के नाम के परिवर्तन के बारे में भी एक कहानी कही जाती है। उस समय तक वे बदायूँ में ही थे। एक दिन प्रातः उनके दरवाज़े पर किसी ने निज़ामुद्दीन-निज़ामुद्दीन की आवाज़ दी। जब वे बाहर निकले तो वहाँ कोई नहीं था। फिर जब वे तैयार होकर मदरसे की ओर जा रहे थे, तो प्रत्येक मिलने वाला उनसे निज़ामुद्दीन कहकर मुख़ातिब हो रहा था। उन्हें बड़ी हैरानी हुई। उन्होंने इसका ज़िक्र अपनी माँ से किया। उन्होंने कहा कि जाने दो बेटा हो सकता है, इसमें भी कोई भेद हो। फिर तो वे निज़ामुद्दीन के नाम से ही प्रसिद्ध हो गए। वे 16 वर्ष की आयु तक बदायूँ में ही रहे। इस बीच बीबी ज़ुलेख़ा की आर्थिक स्थिति दिन-ब-दिन बिगड़ती जा रही थी। घर में कभी-कभी निरन्तर दो-दो दिन तक उपवास की नौबत आ जाती। बीबी ज़ुलेख़ा इस संकट में बहुत शक्ति और आत्मविश्वास का परिचय दे रही थीं। प्रायः ऐसा होता कि हज़रते शेख़ मदरसे से वापस आते तो घर में खाने के लिए कुछ भी नहीं होता। बीबी ज़ुलेख़ा अपने लाड़ले बेटे से कहतीं कि आज हम 'ख़ुदा के अतिथि' हैं, इसके बाद माँ-बेटे दोनों अत्यन्त प्रसन्न होते और उनकी भूख की इच्छा मिट जाती। ऐसे समय में बीबी ने बदायूँ छोड़कर दिल्ली में बसने का निर्णय लिया। उन्होंने सोचा दिल्ली बड़ी जगह है, वहाँ कई बड़े मदरसे हैं, जहाँ उनके बेटे की अच्छी शिक्षा हो सकेगी। इसके अतिरिक्त उन्हें यह भी आशा थी कि वहाँ जीविका का कोई अच्छा प्रबन्ध हो सकेगा। दिल्ली में हज़रते शेख़ की आर्थिक स्थिति तो अच्छी नहीं हुई, परन्तु उनकी शिक्षा-दीक्षा बहुत अच्छी हो गई। यहाँ उन्होंने शम्सुद्दीन ख़्वारिज़्मी, बुरहानुद्दीन महमूद, अमीनुद्दीन मुहद्दिस तबरेज़ी और कमालुद्दीन ज़ाहिद जैसे अपने समय के उत्कृष्ट और योग्य शिक्षकों से साहित्य, व्याकरण, शब्दकोश शास्त्र और हदीस की शिक्षा ग्रहण की। उन्होंने सम्पूर्ण क़ुरआन और हदीस का बड़ा ग्रंथ 'मशारिकुल अनवार' याद कर लिया।[108] इस ज्ञान प्रकाश के कारण उनके व्यक्तित्व में दिन ब दिन निखार और स्वभाव में फ़क़्र व ग़िना का तत्त्व सम्मिलित होता गया। इस आर्थिक संकट के बीच हज़रते शेख़ सात्त्विकता, धैर्य और संयम की ओर अग्रसर हुए, उन्होंने रातों को जागरण

करके घोर तपस्या की और ख़ुदा से अपना सम्बन्ध प्रगाढ़ किया।

एक समय ऐसा आया जब हज़रते शेख़ नौकरी की खोज में भटकने लगे। उस समय उनकी आयु 30 वर्ष हो रही होगी। उनकी माता की मृत्यु हो चुकी थी, उनकी इच्छा थी कि वे कहीं क़ाज़ी के पद पर नियुक्त हो जाएँ। वे एक अच्छे क़ाज़ी होने की सम्पूर्ण योग्यता रखते थे। उन्होंने अपने निकटतम गुरु शेख़ नजीबुद्दीन मुतवक्किल से अपनी इच्छा व्यक्त की। मुतवक्किल ने कहा, 'तू क़ाज़ी मशू चीजे दीगर शू' अर्थात—तुम क़ाज़ी मत बनो कुछ और बनो। सम्भवतः उनका विचार था कि तुम ख़ुदा के उत्कृष्ट बन्दे और वली बनोगे। उन्होंने उन्हें अजोधन[109] जाने और बाबा फ़रीदुद्दीन मसऊद गंजशकर (1179-1266) से बैअत करने की सलाह दी। हज़रते शेख़ ने ऐसा ही किया। उन्होंने घोर आर्थिक संकट के बावजूद अजोधन की लम्बी यात्रा की। इस कठिन और कष्टपूर्ण यात्रा के बीच वे कई-कई दिन भूखे-प्यासे रहे, परन्तु उनकी इच्छा और लगन ने उनके पैर को डगमगाने नहीं दिया। जब वे अजोधन में बाबा फ़रीद के सामने पहुँचे तो आस्था और श्रद्धा के कारण वे निःशब्द हो गए। उनके मुख से आवाज़ नहीं निकल पा रही थी। बाबा फ़रीद ने उन्हें देखकर यह शेर पढ़ा—

ऐ आतिशे फिराक़त दिलहा कबाब कर्दा
सैलाबे इश्तियाक़त जांहा ख़राब कर्दा

अर्थात—ऐ, वह कि तुम्हारे बिरह की अग्नि ने हृदय को भूनकर कबाब बना दिया है और तुम्हारी भेंट की इच्छा ने मेरी आत्मा को खँडहर बना दिया है।

बाबा फ़रीद गंजशकर हज़रते शेख़ को मौलाना निज़ामुद्दीन कहकर पुकारते थे। उनकी योग्यता और विद्वत्ता के कारण बाबा फ़रीद उनका बड़ा सम्मान करते थे। बाबा ने अजोधन के प्रवास के दौरान उन्हें सुलूक, माअरिफत, जनसेवा और ऋण न लेने की शिक्षा दी। उन्होंने उन्हें सादा और स्वादहीन खाने की आदत डलवाई। स्वयं बाबा की ख़ानक़ाह में भी अत्यन्त साधारण खाना पकता था। उन्होंने कहा कि मौलाना निज़ामुद्दीन शिक्षा ग्रहण के साथ-साथ ख़ुदा की याद में भी व्यस्त रहो, देखो दोनों में कौन तुम पर अपना वर्चस्व स्थापित कर पाता है।[110] हज़रते शेख़ ने बाबा फ़रीद से अपनी शिक्षा को नये सिरे से पुनर्पाठ किया, फिर से क़ुरआन पढ़ना सीखा और तसव्वुफ़ के कई विश्वसनीय ग्रंथों का अध्ययन किया। अजोधन में बाबा फ़रीद ने अपने दामाद हज़रत बदर इसहाक़ को आदेश दिया था कि वे मौलाना निज़ामुद्दीन की देखभाल करें। उन्होंने हज़रते शेख़ का बहुत आत्मीयता के साथ सत्कार और आतिथ्य किया। बाद में दोनों में गहरी मित्रता हो गई। उसी वर्ष हज़रते शेख़ अजोधन में कुछ मास निवास करने के उपरान्त दिल्ली वापस चले आए। वे एक वर्ष बाद पुनः अजोधन गए और 4-5 माह बाद रहकर वापस आ गए। तीसरी

बार वे फिर अजोधन गए और कुछ महीने रहने के बाद जब वापस आए उसके दो माह बाद बाबा की मृत्यु हो गई। अपनी मृत्यु से पूर्व बाबा फ़रीद ने अपने दामाद बदर इसहाक़ को निर्देश दे रखा था कि वे उनका मुसल्ला, तस्बीह, असा, ख़िर्का और नालैन मौलाना निज़ामुद्दीन को सौंप देंगे। बाबा फ़रीद की ख़िलाफ़त मिलने के बाद हज़रते शेख़ विलायत के दर्जे पर पहुँच गए। बाबा फरीद ने हज़रते शेख़ को हिन्दुस्तान में चिश्तिया परम्परा का चौथा पेशवा और अपना उत्तराधिकारी नियुक्त किया। इस नियुक्ति के उपरान्त प्रसिद्ध सूफ़ी और बाबा फरीद के भांजे ख़्वाजा अलाउद्दीन साबिर (1196-1291) बहुत क्रोधित हुए जिसके उपरान्त उन्होंने अजोधन छोड़ दिया और मेरठ के निकट क़स्बा कलियर में अपनी ख़ानक़ाह बनाई। उनका मज़ार कलियर में ही है। हज़रते शेख़ को उत्तराधिकार मिलने से बाबा फरीद के पुत्र भी अत्यधिक क्रोधित हुए थे।

हज़रते शेख़ दिल्ली के वातावरण से बहुत अधिक खिन्न रहते थे। वे पहले से ही दिल्ली को त्यागने का मन बनाए हुए थे, परन्तु ख़ुदा की मर्जी ने उन्हें ऐसा करने से रोके रखा। जब वे बदायूँ से अपनी माँ के साथ दिल्ली आए, तो उन्हें यहाँ कोई स्थायी ठिकाना नहीं मिला। वे एक के बाद एक कई ठिकाने बदलते रहे। कई घरों में निवास किया। कभी किसी सराय और कभी किसी मस्जिद में भी उनका ठिकाना रहा। कुछ दिनों तक उनका निवास अमीर ख़ुसरो के नाना इमादुलमुल्क रावत के घर भी रहा। घटना है कि रावत के पुत्रों ने बड़ी निर्दयता से हज़रते शेख़ से अपना घर ख़ाली कराया। उस रात शेख़ ने अपने बोरिया-बिस्तर के साथ एक मस्जिद के सेहन में अपना समय व्यतीत किया। बाद में मालूम हुआ कि रावत के घर में उसी रात भयंकर आग लगी जिसमें सब कुछ जलकर भस्म हो गया। उस समय तक हज़रते शेख़ से अमीर ख़ुसरो के सम्बन्ध प्रगाढ़ नहीं हुए थे। अन्त में उन्होंने यमुना के किनारे एक उजाड़ से गाँव ग़ियास पुर में अपना स्थायी निवास बनाने का निर्णय लिया। उन्होंने ग़ियासपुर में अपनी ख़ानक़ाह बनाई और शिष्यों के लिए एक 'जमाअतख़ाना' का निर्माण कराया और लोगों के लिए बैअत का दरवाज़ा खोल दिया।

सुल्तान कुतुबुद्दीन मुबारक शाह के काल में उन्होंने एक बार फिर दिल्ली छोड़ने का निर्णय लिया। परन्तु कहा जाता है कि एक दिन एक सुन्दर हृष्ट-पुष्ट युवक ने उन्हें अपनी ज़िम्मेवारियों से फ़रार होने से मना किया। उसने कहा कि आपको दिल्ली में विशेष रूप से निवास करने का निर्देश दिया गया है। उस युवक ने कहा कि तुम यहाँ लोगों को भलाई के रास्ते पर चलाने और उन्हें प्रेम का सन्देश देने के लिए नियुक्त किये गए हो। यह पुरुषार्थ नहीं है कि जनसेवा छोड़कर एकान्त में चले जाओ। फिर हज़रते शेख़ ने कभी मन में दिल्ली छोड़ने का विचार नहीं किया। उन्होंने दिल्ली में लोगों के चरित्र निर्माण के कार्य में स्वयं को अर्पित कर

दिया। उनका सम्पूर्ण बल लोगों को प्रसन्न रखने, निर्धनों, लाचारों और शोषितों को भोजन उपलब्ध कराने जैसे कार्यों पर था। उन्होंने अपनी ख़ानक़ाह में लंगर खुलवाया जिसमें दोनों समय स्वादिष्ट भोजन पकाकर निर्धन और भूखे लोगों के बीच बाँटा जाता था। स्वयं हज़रते शेख़ ने कभी भर-पेट भोजन नहीं किया। परन्तु वे चाहते थे कि कोई व्यक्ति भूखा न रहे।

हज़रते शेख़ ने जीवन भर विवाह नहीं किया। वे वैरागी जीवन व्यतीत करते रहे। उन्होंने दिल्ली में जुनैद बग़दादी और बायज़ीद बिस्तामी की परम्परा को आगे बढ़ाया। उनके चरित्र निर्माण के कारण दिल्ली की जनता का हृदय पुनीत कार्यों की ओर प्रेरित हुआ। उनकी ख़ानक़ाह में सभी लोगों के कष्टों का इलाज होता। वहाँ लोगों की आत्माओं पर मरहम लगाए जाते और शरीअत पर चलने का पाठ पढ़ाया जाता। उसका विवरण प्रस्तुत करते हुए तारीख़े फ़ीरोजशाही के लेखक ज़िया बर्नी कहता है[111]—

> सर्वसाधारण लोग उनका अनुसरण करने तथा उन पर विश्वास रखने के फलस्वरूप निष्ठावान, संयमी और धैर्यवान हो गए थे। स्त्री-पुरुष, युवा और वृद्ध, छोटे-बड़े, दास-सेवक, यहाँ तक कि बच्चे भी नमाज़ पढ़ने लगे थे। लोगों ने शहर से ग़ियासपुर तक बीच के कई सुन्दर स्थानों पर चबूतरा बनवाकर छप्पर डलवा दिया था और कुएँ खुदवा दिये थे। उन चबूतरों में पानी के बड़े-बड़े मटके और मिट्टी के लोटे रखे रहते थे। चटाइयाँ भी रखी रहती थीं...ताकि हज़रते शेख़ के दर्शन करने वालों को कष्ट न उठाना पड़े...संयम और धैर्य की भावना इस प्रकार विकसित हो चुकी थी कि बादशाह के महल के बहुत से पदाधिकारी और सैनिक लेखक और कर्मचारी जो हज़रते शेख़ के शिष्य हो गए थे, चाश्त और इशराक की नमाज़ पढ़ने लगे थे।

यह बात सम्पूर्ण सत्य है कि हज़रते शेख़ अमीर ख़ुसरो को अत्यधिक पसन्द करते थे। उनके व्यक्तित्व और चरित्र में धरती आकाश का अन्तर होने के बावजूद दोनों के स्वभाव में जो समानता थी, वह सूफ़ियाना कम और साहित्यिक और ज्ञानात्मक अधिक थी। हज़रते शेख़ बहुत अधिक साहित्यिक रुचि रखने वाले व्यक्ति थे। वे स्वयं बहुत बड़े साहित्यकार और कवि थे। वे फ़ारसी में शेर कहते थे। वे एक बड़े दार्शनिक, क़ुरआन के प्रभावी टीकाकार और हदीस के व्याख्याता थे। व्याकरण, शब्दकोश और तर्क विद्या में उनकी पहुँच उल्लेखनीय थी। उनके व्यक्तित्व और स्वभाव पर तसव्वुफ़ का गुण प्रभावी हो गया और उनकी साहित्यिक चेतना पीछे छूट गई, परन्तु उनके दिल की गहराइयों में जो साहित्यकार अँगड़ाइयाँ ले रहा था, वह प्रायः समाअ की सभाओं में जागृत हो जाया करता था। अमीर ख़ुसरो से उनके

गहरे लगाव का आकलन उस कताअ से हो सकता है, जो हज़रते शेख़ ने ख़ुसरो की प्रशंसा में कहा था—

ख़ुसरो कि ब नज़्म व नस्र मिसलश कम ख़ास्त
मिल्कीयते मुल्के सुख़न आं ख़ुसरो रास्त
आं ख़ुसरो मास्त नासिर ख़ुसरो नीस्त
ज़ेरा कि ख़ुदाए नासिर ख़ुसरो मास्त

अर्थात—अमीर ख़ुसरो के गद्य-पद्य का दूसरा कोई उदाहरण नहीं है। उन जैसे लोग कम ही पैदा होते हैं। वह काव्य कला के गुरु हैं। यह हमारे अमीर ख़ुसरो हैं, यह वह नासिर ख़ुसरो अलवी नहीं हैं, जिसने इस्माइलिया सम्प्रदाय की बुनियाद रखी और जिसने क़ुरआन की त्रुटिपूर्ण व्याख्या की। ख़ुदा स्वयं इस अमीर ख़ुसरो का मददगार है।

एक अन्य अवसर पर हज़रते शेख़ ने कहा कि वे अमीर ख़ुसरो से अपनी मित्रता निभाने के लिए किसी स्तर तक जा सकते हैं।

गर ज़े बहरे तुर्के तुर्कम अर्रा बर तारक निहंद
तर्क तारक गीरम व अम्मा नगीरम तर्क तुर्क

अर्थात—यदि तुर्क से सम्बन्ध विच्छेद के लिए मेरे सिर पर आरी रख दी जाए, तो मैं अपना सिर दे दूँगा, परन्तु तुर्क से सम्बन्ध विच्छेद नहीं करूँगा।

अमीर ख़ुसरो को हज़रते शेख़ जैसा महान कूटनीतिक और सूफ़ी विद्वान बहुत अच्छी प्रकार पहचानता था। अमीर ख़ुसरो के व्यक्तित्व और चरित्र का अध्ययन करने वालों के लिए यह विषय प्रायः चिन्तन की माँग करता रहा है। बल्कि सच पूछा जाए, तो अमीर ख़ुसरो को अमीर ख़ुसरो बनाने में हज़रते शेख़ की भूमिका अधिक प्रभावी रही है। उनके आशीर्वाद के कारण ही अमीर ख़ुसरो के व्यक्तित्व में निखार आया। जिस प्रकार एक अच्छा जौहरी ही हीरे को तराशकर सुन्दर बना सकता है, उसी प्रकार हज़रते शेख़ की कृपा से ख़ुसरो को केवल हिन्दुस्तान ही नहीं बल्कि पूरे विश्व में पहचान मिली। ज़िया बर्नी और मुहम्मद कासिम फ़रिश्ता ने अपनी ऐतिहासिक पुस्तकों में अमीर ख़ुसरो की अत्यधिक प्रशंसा की है। स्वयं हज़रते शेख़ ने अमीर ख़ुसरो की जो प्रशंसा की है, वह किसी अन्य को नसीब नहीं हुई। अमीर ख़ुसरो के स्वभाव में जनसेवा की भावना प्रारम्भ से ही प्रबल रही है, यही कारण है कि सूफ़ियों की तरह उनके सम्बन्ध समाज के निम्न से लेकर उच्च वर्गों तक समान रूप से स्थापित रहे। उनका व्यक्तित्व लोकजन की दृष्टि में स्वीकार्य और प्रशसंनीय था। लोगों में वे घुल-मिलकर रहते थे। लोगों की समस्याओं के निराकरण के लिए वे भरसक प्रयास करते थे। निर्धन लोगों की सहायता करना

उनके कर्तव्य में सम्मिलित था। वे प्राय: कहा करते थे कि सहायता केवल अपने निकट सम्बन्धियों की ही नहीं बल्कि प्रत्येक इच्छुक व्यक्ति की होनी चाहिए। यह एक ऐसा तत्त्व था, जो उनके सूफ़ियाना स्वभाव से मेल खाता था। वे धन को जमा करके रखने में विश्वास नहीं करते थे और यही उनकी जनता में लोकप्रियता का सबसे बड़ा कारण था। उनका एक शेर है—

यक जौ अजीं फन चू बदामा नहम
दह कुनम आं रा बसद तन दहम

अर्थात—इस काव्य कला से जब भी मेरे हाथ में एक जौ के बराबर भी राशि आती है, तो उसे दस गुना करके सैकड़ों लोगों में बाँट देता हूँ।

अमीर ख़ुसरो तसव्वुफ़ और सूफ़ियाना जीवन पद्धति से कितना दूर थे इसका आकलन उनके फ़ारसी कलाम से किया जा सकता है। उनके कई ऐसे अशआर हैं, जो खुलकर सूफ़ियों और सूफ़ी सम्प्रदाय पर व्यंग्य करते हैं। तसव्वुफ़ के बारे में उनके कलाम में भिन्न प्रकार के विरोधाभाषी विचार व्यक्त किये गए हैं। कभी वे कहते हैं कि गुदड़ी पहनने से मनुष्य सूफ़ी नहीं हो जाता। कभी वे समस्त सांसारिक कर्तव्यों के निर्वहन के साथ भी अच्छा सूफ़ी बने रहने की वकालत करते हैं। कभी वे यह कहते दिखाई देते हैं कि यह विद्वत्ता नहीं है कि मनुष्य अपनी क्षमताओं और कार्य शक्ति का गला घोंटकर एक स्थान पर बैठा रहे। उनकी कविता में तसव्वुफ़ पर विभिन्न प्रकार के सिद्धान्तों के प्रतिपादन से यह आकलन किया जा सकता है कि परिस्थितियों के अनुसार तसव्वुफ़ पर उनके विचार परिवर्तित होते रहे। यहाँ उनके कुछ अशआर प्रस्तुत करना आवश्यक है—

ऐ मन ग़ुलामी हिम्मत आं पाक बन्दा
कज बन्दगी-ए-नफ़्से बद आज़ादी रवद

अर्थात—माया और तृष्णा की दासता से स्वतंत्र होकर जीवन व्यतीत करने वाले मनुष्य के सामने मैं सिर झुकाता हूँ और उसके साहस की प्रशंसा करता हूँ।

जे अहले अक़्ल न पसन्दद ख़िरदमंद
के दारद रफ़्तनी रा पाए दर बन्द

अर्थात—बुद्धिमान वह नहीं है जो अपनी क्षमताओं को मार दे। अपने हाथ-पैर में ज़ंजीर डालकर बैठ रहे, और अपनी कार्य शक्ति को ठप्प कर दे।

मुराद अहले तरीक़त लिबास ज़ाहिर नीस्त
कमर बख़िदमते सुल्तां ब बन्द व सूफ़ी बाश

अर्थात—केवल कपड़ों के गंदे, मैले और फटे-पुराने होने से कोई व्यक्ति सूफ़ी

नहीं बन जाता बल्कि वह सुल्तान की नौकरी करके और समस्त सांसारिक कर्तव्यों के निर्वहन के साथ भी सूफ़ी हो सकता है।

यह बात अत्यन्त विरोधाभाषी है कि हज़रते शेख़ ने फ़वायदुल फ़ुवाद में कहा कि शरीअत और तरीक़त का एक दूसरे से गहरा संबद्ध है और यह कि तरीकत शरीअत के दायरे को विस्तार देती है, परन्तु अमीर ख़ुसरो अपनी पुस्तक निहायतुल कमाल के कसीदा बहरूल अबरार में ठीक उसके उलट विचार व्यक्त कर रहे थे। उनका कहना था कि सूफ़ी शरीअत पर नहीं चलता यदि कोई व्यक्ति सूफ़ियों के यहाँ शरीअत की खोज करता है, तो वह स्वयं अपनी हँसी उड़ाता है।

दर *तसव्वुफ़ रस्मे जस्तन खूँदा करदन बरखुद अस्त*
दर *तयम्मुम मसह करदन ख़ाक करदन बरसर अस्त*

अर्थात—तसव्वुफ़ में शरीअत का पालन करना उतना ही हास्यास्पद है, जितना तयम्मुम में मसह करना, सिर पर मिट्टी डालने के अतिरिक्त कुछ भी नहीं है।

अमीर ख़ुसरो ने अपनी फ़ारसी कविता में प्रायः आदर्शवाद, नैतिकता और आध्यात्मिक विचारों की उद्घोष की है, जो उस काल की विशेष पहचान थी। 9वीं से 13वीं शताब्दी के समस्त फ़ारसी कवियों के यहाँ तसव्वुफ़ के तत्त्व की झलक साफ़ दिखाई देती है। उस काल की कविता माअरिफत, सुलूक और अध्यात्म पर आधारित होती थी। उसके अतिरिक्त उसमें लौकिक और अलौकिक तत्त्व भी शामिल होते थे। उस समय के अधिकतर कवि अपनी माअरिफत और सुलूक वाली कविताओं के कारण सूफ़ी कहे जाते थे। उस समय के महान कवि अनवरी, मनुचेहरी, ख़ाक़ानी, हकीम सनाई, फ़रीदुद्दीन अत्तार, शेख़ अहमद जाम, मौलाना रूमी, शेख़ सादी और निज़ामी गंजवी तसव्वुफ़ और माअरिफत व सुलूक पर शेर कह रहे थे। यह उन दिनों का विशेष रुझान था। उनके व्यक्तित्व में भी संसार से विरक्ति का भाव स्पष्ट देखा जा सकता है। इसलिए केवल यह कहना कि कोई कवि सूफ़ी था, इसलिए सूफ़ियाना कविता कह रहा था, निश्चित रूप से सत्य नहीं हो सकता। यह वैसे ही है, जैसे उस समय की कविता से एक सूफ़ी और ईश्वरवादी व्यक्ति आध्यात्मिक रस प्राप्त कर सकता था, उसी प्रकार एक कामुक और सौन्दर्य प्रेमी व्यक्ति उससे अपनी तृष्णा और कामवासना की पूर्ति भी कर सकता था।[112] उदाहरण के रूप में उस समय के कुछ महत्त्वपूर्ण फ़ारसी कवियों के शेर यहाँ प्रस्तुत किये जा रहे हैं, जिनसे एक साथ प्रेमाख्यान और सूफ़ियाना दोनों अर्थ प्राप्त किये जा सकते हैं। उनमें वे अग्रणी कवि हैं, जिनसे विशेष रूप से अमीर ख़ुसरो अपनी कविता में प्रभावित दिखाई देते हैं।

हकीम सनाई

बर्गे बे बर्गे नदारी लाफ़ दरवेशी मज़न
रूख चू अयारां मयारा, जां चू नामर्दां मकुन

अर्थात—जब तेरी पोशाक फ़क़ीराना नहीं है तो तू दरवेशी पर शेख़ी क्यों बघार रहे हो। जब तुम्हारे मुखड़े से पुरुषार्थ नहीं टपक रहा है तो तू स्वयं को कायरता की ओर क्यों ले जा रहे हो?

शेख़ सादी

गुफ़्ता बूदम चू बयायी ग़मे दिल बा तू बगोयम
चे बगोयम के ग़म अज़ दिल बेरवद चूँ तू बयायी

अर्थात—मैं पहले से ही कहता था कि जब तुम आओगे उस समय मैं अपने दिल की व्यथा का वर्णन करूँगा। परन्तु अफ़सोस है कि तुमने आने में देर कर दी और मेरे दिल का कष्ट और दुख समाप्त हो गया।

दिल व जानम बतू मशगूल व निगह बरचप व रास्त
ता नदानन्द रक़ीबां के तू मंज़ूर मनी

अर्थात—मैं दिल व जान से तेरे सौन्दर्य, तेरे वाण और व्यंग्य का अध्ययन करने में व्यस्त हूँ। मैं इस बात के लिए चौकन्ना हूँ कि कहीं रकीब मेरी परिस्थितियों से वाक़िफ़ न हो जाए।

इसके साथ ही मैं ख़ुसरो के दो शेर प्रस्तुत करना आवश्यक समझता हूँ, जिनमें अत्यन्त प्रवाह है। ये दोनों शेर उनकी दो ग़ज़लों के प्रथम शेर हैं और इनमें इश्क़ की मिठास भी है।

ऐ चेहर-ए-ज़ेबाए तू रश्के बुताने आज़री
हर चन्द वसफ़त मी कुनम दर हुस्न जां ज़ेबातरी

अर्थात—तेरा सुन्दर मुखड़ा आजर की मूर्तियों से भी आकर्षक है। मैं उसकी जितनी भी प्रशंसा करूँ वह कम है। तू सौन्दर्य और बनावट में मेरी प्रशंसा से बहुत ऊँचा है।

दिलम दर आशिकी आवारा शुद, आवारा तर बादा
तनम अज़ बे दिली बेचारा शुद, बेचारा तर बादा

अर्थात—इश्क़ में मेरा दिल आवारा हो गया है। मैं चाहता हूँ वह और अधिक आवारा हो जाए। मेरा शरीर दिल की बीमारी से अयोग्य हो गया है। मैं चाहता हूँ कि वह और अधिक अयोग्य हो जाए।

फ़ारसी के कुछ महत्त्वपूर्ण सूफ़ी कवि

यहाँ अमीर ख़ुसरो के कुछ पूर्व के कवियों का संक्षिप्त विवरण प्रस्तुत करना अनिवार्य जान पड़ता है जिससे उस समय काल की कविता और परिस्थितियों और कवियों के व्यक्तित्व यहाँ तक कि तसव्वुफ़ के दृष्टिकोण का पता चल सके।

अबुलमज्द मजदूद इब्ने आदम गज़नवी उपनाम हकीम सनाई (1080-1131) आकर्षक क़सीदा कहने वाले लोकप्रिय कवि थे। वे बहराम शाह के दरबारी कवि थे। उसकी प्रशंसा में उन्होंने सैकड़ों क़सीदे लिखे। सनाई की कविता साहस, मादकता, अन्तर्ज्ञान, व्यवहार और सार्थकता से भरपूर होती थी। बल्कि यह कहा जाए तो तनिक भी झूठ नहीं होगा कि उनकी पूरी कविता तसव्वुफ़ के रंग में सराबोर है। एक दिन गज़नी के एक शराबख़ाने में सनाई भी उपस्थित थे, उन्होंने सुना कि एक शराबी साक़ी से कह रहा था कि कवि सनाई के अंधेपन के उपलक्ष्य में मुझे शराब दे दे। साक़ी ने हकीम सनाई की प्रशंसा की और कहा कि वे तो महान कवि हैं। शराबी ने कहा कि कैसा महान कवि, वह तो अत्यन्त झूठा है, कुछ बकवास करता है और एक झूठे यानी बहराम शाह के सामने खड़ा होकर पढ़ देता है। यह सुनकर हकीम सनाई को संसार से विरक्ति हो गई। उन्होंने संसार को त्याग दिया और घर के एक कोने में बैठ गए। उसी स्थिति में उनकी मृत्यु हो गई।

बहिर्स अज शरबते खुर्दम मगीर अज़ मन के बद कर्दम
बयाबां बूवद व ताबिस्तां व आबे सर्द व इस्तस्का

अर्थात—यह बहुत बुरा हुआ कि मैंने प्यास की शिद्दत में लालचवश शर्बत पी ली। परन्तु इसके लिए मुझे कोई सज़ा न दो। मैंने कोई बुराई नहीं की। क्योंकि रेगिस्तान में अत्यन्त गर्मी के बीच ठंडा पानी उपलब्ध हो गया।

ख़्वाजा फ़रीदुद्दीन अबू तालिब मुहम्मद बिन अबूबक्र उपनाम अत्तार (1145-1221) जन्मजात सूफ़ी कहे जाते हैं, क्योंकि उनकी कविता के अतिरिक्त उनके स्वभाव में भी कसक और तड़प भरा हुआ था। जब उन पर फ़क्र छा गया तो अपनी इत्र की दुकान को बाज़ार में लुटा दिया, और ख़ुदा के मार्ग में निकल खड़े हुए। उन्होंने अपने जीवन में बहुत अधिक पर्यटन भी किया और बहुत अधिक लिखा भी। उनकी महत्त्वपूर्ण पुस्तक 'मंतिकुत्तैर' है। यह तसव्वुफ़ का बड़ा ग्रंथ है। इसे पक्षियों का सम्मेलन कहना अधिक उपयुक्त है। 'मंतिकुत्तैर' में उन्होंने पक्षियों को मानव-जाति के प्रतीक के रूप में प्रस्तुत किया है। सैमुर्ग प्रतीक है, ईश्वरीय शक्ति का और हुदहुद प्रतीक है गुरु का। जब पक्षियों को ईश्वर की खोज की प्रबल इच्छा जागृत हुई तो वे गुरु हुदहुद के पास गईं और सैमुर्ग का पता पूछा। समस्त पक्षी गुरु हुदहुद के नेतृत्व में सैमुर्ग की खोज में निकल खड़ी हुईं। कुछ पक्षी तो मार्ग

की कठिनाई के कारण भटक गईं। बुलबुलें अपने उपवन में फूलों और कलियों पर मोहित हो गईं। तोते पिंजड़े में फँसकर रह गए। बत्तख़ें पानी के प्रेम में पागल थीं। वे पानी को न छोड़ सकीं। हुमा को राजसत्ता से प्यार हो गया। उसने राजपाट सँभाल लिया। अधिकतर पक्षी संसार मोह में फँसकर अपने मार्ग में भटक गईं। कुछ ही पक्षी गुरु के नेतृत्व में सैमुर्ग की खोज में डटी रहीं। मार्ग में सात कठिन घाटियों को पार करना था। खोज की घाटी, प्रेम व स्नेह की घाटी, बुद्धिमत्ता की घाटी, त्याग की घाटी, एकत्व की घाटी, विस्मय की घाटी और अन्तर्ज्ञान की घाटी से गुज़रती हुईं, केवल 30 पक्षी ही सैमुर्ग के निवास तक पहुँचने में सफल हुईं। परन्तु वहाँ उन्हें कहीं सैमुर्ग दिखाई नहीं दिया। बहुत प्रतीक्षा करने के उपरान्त उन्हें ज्ञात हुआ कि वे अपने अस्तित्व के सागर में विलीन हो चुकी हैं और वे स्वयं ही सैमुर्ग हैं।[113]

अत्तार के व्यक्तित्व का अध्ययन करने से ज्ञात होता है कि उनके स्वभाव में सांसारिकता से विरक्ति का भाव बहुत ही गहरा है। उन्होंने अपनी कविता में तसव्वुफ़ के रहस्यों का वर्णन बहुत ही सादगी से किया है—

वस्ल तू गंजस्त हम पिन्हाँ ज़े खूद
हर के गोयद याफ़्तम दीवाना ईस्त

अर्थात—मिलन तो ऐसी सम्पत्ति है जो स्वयं से भी छुपी हुई है। अब यदि कोई यह कहे कि वह इस सम्पत्ति को प्राप्त कर लिया है तो वह स्वयं दीवाना है, क्योंकि मिलन सम्भव नहीं है। परन्तु जिसे वह मिल जाए वह अवश्य ही सौभाग्यशाली है।

अबू मुहम्मद निज़ामुद्दीन इलियास बिन ज़की उपनाम निज़ामी गंजवी (1141-1209) कवि और सूफ़ी दोनों थे। उनकी कविता का अमीर ख़ुसरो ने बहुत अनुसरण किया है। वे निज़ामी गंजवी को बहुत बड़ा कवि मानते थे और इसलिए वे उनके ख़म्सा के समान ख़म्सा लिखकर हिन्दुस्तानियों को बताना चाहते थे, कि देखो वे भी निज़ामी गंजवी के बराबर के कवि हैं। निज़ामी गंजवी एक ओर प्रेमाख्यान पर आधारित शेर कहते थे, दूसरी ओर उनकी कविता में सुलूक और फ़क्र का रंग भी प्रभावी रहता था।

बोसा मी ख़्वाहम अजां लब तू चे मी फरमायी
गर सवाब अस्त बगो वरना ख़ताए बकुनम

अर्थात—मैं उनके होंठों को चुम्बन देना चाहता हूँ। ऐ तपस्वी! बता मैं क्या करूँ। यदि यह पुण्य है तो ठीक है, वरना मैं इस पाप को प्रसन्नता के साथ करता रहूँगा।

तसव्वुफ़ में निज़ामी ने सूफ़ी अबुल फरज ज़ंजानी से बैअत कर ली थी। इसलिए भी उनकी ग़ज़लों में तसव्वुफ़ का रंग स्पष्ट झलकता है।

जहाँ तीरा व रह मुश्किल जबीनत रा अनां दरकश
ज़माने रख़्त हस्ती रा बख़िलवत गाह जां दरकश
चूँ ख़ासुल ख़ास हक गश्ती, ज़े सूरत पाए न बी रौं
हज़ारां शरबते मआनी, ब यकदम रायगां दरकश
बहिश्त व दोज़खश बीनी मशूं मशग़ूल ईं हर दौ
क़दम हर फौक़ दोज़ख़ न ख़ते दरगर्दे जिनां दरकश
तरीकश बे कदम मी रौ जमालश बे बसर मी बीं
कलामश बे जबां मी ख्वाँ शराबश बे दहाँ दरकश
निज़ामी ईं चे इसरारस्त कज़ ख़ातिर बरूँ दारी
कसे रमज़त नमी दानद ज़बां दरकश ज़बां दरकश

अर्थात—कि संसार अन्धकार में डूबा हुआ है और निकलने का रास्ता कठिन है, तेरी पेशानी को लगाम की आवश्यकता है। एक ज़माना बीत गया मनुष्य के अस्तित्व की सुरक्षा के लिए तन्हाई की आवश्यकता है। जब तुम सत्य के कृपापात्र हो गए हो, तो उस जगह से बाहर निकलने का प्रयास न करो। अर्थ के चाहे जितने भी दरवाज़े हों, बाहर निकलने के तुम्हारे प्रयास विफल हो जाएँगे। स्वर्ग और नर्क के चक्कर में न पड़ो। मनुष्य इसी संसार में स्वर्ग और नर्क का अनुभव करता है, इसलिए उन परम्पराओं से परहेज करते हुए ईश्वर से प्रेम का रास्ता स्वीकार करो। प्रियतमा के मार्ग में बिना किसी बहाने के चलो, बिना दृष्टि के उसके सौन्दर्य की अनुभूति करो, बिना देखे उससे वार्ता करो और बिना मुख खोले उसकी शराब पीओ। निज़ामी वह कौन सा भेद है, तू उस रास्ते से बाहर क्यों निकलना चाहता है। क्या तुम्हारे भेद से तुम्हारा प्रियतम वाक़िफ़ नहीं है। क्या तुम अपना मुँह बन्द नहीं रख सकते, अपना मुँह बन्द रखो, अपना मुँह बन्द रखो।

शर्फुद्दीन बिन मुसलेहुद्दीन सादी शीराजी (1210-1292) मूलरूप से इश्क़ के कवि थे। उनकी दो अद्‌भुत पुस्तकें 'बोस्ताँ' और 'गुलिस्ताँ' तसव्वुफ़ का प्रतीक बन चुकी हैं। उनकी गिनती विश्व की 10 महान पुस्तकों में होती है। गुलिस्ताँ का प्रवाह, हर्ष और उसकी मिठास ने पाश्चात्य देशों के विद्वानों को भी मंत्रमुग्ध कर दिया। अधिकतर पूर्वी भाषाओं के शोधकर्ता उनकी कविता की प्रशंसा में निरन्तर व्यस्त रहते हैं। शेख़ ग़ज़ल के आविष्कारक के रूप में प्रतिष्ठित हैं। अमीर ख़ुसरो की विशेष रूप से इच्छा थी कि वे हिन्दुस्तान में शेख़ सादी के विकल्प के रूप में पहचाने जाएँ।

हदीसे इश्क़ चे दानद कसे के दर हमा उम्र
ब सिर निकोफ़्ता बाशद दरे सराए रा

अर्थात—वह व्यक्ति इश्क़ की अपेक्षाओं और उसके रंग-ढंग से किस प्रकार परिचित हो सकता है? जब उसने कभी प्रियतम की गली का चक्कर ही न लगाया हो।

सादी ने इश्क़ और सौन्दर्य की प्रस्तुतिकरण में नई पहचान दिलाई। उनकी ग़ज़लें उनके जीवन में ही गली और कूचों में भी गाई जाने लगी थीं। उनकी ग़ज़लें नृत्यांगनाओं, गायिकाओं और तवायफ़ों के लिए आकर्षण का केन्द्र बन चुकी थीं। वे जहाँ भी गए तो उन्होंने देखा कि उनसे पहले ही उनकी ग़ज़लें वहाँ पहुँच चुकी हैं। सूफ़िया उनकी ग़ज़लों को अन्तर्ज्ञान और इश्क़े इलाही से जोड़कर देखते थे, वहीं आशिक़ स्वभाव के कामुक लोग उनकी ग़ज़लों से अपनी वासना की शान्ति चाहते थे। प्रेमी और प्रेमिकाओं के सम्बन्धों का जितना मार्मिक चित्रण शेख़ ने किया है, वह उनसे पूर्व के किसी कवि के भाग्य में नहीं आया। उनकी ग़ज़लें इश्क़ और सौन्दर्य की अनूठी शैली में विवरण प्रस्तुत करती हैं। इस नयेपन का अमीर ख़ुसरो ने गहराई से अध्ययन किया। उन्होंने हकीम सनाई और निज़ामी गंजवी के अतिरिक्त विशेष रूप से शेख़ सादी का अनुसरण किया। उन्होंने न केवल उसी प्रकार की शाइरी की बल्कि हज़रते शेख़ से दुआ के इच्छुक रहते थे कि वे हिन्दुस्तान के सादी कहलाएँ।

ऐ कि गुफ़्ती हेच मुश्किल चू फिराक़े यार नीस्त
गर उम्मीद व वस्ल बाशद आंचुनां दुश्वार नीस्त

अर्थात—वह व्यक्ति मूर्ख है जो कहता फिरता है कि कोई कार्य प्रेमी के वियोग से कठिन नहीं है। यदि मिलन की आशा हो तो यह वियोग बर्दाश्त करना कोई कठिन कार्य नहीं है।

अमीर ख़ुसरो का तसव्वुफ़

अमीर ख़ुसरो को मदरसे की समय सारिणी से कोई लगाव नहीं था। पाठ्य पुस्तकों के शिक्षण में उनका कोई गुरु भी नहीं था। इसी प्रकार उन्होंने अपनी कविताओं में नोक-पलक सुधारने के लिए किसी गुरु की आवश्यकता नहीं समझी। देखा जाए तो यह असाधारण उपलब्धि है। उनकी कविता जो कुछ भी हमारे सामने उपलब्ध है, वह उनकी निजी विद्वत्ता की उपज है। वे उतनी देर में एक शेर कह देते थे जितनी देर में मुँह से शब्द 'बैत' का उच्चारण हो। यह उनकी बौद्धिकता का ही गुण है कि वे जिस विषय पर भी लिखना चाहते थे, लिखते चले जाते थे। उनका सबसे बड़ा प्रयास यह होता था कि वे प्राचीन कवियों की तर्ज़ पर लिखें, और वे हूबहू उसी शैली में शेर कहकर अपना लोहा मनवाएँ। वह दिल्ली जहाँ उन्हीं के शब्दों में कहीं से भी कोई पत्थर हटाइए, एक कवि बाहर निकल आएगा, वह अपने समकालीन

कवियों के सामने यह उदाहरण प्रस्तुत करने के इच्छुक थे कि वे गुरुओं से अच्छी कविता कर सकते हैं, या कम-से-कम अच्छा नहीं तो उसी प्रकार की कविता तो कर ही सकते हैं। निज़ामी गंजवी, हकीम सनाई और शेख़ सादी जिनका वर्णन ऊपर किया जा चुका है वे सबके सब अपने समय के उत्कृष्ट कवि थे। अमीर ख़ुसरो ने उनकी कविता की तर्ज़ पर अपनी कविता का आधार तैयार किया।

यदि ख़ुसरो की कविता का सुधार किसी गुरु ने किया होता तो सम्भवतः बात कुछ अलग होती। उनकी कविता में नयापन होता, नूतनता होती और विषयों में गहराई होती। पूर्वजों की नकल किये बिना उनके मुख से जो भी बात निकलती वह प्रभाव रखती। यह नक़्क़ाली ही है कि ख़ुसरो ने फ़ारसी में बहुत कुछ कहा परन्तु उसमें नयापन और ताज़गी नहीं है। ख़ुसरो निरन्तर लिखते चले गए, परन्तु दूर-दूर तक उनकी कविता में कोई नई उपमा, कोई नया रूपक, कोई नई युक्ति और शाब्दिक जोड़ दिखाई नहीं देता है। उनकी कविता में कृत्रिमता और बनावट अधिक है। जब वे उसे छोड़ देते हैं, तब अच्छी कविता कर रहे होते हैं, परन्तु उनकी कविता में ऐसे क्षण बहुत कम दिखाई देते हैं, जहाँ हम रुककर उसका अनुभव कर सकें। उनकी बहुत सी ग़ज़लें बहुत ही अच्छी हैं, परन्तु कविता जिस अनोखे स्वभाव के लिए जानी जाती है, वह उनकी कविता में बहुत ही कम है। यहाँ उनके कुछ बहुत ही सुन्दर शेर प्रस्तुत हैं—

तू शबना मी नुमाई ब बरे कि बूदे इमशब
के हुनूज़े चश्मे मस्तत असरे ख़ुमारे दारद

अर्थात—रात तूने किसके साथ में व्यतीत किया कि अभी तक तुम्हारी मादक आँखों में लाल डोरे दिखाई दे रहे हैं। उनमें अभी तक रात्रि का नशा बाक़ी है।

मा व इश्क़े यार, अगर दर क़िब्ला, गर दर बुतकदा
आशिक़ाने दोस्त रा, बा कुफ्र व ईमां कार नीस्त

अर्थात—हम हैं और प्रियतम का इश्क़ है, काबा हो चाहे मूर्तिघर प्रियतम के आशिकों को कुफ्र व ईमान से कोई सरोकार नहीं।

यक क़दम बर जाने खुद व यक क़दम दर कुए दोस्त
जीं नेकोतर रहरवाने इश्क़ रा रफ़्तार नीस्त

अर्थात—एक पैर तू अपनी जान पर रख और एक पैर प्रियतम की गली में रख, इश्क़ के पथिक के लिए उससे उत्तम कोई मार्ग नहीं है।

बजुर्मे इश्क़ गर काफिर कुनन्दम ख़ल्क़, गो मी कुन
मोरा बारे ज़बां हरगिज़ ब इस्तग़फ़ार निकुशायद

अर्थात—अगर इश्क़ के अपराध में मुझे संसार काफ़िर कहती है तो कहती रहे। मैं एक बार भी इश्क़ छोड़ने के लिए अपना मुख नहीं खोलूँगा।

ऐ हुस्न तू आफ़ते ज़माना
रूए तू बदिलबरी फ़साना

अर्थात—तेरा सौन्दर्य संसार के लिए विपत्ति है, और तेरा मुखड़ा दिलबरी की कहानी है।

अमीर ख़ुसरो एक अमीर थे, दरबारी परम्पराओं के पालनकर्ता इसलिए उनके स्वभाव में तसव्वुफ़ के तत्त्व होने के बावजूद उनका जीवन पद्धति उस समय के अन्य अमीरों से भिन्न नहीं था।[114] उन्होंने कभी संसार से विरक्ति की बात नहीं की और न ही कभी ऐसा समय आया जब वे पद-प्रतिष्ठा को नापसन्द करने लगे हों। वह सम्पूर्ण शरीअत का पालन नहीं करते थे और ऐसा भी नहीं कि वे निश्चित रूप से नमाज़, रोज़ा और शरीअत की पाबन्दी नहीं करते रहे हों। वे एक औसत दर्जे के धार्मिक मनुष्य थे, जो थोड़ा-थोड़ा सब कुछ करने में विश्वास करते थे। वे हज़रते शेख़ के परमप्रिय शिष्य थे और ख़ानक़ाह में पहुँचकर इस्लामी क्रियाओं का पालन भी करते थे। ऐसे में उनके व्यक्तित्व में कलन्दरिया परम्परा के सूफ़ियों के गुण अधिक प्रभावी थे। इसलिए उन्हें एक कलन्दर सूफ़ी कहना अधिक सटीक मालूम होता हैं। कलन्दरिया परम्परा के सूफ़ी ख़ानक़ाही और वैरागी जीवन व्यतीत करने के विरोधी होते हैं। जैसा कि स्पष्ट है वे शरीअत की सम्पूर्ण पाबन्दी भी नहीं करते और न ही सांसारिकता में पूरी तरह खोए ही रहते हैं। जैसे अमीर ख़ुसरो कहते हैं—

कोसे शह ख़ाली व बांगे ग़लग़लश दर्दे बरअस्त
हर के क़ानेअ शुद बख़ुश्क व तर, शहे बहर व बरअस्त

अर्थात—सांसारिक सत्ता का नक़्क़ारा खोखला है और उसकी आवाज़ स्वभाव पर बोझ है, जो रूखी-सूखी पर धैर्य रखे, वही समुद्र और धरा का राजा है।

चू गर्दद अब्रे दौलत बर तू दुर बार
फरोतन बाश हम चूँ शाखे गुलनार

अर्थात—यदि धन का बादल उस पर मोती बरसाए तो वह गुलनार की टहनी की तरह झुका रहे।

बनाने सब्र कर्दन बादशाहीस्त
दवीदन दर पए गंजे गदाईस्त

अर्थात—एक रोटी पर धैर्य कर लेना बादशाही है। धन-सम्पत्ति के पीछे भागना भिखारीपन है।

मबाश अज़ बहरे तख़्त व ताज मुहताज
ज़मीन रा तख़्तदान व चर्ख रा ताज

अर्थात—गद्दी और राजमुकुट के लिए इच्छुक रहना उचित नहीं है। वह धरती को अपनी गद्दी और आकाश को अपना राजमुकुट समझकर जीवन व्यतीत करे।

ज़े हाजत पेशे दर दुनियाए मजो चीज़
व गर नाजस्तायाबी रद मकुन नीज़

अर्थात—वह इच्छुक बनकर संसार की किसी वस्तु की इच्छा न करे। यदि इच्छा के बिना ही उसको कोई वस्तु प्राप्त हो जाती है तो उससे इनकार भी न करे।

ऐसे पद-प्रतिष्ठा के इच्छुक व्यक्ति कलन्दर हो सकते हैं, जिनके स्वभाव में व्यग्रता हो। वे लोगों की दृष्टि में अपना पद बढ़ाने के लिए अधिक प्रयोजन नहीं करते। वे परम्पराओं को तोड़ने और सम्मान को सुरक्षित रखने पर बल देते हैं। उनके अन्दर मन-मस्तिष्क की शान्ति की इच्छा प्रबल हो चुकी होती है, उसके लिए वे कुछ भी करने के लिए तैयार रहते हैं। वे तपस्वियों और पुजारियों के मार्गों पर चलने के लिए प्रतिबद्ध नहीं होते। वे केवल कर्तव्यों की पूर्ति के लिए प्रतिबद्ध होते हैं। वे सांसारिकता के समस्त कारकों से सम्बन्ध रखते हुए हृदय के हर्ष एवं उल्लास पर ही धैर्य कर लेते हैं। वे उससे अधिक की इच्छा नहीं रखते हैं। अमीर ख़ुसरो ने अपनी कविता में अज्ञानी और बुद्धिहीन सूफ़ियों की विशेष रूप से आलोचना की है इसके अतिरिक्त उन पर व्यंग्य भी किया है।

गर्चे सूफ़ी ब सफ़ा शुद अज़ीज़
हस्त सफाई ब मय लाल नीज़

अर्थात—यदि सूफ़ी को अपनी आत्मशुद्धि प्रिय है, तो लाल शराब से भी आत्मशुद्धि होती है।

नमाज़े सूफ़ी बेदानिश आं चुनां बाशद
कि बे फ़तीला व रोग़न फ़रोजिशे मशअल

अर्थात—यदि सूफ़ी बुद्धिहीन और अज्ञानी हो तो उसकी नमाज़ वैसे ही है जैसे कोई व्यक्ति बिना पलीते और तेल के मशाल जलाने का प्रयत्न करे।

वह एक दूसरे शेर में भी नकली सूफ़ी पर व्यंग्य करने से नहीं झिझकते—

मजूए मारिफत अज रंग पोश बे मानी
कि होशमंद बजोयद हुरूफे दर जदवल

अर्थात—वह पीर जो ज्ञान से वंचित होकर केवल दिखावा करते हैं, उनके

माध्यम से अन्तर्ज्ञान की प्राप्ति नहीं हो सकती। उसी प्रकार जैसे पुस्तकों की दिखावटी लकीरों को बुद्धिमान अक्षरों का स्थान नहीं दे सकता।

ख़ुसरो के काव्य के विषय बहुत व्यापक हैं। उनकी कविता में केवल सूफ़ियाना तत्त्व की खोज समय नष्ट करने जैसा है। उन्होंने अपनी कविता में जीवन, समाज और उसके मूलभूत पहलुओं को बड़े विस्तारपूर्वक प्रस्तुत किया है। जहाँ उन्होंने सूफ़ियाना शेर कहे हैं वहीं उन्होंने नकली और धन-सम्पदा के लोभ के लिए सूफ़ी का लबादा ओढ़ने वालों से भी प्रश्न किया है। इसलिए हम आसानी से यह बात मान सकते हैं कि वे किसी एक सांचे में कैद रहने वाले कवि नहीं थे। सही अर्थों में देखा जाय तो ख़ुसरो को न तो दरबारदारी आती थी और न ही वे सूफ़ी कवि थे। उनकी रचनाधर्मिता दरबारी और सूफ़ियाना साहित्य की सीमाओं को पार कर के बहुत दूर निकल गई थी। उनकी कविता विशेषकर हिन्दवी कविता जनता की धरोहर है, जिसमें उन्होंने अपने काल की जीवनपद्धति, उसकी सोच और उसमें रहने वाले लोगों के सपनों की अभिव्यक्ति की है।

अमीर ख़ुसरो के आश्रयदाता

यह जानकर आश्चर्य होता है कि ख़ुसरो एक साथ दो ध्रुवों पर रहने वाले व्यक्तियों से समान रूप से सम्बन्ध बनाए रख सकते थे। उनकी मानसिक क्षमता इतनी मज़बूत थी कि वह विरोधी सोच वाले व्यक्तियों के लिए भी कभी समस्या नहीं बने, बल्कि विरोधी सोच और सिद्धान्त वाले सुल्तानों, मंत्रियों और सूबेदारों के साथ कुशलतापूर्वक अपना समय व्यतीत करते रहे। यहाँ तक कि वे उनके व्यक्तिगत जीवन को भी प्रभावित करते थे। यूँ कहा जाए तो सच होगा कि "उनके स्वभाव में असाधारण लचक थी।"[115]

यह असम्भव सा प्रतीत होता है कि हिन्दुस्तान की मिट्टी फिर इस प्रकार के बहुआयामी प्रतिभाशाली व्यक्तित्व को जन्म दे। हम देखते हैं कि सुल्तान जलालुद्दीन ख़िलजी का भतीजा और दामाद अलाउद्दीन ने उन्हें सरेआम चाकू घोंपकर सिंहासन पर अधिकार कर लिया। ख़ुसरो ने अपने इतने बड़े आश्रयदाता की हत्या पर जरा भी विरोध नहीं किया और जैसे ही अलाउद्दीन कड़ा मानिकपुर से दिल्ली पहुँचा ख़ुसरो उसकी प्रशंसा में आकर्षक क़सीदा लेकर दरबार में उपस्थित हो गए। यहाँ ख़ुसरो के दिमाग़ ने इतनी शीघ्रता से कार्य किया कि साधारण मनुष्य उसका अनुमान नहीं लगा सकता। ख़ुसरो देख रहे थे कि जितने लोगों ने जलालुद्दीन की हत्या पर आवाज़ उठाई उनका गला घोंट दिया गया, जो लोग असमंजस में थे और अलाउद्दीन को स्वयं सिंहासन की स्थिरता के लिए उनकी आवश्यकता थी, उनका मुँह सोने-चाँदी

के सिक्कों से भर दिया गया और जिन्होंने विरोध किया उनके सिरों को उड़ा दिया गया। ख़ुसरो इनमें से किसी भी गिरोह में सम्मिलित नहीं थे, क्योंकि आने वाली परिस्थितियों ने सिद्ध कर दिया कि अलाउद्दीन ने ख़ुसरो को सज़ा दी न ही उन्हें सम्मानित किया। कुतुबुद्दीन मुबारक शाह के साथ भी ख़ुसरो का व्यवहार बहुत आकर्षक था। तख़्त पर बैठते ही मुबारक शाह ने ख़ुसरो के दोस्त और यारगार हज़रत शेख़ निज़ामुद्दीन औलिया के विरुद्ध षड्यंत्र प्रारम्भ कर दिया। शेख़ के साथ उसका विरोध चरम पर पहुँच गया, परन्तु ख़ुसरो के जितने अच्छे सम्बन्ध मुबारक शाह से थे उतने ही अच्छे सम्बन्ध शेख़ से थे। वे रोज़ाना दरबार में जाते और शाम को शेख़ की सेवा में भी उपस्थित रहते। क्या ऐसा इसलिए भी सम्भव हुआ कि वे बहुत बड़े कलाकार थे और अपने चेहरे की रंगत, ख़ुशी व ग़म के भावों को पलक झपकते परिवर्तित कर सकते थे।

वे अपनी भावनाओं पर नियंत्रण रखने में महारत रखते थे। इसी महारत के कारण सत्ता परिवर्तन के समय वे अपने चेहरे पर आने वाले भावों को रोकने में सफल रहा करते थे। "डूबते सूरज की ओर पीठ करना और उगते सूरज की पूजा करना अगर किसी को आता था तो वह केवल ख़ुसरो था।"[116] प्रो. मुहम्मद मुजीब ख़ुसरो के इस रवैये से बहुत मायूस दिखाई देते हैं। "ख़ुसरो जिस स्वाभाविकता से समय के साथ बदल जाते थे, तो ऐसे व्यक्ति की कविता में तो निष्ठा का भाव प्रकट हो ही नहीं सकता।"[117] क्या यह एक साधारण आदमी के लिए आसान है। परन्तु ख़ुसरो साधारण आदमी नहीं थे। उनके अन्दर अपार आत्मविश्वास और आत्मचिन्तन था। जब वे किसी सुल्तान की प्रशंसा करते तो यह नहीं सोचते कि ठीक उन्हीं शब्दों, छंदों, यमक और उपमा अलंकारों का प्रयोग करके चन्द दिन पूर्व निवर्तमान सुल्तान की भी प्रशंसा कर चुके हैं। अमीर ख़ुसरो ने कभी अपने आश्रयदाताओं के पतन और बर्बादी पर आँसू नहीं बहाए। ऐसे मामलों में उनका रवैया बिलकुल सपाट होता था। 1277 ई. जबसे ख़ुसरो ने अपना दरबारी जीवन प्रारम्भ किया और उनकी मृत्यु 1325 ई. से पूर्व एक दो मामलों को छोड़ दिया जाए तो किसी सुल्तान, वजीर और सूबेदार ने उनकी निष्ठा और उनके कार्य करने के तौर-तरीक़ों पर शंका प्रदर्शन नहीं किया। यहाँ हम उनके आश्रयदाताओं का संक्षिप्त वर्णन करके ख़ुसरो के व्यक्तित्व को समझने का प्रयास करेंगे।

अलाउद्दीन मुहम्मद किशली ख़ाँ उर्फ़ मलिक छज्जू (1277-78)

जब ख़ुसरो के नाना इमादुल्मुल्क की मृत्यु हुई, उनकी आयु 20 वर्ष थी। इस उभरते हुए नौजवान कवि को अपनी पहचान बनाने और रोज़गार के लिए किसी आश्रयदाता की आवश्यकता थी। उस समय तक ख़ुसरो दिल्ली में पहचाने जाने लगे थे, परन्तु

वे किसी प्रभावशाली व्यक्ति का दरबारी बनकर अपना नाम चमकाना चाहते थे। ये बात 1277 की है, जब ख़ुसरो पहली बार ग़ियासुद्दीन बलबन के भतीजे और अमीरे हाजिब के पद पर नियुक्त मलिक छज्जू ख़ाँ की नौकरी में आए। वह कोल (अलीगढ़) का जागीरदार भी था। वह एक शानदार शूटर था, और बहुत अच्छा पोलो खेलता था। वह बहुत बड़ा दानी था। उसकी दानशीलता के बारे में कई कहानियाँ प्रसिद्ध हैं। वह प्रायः अपनी प्रशंसा में ऊँचे स्वर में कसीदा पढ़ने वाले कवियों को अपनी सारी सम्पत्ति दान कर दिया करता था। उसने एक बार एक कवि ख़्वाजा शाम मुईन को एक भव्य और सुन्दर क़सीदा पढ़ने के बदले अपने अस्तबल के सारे घोड़े दे दिये थे।[118]

अत्यन्त कंजूसी के लिए प्रसिद्ध सुल्तान ग़ियासुद्दीन बलबन अपने भतीजे की दानशीलता पर प्रायः क्रोधित रहता था। सच पूछिए तो ख़ुसरो को इसी तरह के दयालु मनुष्य की आवश्यकता भी थी। ख़ुसरो मलिक छज्जू की शाम की रंगीन सभाओं का आयोजन करते और उनमें जान फूँकने के लिए शेर व शाइरी और चुटकुलों की फुलझड़ियाँ छोड़ते। उसकी बड़ाई में लिखे अपने भव्य कसीदों में ख़ुसरो ने अपनी समस्त शाब्दिक क्षमता का प्रयोग करना प्रारम्भ कर दिया था। उन्होंने गुर्रतुलकमाल की भूमिका में स्वीकार किया है कि उनके अधिकतर भव्य कसीदे मलिक छज्जू की बड़ाई और प्रशंसा में लिखे गए हैं। उसकी प्रशंसा में लिखे एक कसीदे की ये चन्द पंक्तियाँ बहुत प्रसिद्ध हुईं—

सुब्ह चूँ अज़ सूए मशरिक रू नमूद
सेहन मीना रौज़ा-ए-मीनू नमूद
गैसूए शब शुद सपेद व आफ़ताब
नूर सीमीं अज़ तहे गेसू नमूद
जामे आइना अस्त लेकिन बे शराब
मर्द मां रा के तवानद रू नमूद
बूद पिंहा आफ़ताब आं दम कि सुबह
हम दमी बाबाद अंबर बू नमूद
सुब्ह रा गुफ़्तम कि खुरशीदत कुजास्त
आसमां रूए मलिक छज्जू नमूद

अर्थात—जब प्रातः हुई और चारों ओर सूर्य की किरणें फैल गईं, तो ऐसा प्रतीत हुआ जैसे सूरज प्रेमिका के बालों के नीचे से निकल रहा हो। पीली किरणों की चमक ने रात के अँधेरे को समाप्त कर दिया और चाँद लोगों की दृष्टि से ओझल हो गया। अपने कष्टों को किसी धनवान के सामने प्रकट नहीं करना चाहिए क्योंकि ख़ाली प्याले का कोई महत्त्व नहीं होता। मैंने प्रातः से पूछा कि तुम्हारा सूरज कहाँ

है तो उसकी किरणों के अन्दर से मलिक छज्जू का चेहरा झलकने लगा।

मलिक छज्जू के यहाँ ख़ुसरो केवल दो वर्ष ही नौकरी करने पाए थे कि एक छोटी सी घटना ने उन्हें छज्जू से दूर कर दिया। हुआ यूँ कि एक दिन वह मलिक छज्जू की किसी महफ़िल में उसकी प्रशंसा में कसीदा पढ़ रहे थे, वहाँ सुल्तान बलबन का होनहार पुत्र नासिरुद्दीन बुगरा ख़ाँ भी उपस्थित था। ख़ुसरो की कविता सुनकर बुगरा ख़ाँ ने भी प्रसन्नता व्यक्त की और उन्हें पुरस्कृत भी किया। ख़ुसरो उसका दिया पुरस्कार ले तो नहीं रहे थे, परन्तु सुल्तान का पुत्र होने के कारण उन्होंने उसका पुरस्कार स्वीकार कर लिया। इस बात से मलिक छज्जू इतना नाराज़ हुआ कि उसे प्रसन्न करने के ख़ुसरो के सारे प्रयास विफल हो गए। जब ख़ुसरो के लिए उसके यहाँ नौकरी करना कठिन हो गया तो न चाहते हुए भी मलिक की नौकरी छोड़नी पड़ी। अपनी प्रसिद्ध पुस्तक 'गुर्रतुलकमाल' की भूमिका में ख़ुसरो ने मलिक के बारे में लिखा है कि—

> वह मुझे सज़ा देना चाहता था और अपने गुस्से के तीर का निशाना बनाने का निश्चय कर चुका था, इसलिए मैं तीर की तरह वहाँ से भाग निकला।[119]

नासिरुद्दीन बुगरा ख़ाँ (1279)

मलिक छज्जू के यहाँ से आने के बाद 26 वर्षीय ख़ुसरो ने बुगरा ख़ाँ के यहाँ नौकरी कर ली। उन्होंने इस घटना से बहुत कुछ सीखा होगा। यह घटना उनके जीवन की पहली घटना थी जिसने उन्हें नाकाम किया। आने वाले दिनों में ख़ुसरो ने इसका पूरा ध्यान रखा, कि फिर कोई अप्रिय घटना न घटे। बुगरा ख़ाँ सामाना छावनी का अधिकारी हुआ करता था। इसी दौरान सुल्तान बलबन ने लखनौती पर आक्रमण कर दिया। उस आक्रमण में बुगरा के साथ ख़ुसरो को भी लखनौती जाना पड़ा। लखनौती को फ़तह करने के बाद सुल्तान बलबन ने बुगरा को वहाँ का सूबेदार नियुक्त कर दिया। दरबारी होने के कारण ख़ुसरो को भी बुगरा के साथ बंगाल में रुकना पड़ा। ऐसी स्थिति में ख़ुसरो बुगरा को छोड़ तो नहीं सकते थे, परन्तु उन्हें बंगाल की नम व सीलनयुक्त जलवायु पसन्द नहीं आया। ख़ुसरो किसी भी हाल में दिल्ली जाना चाहते थे। उन्होंने बुगरा ख़ाँ की जमकर तारीफ़ की और उसे अपनी वापसी के लिए मना ही लिया।

सुल्तान मुहम्मद (1280-85)

बंगाल से वापसी पर ख़ुसरो की भेंट बलबन के बड़े बेटे और युवराज सुल्तान मुहम्मद

से हुई। युवराज ख़ुसरो से पूर्व से ही परिचित था। उसने ख़ुसरो को पुस्तकालयाध्यक्ष के पद पर तैनात कर दिया। युवराज मुहम्मद अत्यन्त बहादुर और विद्वान था। वह सभ्य, मिलनसार और दयालु था। इन विशेषताओं के पीछे देखा जाए तो वह अपने पिता बलबन से बहुत भिन्न था। बलबन की तुलना में वह अधिक शिक्षित था। वह ज्ञान और साहित्य का प्रेमी था। वह अपने दरबार में अत्यधिक शिक्षित लोगों को पसन्द करता था। वह स्वयं भी शेर कहता था और वह कवियों व सूफ़ियों के बीच घिरा रहना पसन्द करता था। यह वह विशेषताएँ थीं, जो बलबन में नहीं पाई जाती थीं। बलबन ने सुल्तान बनने के बाद बिलकुल शराब पीना बन्द कर दिया था। वह अपने पुत्रों और अधिकारियों को भी शराब पीने और भोग-विलास से बचने का निर्देश दे रखा था। युवराज सुल्तान मुहम्मद शराब तो पीता था परन्तु बहुत कम मात्रा में।[120]

युवराज मुहम्मद के दरबारी कवि फ़ारसी के बड़े कवियों का काव्य पढ़ते और दरबार में उनकी बारीकियों पर चर्चा करते। कभी-कभी युवराज स्वयं भी उन बहसों में भाग लेता। उसी रुचि और भावना के आधार पर उसने अपने दरबार में अमीर हसन सिज्ज़ी और अमीर ख़ुसरो को भी सम्बद्ध किया था। उसके काव्य में रुचि की यह स्थिति थी कि उसकी व्यक्तिगत डायरी में उसकी पसन्द के 20 हज़ार शेर लिखे हुए थे। एक महत्त्वपूर्ण स्रोत के अनुसार युवराज शीराज के महान कवि शेख़ सादी को अपने दरबार में बुलाने के लिए अपने दूतों को शीराज भेजा था। वह चाहता था कि सादी मुल्तान आएँ। वह उनके लिए मुल्तान में एक ख़ानक़ाह का निर्माण कराने का इच्छुक था। शेख़ सादी ने अपने बुढ़ापे और कमज़ोरी के कारण हिन्दुस्तान आने से इनकार कर दिया था।[121] अमीर ख़ुसरो को इस प्रकार का वातावरण बहुत प्रिय था। उन्होंने उसकी प्रशंसा में 23 कसीदे लिखे। इतने कसीदे उन्होंने अब तक अपने किसी आश्रयादाता के लिए नहीं लिखा था। सुल्तान मुहम्मद ने उन्हें दिल खोलकर दान भी दिया। उसकी तारीफ़ में लिखे एक क़सीदे की कुछ पंक्तियाँ यूँ हैं—

मकुश ब गर्द रूख़ अज़ ख़ते दिलबर बा पर्दा
कि कस ज़ि शब न कुनद आफ़ताब रा पर्दा
ज बीम आं कि रसद चश्म आफ़ताब ब तू
ब बन्द व अब्र बहर लेहज़ा दर हवा पर्दा
कुनद ब पेशे ख़तत पर्दा पोशीए सब्ज़ा
चू गुल ब बाग कशद बरसर गया पर्दा
नसीमे ख़ल्क़ तू रोज़ी-ए-ख़ल्क़ रा चूँ गुल
कुशाद अज पस हर पर्दा-ए-जुदा पर्दा

अर्थात—रात अपने अँधेरे से सूरज को ढक लेती है। इस डर से कि सूरज का

प्रकाश प्रेमिका के चेहरे को प्रकाशमय कर देगी। तुम उसके चेहरे पर पर्दा न डालो क्योंकि बादल थोड़ी देर के लिए ही सूरज को ढक सकता है। जिस प्रकार चिड़िया बाग़ में चहकती है और हरी घास में छुप जाती है, उसी प्रकार युवराज मुहम्मद के व्यवहार की ख़ुशबू प्रजा के लिए फूल जैसा है।

ख़ुसरो को युवराज मुहम्मद का साथ और उसका साहित्य प्रेम बहुत भाया परन्तु उनके भाग्य में बहुत दिनों तक ये चैन नहीं लिखा था। यह 1285 की घटना है, जब मंगोलों के आक्रमण में युवराज मुहम्मद की मृत्यु हो गई। उस आक्रमण में मंगोलों ने ख़ुसरो को भी गिरफ़्तार कर लिया था, जिसका ज़िक्र आगे आएगा।

अपने प्रिय युवराज की मृत्यु सुल्तान बलबन के लिए बहुत बड़ी घटना थी। वह इस शोक में डूब चुका था। अमीर ख़ुसरो के विवरण पढ़कर उसे अत्यधिक दुख हुआ। उसके 40 वर्षीय सत्ता संघर्ष में यह सबसे अधिक कष्टप्रद घटना थी। इस घटना ने उसे शीघ्र ही मृत्यु शैया पर पहुँचा दिया। उसने खाना-पीना छोड़ दिया और दिन-रात रोता रहता था। इसके बाद जल्द ही उसकी भी मृत्यु हो गई। बलबन की मृत्यु के बाद दिल्ली में एक बार फिर सत्ता संघर्ष प्रारम्भ हो गया। बलबन चाहता था कि उसके बाद दिल्ली की गद्दी बुगरा ख़ाँ सँभाले। उसने बंगाल से बुगरा ख़ाँ को बुलवाया भी, परन्तु उसके भाग्य में दिल्ली का सुल्तान बनना नहीं लिखा था। बलबन की इच्छा के विपरीत वह एक रात चुपके से बंगाल भाग गया। उसके जाने के बाद बलबन ने बहुत दुखी मन से वसीयत तैयार की, जिसमें उसने युवराज मुहम्मद के अल्प आयु के पुत्र कैख़ुसरो को अपना उत्तराधिकारी नियुक्त किया, परन्तु उसकी मृत्यु के बाद सत्ता संघर्ष में दिल्ली के शक्तिशाली कोतवाल मलिक फ़ख़रुद्दीन और उसके भतीजे मलिक निज़ामुद्दीन का महल पर अधिकार हो गया। मलिक निज़ामुद्दीन ने कैख़ुसरो की हत्या कर दी और बलबन के दूसरे पोते कैकुबाद को मुईज़ुद्दीन की पदवी के साथ दिल्ली की गद्दी पर बिठा दिया। मलिक निज़ामुद्दीन के इरादे ख़तरनाक थे। उसकी इच्छा 17 वर्षीय नौजवान सुल्तान को रास्ते से हटाकर सत्ता प्राप्त करना था। जितने लोगों पर उसे अपने विरोधी होने की शंका थी, उसने सभी को अपने रास्ते से हटाने का ख़ूनी कार्यक्रम चलाया। प्रतिदिन किसी न किसी अमीर, सरदार और उच्चपदाधिकारी की हत्या हो रही थी। ऐसे वातावरण में अमीर ख़ुसरो ने दरबार से दूर रहना ही उचित समझा। वे अपनी माँ के साथ पटियाली चले गए।

अमीर अली सरजानदार उर्फ़ हातिम ख़ाँ (1285)

दिल्ली से पटियाली आने के बाद अमरा ख़ुसरो अवध के सूबेदार अमीर अली सरजानदार ख़ाने जहाँ के साथ रहने लगे। वह बहुत दयालु और दानशील था।

इसीलिए लोग उसे हातिम ख़ाँ भी कहते थे। ख़ाने जहाँ बलबन के परिवार का व्यक्ति था। वह अवध का सूबेदार नियुक्त होने के पूर्व बलबन के सुरक्षा दस्ते का कमांडर था। उसके बारे में कहा जाता है कि उसने ग़रीबों को दान में कभी ताँबे और पीतल का सिक्का नहीं दिया, बल्कि केवल सोने और चाँदी का ही सिक्का दिया करता था। ख़ुसरो ने गुर्रतुलकमाल की भूमिका में लिखा है—

> "मैंने हातिम ख़ाँ की दया के बादलों की छाँव में पनाह ली। उसने अपने समुद्र की लहरों जैसे हाथों से मुझको थाली में भर-भर कर इतने हीरे-जवाहरात दिये कि अगर मैं उस धन-दौलत को सुरक्षित रखता तो मेरा परिवार कई पुश्तों तक सम्मान के साथ जीवनयापन करता।[122]

अमीर ख़ुसरो ने उसकी प्रशंसा में एक कविता 'हस्पनामा' लिखी, जिसमें वे कहते हैं—

> मैंने समुद्र से कहा तू ख़ान की तरह दयालु है वह काँपने लगा। उसकी थरथराती लहरों ने उत्तर दिया—नहीं-नहीं, मेरा यह स्थान नहीं है। दया के नाम पर तो मेरी कृपण लहरों ने समुद्र तट पर केवल बेकार के झाग ही बिखेरे हैं, परन्तु ख़ान, वे तो अपनी प्रतिष्ठा के सम्मान में केवल माणिक मोती ही बिखेरते हैं।[123]

ख़ाने जहाँ ख़ुसरो को बहुत पसन्द करता था, परन्तु ख़ुसरो का मन उसके पास नहीं लगा। उन्हें दिल्ली की याद आने लगी। उन दिनों दिल्ली की हालत स्थिर नहीं थी फिर भी वह अवध छोड़कर दिल्ली आ गए।

मुईज़ुद्दीन कैकुबाद (1287)

सुल्तान कैकुबाद बंगाल के गवर्नर बुगरा ख़ाँ का कमसिन बेटा था। बलबन की मुत्यु के बाद उसे कुछ लोगों ने सत्ता पर अपना अधिकार बनाए रखने के लिए सुल्तान बना दिया था। ख़ुसरो के अवध से दिल्ली पहुँचने के दो दिन बाद ही सुल्तान मुईज़ुद्दीन कैकुबाद का दूत उन्हें दरबार में उपस्थित होने का आदेश सुनाया। वे तुरन्त नौजवान सुल्तान की सेवा में एक क़सीदा लिखकर दरबार में पहुँच गए—

बादा जहाँ हमेशा ब काम तू शहरेयार
शाहाने रोज़गार गुलामे तू शहरेयार
ख़ुसरो ज जाम जूद तू सैराबे मय कि हस्त
उम्मीदवार जुरआ-ए-जामे तू शहरेयार

बादा हमेशा सिक्का ए तू चूँ दिरम दुरुस्त
बर रूए सिक्का ख़ुत्बा बनाम तू शहरेयार

अर्थात—ऐ महान सुल्तान, तेरा कार्य हमेशा महान रहे, और विश्व के सारे बादशाह तेरे अधीन हो जाएँ। ख़ुसरो तेरी दयालुता के जाम से तृप्त है और हमेशा तेरी दया की इच्छा रखता है। आपका सिक्का दिरहम से अधिक बहुमूल्य है, इस सिक्के पर बादशाह सलामत के नाम का ख़ुत्बा दर्ज होना चाहिए।

सुल्तान कैकुबाद ने अमीर ख़ुसरो से अपने और अपने पिता बुगरा ख़ाँ के बीच हुए युद्ध और फिर समझौते का वर्णन अत्यन्त भव्य शैली में लिखने का आदेश दिया। सुल्तान ने यह भी वादा किया कि उन्हें इस कार्य के बदले इतना सोना दिया जाएगा कि उन्हें जीवन में फिर किसी वस्तु की आवश्यकता नहीं रह जाएगी। अमीर ख़ुसरो 6 मास तक अदृश्य रहे, उसके उपरान्त इस घटना पर उनकी लोकप्रिय फ़ारसी मसनवी 'क़िरानुस्सादैन' अस्तित्व में आई। ख़ुसरो का कार्य देखकर सुल्तान बहुत प्रभावित हुआ, उसने उन्हें ढेरों सोना तो नहीं दिया, हाँ, उसने उन्हें 'मलिकुश्शोअरा' की पदवी अवश्य दी। ख़ाली ख़ाली मलिकुश्शोअरा की पदवी लेकर ख़ुसरो क्रोधित तो बहुत हुए, परन्तु वे फ़ारसी के महान कवि फ़िरदौसी की घटना से परिचित थे, इसलिए मुस्कराते हुए घर चले आए। यहाँ प्रत्येक स्थिति में सत्ता पक्ष के साथ रहने वाला उनका सिद्धान्त काम आया।

जलालुद्दीन फीरोज ख़िलजी (1290-96)

सुल्तान जलालुद्दीन 1290 में दिल्ली की गद्दी पर बैठा। लम्बे अन्तराल के उपरान्त ख़ुसरो को जलालुद्दीन ख़िलजी के रूप में एक छायादार वृक्ष मिला। वह ख़ुसरो से बेपनाह प्रेम करता था। उसने उन्हें 1200 टंके प्रति वर्ष वज़ीफ़े के साथ विशेष ख़िलअत और सफ़ेद कमरबन्द के अतिरिक्त उनके पिता अमीर लाचिन को पद भी दिया। जलालुद्दीन के शासन काल में ख़ुसरो दरबार के सर्वोच्च पद तक पहुँच गए। 70 वर्षीय बूढ़ा सुल्तान स्वयं कवि था और रंगीन ग़ज़लें लिखता था। मुल्ला अब्दुल क़ादिर बदायूँनी ने अपनी पुस्तक 'मुंतखब तवारीख़' में उसकी एक रुबाई और कुछ शेर लिखे हैं, जिसे देखने से उसके रंगीन स्वभाव का पता चलता है[124]—

आं ज़ुल्फ़ परेशानत ज़ौलीदा नमी .ख़्वाहम
व आं रोई चूँ गुलनारत तफसीदा नमी .ख़्वाहम
बे पीर मन्नत .ख़्वाहम यकशब ब किनार आई
हाँ बांग बुलंद अस्त ईं पोशीदा नमी .ख़्वाहम

अर्थात—मैं नहीं चाहता कि तेरे बिखरे हुए केश एक दूसरे से बिखरे रहें, मैं नहीं चाहता कि गुलनार के समान तेरा मुखड़ा मुरझा जाए। मैं चाहता हूँ कि तू बिना कोई वस्त्र पहने हुए एक रात के लिए मेरी गोद में आ जाओ, मैं चिल्लाकर कहता हूँ, छुपाकर रखने की आकांक्षा नहीं करता।

वह अच्छा कवि नहीं था, परन्तु उसमें अच्छी कविता की पहचान और परख की अद्भुत क्षमता थी। उसके दरबार में प्रख्यात कवि, संगीतज्ञ, गायक और नर्तकी हमेशा उपस्थित रहते थे। उसकी रंगारंग सभाएँ अत्यन्त जीवंत होती थीं। जब इन सभाओं में शराब का दौर चलता और नर्तकियाँ ख़ुसरो की ताज़ा इश्क़िया ग़ज़लों पर अपना नृत्य प्रस्तुत करतीं, तो वहाँ उपस्थित व्यथित मन को स्वर्ग भ्रमण का आभास होता। जलालुद्दीन की रंगारंग सभाओं में गाए जाने के लिए प्रेमातुर ग़ज़लें लिखने के अतिरिक्त ख़ुसरो ने उसके लिए एक कसीदा 'मिफ़्ताहुल फुतूह' भी लिखा है, जिसमें उन्होंने उन युद्धों का भी वर्णन किया है, जो उनके पूर्ववर्ती आश्रयदाताओं के विरुद्ध लड़े गए थे, उनमें मुख्य रूप से मलिक छज्जू और ख़ाने जहाँ के साथ हुए युद्धों का वर्णन उल्लेखनीय है। इन दोनों सरदारों को सुल्तान जलालुद्दीन ने एक विद्रोह को कुचलने के दौरान गिरफ़्तार कर लिया था। इससे पूर्व ख़ुसरो ने मलिक छज्जू और ख़ाने जहाँ की बहादुरी दानशीलता और उनके बड़प्पन पर भी ढेरों कविताएँ लिखी थीं। उन्होंने ख़ुसरो को बहुत अधिक सम्मानित भी किया था, परन्तु आश्चर्य होता है कि अपने पिछले आश्रयदाताओं और प्रशंसकों के पतन पर ख़ुसरो को ज़रा भी दुख नहीं हुआ। उन्होंने इस कसीदे में जलालुद्दीन को उन्हें पराजित किये जाने के लिए विशेष रूप से बधाई दी है। उन्होंने केवल जलालुद्दीन को बधाई ही नहीं दी बल्कि मलिक छज्जू और ख़ाने जहाँ के लिए निंदनीय शब्दों का भी प्रयोग किया है—

हमा करदंद बहरे बन्दगी जहद
मगर मीर कड़ा छज्जुई बदअहद

अर्थात—सुल्तान ने छज्जू को कड़ा का अमीर बनाया परन्तु उसने वफ़ादारी के बदले धोखा दिया।

अलाउद्दीन ख़िलजी (1296-1316)

अलाउद्दीन ख़िलजी का नाम अली गरशस्प था। उसने अपने चाचा जलालुद्दीन ख़िलजी की दर्दनाक हत्या करके दिल्ली की गद्दी पर अधिकार किया और अपना नाम अलाउद्दीन रखा। यह कोई मामूली घटना नहीं थी। यह घटना उस समय अधिक दर्दनाक प्रतीत होती है, जब यह मालूम होता है कि जलालुद्दीन ने अपने

हत्यारे भतीजे की परवरिश अपने बेटे के समान की थी और अपनी बेटी की शादी भी उससे की। अलाउद्दीन ने सत्ता के लिए जिस निर्दयता से अपने चाचा की हत्या की उसके बहुत कम उदाहरण विश्व इतिहास में मिलते हैं। सबसे अधिक आश्चर्य उस समय होता है जब ख़ुसरो ने अपने परम हितैषी और आश्रयदाता की मृत्यु के विरोध में एक शब्द मुँह से निकाले और जरा सा भी दुख और अफ़सोस प्रकट किये बिना अलाउद्दीन ख़िलजी की प्रशंसा में एक भव्य क़सीदा लिखा और दरबार में पहुँच गए। यही नहीं कि ख़ुसरो ने जलालुद्दीन की हत्या पर शोक प्रकट नहीं किया बल्कि जब जलालुद्दीन ख़िलजी के परिवार का सफ़ाया किया जा रहा था तो उन्होंने उसके बेटे अरकली ख़ाँ को अत्यन्त निंदनीय शब्दों से याद किया—

> जब शाही सेना ने मुल्तान पर आक्रमण किया तो अरकली ख़ाँ एक चींटी की तरह क़िले की दीवार में छुप गया।[125]

यह वह बातें हैं जो ख़ुसरो की व्यक्तिगत महानता को कलंकित करती हैं। वास्तव में ख़ुसरो एक महान कवि हैं, परन्तु वे एक अच्छे मनुष्य दिखाई नहीं देते हैं। इतिहास गवाह है कि ख़ुसरो के क़सीदों को सुनकर अलाउद्दीन ने जिस प्रकार लापरवाही का प्रदर्शन किया, उसी अनुपात में ख़ुसरो के क़सीदों में उसकी प्रशंसा का स्वर ऊँचा होता गया। उसका चरम उस समय हुआ, जब उन्होंने अलाउद्दीन को खुलफ़ा-ए-राशिदीन की विशेषताओं का धारक और प्रतिनिधि के तौर पर प्रस्तुत कर दिया—

> यह ख़लीफ़ा मुहम्मद नाम रखता है उसके पास हज़रत अबूबक्र जैसी सच्चाई है, हज़रत उमर जैसा न्याय है, उसकी विश्वविजेता की उपलब्धियों में एक महत्त्वपूर्ण उपलब्धि यह है कि वह हज़रत उसमान की तरह ख़ुदा की दया की निशानियों को सुरक्षित रखता है और उसने हज़रत अली की तरह ज्ञान के दरवाज़े को शान्तिप्रिय नगर दिल्ली में रहमान और ख़लक़ की कुंजी से खोल दिया है।[126]

अमीर ख़ुसरो यहीं नहीं रुकते हैं इस प्रशंसनात्मक पुल को वह अब्बासी काल के कुछ बड़े ख़लीफ़ाओं हारून रशीद, मामून रशीद से समानता दिखाते हुए मुस्तनस्सिर और अलमोअतस्सिम बिल्लाह तक ले जाते हैं। ख़ुसरो की इस राय से उर्दू के जाने-माने आलोचक शुजाअत अली सन्देलवी आहत हैं। वे कहते हैं कि ख़ुसरो की राय सत्ता से डर और समझौते (compromise and fear of state) का परिणाम है। उनके अनुसार अलाउद्दीन का न्याय केवल सत्ता प्रबन्धन के लिए था उसका ख़लीफ़ा फ़ारूक़ के न्याय से क्या सम्बन्ध है, “चे निस्बत ख़ाक रा बा आलम पाक” अर्थात—पृथ्वी को आसमान से क्या सम्बन्ध।[127]

अलाउद्दीन ख़िलजी अनपढ़, गँवार और विधर्मी[128] अवश्य था, परन्तु वह एक महान योद्धा और राजनीतिज्ञ था। शेर व शाइरी उसका क्षेत्र नहीं था। उसने ख़ुसरो की मनमोहक, रसीली और मस्त कर देने वाली ग़ज़लों की ओर देखा तक नहीं, उसने अपनी बड़ाई में कही गई कविताओं पर भी ध्यान नहीं दिया। वह ख़ूब अच्छी तरह जानता था कि ख़ुसरो जलालुद्दीन के परम हितैषी रहे हैं। परन्तु उसे इससे कोई फ़र्क़ नहीं पड़ा। उसने ख़ुसरो को जलालुद्दीन द्वारा दिये हुए 1200 टंके वार्षिक वृत्तिका को कम करके 1000 कर दिया और मानद वस्त्र भी वापस ले लिया। कहा जाता है कि जलालुद्दीन की महफ़िलों को सजाने सँवारने वाले ख़ुसरो अलाउद्दीन के दरबार में चार माह तक एक कोने में खड़े रहे, फिर उन्हें बैठने की आज्ञा दी गई।

इन 20 वर्षों में अलाउद्दीन का ख़ुसरो और हज़रत शेख़ से केवल औपचारिक सम्बन्ध थे। अलाउद्दीन ने दिल्ली में हज़ारों की संख्या में मौजूद सूफ़ियों, कवियों और उलमा में कभी रुचि नहीं दिखाई। उलमा से वह प्रायः कहा करता था कि तुम जाकर मस्जिदों में मुसलमानों को अच्छी तरह पूजा-पाठ करने के लिए प्रेरित करो, ताकि वे अधिक से अधिक पुण्य कमा सकें, सत्ता और राजनीति से तुम्हें कोई सरोकार नहीं होना चाहिए। हाँ, अलाउद्दीन के बड़े बेटे खिज्र ख़ाँ ने ख़ुसरो में अवश्य विशेष रुचि दिखाई। एक समय में यह दोनों गहरे दोस्त हो गए थे। अलाउद्दीन की अरुचि पर ख़िज्र ख़ाँ की मित्रता ने ख़ुसरो के घाव पर मरहम का काम किया। ख़िज्र ख़ाँ को शेख़ से भी अत्यन्त श्रद्धा थी। इन्हीं दिनों ख़ुसरो ने खिज्र ख़ाँ और उसकी प्रेयसी देवलरानी पर एक इश्क़िया दास्तान लिखी। शान्ति के इन वर्षों में ख़ुसरो को काम करने का बहुत अच्छा अवसर प्राप्त हुआ। उन्होंने अपना सारा समय साहित्यिक गतिविधियों पर ख़र्च किया। ये समय ख़ुसरो की लेखनी के लिए स्वर्णकाल के तौर पर याद किया जा सकता है।

कुतुबुद्दीन मुबारक शाह (1316-20)

अलाउद्दीन ख़िलजी की मृत्यु के बाद उसका तीसरा पुत्र मुबारक ख़ाँ दिल्ली की गद्दी पर बैठा। उसने कुतुबुद्दीन मुबारक शाह की पदवी धारण की। उसने अपने बड़े भाइयों ख़िज्र ख़ाँ, शादी ख़ाँ और छोटे भाई शहाबुद्दीन ख़ाँ की हत्या करवा दी, जिनकी आँखें निकलवाकर अलाउद्दीन ने पहले ही ग्वालियर के क़िले में क़ैद करा रखा था। आँखें निकालने वाले मलिक काफ़ूर के दूत तो मुबारक ख़ाँ की कोठरी में भी गए थे, परन्तु उसने उन्हें किसी तरह पटा लिया वरना वह स्वयं सुल्तान नहीं बन पाता। मुबारक शाह से ख़ुसरो के सम्बन्ध जितने अच्छे थे, हज़रत शेख़ से उतने ही ख़राब थे। वह गद्दी पर बैठते ही शेख़ के विरुद्ध आक्रामक नीति अपना लिया।

वह खुलेआम उनके विरोध में बोलता रहता था। उसने उनकी हत्या करने वाले को 1000 टंके पुरस्कार देने की भी घोषणा कर रखी थी। दुर्व्यवस्था के इन चार वर्षों में ख़ुसरो ने बड़ी चालाकी से अपने आप को साफ़ बचा लिया। वे उस दरबार में निरन्तर जाते रहे, जहाँ उनके पीर और गुरु हज़रत शेख़ की हत्या करने और उन्हें हानि पहुँचाने के उपाय खोजे जाते रहे। वह नियमित रूप से प्रत्येक शाम शेख़ की ख़ानक़ाह पर भी उपस्थिति देते थे। ख़ुसरो को इस बात से भी कोई अन्तर नहीं पड़ा कि मुबारक शाह का चरित्र कैसा है। उसका दरबार अश्लीलता, चरित्रहीनता, और अनैतिकता का निकृष्ट उदाहरण था। उसके दरबार में भँड़वे, तवायफ़ें और जोकर खुलेआम चले आते थे। एक नवेद नाम के भँड़वे के बारे में कहा जाता है कि वह नंगे शरीर दरबार में चला आता और उमरा, मलिक और ख़ानों के साथ गंदे-गंदे हास्य और व्यंग्य किया करता था।[129]

फिर भी ख़ुसरो ने मुबारक शाह को अपनी ओर आकर्षित करते हुए लिखा—

शहा! गंज बख़्शा! करम गुश्तरा!
मानी शनासा सुख़न परवरा
चुनीं बख़्शिशे कज तुजम याफ़्तम
ज शाहाँ पीशीना कम याफ़्तम
कनूं ला बद अज सेहर संजे चूमन
ब अन्दाज़ ए बख़्शिश आयद सुख़न

अर्थात—ए बादशाह, ए ख़ज़ाना देने वाले, ए कृपा और दया करने वाले, ए ज्ञान व कौशल का उचित मूल्यांकन करने और उसका महत्त्व जानने वाले और कविता और साहित्य के संरक्षक, तुझ जैसे जमशेद बादशाह से मुझे जो पुरस्कार मिला वह पिछले ज़माने में नहीं मिल सका। अब मेरे जादुई वर्णन के द्वारा तेरी कृपा और उदारता के अनुरूप ही प्रशंसा होगी।

मुबारक शाह समलिंगी था। उसके अपने ग़ुलाम ख़ुसरो ख़ाँ से सम्बन्ध थे। ख़ुसरो ख़ाँ परमार राजपूत था। वह बचपन में ही मुसलमान हो गया था। गोरा-चिट्टा और अत्यन्त सुन्दर ख़ुसरो ख़ाँ ने उसे अपने प्रेमपाश में उतार लिया था। मुबारक शाह ने उसे ख़ुसरो ख़ाँ की उपाधि देकर दरबार में मंत्री का दर्जा दे दिया था। उन दिनों दिल्ली की गलियों में तुर्की घोड़े और गुजराती घोड़ी के चुटकुले ख़ूब मज़े लेकर सुनाए जाते थे। घोड़ा-घोड़ी के इस खेल की अदला-बदली भी होती थी। शेख़ अपने चमत्कारों का कभी खुलेआम प्रदर्शन के पक्ष में नहीं रहे। इतिहास में चमत्कार का कोई स्थान भी नहीं होता है, परन्तु ठीक उसी दिन 7 मई, 1320 की प्रात: जब मुबारक शाह ने हज़रत शेख़ को अपने दरबार में उपस्थित होने का अन्तिम आदेश दे रखा था। लोगों ने देखा कि उसका सिर हज़ार खम्भा महल की

चहारदीवारी के बाहर पड़ा हुआ है। हज़रते शेख़ यद्यपि शान्ति और चैन से अपनी ख़ानक़ाह में विराजमान थे।

नासिरुद्दीन मुहम्मद उर्फ़ ख़ुसरो ख़ाँ (1320)

मुबारक शाह की हत्या के बाद ख़ुसरो ख़ाँ नासिरुद्दीन मुहम्मद की उपाधि धारण कर दिल्ली की गद्दी पर बैठा। उसकी सत्ता 1320 में कुछ एक महीने ही रही, एक दिन मुबारक शाह की तरह उसे भी मौत के घाट उतारकर महल की दीवार के नीचे उसी प्रकार फेंक दिया गया, जिस प्रकार चार माह पूर्व उसने मुबारक ख़ाँ का सिर काटकर फेंका था। ख़ुसरो ख़ाँ का अमीर ख़ुसरो और हज़रते शेख़ दोंनो से अच्छे सम्बन्ध थे। उसने दिल्ली वालों को अपने पक्ष में करने के लिए शाही ख़ज़ाने का मुँह खोल दिया था। कहा जाता है कि उसने शेख़ की ख़ानक़ाह में भी ढाई से पाँच लाख टंके का नज़राना भेजवाया था। अपनी आदत के अनुसार शेख़ ने उस बड़ी धनराशि को उसी दिन निर्धन, लाचार और कमज़ोर लोगों में बँटवा दिया था।

ग़ियासुद्दीन तुग़लक़ (1320-1325)

ख़ुसरो ख़ाँ को रास्ते से हटाने के बाद ग़ियासुद्दीन तुग़लक़ का गद्दी पर बैठना परिस्थितिजन्य था। वह भी ग़ुलाम था। उसके बचपन का नाम मलिक ग़ाज़ी था। उसने अपने जीवन की शुरुआत अलाउद्दीन ख़िलजी की सेना में मामूली सिपाही के रूप में की थी। एक अदना सिपाही का सफलता की सीढ़ी चढ़ते हुए सत्ता के शीर्ष तक पहुँच जाना निश्चित रूप से बहुत बड़ी उपलब्धि थी। वह व्यक्तिगत रूप से अमीर ख़ुसरो को बहुत पसन्द करता था, परन्तु उसे अपने प्रति हज़रत शेख़ की बेपरवाही अच्छी नहीं लगती थी। उसकी यह भी इच्छा थी कि ख़ुसरो ख़ाँ द्वारा राजकोष से जो धनराशि ख़ानक़ाह में भेजी गई है, उसे वापस किया जाए। शेख़ ने उत्तर में कहा कि वह जनता का पैसा था, उन तक पहुँच चुका है। दरबार के उलमा के उकसाने पर उसने हाल और वज्द जैसे तसव्वुफ़ के विषयों पर हज़रते शेख़ से बहस भी की थी। दरबार में शेख़ की दलीलों से उलमा इनकार नहीं कर सके। फिर उन्हें जाने की आज्ञा दे दी गई। इसके बावजूद भी शेख़ से उसकी ईर्ष्या कम नहीं हुई। उसने बंगाल के युद्ध अभियान पर जाने से पूर्व शेख़ के पास नगर कोतवाल के द्वारा पैग़ाम भेजा कि उसकी वापसी से पहले शेख़ दिल्ली छोड़ दें।

इस सैनिक अभियान में ख़ुसरो भी तुग़लक़ के साथ मौजूद थे। उन्होंने उसकी प्रशंसा और सफलता को संसार के सामने प्रस्तुत करने के लिए अपनी अन्तिम भव्य ऐतिहासिक मसनवी 'तुग़लक़नामा' लिखी। ग़ियासुद्दीन तुग़लक़ के शासनकाल में

अमीर ख़ुसरो बहुत धनाढ्य हो गए थे और अत्यन्त आनन्दमय जीवन व्यतीत कर रहे थे। ग़ियासुद्दीन का बंगाल का अभियान सफल था। अभियान की समाप्ति के बाद ग़ियासुद्दीन शाही सेना को पीछे छोड़ते हुए अत्यन्त शीघ्रता से दिल्ली की ओर बढ़ा, ख़ुसरो सेना के साथ चल रहे थे। सुल्तान की दिल्ली वापसी जब बहुत क़रीब आ गई तो एक दिन नगर कोतवाल ने शेख़ के पास पहुँचकर बड़े सम्मान के साथ उन्हें दिल्ली छोड़ने का सुल्तान का फ़रमान सुनाया। शेख़ ने फ़रमाया घबराओ नहीं तुम आराम से घर जाओ 'हनूज दिल्ली दूर अस्त' अर्थात अभी दिल्ली दूर है। उसी शाम खाना खाने के बाद सुल्तान के स्वागत में बनवाया गया भव्य स्वागत द्वार उसके ऊपर ही गिर गया। लोगों ने सुल्तान की मौत को शेख़ के क्रोध से जोड़कर देखा परन्तु एक इतिहासकार के लिए ऐसा सोचना उचित नहीं है।

मुहम्मद बिन तुग़लक़ (1325)

सन्दिग्ध परिस्थितियों में स्वागत द्वार गिरने से हुई ग़ियासुद्दीन तुग़लक़ की मृत्यु के बाद उसका पुत्र और युवराज जूना ख़ाँ को दिल्ली की गद्दी पर बैठने में कोई अड़चन नहीं आई। उसने मुहम्मद बिन तुग़लक़ की उपाधि धारण की। ग़ियासुद्दीन की मृत्यु की घटना को सन्दिग्ध बनाने में इब्न बतूता की महत्त्वपूर्ण भूमिका है। यह शक उस समय और गहरा हो जाता है, जब यह ज्ञात होता है कि मुहम्मद बिन तुग़लक़ ने स्वागत द्वार बनवाने वाले अहमद अयाज़ शहना को ख़्वाजा जहाँ की उपाधि देकर मंत्री के पद पर नियुक्त कर दिया था। उसने इस घटना में किसी को सज़ा दी न ही उसकी जाँच कराई।[130]

मुहम्मद तुग़लक़ उच्च शिक्षित सुल्तान था। वह अत्यन्त बुद्धिमान था। वह कवि भी था और अच्छे शेर कहता था। वह गणितज्ञ, खगोलविद् और महान दार्शनिक था। उसके गद्दी पर बैठने के उपलक्ष्य में आयोजित सम्मान समारोह में दिल्ली के प्रत्येक नागरिक ने भाग लिया। वह विरोधाभाषी आचरण वाला व्यक्ति था। एक ओर वह ग़रीब और लाचार लोगों में सोने-चाँदी के सिक्के लुटाता वहीं दूसरी ओर बात-बात पर हत्या का आदेश देता रहता था। बिना ख़ून बहाए वह अशरफ़ियाँ नहीं बाँटता था।[131]

जब मुहम्मद बिन तुग़लक़ गद्दी पर बैठा ख़ुसरो शाही सेना के साथ रास्ते में थे। ख़ुसरो दिल्ली पहुँचते ही तुगलक के दरबार में क़सीदा ले कर उपस्थित हो गए। उन्होंने ग़ियासुद्दीन तुग़लक़ के साथ हुई दुर्घटना पर तनिक भी शोक प्रकट नहीं किया। जबकि उनका समकालीन और आयु में छोटे इतिहासकार ज़ियाउद्दीन बरनी ने ग़ियासुद्दीन की मौत पर गहरी शोक संवेदना प्रकट करता है। ख़ुसरो के दिल्ली पहुँचने और तुग़लक़ के गद्दी पर बैठने से पूर्व ही शेख़ की मृत्यु हो चुकी

थी। ख़ुसरो के अधिकतर जीवनीकारों (शिब्लीनोमानी, सबाहुद्दीन अब्दुर्रहमान, वहीद मिर्ज़ा, मुहम्मद मुजीब, मुहम्मद हबीब और ज़ोए अंसारी इत्यादि) का कहना है कि जब ख़ुसरो बंगाल युद्ध अभियान से दिल्ली वापस आए और उन्हें शेख़ की मृत्यु की सूचना मिली तो उन्होंने काला कपड़ा पहन लिया और दुनिया से विरत होकर एक कोने में बैठ रहे। इस सूचना में सत्यता की कमी है।

प्रख्यात आलोचक और साहित्यकार प्रो. मुमताज़ हुसैन द्वारा अपनी पुस्तक 'अमीर ख़ुसरो देहलवी हयात और शाइरी' में इस घटना का विस्तृत विवरण प्रस्तुत किया गया है। उनके अनुसार ख़ुसरो की आख़िरी पुस्तक 'निहायत-उल-कमाल' में सम्मिलित मुहम्मद बिन तुग़लक़ की प्रशंसा में कहे गए दो क़सीदे इस बात के साक्ष्य के रूप में प्रस्तुत किये जा सकते हैं कि ख़ुसरो दुनिया से विरत नहीं हुए थे। यदि ख़ुसरो दुनिया से विरत हो गए होते, तो तुग़लक़ के दरबार की ओर अपना मुख नहीं करते। ए क़सीदे इस बात की गवाही देते हैं कि ख़ुसरो ने दिल्ली पहुँचने के उपरान्त भी तुग़लक़ के दरबार से अपना सम्बन्ध बनाए रखा। मुहम्मद तुग़लक़ से ख़ुसरो के सम्बन्ध कोई नये नहीं थे, अपितु जब वह युवराज घोषित हुआ उसी समय से दोनों में सम्बन्ध स्थापित हो गए थे। तुग़लक़ हज़रते शेख़ से भी गहरी श्रद्धा रखता था। ग़ियासुद्दीन तुग़लक़ की शेख़ से अप्रसन्नता के बावजूद भी मुहम्मद तुग़लक़ शेख़ के पास जाता रहता था। जब ग़ियासुद्दीन तुग़लक़ बंगाल अभियान से वापसी कर रहा था मुहम्मद तुग़लक़ ने शेख़ की मृत्यु पर उनके जनाज़े को कंधा भी दिया था और इससे पूर्व शेख़ ने किसी अवसर पर कहा था कि मैंने तुम्हें दिल्ली की सल्तनत बख़्शी।[132]

वास्तव में ख़ुसरो एक क्रियाशील और चंचल मन के व्यक्ति थे। उनका एक स्थिति में बने रहना असम्भव था। ऐसी स्थिति में उनसे दुनिया से विरत होने की इच्छा रखने की आशा करना व्यर्थ है। चाहे शेख़ से उनकी जितनी भी निष्ठा और लगाव क्यों न रहा हो, उन्होंने कभी अपनी इच्छा और प्रतिष्ठा और वैभव वाले जीवन का त्याग नहीं किया। हमेशा उनकी सांसारिकता उनके तसव्वुफ़ पर भारी रही। 74 वर्ष की आयु में भी ख़ुसरो की कविता का अध्ययन करने से पता चलता है कि उनमें पद-प्रतिष्ठा प्राप्त करने की कितनी ललक थी और जीवन का स्वाद उन्हें अत्यन्त प्रिय था।

इसमें शक व शंका का कोई आधार नहीं है कि शेख़ ख़ुसरो पर बहुत अधिक विश्वास करते थे। शेख़ के दरबार में 200 लोगों की भीड़ लगी रहती और ख़ुसरो चले आते तो प्राय: सभाओं में अपनी दृष्टि नीची रखने वाले शेख़ गर्दन उठाकर मुस्कुराते और उनको अपने पहलू में बैठने का इशारा करते, जो लोग भी आस-पास बैठे होते वह उनके लिए जगह ख़ाली कर देते। शेख़ पूछते क्या हाल है, फिर ख़ुसरो पूरे दिन के राजनीतिक घटनाक्रम और दिल्ली की गलियों में चल रहे रोचक

समाचारों के बारे में विस्तार से बताते। जब सुल्तानों के दरबार में शेख़ के विरुद्ध साजिशें की जा रही थीं, तब भी किसी ने ख़ुसरो की शेख़ से निकटता पर शक नहीं किया। सुल्तान एक साथ ख़ुसरो से अधिक प्यार और शेख़ से अत्यधिक घृणा कर सकते थे। शेख़ से ख़ुसरो की निकटता का मामला कभी दिल्ली के सुल्तानों के लिए कोई समस्या नहीं रहा। शेख़ की मृत्यु के बाद ख़ुसरो लगभग 8 माह तक जीवित रहे फिर भी उन्होंने शेख़ की जुदाई में कोई दर्दनाक मर्सिया नहीं लिखा। यह बात निश्चित रूप से हैरान करती है कि ख़ुसरो ने शेख़ के वियोग के ग़म में काला कपड़ा पहन लिया था और दुनिया से विरत हो गए थे, तो उन्हें शेख़ के वियोग में एक अदद मर्सिया भी अवश्य लिखनी चाहिए। परन्तु कहा जाता है कि ख़ुसरो ने शेख़ के मज़ार पर एक हिन्दवी दोहा पढ़ा—

गोरी सोवे सेज पर मुख पर डारे केश
चल ख़ुसरो घर आपने साँझ भई चहुँदेश॥

कभी शेख़ ने ख़ुसरो को मुख़ातिब करते हुए कहा भी था कि तुम मेरे बाद अधिक दिन ज़िन्दा नहीं रहोगे। ख़ुसरो पर इसका मानसिक प्रभाव (psycho effect) भी रहा होगा। 1325 में ही शेख़ के विसाल के 8 माह के अन्दर उसी तारीख़ को ख़ुसरो भी 'कलहयुक्त आकर्षक दुनिया'[133] (delightful but conflicting world) से कूच कर गए। उन्हें शेख़ की मज़ार के सामने ही दफ़न किया गया।

अमीर ख़ुसरो : नव संगीत के जनक

साहित्यसंगीतकलाविहीन: साक्षात्पशु: पुच्छविषाणहीन:[134]

—भर्तृहरि

अर्थात—जो मनुष्य साहित्य, संगीत तथा कलाओं को नहीं जानता, वह पूँछ और सींग रहित पशु ही है।

भर्तृहरि के काल का निर्धारण अत्यन्त जटिल है, परन्तु यह सच है कि वे एक लोकप्रिय राजा, सच्चे प्रेमी और एक उत्कृष्ट वैरागी थे। उन्होंने जीवन के इन तीनों आयामों को सफलतापूर्वक भोगा और अपने अनुभवों के आधार पर उनकी व्याख्या की। उनके द्वारा रचित नीति शतक, वैराग्य शतक और श्रृंगार शतक के श्लोक मानवता, ज्ञान और सौन्दर्य के भंडार के रूप में प्रतिष्ठित हैं। भर्तृहरि का उक्त श्लोक संगीत की स्पष्ट व्याख्या करते हुए उसे मनुष्य के जीवन का मूल आधार होने का स्पष्ट संकेत देता है। संगीत भौतिक आचरण है। राग और रंग मिलकर ही संगीत की उत्पत्ति करते हैं। यह एक प्रकार की ध्वनि है, जो मनुष्य के हृदय में जोश

और उमंग उत्पन्न करती है। इसका सीधा सम्बन्ध गणित से है। क्योंकि ध्वनियों की बिना गिनती किये उसमें से रंजकता उत्पन्न करना असम्भव है। इसलिए संगीत पर भौतिकी का जितना गहरा प्रभाव है, उतना ही प्रभाव गणित का भी है। पानी, हवा और अग्नि से विभिन्न प्रकार की संगीतमय ध्वनियाँ उत्पन्न होती हैं, जो संगीत का मूल आधार है। चिड़ियों का चहचहाना। जानवरों का हुंकारना, बच्चों का जन्म के समय रोना, इन सब क्रियाओं में संगीत का भौतिक आचरण पाया जाता है।

यहाँ एक बात ध्यान देने योग्य है कि चिड़ियों की चोंच में छिद्र होते हैं, जिससे संगीतमय आवाज़ें निकलती हैं। कुकनुस चिड़िया की चोंच में 360 छिद्र होना बताया गया है। कुकनुस यूनानी शब्द कौकनूस का संक्षिप्त रूप है। भारत की प्राचीन देवमाला में इस चिड़िये का विस्तृत वर्णन मिलता है, उसकी चोंच के प्रत्येक छिद्र से भिन्न-भिन्न राग लिकलते हैं। कहा जाता है कि जब वह मरने लगता है तो सूखी झाड़ी पर बैठकर दीपक राग छेड़ता है, जिससे झाड़ी में आग लग जाती है और वह उसी आग में वह झुलसकर दम तोड़ देता है। जब वर्षा होती है तो उस राख से स्वयं अंडे निकल आते हैं और फिर एक नया कुकनुस जन्म लेता है। चिड़ियों की चोंच से निकलने वाली इन ध्वनियों में केवल प्रसन्नता ही नहीं उदासी का भी चित्रण होता है। इसलिए यह बात कही जा सकती है कि संगीत का उद्‌भव भाव व्यंजक ध्वनि (interjectional cry) से हुआ है।[135]

अरबी का 'समाअ' और इब्रानी का 'समअ' सम् धातु से उत्पन्न हुआ है, जिसका अर्थ है सुनना, ये दोनों शब्द वैदिक काल के साम से मिलते-जुलते हैं। सामवेद में वृहद पैमाने पर गीतों की रचना इस ओर संकेत करती है कि वैदिक काल के साम, पवित्र सन्देष्टा (prophet) दाऊद (David) के ऊपर इब्रानी भाषा में अवतरित आसमानी गीतों की पवित्र पुस्तक 'ज़बूर' जिसे अंग्रेज़ी उच्चारण में Psalms कहते हैं, यह संस्कृत के साम का ही प्रर्याय है। वैदिक काल के संगीत से मेसोपोटैमिया, बेबिलोन, येरुशलम, ईरान, अरब और मिस्र आदि देशों के प्राचीन संगीत में बहुत अधिक समानताएँ हैं। केवल समाअ या साम शब्द में ही साम्य नहीं है, बल्कि इन सभ्यताओं के धार्मिक गान का प्रकार भी साम से मिलता-जुलता है। समाअ या साम की व्युत्पत्ति कुछ भी रही हो। संगीत के इतिहास के इस अध्याय का अध्ययन आवश्यक जान पड़ता है कि विभिन्न देशों की संगीत शैली में क्या समानताएँ थीं। यदि समानताएँ थीं, तो वह अवश्य ही आदान-प्रदान के द्वारा हुई होंगी।[136] संगीत पर सामवेद काल में बहुत कुछ लिखा गया है, एक प्रकार से देखा जाए तो सामवेद संगीत संहिता है। जैसा मीमांसा दर्शन कहता है—

सामवेदे सहस्रं गीत्युपाया:

अर्शात—सामवेद में संगीत के सहस्र उपाय या पद्धतियाँ हैं।

परन्तु संगीत को समझने के लिए अभी भी व्यापक विचार-विमर्श की आवश्यकता है। स्वरों की मधुर रचना जो लोक के मन को मोह ले, वह संगीत है। जैसा महान संगीतज्ञ पंडित सारंग देव कहते हैं।

गीत वाद्यं तथा नृत्यं त्रयं संगीतमुच्यते

अर्थात—गायन, वादन और नृत्य इन तीनों कलाओं के संयुक्त नाम को संगीत कहते हैं।

संगीत के लिए यूनानी शब्द मौसिकी (mousiki) लैटिन और पुर्तगाली में मुसिका (musica), फ्रांसीसी में मुसीक (musique), जर्मन में मुसिक (music), अंग्रेज़ी में म्यूज़िक (music) और इब्रानी, अरबी और फ़ारसी में मौसीकी (mausique) के शब्द यूनानी शब्द म्यूज (muse) से निकले हुए माने जाते हैं। यूनान के प्राचीन देवमालाई कहानियों में म्यूज (muse) काव्य और संगीत की देवी (The inspiring Goddess of song) के रूप में प्रतिष्ठित है। ये ज्यूस (zeus) और मिनमोजिन (Minemosync) की पुत्रियाँ हैं। इनकी संख्या 9 है। इनका जन्म माउंट ओलम्पस (mount olympus) पर हुआ था। भारतीय संगीत के इतिहास के लेखक ठाकुर जयदेव सिंह ने माना है कि ज्यूज (zuse) शब्द संस्कृत के द्यौस से निकला है, जिसका अर्थ स्वर्ग है। उनका कहना है कि zuse और muse की अवधारणा ब्रह्म और सरस्वती से मिलती-जुलती है। इन सब बातों का अध्ययन करने से पता चलता है कि केवल भारत ही नहीं अपितु पूरे विश्व में संगीत देवी-देवताओं का प्रेरक रहा है। पहले गीत फिर वाद्य का निर्माण हुआ। इसलिए गीत और वाद्य दोनों को एक साथ मिलाकर संगीत शब्द की उत्पत्ति हुई। संगीत शब्द 'सम' उपसर्ग और 'गै' या 'गो' धातु से बना है। 'सं' का 'सिं' हो गया है, और गै या गा धातु जिसका अर्थ है गाना। अरबी में यही गाना 'गिना' हो गाया, परन्तु ऐंग्लोसेक्शन में इसका रूपांतरण हुआ है 'सिंगन' (singan) जो आधुनिक अंग्रेज़ी में सिंग (sing) हो गया। वहीं भारत में संगीत के प्रेरक देव ब्रह्म को माना गया है।[137]

द्रुहिणेन यदंविष्टं प्रयुक्तं भरतेन च
महादेवस्य पुरतस्तंमर्गाख्यं विमुक्तिदम

अर्थात—ब्रह्म ने जिस संगीत को शोधकर निकाला, भरत मुनि ने महादेव के सामने जिसका प्रयोग किया तथा जो मुक्तिदायक है, वह 'मर्ग संगीत' कहलाता है।

आदि देवता नटराज शिव हमेशा अपने साथ डमरू रखते थे। 'रुद्रडमरूद्भवविवरण' के अनुसार षडज, ऋषभ, गांधार, मध्यम और पंचम इन पाँच स्वरों की उत्पत्ति शिव के डमरू से होना बताया जाता है। कहा जाता है कि नटराज ने नृत्य के बाद

जब डमरू बजाया तो उससे 14 माहेश्वर सूत्र निकले—

नृत्तावसाने नटराजराजो ननाद डक्कां नवपंचवारम्
उद्धर्तुकाम: सनकादिसिद्धानेतद्विमशे शिवसूत्रजालम्

नन्दिकेश्वरकारिका-1

अर्थात—नटराज शिव ने नृत्य के बाद जब डमरू बजाया तो उसमें से 14 सूत्र निकले। सनक आदि सिद्धान्तों के विमर्श करने पर शिव सूत्र समूह से आनन्द की प्राप्ति हुई।

नटराज शिव नाट्यवेद के आदि निर्माता माने जाते हैं। इसलिए संगीत का एक भिन्न शिवमत का भी अस्तित्व माना जाता है।[138] भिन्न-भिन्न वीणाओं के भिन्न भिन्न वादक होते हैं, जैसे—

शिवस्य वीणा अनालम्बी सरस्वत्यास्तु कच्छपी
नारदस्य तु महती गणानांतु प्रभावती
विश्वावसोस्तु बृहती तुंबुरोस्तु कलावती

अर्थात—शिव की वीणा का नाम अनालम्बी है, सरस्वती की वीणा का नाम कच्छपी, नारद की वीणा का नाम महती, गणों की वीणा का नाम प्रभावती, विश्वास्तु की वीणा बृहती और तुंबुरू की वीणा का नाम कलावती है।

हमने ऊपर उल्लेख किया है कि पवित्र सन्देष्टा (prophet) दाऊद (David) को ख़ुदा ने 'ज़बूर' (psalm) नामक पुस्तक प्रदान की, जिसमें केवल गीत ही गीत हैं। जबूर को इब्रानी भाषा में जिम्रा (Zimra) कहते हैं, जिसका शाब्दिक अर्थ ही गीत है। दाऊद की आवाज़ बहुत मीठी और आकर्षक थी। जब वे अपनी बरबत (harp) पर उन गीतों को अपनी सुरीली आवाज़ में गाते, तो मनुष्य के अतिरिक्त पशु-पक्षी भी मोहित और विवश हो जाते थे। परन्तु कुछ लोग मानते हैं कि संगीत का आविष्कार यूनानी गणितज्ञ और संगीतकार पाइथागोरस (pythagoras) ने किया। कहा जाता है कि पाइथागोरस ने एक दिन आकाशवाणी सुनी, जिसमें कहा जा रहा था कि उठ, नदी के किनारे जा और एक आश्चर्यजनक ज्ञान प्राप्त कर। पाइथागोरस निरन्तर तीन दिन उधर जाता रहा, परन्तु उसे वहाँ ऐसा कुछ भी नहीं दिखाई दिया, जिसके बारे में आकाशवाणी में निर्देश हुआ था। वह बहुत उदास हो गया। एक दिन जब वह निराश होकर घर वापस आ रहा था, उसने कुछ लोहारों को देखा जो अपनी निहाई पर अपने हथौड़े से चोटें लगा रहे थे। पाइथागोरस को यह ध्वनियाँ बहुत नपी-तुली और संगीतमय प्रतीत हुईं। फिर उसने गणितीय सिद्धान्त 1,2,3,4=10 के आधार पर एक लोहे का वाद्य बनाया। उसके उपरान्त ही नव संगीत का आविष्कार हुआ। वह कहा करता था कि उसे आकाश की क्रियाओं

से मनमोहक ध्वनियाँ और गीत सुनाई देते हैं, जो उसकी आत्मा और विचारों को गहराई से प्रभावित करते हैं।[139]

मध्यकाल 800-1800 को भारतीय संगीत के इतिहास में स्वर्ण युग के रूप में देखा जाता है। इस काल में संगीत के विकास के लिए भक्ति आन्दोलन और मुस्लिम सूफ़िया दोनों ने अतुलनीय योगदान दिया। सूफ़िया की महफ़िले समाअ का योगदान अधिक महत्त्वपूर्ण प्रतीत होता है, जिस पर पीछे विस्तृत चर्चा की जा चुकी है। केवल सूफ़िया ही नहीं मुस्लिम शासकों ने अपने दरबारों में संगीतकारों, गायकों और नृत्यांगनाओं को संरक्षण, सम्मान और प्रतिष्ठा देकर संगीत और कला का पोषण किया, जिसके बाद इस काल में लोगों का रुझान संगीत की ओर तेज़ी से बढ़ा। इस काल में संगीत पर महत्त्वपूर्ण साहित्यिक ग्रंथ लिखे गए। जयदेव ने ग्यारहवीं शताब्दी में गीत गोविंद नामक ग्रंथ लिखा। पंडित शारंगदेव का संगीत रत्नाकर, पंडित हरीपाल का संगीत सुधारस, हरि वल्लभ देव का संगीत दर्पण, इसी काल में संगीतकार गंगा राम सेतु ने शारंगदेव की पुस्तक संगीत रत्नाकर की टीका लिखी, राजा मान सिंह तोमर की मान कुतूहल, तानसेन की राग माला, पंडित सोमनाथ की राग विबोध, देव कवि की राग रत्नाकर, पंडित अहोबल की संगीत पारिजात, कर्नाटकी संगीतकार व्यंकटमुखी की चतुर्दंडिप्रकाशिका, सैफ़ ख़ाँ फ़क़ीरुल्लाह की राग दर्पण। यह महत्त्वपूर्ण ग्रंथ मान कुतूहल का स्वतंत्र फ़ारसी अनुवाद है। सैफ ख़ाँ ने इसमें कुछ अध्याय अलग से जोड़ा है और कुछ महत्त्वपूर्ण टीकाएँ भी की हैं, जिससे राग दर्पण अनुवाद से अधिक नवीन रचना प्रतीत होती है। अब्दुल हमीद लाहौरी का बादशाहनामा, औरंगजेब काल की एक महत्त्वपूर्ण पुस्तक मिर्ज़ा मुहम्मद बिन फ़ख़रुद्दीन की तोहफतुल हिन्द है, जिसे मिर्ज़ा मुहम्मद ने शहंशाह औरंगजेब के पुत्र राजकुमार जहाँदार शाह के अनुरोध पर लिखी थी। मुहम्मद रज़ा की नग्माते आसिफी, राजा नवाब अली की मआरिफुल नग़मात, शेख़ बहाउद्दीन बाजन ने ख़ज़ाइने रहमतुल्लाह नामक ग्रंथ लिखा। महाराजा सवाई प्रताप सिंह का संगीत सार, इसी काल में वाजिद अली शाह का सूत उल मुबारक संगीत में बहुत महत्त्वपूर्ण ग्रंथ है, और मुहम्मद करम इमाम ख़ाँ की माअदनुल मौसिकी की रचना हुई। 19वीं शताब्दी के प्रारम्भ में पंडित भातखंडे ने कई खंडों में भारतीय संगीत पद्धति का संकलन किया।

सल्तनत काल में संगीत के विकास में अमीर ख़ुसरो का उल्लेखनीय योगदान है। वे जितना अच्छे संगीतकार थे। उससे भी अच्छे गायक थे। उनकी आवाज़ बहुत लचकदार थी। जब वे किसी भी सभा में अपने बनाए हुए सुर ताल के साथ लहक-लहक कर अपनी ग़ज़लें पढ़ते, तो सुनने वाले दिल थामकर बैठ जाते। उन्होंने नये राग गाने के लिए आवश्यकतानुसार नये वाद्यों का आविष्कार किया। उनका संगीत प्रेम उनकी हिन्दवी कविता की देन है। बल्कि यह कहना अधिक

सार्थक होगा, कि उनकी हिन्दवी कविता और उनका संगीत एक दूसरे के पूरक हैं। दोनों को एक-दूसरे से अलग कर के नहीं देखा जा सकता। अमीर ख़ुसरो फ़ारसी के साथ संस्कृत के भी ज्ञाता थे। वे बहुत अच्छी संस्कृत तो नहीं जानते परन्तु उसे पढ़ और समझ लेते थे। भारतीय संगीत में उनके योगदान को उनके संस्कृत ज्ञान के साथ भी जोड़कर देखा जाना चाहिए।

अमीर ख़ुसरो ने अपने देशप्रेम का व्यापक प्रदर्शन किया है। उन्होंने एक मसनवी 'नुह सिपहर' लिखकर भारत को विदेशों के मुक़ाबले उत्कृष्ट सिद्ध किया है। नुह सिपहर का अर्थ है नौ आसमान। ख़ुसरो ने विशेष रूप से तीसरे और सातवें आसमान में भारत के प्राकृतिक सौन्दर्य, मानवीय चेतना, साहित्य, कविता, लोक संगीत, फलों और फूलों का आकर्षक और व्यापक वर्णन किया है। उन्होंने भारतीय लोक संगीत को ईरान, खुरासान, तुर्की, बुख़ारा और नेशापुर के संगीत से उत्कृष्ट बताया है। भारतीय संगीत क्यों अच्छा है? इसको सिद्ध करने के लिए वे कई प्रकार की दलीलें प्रस्तुत करते हैं—

हुज्जत हस्त आं कि सरोद खुश मा
कोस्त ब सोज़े दिल व जां आतिशे मा
हर हमा दानिस्ता कि दर जुम्ला जहाँ
नीस्त बरीं गुना व ईं नीस्त निहाँ

अर्थात—आठवीं दलील यह है कि हमारा संगीत हृदय की ऊष्मा और आत्मा की अग्नि से निकला है। यह आशिकों के हृदय में प्रेमिका के लिए अग्नि प्रज्वलित कर देता है। यही कारण है कि संगीत का जो विकास हिन्दुस्तान में हुआ वह अन्य किसी देश में कहीं नहीं हुआ।

हुज्जत न आनस्त कि अजनग़म ए तर
तीरे खूरद आहुए सेहरा ब जिगर

अर्थात—यह हमारे संगीत का ही प्रभाव है कि यदि उसे जंगल में सुना दिया जाए, तो हिरणियाँ सुनकर मृतप्राय हो जाती हैं। फिर शिकारी उन्हें शिकार कर लेते हैं।

लोक संगीत हो या शास्त्रीय संगीत, राग के निर्माण में ग्रह, अंश और न्यास तीनों स्वरों का होना आवश्यक बताया गया है। इससे यह सिद्ध होता है कि रागों का प्रारम्भ नियमित स्वर से ही किया जाना चाहिए और नियमित स्वर पर ही समाप्त किया जाना चाहिए। जिस स्वर में राग प्रारम्भ किया जाता है, उसे ग्रह कहते हैं। परन्तु जिस स्वर का प्रयोग सबसे अधिक हो उसे अंश कहा जाता है। जबकि राग की समाप्ति के स्वर को न्यास कहा जाता है। स्वर शब्द की कोई निश्चित परिभाषा नहीं दी गई

है। प्राचीन संगीत में इसे परिभाषित करने के लिए एक युक्ति प्रयोग होती थी—

स्वयं राजते इति स्वरः

अर्थात—जो स्वयं में प्रकाशमान हो वह स्वर है।

परन्तु स्वर उस ध्वनि को भी कहा जा सकता है। जो निश्चित लय और ताल के साथ निकले। अनिश्चित और बिना सुर-ताल की ध्वनियों को नाद कहा जा सकता है, स्वर नहीं। सुनाई देने वाली वह ध्वनि जो स्निग्धत्व और रंजकत्व उत्पन्न करे वह स्वर है। संगीत रत्नाकर में सारंग देव ने एक श्लोक के द्वारा इसे यूँ परिभाषित किया है—

श्रुत्यनंतरभावी यः स्निग्धोऽनुरणनात्मकः
स्वतो रंजयति श्रोतृचित्तं स स्वर उच्यते

अर्थात—श्रुति स्थान पर प्रहार से जो ध्वनि उत्पन्न होती है, उससे झंकार रूप, स्निग्ध और मधुर ध्वनि सुनाई देती है, वह स्वर है।

इसे 7 भागों में बाँटा गया है। षड्ज, ऋषभ, गांधार, मध्यम, पंचम, धैवत और निषाद। ये नाम वैदिक काल से प्रयोग होते चले आ रहे हैं। गाने और बजाने की प्रक्रिया में इन्हें सा, रे, ग, म, प, ध, नी कहते हैं। संगीत शास्त्रों में स्वर को भी चार भागों में विभक्त किया गया है। वादी, संवादी, विवादी और अनुवादी[140]—

वादी स्वर—कोई भी स्वर जब अंश होता है तो वादी होता है, जिसका बहुलता से प्रयोग होता है, जो तारमंद्रादि व्यवस्था को बतलाता है, वह वादी है।

तत्र यो यदंशः स तदा वादी

अर्थात—जो स्वर जहाँ अंश होता है, वहाँ वह वादी होता है। जो स्वर बोलता-बजता रहता है, जो स्फुट रूप से भासमान होता है।

संवादी स्वर—नाट्यशास्त्र में भरतमुनि ने संवादी को इस श्लोक से परिभाषित किया है—

संवादो मध्यमग्रामे पंचमस्यर्षभस्य च
षड्जग्रामे तु षड्जस्य संवादः पंचमस्य च

अर्थात—जिन दो स्वरों में 9 और 13 श्रुतियों का अन्तर होता है, वे परस्पर संवादी होते हैं। जिन स्वरों की समान श्रुतियाँ हैं वह संवादी हैं।

भारतीय संगीत शास्त्र में संवादी स्वर सिद्धान्त को संगीत की आधारशिला कहा गया है। संवाद के आधार पर ही ग्रामों (scales) का निर्धारण हुआ है। यद्यपि कुछ एक संगीत के विद्वानों ने ग्राम का अनुवाद (tone system) किया है, (scale)

नहीं, वे कहते हैं कि ग्राम को (scale) कहना अनुचित है। उनके अनुसार मूर्च्छना को (scale) कहा जा सकता है।[141] षड्जग्राम में निम्न स्वर संवादी हैं—

षड्ज—पंचम (13 श्रुतियों का अन्तर)
ऋषभ—धैवत (13 श्रुतियों का अन्तर)
गान्धार—निषाद (13 श्रुतियों का अन्तर)
षड्ज—मध्यम (9 श्रुतियों का अन्तर)

षड्जग्राम में प्रत्येक स्वर का संवादी विद्यमान है और षड्ज के मध्यम और पंचम दो संवादी स्वर विद्यमान हैं। मध्यमग्राम में संवादी स्वरों की स्थिति निम्न प्रकार होगी—

षड्ज—मध्यम (9 श्रुतियों का अन्तर)
ऋषभ—पंचम (9 श्रुतियों का अन्तर)
ऋषभ—धैवत (9 श्रुतियों का अन्तर)
गांधार—निषाद (9 श्रुतियों का अन्तर)

मध्यम में भी प्रत्येक स्वर का एक संवादी मौजूद है। इसमें अलग-अलग संगीतशास्त्रियों के अलग-अलग मत हैं। संवादी शब्द अंवर्थसंज्ञा है, अर्थात 'समानं वदति इति संवादी' जिन स्वरों की समान श्रुतियाँ हैं, वह संवादी हैं। जैसे षड्ज और पंचम परस्पर संवादी हैं। वादी स्वर का अनुसरण करने के कारण इसे राग रूप में महत्त्वपूर्ण स्थान प्राप्त है। वादी स्वर के मुक़ाबले में इसका उपयोग बहुत कम होता है, परन्तु वादी स्वर को साथ लेकर राग के स्वरूप को यह बाँधने का कार्य करता है। राग को छाया दिखाने वाले सहायक स्वरों में संवादी स्वर का मुख्य स्थान है।[142]

विवादी स्वर— वह है जिसमें दो श्रुतियों का अन्तर हो, जैसे—ऋषभ-गांधार और धैवत-निषाद। भारतीय संगीत में विवादी स्वर का प्रयोग बहुत ही कम होता है। विवादी स्वर के प्रयोग से राग का स्वरूप बदल जाता है। राग में जो स्वर वर्जित होता है, उसे ही विवादी स्वर कहते हैं। इस स्वर को और अधिक स्पष्ट करते हुए कहा गया है कि जिस प्रकार गोरे मुख पर काला तिल शोभायमान होता है, उसी प्रकार कुशल गायकों द्वारा कभी-कभी थोड़ा-सा भी विवादी स्वर प्रयोग करने से राग की शोभा बढ़ जाती है।

सुप्रमाणयुतो रागे विवादी रक्तिवर्धक:
यथेषत्कृष्णवर्णेन शुभ्रस्याति विचित्रता

अर्थात—कुशलतापूर्वक राग में विवादी स्वर का प्रयोग कर दिया जाए तो उसमें रंजकता बढ़ जाती है। इसीलिए इस प्रयोग को क्षम्य माना जाता है।

अनुवादी— वह है जो विवादी से भी कम प्रयोग हो। रागशास्त्र में अनुवादी का

कोई अधिक महत्त्व नहीं होता है। राग को पूरा करने के लिए विवादी और अनुवादी स्वर की आवश्यकता होती है। वादी, संवादी, विवादी और अनुवादी की विभिन्न स्थितियों को नाट्यशास्त्र में बहुत आसान तरीक़े से समझाया गया है। संगीत में वादी स्वर स्वामी या राजा के समान होता है, संवादी स्वर राग समूह में मंत्री की हैसियत रखता है। विवादी स्वर को अरि अर्थात शत्रु कहा गया है, और अनुवादी स्वर राग समूह में प्रजा जैसे है। प्रत्येक काल और समय में स्वरों की संख्या और उसके उतार-चढ़ाव में अन्तर आता रहता है। इसलिए कभी स्वर स्थायी नहीं होते हैं। स्वर स्थायी नहीं होते हैं इसलिए राग भी स्थायी नहीं होते हैं। रागों की संख्या भी घटती-बढ़ती रहती है।

सप्तक के 12 स्वरों सा, रे, रे, ग, ग, म, प, ध, ध, नी, नी, सं में से 7 स्वरों सा, रे, ग, म, प, ध, नी के समुदाय को थाट कहते हैं। उत्तर भारतीय संगीत में थाटों की संख्या 10 निर्धारित की गई है। इन्हीं थाटों से रागों की उत्पत्ति होती है। थाट को 'मेल' भी कहा जाता है। बिलावल, कल्याण, खमाज, काफी, भैरव, आसावरी, भैरवी, पूर्वी, मारवा और तोड़ी यह थाट 7 स्वरों सा, रे, ग, म, प, ध और नी पर आधारित हैं, जो क्रमानुसार होता है। थाट में आरोह और अवरोह दोनों का होना आवश्यक नहीं है। परन्तु थाट की पहचान आरोह से होती है। थाट गाया नहीं जाता, इसलिए इसमें राग की तरह रंजकता का होना आवश्यक नहीं है। स्वरों के समूह को राग कहते हैं।[143] जैसे संगीत रत्नाकर में कहा गया है—

पोऽयं ध्वनिविशेषस्तु स्वर-वर्ण विभूषितः
रंजको जन चित्तानां स रागः कथितो बुधैः

अर्थात—राग ध्वनि की एक विशिष्ट रचना का नाम है। इससे स्वर और वर्ण द्वारा सौन्दर्य की प्राप्ति होती है। स्वरों और वर्णों के द्वारा प्राप्त होने वाले सौन्दर्य से मनुष्य के मन और चित्त को प्रसन्नता और ख़ुशी प्राप्त हो, तो राग का उद्देश्य पूरा हो जाता है।

रसात्मकाः रागः अर्थात राग से ही विभिन्न रसों की अनुभूति होती है। प्रत्येक राग में कम-से-कम 5 स्वरों का होना आवश्यक बताया गया है। 5 स्वरों से कम का राग नहीं हो सकता। 6 और 7 स्वरों के राग भी होते हैं। रागों में प्रयुक्त होने वाले स्वरों के आधार पर रागों को तीन भागों में विभक्त किया गया है। औडव, षाडव और सम्पूर्ण जिस राग में 5 स्वरों का प्रयोग होता है, उसे औडव और 6 स्वरों वाले राग को षाडव और जिस राग में 7 स्वरों का प्रयोग हो उसे सम्पूर्ण राग कहा जाता है। किसी भी राग में षड्ज का प्रयोग वर्जित नहीं है। राग में मध्यम और पंचम स्वरों में से एक स्वर अवश्य होना चाहिए। ये दोनों एक साथ प्रयोग नहीं होते हैं। रागों में आरोह और अवरोह वर्णों का होना भी आवश्यक है। वादी

और संवादी स्वर तो अवश्य ही होने चाहिए।[144]

कुछ राग ऐसे भी होते हैं जिनके आरोह और अवरोह में लगने वाले स्वरों की संख्या समान नहीं रहती है। उस दशा में 6 उपजातियाँ बनाई गई हैं, जिसे रागिनी कहा गया है। इन उपजातियों का विभाजन निम्न प्रकार से किया गया है—

औडव—जिस राग के आरोह तथा अवरोह दोनों में 5 स्वरों का प्रयोग हो।

औडव-षाडव—जिस राग के आरोह में 5 स्वरों तथा अवरोह में 6 स्वरों का प्रयोग हो।

औडव सम्पूर्ण—जिस राग के आरोह में 5 स्वरों तथा अवरोह में 7 स्वरों का प्रयोग हो।

षाड्व—जिस राग के आरोह तथा अवरोह दोनों में 6 स्वरों का प्रयोग हो।

षाड्व औडव—जिस राग के आरोह में 6 स्वरों तथा अवरोह में 5 स्वरों का प्रयोग हो।

षाड्व सम्पूर्ण—जिस राग के आरोह में 6 स्वरों तथा अवरोह में 7 स्वरों का प्रयोग हो।

सम्पूर्ण—जिस राग के आरोह तथा अवरोह दोनों में 7 स्वरों का प्रयोग हो।

सम्पूर्ण औडव—जिस राग के आरोह में 7 स्वरों तथा अवरोह में 5 स्वरों का प्रयोग हो।

सम्पूर्ण षाड्व—जिस राग के आरोह में 7 स्वरों तथा अवरोह में 6 स्वरों का प्रयोग हो।

प्रत्येक समय काल में रागों की संख्या 150 से 200 के बीच रहती है। ये राग बनते-बिगड़ते रहते हैं। कभी कुछ राग चलन में होते हैं, कुछ परिस्थितियों के अनुसार खो जाते हैं। रागों के नामों की अवधारणा भी भिन्न-भिन्न प्रकार से की जाती है। कभी उनके नाम अलग होते हैं। कभी मिले होते हैं। कभी-कभी रागों के नाम गायकों और संगीतकारों के नाम से भी प्रचलित हो जाते हैं। यह इसलिए होता है कि किसी राग में कोई कलाकार कुछ नये स्वर सम्मिलित करके गाने लगता है, तो वह राग उसके नाम से प्रचलित हो जाता है। प्रसिद्ध मल्हार राग कई व्यक्तियों और उस्तादों के नाम से प्रचलित है। जैसे—मियाँ का मल्हार, रामदासी मल्हार, मीराबाई की मल्हार या मियाँ की सारण या हुसैनी तोड़ी, हुसैनी कांडा, बहादुरी तोड़ी, विलासखानी तोड़ी और मियाँ की तोड़ी इत्यादि।

भारतीय लोक संगीत में अमीर ख़ुसरो ने ईरानी तुर्की रागों के मिश्रण से एक दर्जन से अधिक रागों और धुनों का आविष्कार किया। उन्होंने मजीर, साजगरी, ऐमन, उश्शाक, मवाफ़िक़, ग़नम, ज़ीलफ और फरगाना जैसे राग तैयार किये। उन्होंने ख़याल, कौल, कलबाना, नक़्श व गुल, सोहला, मंढा, तराना और तरवट जैसी रागिनियाँ भी बनाईं। इन राग और रागिनियों में अत्यन्त लचक और मुलायमीयत

है। इनमें गाए गए हिन्दवी गीत, ग़ज़ल और क़व्वालियों के बोल दिल की गहराइयों में उतर जाते हैं। अमीर ख़ुसरो के आविष्कारों का सबसे महत्त्वपूर्ण और सटीक स्रोत सैफ़ ख़ाँ फ़क़ीरुल्लाह की 1665 में प्रकाशित पुस्तक 'राग दर्पण' है। संगीत के क्षेत्र में अमीर ख़ुसरो के योगदान पर काम करने वाले अधिकतर लेखकों और आलोचकों ने राग दर्पण को ही अपना आधार बनाया है। यहाँ उस पुस्तक से एक उद्धरण प्रस्तुत करना अनुचित न होगा, जिसमें अमीर ख़ुसरो के रागों पर सैफ़ ख़ाँ ने अपने विचार प्रकट किये हैं[145]—

- अमीर अलैहरहमा ने समस्त रागों में से 12 रागों को चुनकर उनके नाम इस क्रमानुसार रखे। बेरारी में मालसरी और जुगाह, हुसैनी को मिश्रण करके मवाफ़िक़ नाम रखा और उसको वलवाली भी कहते हैं। टोड़ी में पंजगाह और मजीर को जो उसका भाग है, इकट्‌ठा करके मजीर नाम रखा, पूरबी का नाम ग़नम रखा, और फ़ारसी स्थानों में से शहनाज सम्मिलित करके खटराग को जीलफ का नाम दिया। फ़ारसी में खटराग को ग़ज़ाल कहते हैं। फ़ारसी, मारग और देसी में खटराग एक ही है, और उसमें अन्तर नहीं। सिवाय खटराग के और कोई राग ऐसा नहीं है, जो फ़ारसी और हिन्दी संगीत में एक हो। कुछ ऐसे राग हैं कि जिनके देसी और मार्ग सूरतों में कोई अन्तर नहीं हैं। प्रथम 6 राग और दूसरे कल्याण, दसकार, देसाख, गूजरी, गोंड, सोरठी, सिंधु, मदामात, सावन्त, तरुण, भोला, जय जयवंती, मंगल भैरवी, मारा बंगाल सम्भवतः कुछ और भी हों।
- गौरा का नाम फरगाना रखा और यद्यपि फरगाना को जो फ़ारसी स्थान है, सारंग में सम्मिलित किया, और नवा और बसन्त को मिश्रित करके उसको उश्शाक उपाधि दी। गोंड में बलावल और सारंग और फ़ारसी स्थानों में से रास्त को संबद्ध करके सहपुर्दा नाम रखा, जैसा स्वयं किरानुस्सादैन में कहते हैं।

गाह तरन्नुम ब निवाए कि ख़्वास्त
जानिब सरपुर्दा शुद अज़ राह रास्त

अर्थात—जब स्वर में लय और सुर उत्पन्न करने की इच्छा जागृत हुई तो मैंने सीधे सरपुर्दा की ओर देखा।

कांहणे में कुछ राग एक दूसरे में मिश्रित किया। जैसा कि ऊपर वास्तविक प्रति में लिखा जा चुका है। उसमें भी एक ताल मिश्रित करके फरोदस्त नाम रखा। ऐमन में रेज मिश्रित करके उसका नाम यमन रखा। पूरबी, बहबास, गोर्रा, गुणकली और फ़ारसी स्थानों में से इराक को उनमें सम्मिलित करके

साज़गरी नाम रखा। जैसा कि स्वयं किरानुस्सादैन में कहते हैं—

जमजमा ए साज़गरी दर इराक़
कर्दा ब आहंग इराक इत्तफ़ाक़

अर्थात—इराक़ में साज़गरी का जो बोलबाला है, उस इराक़ी आहंग से हमारा भी सम्बन्ध है।

> देसकार में बाखरज, जो फ़ारसी स्थानों में से एक है, मिलाकर बाखरज उपाधि दी। कल्याण में रेज मिलाकर सनम उपाधि दी। ये छुपा न रहे कि साजगरी, बाखरज, उश्शाक और मवाफ़िक़ उन चारों रागों में उसने बहुत कार्य किया। तब जाकर अन्य राग और स्थान को उस प्रकार मिश्रित किया। अन्य रागों में कोई अन्य कार्य नहीं किया। सिवाय उसके कि किसी स्थान को मिला दिया और उसका नया नाम रख दिया। अमीर के बाक़ी रागों में से ऐमन बसंत है। ऐमन और बसंत को इकट्ठा कर दिया।

आज भी लोक संगीत के उस्ताद शेष राग तो नहीं परन्तु ख़याल में अपनी ठुमरी और दादरा अत्यन्त आकर्षक शैली में प्रस्तुत करते हैं। अमीर ख़ुसरो के राग रागिनियों की रचना में उनकी भाषायी कुशलता उल्लेखनीय है।[146]

राग मजीर

हज़रत निज़ामुद्दीन औलिया मशायख़ नूर
आन पड़े दरबार तिहारे, ख़ुसरो पर किरपा करो

राग साज़गरी

चंगे काम हुए आसान। तत चैन पर बैठे ही। दरबार हुए अपन आराम
मूरख बावरे। जब करतार की मेहर इनायत हो। तब गुनी ने साँची तान

राग उश्शाक

साँची धूरन साँची मूरन, साँची राग साँची तान
जो कोई गावे ताल सरन में वाको गुनी मान
ताल सुरन भेद जाने काल अकाली पहचाने
जो आप को जानो ख़ुसरो वाको बड़ो ज्ञान

राग ग़नम

अरज सुनो मोरी आज पीर मोरे

चरन छुए की लाज राखो मोरे प्यारे,
तुम्हीं तो बँधाव धीरज मोरे

राग ज़ीलफ़—तराना

दिर दिर तूम दिर दिर तूम ना दे रे ना ता
ना दारे दानी ता आनूम ताना ने ते...
नाना ते वारे दानी

राग ज़ीलफ़—ख़याल

सब घर आनन्द बधावा लारी लेना
फूलन दे सेहरा, सब जग में भयो उजियारा
जब हज़रत जनम पायो सब जंगल गायो

यह तराना है परन्तु इसमें ख़याल मिला दीजिए तो ऐसे हो जाता है—

सब घर आनन्द बधावा लारी लेना
फूलन दे सेहरा सब जग में भयो उजियारा
जब हज़रत जनम पायो सब जंगल गायो

मवाफ़िक़ राग में ख़ुसरो के एक गीत के बोल इस प्रकार हैं—

बन के पंछी भये बावरे,
ऐसी बीन बजाई साँवरे
तार तार की ताव निराली
झूम रहे सब बन की डाली
पनघट के पनिहारी डाढ़ी
भूल गए ख़ुसरो पनिया भरन को

राग फ़रग़ाना

जय जय निज़ामुद्दीन जग तारन,
तापर मैं प्राण कर वारन
ख़ुसरो के परभु, अहमद के पूत,
तनमन और धन करूँ निसारन

राग सरपुर्दा—ख़याल

सुल्तान जी साहब निज़ामुद्दीन औलिया तो है

बल बल जाऊँ, मोहे पीर तो सूं दिया चरनन तेरे
गुने ख़ुसरो पाया मैंने अपना ऐसो पीर
मोरे तुम निज़ामुद्दीन औलिया

राग बागरू—ख़याल

दिल मन दिल मन दिल मन ईं आवारा, दिल मन
पारा पारा दिल मन ईं बेचारा दिल मन
दिल मन दिल मन दिल मन ईं दिवाना दिल मन आशिक़
जानां दिल मन ईं परवाना दिल मन
ख़ुसरो दर इश्क़ ख़राब, हम चू माही दर सराब हुए
दिल मन ब शिताब, ईं दिवाना दिल मन

राग सनम—ख़याल

अँधेरी घटा काली हुस्न चिराग़ इलाज दिल मा ख़ुसरो कुंज बाग़

ख़याल-2

निज़ामुद्दीन पीर औलिया निजामुद्दीन शान औलिया
आन पड़े चरनन में किरपा करो भर किबरिया

राग जंगोला—ख़याल

मन शमा जां बुदाजम तू सुब्ह दिल कुशाई
सूजम गरत द बीनम मीरम चू रूख नुमाई

राग जंगोला—ध्रुपद

भूप सकीरी मिल काहे, को करत तत इतनी चोरा चाटी रे
सत सखी मिल मंगल गावें चूक परायो जापो रे

क़ौल, क़व्वाली और तराना—क़ौल से क़व्वाली बनी है, और क़ौल गाने वाले क़व्वाल कहलाते हैं। किसी बड़े सूफ़ी के क़ौल अर्थात किसी महत्त्वपूर्ण 'उक्ति' से क़व्वाली के बोल का प्रारम्भ होता है, इसलिए इसे 'क़ौल' कहा गया। क़व्वाली 5-6 लोगों की एक टीम मिलकर गाती है। क़व्वाली को पहचान दिलाने, इसमें राग-रंग भरने और इसे लोक संगीत के अनुरूप ढालने में अमीर ख़ुसरो ने बड़ा योगदान दिया। उन्होंने विशेष रूप से शेख़ निज़ामुद्दीन औलिया की महफ़िले समाअ के लिए क़व्वालियाँ लिखीं, जिसे सामत क़व्वाल द्वारा ख़ानक़ाह में गाया गया। क़व्वाली गायन में भी काल की परिस्थितियों के अनुरूप बदलाव होते रहे

हैं, परन्तु प्रारम्भ से ही उसका स्वभाव सूफ़ियाना था, और अब भी है। क़व्वाली अधिकतर सूफ़ियाना स्वभाव, सूफ़ी हृदय वाले अलौकिक आशिक़ों के मन को अधिक भाती है। क़व्वाली में धार्मिक एकता, देशप्रेम और भाई-चारे का स्पष्ट सन्देश देखा जा सकता है। इसका एक कारण यह है कि क़व्वाली ख़ानक़ाहों में पली-बढ़ी, जहाँ धार्मिक संकीर्णता और कट्टरता के लिए कोई स्थान नहीं होता। यही कारण है कि क़व्वाली की महफ़िलों में भिन्न मतावलम्बियों के दर्शक भाग लेते हैं। वे प्रेम और शान्ति के लिए क़व्वाली की महफ़िलों में आते हैं। सच कहा जाए तो क़व्वाली संयुक्त संस्कृति की पहचान बनकर उभरी है। आज से 700 वर्ष पूर्व जब अमीर ख़ुसरो ने क़व्वाली का आविष्कार किया तो उस समय भी उनका उद्देश्य लोकजन को शान्ति प्रेम और सद्भावना का सन्देश देना था, जिसके सबसे बड़े स्तम्भ शेख़ निज़ामुद्दीन औलिया थे।

अमीर ख़ुसरो ने क़व्वाली में 'तराना' के बोल को सम्मिलित करके उसे अधिक मनमोहक बना दिया।

मन कुंतो मौला फ़अल्ली मौला
दर दिल दर दिल दरदानी
दरतूम तानानानाना, तानानानानारे
ताना ना ना नारे
दरतूम तानानानाना, तानानानानारे
यलाली यलाली यला यला
अल्लाह मन कुंतो मौला

या फिर इस प्रकार—

मन कुंतो मौला फ़अल्ली मौला
अला ली अलाली अल्लली अल्लाह
या लल्ली अलाली अलाली या लली

तराना उस कविता को कहते हैं, जिसमें राग-रंग हो और दिल को छू लेने वाले नाज़ुक विचार व्यक्त किये गए हों। इसमें गूढ़ और दार्शनिक विचारों के प्रदर्शन के लिए कोई स्थान नहीं होता। तराना बच्चों, महिलाओं और नाज़ुक स्वभाव वाले पुरुषों को अधिक रुचिकर प्रतीत होता है। बाद में यह शैली इतनी लोकप्रिय हो गई कि सूफ़ियों की महफ़िले समाअ का विषय बन गई। तराना लोक-संगीत के इतिहास में दिलचस्प और मनमोहक शैली बनकर उभरा, यही इसकी लोकप्रियता का वास्तविक भेद है। शाहजहाँ काल में एक इतिहासकार अब्दुल हमीद लाहौरी ने लोक संगीत के वर्णन के साथ कौल तराना और क़व्वालियों के अमीर ख़ुसरो के

आविष्कार होने पर अपनी राय यूँ व्यक्त करता है[147]—

> यद्यपि हिन्दुस्तान की मिट्टी में प्राचीन गायकों ने बहुमूल्य रचनाएँ की हैं। जिनमें गीत, छंद, ध्रुपद और स्तोत्र कहते हैं। परन्तु ये अद्भुत और अनुपम गीत कर्नाटकी भाषा में थे, इसलिए अमीर ख़ुसरो ने जो हज़ारा वंश से सम्बन्ध रखते थे, और शेख़ निज़ामुद्दीन बदायूँनी देहलवी के शिष्यों में से थे, उन्हें चार प्रकार से गाया। प्रथम क़ौल है, जो गीत के रूप में अरबी-फ़ारसी कविताओं और गद्य पर आधारित होता है। उसका आधार एक ताल, दो ताल या तीन ताल और चार ताल पर है। द्वितीय रूप फ़ारसी है, जिसमें फ़ारसी छंद एक ताल पर आधारित तराने के साथ उपलब्ध किये गए हैं। तृतीय रूप तराना है, जो बिना छंद के है, और उसका आधार एक ताल पर रखा गया है। चतुर्थ रूप वे रचनाएँ हैं जो हिन्दी भाषा में बनाई गई हैं, और उसे ख़याल इत्यादि का नाम दिया गया है। अमीर ख़ुसरो से कुछ समय पूर्व भी चन्द गायकों ने ख़याल गाया है।

अमीर ख़ुसरो ने निश्चित रूप से कोई नया वाद्ययंत्र आविष्कार नहीं किया। ऐसा उस व्यक्ति के लिए बिलकुल ही सम्भव नहीं था, जिसके पास संगीत, कविता, ख़ानक़ाही, दरबारी और राजनीतिक गतिविधियों में घोर व्यस्तता रही हो। परन्तु उन्होंने अपनी विद्वत्ता और बौद्धिक क्षमताओं का भरपूर उपयोग करते हुए, पुराने और बेढब वाद्ययंत्रों को आवश्यकतानुसार इतनी कलाकारी और सुन्दरता से परिवर्तन किया, कि वे आज भी नये प्रतीत होते हैं। प्राचीन वाद्ययंत्रों में वर्तमान समय काल के अनुसार उनके संशोधनों को संगीतकारों ने भरपूर प्रशंसा की और उसे (appreciate) किया, और अधिकतर संगीतकारों ने उन बदलावों को ख़ुसरो का आविष्कार कहा। यही कारण है कि आज भी उनकी लोकप्रियता बनी हुई है।

सितार— कहा जाता है कि अमीर ख़ुसरो ने सितार का आविष्कार किया, परन्तु यह अर्धसत्य है। यह वाद्य पहले से ही केवल भारत ही में नहीं अपितु विश्व के लोक संगीत में किसी न किसी रूप में उपलब्ध था। भारत के प्राचीन वाद्ययंत्रों में सितार को वीणा का प्रतिरूप माना जाता है। इसके अतिरिक्त यूनान, चीन और यूरोपीय देशों में भी सितार जैसा वाद्य उपलब्ध रहा है। सितार का एक रूप यूनानी दार्शनिक अरस्तू की प्रसिद्ध पुस्तक 'रिपब्लिक' (Republic) में भी मिलता है। रिपब्लिक में इसे किथारा (Kithara) कहा गया है। लैटिन में इसे सिथारा (Cithara) अरबी में कितारा (Qitara) कहा गया। अंग्रेज़ी में गिटार (Guitar) और जर्मन में जिथार (Zithar) कहा गया। ईरानी संगीत कला में सितार को तारों की संख्या के अनुसार दो तार, सेह तार, चहार तार और पंच तार भी कहते हैं।[148]

भारत में सितार निश्चित रूप से वीणा का संशोधित रूप है, ख़ुसरो ने वीणा के तारों को कम करके तीन तारों में परिवर्तित करके एक नया वाद्ययंत्र सेहतार बनाया जो बाद में सितार हो गया। आजकल सितार में सात तार होते हैं। यह वीणा के अनुपात में अधिक सुन्दर सुडौल और आकार में छोटा है। यह ख़ुसरो का नया वाद्ययंत्र तो निश्चित ही नहीं है, परन्तु ख़ुसरो ने समय के अनुसार इसमें परिवर्तन करके अधिक रोमानी और लोकप्रिय बना दिया। अमीर ख़ुसरो के बाद भी सितार में परिवर्तन देखने को मिलता है। मुगल काल में शहंशाह अकबर के दरबारी संगीतकार तानसेन के पुत्र अमृतसेन ने इसमें तीन तार बढ़ा दिया। उसके बाद मसीत ख़ाँ और रज़ा ख़ाँ ने भी सितार में आवश्यकतानुसार परिवर्तन किये। आज भी सितार बजाने वाले अपनी मर्ज़ी से उसके तारों को घटा-बढ़ा लेते हैं। ऊपर के 7 तारों के अतिरिक्त नीचे 11 और 13 लोहे के तार लगाए जाते हैं। जिन्हें 'तरब के तार' (resonance) कहते हैं, जो सुरों के स्वर को देर तक बनाए रहने में सहायता करते हैं। सितार पर ज़र्ब लगाने वाले यंत्र को मिज़राब कहते हैं। इसे दाहिने हाथ की पहली अँगुली में पहना जाता है। मिज़राब को ज़मज़मा भी कहते हैं। आजकल तीन प्रकार के सितार उपलब्ध हैं। बड़े डील-डौल वाले सितार को 'सुरबहार' और बहुत छोटे आकार के सितार को सुन्दरी कहा जाता है। मध्यम आकार के सितार को ही सितार कहते हैं। ये अधिक प्रचलित भी हैं।

तबला—तबला के आधुनिक स्वरूप में बहुत अधिक परिवर्तन हुआ है, परन्तु जिस काल और परिस्थिति में अमीर ख़ुसरो ने इस वाद्ययंत्र को बनाया वह उल्लेखनीय है। ख़ुसरो ने क़व्वाली गायन को अधिक से अधिक मनमोहक बनाने के लिए इस यंत्र को नया रूप दिया। कहा जाता है कि उन्होंने पखावज को दो भागों में काटकर तबले का रूप दिया। पखावज का नाम मुसलमानों ने दिया। तुर्की और ख़ुरासानी खुनियागरों के बड़ी संख्या में भारत आने के पूर्व पखावज को 'मृदंग' और कर्नाटकी संगीत में 'मृदंगम' कहा जाता था। ख़ुरासानी खुनियागरों ने मृदंग को 'पक्का आवाज़' अर्थात पखावज कहना प्रारम्भ कर दिया। पखावज आज भी प्रयोग में है। इसे बजाने वालों को पखावजी कहा जाता है।

मृदंग भारतीय लोक संगीत के इतिहास में बहुत प्राचीन यंत्र रहा है। रामायण और महाभारत ग्रंथों में कई स्थानों पर मृदंग का वर्णन हुआ है[149]—

शंखानद मृदंगाश्च प्रवाद्यनित सहस्रश:
वीणापणववेणूनां स्वनश्चातिमनोरम:

शान्तिपर्व-53, 4-8

अर्थात—शंख, मृदंग, वीणा, पणव और बाँसुरी की सहस्र ध्वनियाँ अति मनोरम होती हैं।

ऐसा नहीं है कि तबला विश्व के अन्य भागों में प्रयोग नहीं होता था। तबला अरबी शब्द तबल से बना है। अरबी सभ्यताओं में इस यंत्र के अनेक प्रयोग इतिहास के ग्रंथों में पाया जाता है। एक प्राचीन यहूदी स्तोत्र में कहा गया है कि जोबाल के लड़के तोबाल के नाम से इस शब्द का उदय हुआ है। तोबाल इसका आविष्कारक माना जाता है। मध्य एशिया की संस्कृतियों में इसे न केवल अलग-अलग अपितु मिलते-जुलते नामों से याद किया जाता है। इब्रानी में 'तबील' आसूरी (Assyria) में इसे तबालू कहा जाता है। अरबों में प्रत्येक अवसरों पर विशेष रूप से युद्ध के अवसर पर तबल का प्रयोग अवश्य किया जाता था। जब अमीर ख़ुसरो ने तबला को नया स्वरूप दिया तो इस पर गायन के लिए उन्होंने बोल और बाज भी तैयार किया। तबला में विशेष रूप से 10 वर्णों के बोल प्रयोग किये जाते हैं—

धा, धिन, ति, ट, तिन, नक, धी, ता, किन, कत्त

तबला शीशम, आम, सागौन अथवा विजय साल की लकड़ी का बना होता है। यह अन्दर से खोखला होता है। इसकी आकृति गोल होती है। ऊपर की गोलाई लगभग 6 इंच और नीचे की गोलाई लगभग 9 इंच तथा ऊँचाई लगभग 12 इंच होती है। ऊपर की गोलाई जितनी अधिक होगी, उसकी आवाज़ उतनी ही नीचे स्वर की ओर होगी।

ढोलक— ढोलक अपने भिन्न-भिन्न स्वरूप में प्राचीन काल में भी मौजूद था। रामायण काल में जो ढोलक मिलता था, उसे 'पटह' कहते थे। वर्तमान ढोलक फ़ारसी शब्द दुहुल से निकला है। वर्तमान ढोलक को ख़ुसरो का आविष्कार माना जाता है, परन्तु यह भारतीय लोक पखावज का बदला हुआ रूप है। पखावज बहुत बड़ा था, उसे ख़ुसरो ने छोटा करके ढोलक का रूप दे दिया, ताकि यह लकड़ी के बजाय दोनों हाथों की उँगलियों से बजाया जा सके। ढोलक क़व्वाली में संगत के लिए मुख्य वाद्ययंत्र के रूप में प्रयोग होता है। जहाँ छोटे आयोजनों, त्योहारों और रतजगों के अतिरिक्त शादी-ब्याह के अवसरों पर प्रयोग होता है। यह गाँव और उपनगरीय घरों का बड़ा वाद्ययंत्र है, जिसे महिलाएँ भी बहुत सहज भाव से बजा लेती हैं। सैफ़ ख़ाँ अपनी पुस्तक राग दर्पण में सुल्तान अलाउद्दीन ख़िलजी के दरबार में ख़ुसरो और महान संगीतकार गोपाल नायक के बीच संगीत प्रतियोगिता का दिलचस्प वर्णन प्रस्तुत करता है। गोपाल नायक के बारे में कहा जाता है कि उनके 1200 शिष्य केवल उनकी पालकी उठाकर चलते थे। गोपाल नायक भारतीय संगीत के इतिहास के देवमालायी चरित्र बन चुके हैं। इनके जन्म और मृत्यु के सम्बन्ध में इतिहास में कोई जानकारी नहीं मिलती। इतिहास के पन्ने पलटने पर पाठक को चार प्रकार के गोपाल नायक से भेंट होती है। एक गोपाल नायक अलाउद्दीन ख़िलजी या मुहम्मद तुग़लक़ के काल में ख़ुसरो से संगीत प्रतियोगिता करता हुआ दिखाई

देता है। उनके बारे में कहा जाता है कि वे देवगिरि के राजा कर्ण देव के दरबारी थे। जब अलाउद्दीन ने देवगिरि पर अधिकार कर लिया, तो गोपाल नायक उसके साथ दिल्ली आ गए, जहाँ उनकी भेंट अमीर ख़ुसरो से हुई। दूसरे गोपाल नायक से हमारी भेंट शहंशाह अकबर के युद्धमंत्री राजा मान सिंह के दरबारी संगीतकार के रूप में होती है, जबकि तीसरे गोपाल नायक को टीपू सुल्तान के काल में होने का पता चलता है, वह गोपाल नायक टीपू के अनुरोध पर उनका मनपसन्द राग प्रस्तुत न कर पाने के कारण अपनी जिह्वा काट लेता है। एक और गोपाल नायक के बारे में कहा जाता है कि वे विजयनगर राज दरबार से सम्बद्ध थे, और छंद प्रबन्ध गाने में उच्च स्तर की विशेषज्ञता रखते थे।

अमीर ख़ुसरो अद्‌भुत और अनुपम स्मरण शक्ति वाले व्यक्ति थे। उनके अधिकतर आविष्कार उनकी स्मरण शक्ति की देन हैं। वे कोई भी आवाज़ सुनकर तुरन्त उसी प्रकार दोहरा देने की क्षमता रखते थे। इसी विशेषता के कारण उन्हें 'श्रुतीदार' कहा जाता था। बचपन के प्रारम्भिक दिनों में जब उनका रुझान कविता की ओर हुआ, तो स्वाभाविक रूप से उनका ध्यान संगीत की ओर भी आकर्षित हुआ। बचपन में ही उन्होंने कुछ ऐसे अनुभव किये, जिससे बाद में उनके मन के स्वाभाविक परिवर्तन का पता चलता है। जैसे वे प्राय: नक़्क़ारा बजने की आवाज़ सुनते थे। सभी लोग नक़्क़ारा बजने की आवाज़ सुनते हैं, परन्तु ख़ुसरो के मन में इसका संगीतमय उतार-चढ़ाव अँगड़ाइयाँ ले रहा था। जिसे उन्होंने रागिनियों में बाँधने का प्रारम्भिक प्रयास किया जो उल्लेखनीय है—

नान कि खुर्दी ख़ाना बरो
नान कि खुर्दी ख़ाना बरो
खाना बरो ख़ाना बरो
नान कि खुर्दी ख़ाना बरो
न कि बदस्त तू कर्दम ख़ाना गरो
ख़ाना बरो ख़ाना बरो

इसी प्रकार उन्होंने धुनिए की रुई धुनने की प्रक्रिया की भी अनुभूति की, और देखा कि इसमें बड़ी अच्छी धुन बाहर आ रही है, फिर उन्होंने उसे भी संगीतमय अर्थ देने का प्रयत्न किया।

दर पै जानां जां हम रफ़्त
जां हम रफ़्त जां हम रफ़्त
जां हम रफ़्त रफ़्त रफ़्त जां हम रफ़्त
ईं हम रफ़्त वाँ हम रफ़्त
आं हम रफ़्त आं हम रफ़्त

ईं हम आं हम, ईं हम आं हम
रफ़्त रफ़्तन रफ़्तन रफ़्तन
दिह दिह दिह रफ़्तन दिह
रफ रफ रफ़्तन दिह रफ़्तन दिह

सैफ़ ख़ाँ फ़क़ीरुल्लाह ने अमीर ख़ुसरो और गोपाल नायक की जो संगीत प्रतियोगिता कराई है, उसका अर्थ केवल यह है कि वह ख़ुसरो की स्मरण शक्ति की प्रशंसा कर सके। दूसरी बात यह हो सकती है कि ख़ुसरो संगीत प्रेमी थे। सैफ़ ख़ाँ उनके राग-रागिनियों और वाद्ययंत्रों के आविष्कार के दावे को बल प्रदान करना चाहते हों। सैफ़ ख़ाँ के अनुसार एक दिन गोपाल नायक ने अलाउद्दीन के दरबार में अपने संगीत कला का प्रदर्शन किया। अमीर ख़ुसरो उनके संगीत प्रदर्शन को तख़्त के पीछे खड़े होकर सुन रहे थे। जब गोपाल नायक अपनी बात कह चुके तो ख़ुसरो तख़्त के पीछे से निकले और गोपाल नायक की बताई हुई समस्त संगीत पद्धतियों को कुछ संशोधनों के साथ सुना दिया। इस दौरान उन्होंने नये राग-रागिनियाँ और सितार पर गाए जाने वाले बोलों को भी दुहराया, जिसे गोपाल नायक ने अपने प्रदर्शन के दौरान नहीं बताया था। इस प्रकार अमीर ख़ुसरो गोपाल नायक से जीत गए। इस घटना को मिर्ज़ा मुहम्मद ने अपनी किताब 'तोहफ़तुल हिन्द' में भी दोहराया है। इसी प्रकार इस कहानी को वाजिद अली शाह ने अपनी किताब 'सुत-उल-मुबारक' में भी वर्णन किया है। वाजिद अली शाह ने तो दो क़दम आगे बढ़कर अमीर ख़ुसरो को पहली बार नायक का दर्जा दे दिया है। इससे पूर्व किसी संगीतकार ने ख़ुसरो को नायक नहीं कहा था।

अमीर ख़ुसरो और उनके सैनिक अभियान

जिस काल में अमीर ख़ुसरो ने आँखें खोली, वह युद्ध काल था। उन परिस्थितियों में सेना, सैनिक और युद्ध अभियानों का बड़ा महत्त्व था। किसी भी मनुष्य के लिए सम्मानजनक जीवन जीने हेतु सैनिक कुशलता आवश्यक थी। सैन्य कुशलता का सबसे निम्न स्तर सैनिक का पद था। सम्भवत: 1220-21 में जब बल्ख़, बुख़ारा और समरकंद जैसे नगर चंगेज ख़ाँ के घोड़ों की टापों से पिस रहे थे, वहाँ के लोग जीवन और मृत्यु को प्रतिदिन गले लगाते थे। ऐसे ही संकटकाल में स्थानीय कबीले के लोग शान्ति की खोज में हिन्दुस्तान की ओर भागे। उनमें अमीर सैफ़ुद्दीन भी थे। अमीर ख़ुसरो के पिता अमीर सैफ़ुद्दीन[150] बुख़ारा और बल्ख़ के बीच की घाटियों में बसे हजारा कबीले के सरदार थे। उन्होंने अपने 86 वर्षीय जीवन में कभी कमर से

अपनी तलवार नहीं खोली। यह इल्तुतमिश का काल था। यहाँ उनकी भेंट राजपूत रावत इमादुलमुल्क से हुई, जो एक नवमुस्लिम राजपूत थे। वे इल्तुतमिश की सेना में उच्चाधिकारी थे। समस्त ऐतिहासिक साक्ष्यों को सामने रखने से पता चलता है कि जब वे भारत आए उनकी आयु 45 वर्ष से ऊपर हो चुकी थी। अमीर ख़ुसरो की तहरीरों से यह नहीं पता चलता है कि भारत आने से पूर्व उनके वैवाहिक जीवन की क्या स्थिति थी? यदि हम यह मान भी लें कि 1220 में उनके दिल्ली आने के बाद अमीर सैफ़ुद्दीन को 5-6 वर्ष व्यवस्थित होने में लग गए हों, तो भी जब उनका विवाह उनके मित्र और शुभचिन्तक इमादुलमुल्क की पुत्री से हुआ, तो उनकी आयु 50 से ऊपर हो चुकी होगी। 1253 में जब अमीर ख़ुसरो का जन्म हुआ तो उनके पिता की आयु 75 वर्ष पार कर चुकी थी। ख़ुसरो के बाद उनके घर में उनके छोटे भाई ने भी जन्म लिया, जो सैफ़ुद्दीन का आख़िरी वंशज था। अमीर ख़ुसरो के एक बड़े भाई भी थे। अमीर ख़ुसरो अपने बड़े भाई का नाम तो बड़े आदर के साथ लेते हैं, परन्तु उनकी बड़ी बहन के बारे में कोई जानकारी नहीं मिलती है। 1260 या 1262 में जब अमीर सैफ़ुद्दीन की मृत्यु किसी सैनिक अभियान में हुई, तो उस समय उनकी आयु 86 वर्ष हो चुकी थी। सैफ़ुद्दीन की मृत्यु के बाद अमीर ख़ुसरो की माँ लगभग 45 वर्ष तक जीवित रहीं। उनकी मृत्यु 1304-05 में हुई। वर्षों की गणना करने से ज्ञात होता है कि अमीर सैफ़ुद्दीन का इमादुलमुल्क रावत की पुत्री से बेमेल विवाह हुआ था, परन्तु उनकी कोख से अमीर ख़ुसरो नामक जिस पुत्र का जन्म हुआ, उसने उन्हें रहती दुनिया तक अमर कर दिया।

तुर्की सुल्तान, अफ़ग़ानिस्तान, समरकंद और बुख़ारा से आए सिपाहियों को राजनीतिक रूप से अविश्वसनीय समझते थे, परन्तु इल्तुतमिश ने सैफ़ुद्दीन की वफ़ादारी और बहादुरी को परखा और एक हज़ार सिपाहियों की ज़िम्मेवारी देकर एटा के पटियाली में उन्हें एक जागीर दे दी। पटियाली, मथुरा और आगरा के आसपास के क्षेत्रों में बहुत अधिक अफ़ग़ानी सरदार आबाद थे। जब इल्तुतमिश ने सैफ़ुद्दीन को पटियाली में जागीर दी, तो उसके मन में यह बात अवश्य रही होगी कि वह इस क्षेत्र में अफ़ग़ानों की निगरानी के लिए अपना एक वफ़ादार सैनिक नियुक्त कर दे। युद्ध में पारंगत और तलवार के धनी इस परिवार में अमीर ख़ुसरो ने जब आँखें खोलीं तो किसी फ़क़ीर ने उनके पिता से कहा कि आपका पुत्र साहित्य जगत में खाकानी से दो क़दम आगे जाएगा। अमीर ख़ुसरो के एक बड़े और एक छोटे भाई ने अपने जीवन को अपने पिता के पदचिह्नों पर चलते हुए तलवार के लिए समर्पित कर दिया। परन्तु अमीर ख़ुसरो जब मदरसे पहुँचे तो बजाय तख़्ती पर अक्षरों को सुन्दर बनाने का अभ्यास करने के, सुन्दरियों की अलकों के सौन्दर्य को निहारने लगे। उनके प्रारम्भिक 20 वर्ष जब तक उनके नाना की 1272 में मुत्यु नहीं हो गई, वे दिल्ली में एक चिन्ता मुक्त, विनोदी स्वभाव वाले कवि हृदय युवा के

रूप में प्रतिष्ठित हो चुके थे। इस दौरान उनका प्रथम काव्य-संग्रह 'तोहफतुसिग्र' भी प्रकाशित हो चुका होता है।

अमीर ख़ुसरो कभी सेना में भर्ती नहीं हुए, और न प्रत्यक्ष या अप्रत्यक्ष रूप से वे कभी किसी सैनिक अभियान का भागीदार बने। उन्होंने अपने 72 वर्षीय उथल-पुथल भरे जीवन में सल्तनत के चार बड़े पदाधिकारियों और 7 सुल्तानों के अधीन कार्य किया। इस दौरान उनका आश्रयदाता यदि किसी सैनिक अभियान का नेतृत्व कर रहा होता, तो निश्चित रूप से उन्हें एक दरबारी कवि, मुसाहिब या सहायक के रूप में अपने आश्रयदाता के साथ अनिवार्य रूप से रहना पड़ता, परन्तु वे अपने आश्रयदाता से इतर कभी किसी अन्य सैनिक अभियान का भाग नहीं बने। युद्ध क्षेत्र में उनका कैम्प उनके आश्रयदाता सुल्तान के कैम्प के निकट स्थापित होता था। जब सेनाएँ एक-दूसरे के आमने-सामने होती थीं, ख़ुसरो किसी सुरक्षित स्थान पर खड़े होकर युद्ध की गतिविधियों का अवलोकन करते। उनके कमर में तलवार अवश्य बँधी होती, परन्तु जीवन में उसका कभी प्रयोग नहीं हुआ। अपने आश्रयदाता के साथ उन्होंने लगभग 12 सैनिक अभियानों में भाग लिया। एक में गिरफ़्तार भी हुए, जिसमें वे बाल-बाल बच गए। इसके लिए वे अपने भाग्य से अधिक अपनी बुद्धि की सराहना करते दिखाई देते हैं। इसका वर्णन आगे आएगा।

अमीर ख़ुसरो का प्रथम सैनिक अभियान बंगाल का था। यह 1280 में प्रारम्भ हुआ। उन दिनों अमीर ख़ुसरो, सुल्तान बलबन के छोटे पुत्र बुगरा ख़ाँ के नौकर थे। बुगरा समाना छावनी का अधिकारी था। बंगाल का गवर्नर तुग़रिल ख़ाँ ने विद्रोह कर दिया। उसके विद्रोह से बलबन बहुत क्रोधित हुआ। उसके क्रोध का सबसे बड़ा कारण यह था कि तुग़रल उसका दास था, जिसका पालन-पोषण उसने अपने बच्चों की तरह किया था। बड़े होने पर उसे बंगाल का गवर्नर नियुक्त कर दिया। उसके विद्रोह की सूचना प्राप्त होने के उपरान्त बलबन क्रोध और क्षोभ के कारण अत्यन्त बीमार हो गया। एक समय ऐसा आया जब लोगों ने उसकी मृत्यु की सूचना प्रसारित कर दी। परन्तु जब बलबन अपनी बीमारी से ठीक हुआ, तो विद्रोह को कुचलने के लिए स्वयं निकला। उसने शाही सेना को कूच का आदेश दिया, और बुगरा से कहा कि समाना में जो भी सैनिक उपलब्ध हैं, उन्हें साथ लेकर वह आगे रास्ते में शाही सेना से मिले। ख़ुसरो के लिए यह विवशता की स्थिति थी। इस कूच में बुगरा ने सारे दरबारियों को अपने साथ बंगाल जाने का आदेश दिया। न चाहते हुए भी ख़ुसरो को बुगरा ख़ाँ के साथ बंगाल के लिए कूच करना पड़ा। बंगाल विजय के उपरान्त बलबन ने बुगरा ख़ाँ को वहाँ का गवर्नर नियुक्त कर दिया। अमीर ख़ुसरो के लिए यह एक विकट स्थिति थी। वे किसी स्थिति में बंगाल में नहीं रहना चाहते थे और बुगरा उन्हें किसी स्थिति में दिल्ली आने की आज्ञा नहीं दे रहा था। अन्तत: ख़ुसरो सफल हुए, उन्होंने उसकी इतनी प्रशंसा की कि वह इन्हें दिल्ली जाने की

आज्ञा दे दी। दिल्ली आने के बाद वे बलबन के छोटे राजकुमार और मुल्तान के गवर्नर सुल्तान मुहम्मद के पुस्तकालयाध्यक्ष की नौकरी कर ली।

जब 1285 में अमीर ख़ुसरो मंगोलों के हाथों गिरफ़्तार हुए, तो इसे हम अमीर ख़ुसरो के किसी सैनिक अभियान के रूप में नहीं देख सकते, क्योंकि वे सुल्तान मुहम्मद के पुस्तकालयाध्यक्ष होने के नाते मुल्तान में उपस्थित थे। सुल्तान ग़ियासुद्दीन बलबन ने अपने पुत्र और युवराज सुल्तान मुहम्मद को सीमा पर आए दिन होने वाले मंगोल आक्रमणों को रोकने के लिए ही मुल्तान का गवर्नर नियुक्त किया था। एक दिन सीमा पर मौजूद मंगोल सेना ने रात के समय सुल्तान मुहम्मद के कैम्प पर आक्रमण कर दिया, शाही सेना अचानक आक्रमण का उत्तर देने के लिए मैदान में आई। अमीर ख़ुसरो ने इस युद्ध का आँखों देखा हाल लिखा है। वे लिखते हैं कि मंगोलों पर शाही सेना का पलड़ा भारी था। वे भागने ही वाले थे। इसी बीच कहीं से एक तीर आकर सुल्तान मुहम्मद को लगा और उसी क्षण उसकी मृत्यु हो गई। सुल्तान मुहम्मद की मृत्यु की सूचना फैलते ही युद्ध की बाज़ी पलट गई। शाही सेना के सैनिकों में भगदड़ मच गई। जो जहाँ था, वहीं से भागने लगा। मंगोलों ने सैकड़ों सैनिकों को गिरफ़्तार किया, जिसमें अमीर ख़ुसरो भी थे। उन्होंने अपनी गिरफ़्तारी और सुल्तान मुहम्मद की मृत्यु की दर्दनाक घटना को बड़े हृदयविदारक ढंग से टुकड़ों-टुकड़ों में कई स्थानों पर वर्णन किया है। इन्होंने इस घटना पर दो मर्सिये लिखे। एक क़सीदा 'हकम-उल-हकम' लिखा। ये क़सीदा और दोनों मर्सिए उनके प्रसिद्ध काव्य-संग्रह दीवान गुर्रतुलकमाल में सम्मिलित हैं। बाद में उन्होंने मसनवी देवल रानी में भी इस घटना का मार्मिक चित्रण किया है[151]—

> सूर्य और चन्द्रमा भी युवराज के सुन्दर मुखड़े का शोक मना रहे थे, और रात और दिन उसकी युवा मृत्यु पर विलाप कर रहे थे। उसके शासन में यद्यपि चिड़िया और मछलियाँ तक शान्ति और चैन से रह रही थीं, इसलिए हवा और पानी में भी शोक और विलाप का बोलबाला था। मुल्तान के निवासी प्रत्येक घर, प्रत्येक गली और प्रत्येक मुहल्ले में रो-रो कर अपने कपड़े फाड़ रहे थे, और बाल नोच रहे थे। रोने की ऊँची ध्वनियों और ढोल की भयानक आवाज़ों से रात भर किसी को नींद नहीं आई। आती भी तो कैसे? जबकि प्रत्येक घर में किसी न किसी के मरने का शोक मनाया जा रहा था। तुर्कों की सफ़ेदी और हिन्दुओं की स्याही दोनों ग़ायब हो चुकी थी। इसलिए कि सब के सब एक प्रकार से शोकाकुल परिधान में लिपटे हुए थे। सुन्दरियों के चेहरों को अब न सुर्खी की आवश्यकता थी और न वस्मे की। क्योंकि पीटने से उनके मुखड़े लाल हो रहे हैं, और उनकी पलकें नीली हो गई हैं।

अमीर ख़ुसरो अपनी गिरफ़्तारी और रिहाई की दिलचस्प घटना देवल रानी में यूँ चित्रित करते हैं[152]—

> कुत्ते की दुम की तरह मूँछ वाले एक मंगोल सैनिक ने मेरे गले में रस्सा डाल दिया था। उसका मुँह घोड़े की लीद की तरह बदबू कर रहा था। वह स्वयं तो घोड़े पर सवार था, परन्तु मुझे अपने पीछे-पीछे दौड़ा रहा था। उस मनहूस ने मुझे नंगा कर दिया था। दुष्ट मंगोल के पीछे दौड़ते-दौड़ते दोपहर हो गई। मैं अब और अधिक देर तक जीवित नहीं रहता, इसी दौरान रावी नदी दिखाई देने लगी। उस मनहूस मंगोल सैनिक और उसके घोड़े को भी ख़ूब प्यास लगी थी। उनके गले में फंदा डाले हुए मनहूस बदबूदार मंगोल सैनिक और उसका घोड़ा नदी में उतर गए। उन्होंने ख़ूब छककर पानी पीया, और वहीं ढेर हो गए। ऐसी दशा में वे एक बुद्धिमान व्यक्ति की तरह केवल अपने होंठ गीले किये, मुँह पर छींटे मारे, गले की रस्सी खोलकर फेंक दी और दिल्ली की राह ली।

17 वर्षीय नौजवान सुल्तान कैकुबाद के दरबार में ख़ुसरो अभी पूरी तरह व्यवस्थित नहीं होने पाए थे, तभी उनके पूर्व आश्रयदाता बंगाल के स्वतंत्र गवर्नर बुगरा ख़ाँ ने अपने पुत्र सुल्तान कैकुबाद के विरुद्ध दिल्ली पर चढ़ाई कर दी। यह 1289 की घटना है। बुगरा ख़ाँ की सेना के कूच का समाचार मिलते ही कैकुबाद ने भी शाही सेना को कूच का आदेश दे दिया। इस सैनिक अभियान में अमीर ख़ुसरो शाही सेना के साथ थे। दोनों सेनाएँ अवध में अयोध्या के पास सरयू नदी के किनारे आमने-सामने खड़ी हो गईं। दोनों सेनाओं में एक-दूसरे को जानने-पहचानने वाले लोग बड़ी संख्या में मौजूद थे। दोनों ने एक दूसरे को बातचीत करने की राय दी। अमीर ख़ुसरो ने इन समस्त घटनाओं को अपनी मसनवी किरानुस्सादैन में अत्यन्त रूपकीय मार्मिकता के साथ चित्रित किया है। वे लिखते हैं कि दोनों ओर से पत्र व्यवहार और तोहफ़ों का आदान-प्रदान प्रारम्भ हुआ। ये वह क्षण था, जब दोनों ओर से बिछड़े हुए मित्रों के भी मिलने का अवसर प्राप्त होने वाला था।

एक दिन स्वर्णमालाओं से सँवारी गई एक नाव में बुगरा ख़ाँ बैठकर सरयू के इस पार अपने पुत्र से मिलने आया। उसके पुत्र कैकुबाद ने भी अपने पिता के भव्य स्वागत की पूरी तैयारी कर ली थी। जब पिता-पुत्र आमने-सामने हुए तो दोनों की प्रेममयी आँखें डबडबा गईं। कैकुबाद अपने पिता को देखकर दौड़कर उनसे गले मिला। वह इस भेंट के अवसर पर ख़ूब रोया। ख़ुसरो कहते हैं कि उसी प्रकार जैसे दो प्यासी नदियाँ एक-दूसरे से मिलती हैं। इस प्यास को उनके आँसुओं की बाढ़ भी न रोक सकी। इस भेंट में दोनों के गिले-शिकवे दूर हो गए। ख़ुसरो कहते हैं कि[153]—

ज़हे मुल्क ख़ुश चूँ दो सुल्तां यके शुद
ज़हे अहदे ख़ुश चूँ दो पैमां यके शुद
पेसर बादशाह व पेदर नीज़ सुल्तां
कुनूं मुल्क वीं चूँ दो सुल्तां यके शुद
ज़ि बहरे जहाँदारी व बादशाही
जहाँ रा दो शाह जहाँना यके शुद
यके नासिर अहद, महमूद सुल्तां
कि फ़र्मानिश दो चार अर्का यके शुद
दिगर शह मुईज़ जहाँ, कैकुबाद
कि दर ज़ब्तश ईरान व तूरान यके शुद

अर्थात—भाग्यशाली है वह देश जहाँ दो राजा एक हो गए, और भाग्यशाली है वह सभा जिसमें दो प्याले एक-दूसरे से टकरा गए। बेटा बादशाह और बाप भी बादशाह, अब देश की चमक देखिए, जबकि दो राजा एक हो गए। विश्व पर शासन के लिए दो प्रभावशाली मिल गए हैं। एक नासिर जमां महमूद सुल्तान बुगरा ख़ाँ जिसका शासन राज्य के चार कोणों पर फैला हुआ है, और दूसरा मुईज़ुद्दीन कैकुबाद जिसके अधीन ईरान भी है और तूरान भी।

अमीर ख़ुसरो का यह सैन्य अभियान सफल था। वे पिता-पुत्र के बीच संधि कराने में सफल रहे। वे 10 वर्ष पूर्व बुगरा ख़ाँ के साथ 3 वर्ष तक रह चुके थे। अब उसके पुत्र की नौकरी में थे। कैकुबाद ने संधि के बाद अमीर ख़ुसरो से इस घटना को अपनी सम्पूर्ण कलात्मक क्षमता का प्रयोग करते हुए लिखने का निर्देश दिया, ताकि यह घटना इतिहास में अमर हो जाए। अमीर ख़ुसरो ने 6 माह ख़र्च करके मसनवी किरानुस्सादैन लिखी, जो आज भी ऐतिहासिक दृष्टिकोण से बहुत महत्त्वपूर्ण है।

सुल्तान मुईज़ुद्दीन व दीन कैकुबाद शाह
यक दीदा व दो मुर्दमक चार बादशाह

अर्थात—सुल्तान मुईज़ुद्दीन कैकुबाद राजा कहने को एक पुरुष की आँख जिसकी दो पुतलियाँ और चार राजा निवास करते थे।

इस भेंट के बाद जब बुगरा ख़ाँ बंगाल वापस जाने लगा, तो उसने अपने पुत्र को कई उपदेश दिये। उसने उसे राज्य की सत्ता पर स्वयं ध्यान देने के लिए कहा। उसने नाम लेकर कुछ लोगों से सावधान रहने के लिए कहा। शराब और रँगरेलियों में खोकर शासन से लापरवाही न बरतने की सलाह दी। परन्तु ये उपदेश कैकुबाद के जीवन में कोई परिवर्तन नहीं ला सके। दिल्ली वापस आने के बाद उसने बुगरा ख़ाँ के उपदेशों को जल्द ही भुला दिया, जिसके परिणामस्वरूप एक वर्ष के अन्दर

ही अत्यधिक मदिरा सेवन और सुन्दरियों से कामवासना ने उसे अपाहिज कर दिया।

सुल्तान जलालुद्दीन के शासन काल में ख़ुसरो के पद और प्रतिष्ठा में बहुत वृद्धि हो गई थी। यह प्रतिष्ठा राजनीतिक रूप से नहीं, अपितु एक कवि हृदय सुल्तान के नाते एक लोकप्रिय कवि के लिए थी। ख़ुसरो को सुल्तान ने बहुत अधिक साहित्यिक सम्मान दिया। वे प्रत्येक अवसर पर उन्हें अपने साथ रखता और उनको वरीयता देता। जलालुद्दीन ने अपने 6 वर्षीय शासनकाल में 3 सफल सैनिक अभियान चलाया और उन अभियानों में ख़ुसरो उसके साथ थे। गद्दी सँभालने के उपरान्त जलालुद्दीन के सामने राज्य के कई क्षेत्रों से विद्रोह की सूचनाएँ प्राप्त होने लगीं। 70 वर्षीय सुल्तान के लिए यह कोई अनहोनी बात नहीं थी, क्योंकि उसने अपना समस्त जीवन तलवार की छाँव में व्यतीत किया था।

यह घटना जलालुद्दीन के सत्ता सँभालने के तुरन्त बाद की है। ग़ियासुद्दीन बलबन के दो भतीजे एक कड़ा मानिकपुर का गवर्नर मलिक किशली उर्फ़ छज्जू ख़ाँ और दूसरा अवध का गवर्नर हातिम ख़ाँ सरजानदार ने विद्रोह कर दिया। उन्होंने अपने नाम का सिक्का ढलवाया और मस्जिदों में ख़ुत्बा पढ़वाया। वे अपनी सेना लेकर दिल्ली की ओर बढ़े। जलालुद्दीन ने शाही सेना को कूच का आदेश दिया और उन्हें बदायूँ के आगे रुहेलखंड क्षेत्र में रामगंगा और यमुना के बीच में घेरा। सुल्तान ने ऐसी चाल चली कि बहुत अधिक रक्तपात किये बिना ही उनके सैनिकों को परास्त कर दिया गया। शाही सेना ने बहुत आसानी से दोनों विद्रोहियों को गिरफ़्तार कर लिया। उन्हें जलालुद्दीन के सामने प्रस्तुत किया गया। संयोगवश सत्ता के शीर्ष पर बैठने वाले जलालुद्दीन ख़िलजी का स्वभाव बहुत मृदुल और निर्मल हो गया था। उसने सत्ता सँभालने के प्रथम दिन ही निर्णय लिया था कि वह अकारण किसी का ख़ून नहीं बहाएगा। उसने देखा, और यह देखकर उसे अत्यधिक कष्ट हुआ कि 40 वर्षों तक दिल्ली की गद्दी के शीर्ष पर रहने वाले उसके स्वामी सुल्तान ग़ियासुद्दीन बलबन के परिवार का एक व्यक्ति भी आज जीवित नहीं है। जब हातिम ख़ाँ उसके सामने हाथ बाँधे खड़ा था, तो जलालुद्दीन को वे दिन याद आ गए, जब वह घंटों हाथ बाँधे हातिम ख़ाँ के सामने एक छोटी सी इच्छा लिये खड़ा रहता कि हातिम ख़ाँ उसकी ओर देख ले, ताकि वह उसे सलाम कर सके। जलालुद्दीन ने नंगे खड़े हातिम और छज्जू ख़ाँ के बँधे हुए हाथ खोलवा दिये। उसने उन्हें पहनने के लिए कपड़े दिये, उनके सम्मान में रात्रिभोज आयोजित किया, उनके साथ पिछले दिनों गुज़ारे हुए क्षणों की बातें कीं, चुटकुले सुनाए और निस्तब्ध कारावास के लिए उन्हें मुल्तान भेज दिया।

जलालुद्दीन का दूसरा सैन्य अभियान मुल्तान का था। जहाँ उसे सूचना मिली कि मंगोलों ने सीमा पर अपनी चौकसी बढ़ा दी है। जलालुद्दीन जिसे मुल्तान और दीपाल पुर में अपनी तैनाती के दौरान मंगोलों से लड़ने-भिड़ने का अच्छा अनुभव

था। अपनी सेना के साथ सीमा की ओर बढ़ा। मंगोलों ने जब जलालुद्दीन को अपने सामने देखा तो कुछ दिन थोड़ी-बहुत नोक-झोंक करने के बाद, बिना युद्ध किये वापस चले जाने में ही अपनी भलाई समझी।

उसका तीसरा सैन्य अभियान मंडावर, झाइन और रणथम्भौर में कुछ विद्रोहियों को कुचलने के लिए प्रारम्भ किया गया था। अमीर ख़ुसरो सुल्तान के साथ थे। उन्होंने जलालुद्दीन के सैन्य अभियानों का विस्तृत वर्णन अपनी मसनवी मिफताहुल फुतूह में किया है। मंडावर और झाइन के क़िले तो विद्रोहियों से ख़ाली करा लिये गए। परन्तु रणथम्भौर का क़िला बहुत सुदृढ़ था। शाही सैनिकों ने उसका घेरा डाला, परन्तु कुछ ही दिनों बाद जलालुद्दीन ने इस अभियान को व्यर्थ कहकर अपना घेरा उठा लिया और दिल्ली वापस आ गया।

1296 में दिल्ली का सुल्तान बनने के बाद अलाउद्दीन ख़िलजी ने रणथम्भौर पर सीधे आक्रमण करने की योजना बनाई। इसके लिए उसने अपने दो महत्त्वपूर्ण कमांडरों नुसरत ख़ाँ को अवध की सेना के साथ और उलूग ख़ाँ को कटरा मानकपुर की सेना के साथ रणथम्भौर भेजा। 1299 में दोनों कमांडरों की सेनाओं ने रणथम्भौर को अपने घेरे में ले लिया। रणथम्भौर प्राचीन काल से ही अपराजेय दुर्ग रहा था। दिल्ली के तुर्क शासकों ने इसे पराजित करने के लिए पूरी एक शताब्दी लगा दी। सर्वप्रथम 1209 में कुतुबुद्दीन ऐबक ने रणथम्भौर पर असफल आक्रमण किया। 1226 में सुल्तान इल्तुतमिश ने भी एक आक्रमण किया था। जिसे रणथम्भौर के बाँकुरों ने नाकाम बना दिया। 1291 में जलालुद्दीन ख़िलजी ने रणथम्भौर के विरुद्ध एक असफल सैन्य अभियान चलाया। तुर्कों द्वारा अविजित इस दुर्ग को पराजित करने का सौभाग्य प्राप्त हुआ अलाउद्दीन ख़िलजी को, जिसने दो वर्षों के कठिन परिश्रम और हज़ारों सैनिकों की जान लेने के बाद इस क़िले पर विजय प्राप्त की। क़िले पर पृथ्वीराज चौहान की चौथी पीढ़ी के वीर, साहसी और पराक्रमी शासक राजा हम्मीर देव का शासन था। हम्मीर देव पुत्र जैत्रा पुत्र साम्हा पुत्र वागभट्ट पुत्र पृथ्वीराज चौहान। 1301 में हम्मीर देव की पराजय ने पृथ्वीराज की वंशावली को इतिहास के पन्नों से ही अदृश्य कर दिया। हम्मीर देव ने 1284 में उस समय गद्दी सँभाली, जब महाराज जैत्रा सिंह अत्यन्त बूढ़े हो गए थे। उन्होंने अपने पुत्र को सिंहासन सौंप दिया और स्वयं जंगल की ओर चले गए।

रणथम्भौर

भारतीय इतिहास में यह नगर देवमालाई कहानियों जैसा महत्त्व रखता है। इतिहास के पन्नों में रणथम्भौर के क़िले की सुन्दरता और भव्यता के बारे में बहुत-सी रोचक

कहानियाँ बिखरी पड़ी हैं। यह क़िला वर्तमान राजस्थान के दक्षिण-पूर्व कोण पर स्थित है। समुद्र तल से इसकी ऊँचाई 1578 फ़ीट है। यह पृथ्वी तल पर लगभग 7 किमी. व्यास में फैला हुआ है। क़िले की चारदीवारी प्राकृतिक चट्टानों को काटकर बनाई गई है। इसके अन्दर 5 बड़े तालाब थे, जो पानी के प्राकृतिक स्रोत थे। रणथम्भौर का यह युद्ध दो हठी राजाओं के हठ का विषय बन गया था। हम्मीर हठ, हम्मीर रासो, हम्मीर देव की वीरता, पराक्रम और साहस की कहानियों का महाकाव्य है। यह कहते हुए गर्व करना चाहिए कि हम्मीर देव राजपूताना के उन वीर सपूतों में से एक है, जिसने अपनी मातृभूमि की रक्षा और अपनी स्वतंत्रता की सुरक्षा के लिए तुर्क आक्रमणकारियों से लड़ते हुए अपने प्राण और अपने राज्य की बलि दे दी। यह उसका हठ ही है, कि उसने अपने शरण में आए कुछ मंगोल सैनिकों को अलाउद्दीन के हवाले नहीं किया। उसने बहुत वीरता से युद्ध किया और उस राजपूती परम्परा को जीवन्त कर दिया, जिसके लिए चौहान राजपूत जाने जाते थे।[154]

अलाउद्दीन के लिए गुजरात, देवगिरि और जैसलमेर पर अधिकार कर लेने के बाद रणथम्भौर उसकी नाक का प्रश्न बन गया था। उसके लिए एक बहाना था, कि उसकी सेना से भागे हुए मंगोल सैनिक मुहम्मद शाह और उसका भाई खबरू व कुछ अन्य सैनिकों को हम्मीर देव उसे सौंप दे। ये सैनिक अलाउद्दीन के अन्याय और हिंसा के डर से रणथम्भौर में शरण लिये हुए थे। अलाउद्दीन के कमांडर नुसरत ख़ाँ की ओर से हम्मीर देव के पास एक पत्र भेजा गया कि यदि वे उन भगोड़ों को शाही सेना को सौंप दे, तो सेना वापस चली जाएगी।[155]

> ऐ खान! हम्मीर देव ने उत्तर में कहा—मेरे पास बहुत अधिक धन-सम्पदा है, और सिपाही भी बहुत अधिक हैं, और मैं स्वयं किसी से झगड़ने की इच्छा भी नहीं रखता, परन्तु मैं युद्ध से डरता भी नहीं हूँ। मैं उन दो या तीन तुर्कों को नहीं छोड़ूँगा जो मेरे पास अपने जीवन के डर से भागकर आए हैं।

शाही कमांडर नुसरत ख़ाँ के प्रथम हल्ला बोल में क़िले से एक तीर आया, जो सीधे उसी को लगा, और घटनास्थल पर ही उसका काम तमाम हो गया। अलाउद्दीन के सबसे बड़े कमांडर की मृत्यु के बाद शाही सेना में शोक और विलाप का वातावरण छा गया। सेना पर छाए हुए मातम के बादल को देखकर क़िले में प्रसन्नता की लहर दौड़ गई। हम्मीर देव ने क़िले का मुख्य द्वार खोलकर शत्रु पर भरपूर आक्रमण किया। शाही सेना इस अचानक आक्रमण के लिए तैयार नहीं थी। हम्मीर देव अलाउद्दीन के दूसरे कमांडर उलूग ख़ाँ को खदेड़ते हुए दूर तक ले गया। अपनी सेना के खदेड़े जाने का समाचार सुनकर अलाउद्दीन शीघ्रता से रणथम्भौर की ओर बढ़ा।

वास्तव में जब से अलाउद्दीन ने रणथम्भौर पर आक्रमण किया था। उस पर

निरन्तर कोई न कोई विपत्ति टूट रही थी। उसकी बहन के दो लड़के मलिक उम्र और मंगू ख़ाँ जो क्रमशः बदायूँ और अवध के गवर्नर थे, विद्रोह कर दिये, जिसे कुचलना पड़ा। उसके भतीजे सुलेमान शाह इकत द्वारा उस पर शिकार के दौरान उसी प्रकार जानलेवा हमला किया गया, जैसे उसने अपने चाचा जलालुद्दीन ख़िलजी पर किया था। अलाउद्दीन बाल-बाल बच गया। इस जानलेवा हमले में अलाउद्द्दीन घायल हो गया था। उसका इलाज हो ही रहा था कि उसे रणथम्भौर में उसकी सेना के पीछे हटने के समाचार ने उसे विचलित कर दिया। रणथम्भौर पहुँचकर अलाउद्दीन ने पुनः क़िले का घेराव कर लिया।

सच्चाई यह है कि हम्मीर देव की पराजय नहीं हुई होती, यदि उसके राज्य के बनिये उसे धोखा नहीं दिये होते। हम्मीर काव्य के लेखक नयचन्द्र सूरि[156] ने उन बनियों का विस्तृत विवरण प्रस्तुत किया है। इन बनियों में मुख्य रूप से सृजन शाह चाहता था कि राजा कोई ख़तरा मोल न ले और उन मंगोल सिपाहियों को अलाउद्दीन को सौंपकर सन्धि कर ले। हम्मीर देव ने उसकी सलाह तुरन्त ख़ारिज कर दी, और युद्ध के लिए तैयार हो गया। बाद की घटनाएँ बताती हैं कि रणथम्भौर के बनिये अलाउद्दीन में अपना हित देखने लगे थे। अलाउद्दीन के कहने पर क़िले में खाद्यान्न के गोदामों में जानवरों के चमड़े रख दिये गए, जिससे खाद्यान्न खाने योग्य नहीं रह गया था। रणमल और रतिपाल दो राजपूत सरदार निरन्तर अलाउद्दीन के सम्पर्क में बने हुए थे। भुखमरी और कंगाली के कगार पर तो शाही सेना पहले ही पहुँच चुकी थी, परन्तु क़िले के अन्दर खाने की सामग्री बिलकुल समाप्त हो गई, तो जनता और सेना के जवान बिलकुल ही बेबस हो गए। ऐसे अवसर पर अमीर ख़ुसरो, जो क़िले के बाहर एक पहाड़ी की चोटी पर खड़े होकर सम्पूर्ण गतिविधियों का अवलोकन कर रहे थे, ख़ज़ाइनुल फ़ुतूह में लिखते हैं—"मनुष्य पेट की आग के अतिरिक्त प्रत्येक विपत्ति सहन कर सकता है।"[157]

ऐसे में दिलेर राजपूत सरदार अपनी भूख नहीं रोक सके। रणथम्भौर पर आख़िरी सप्ताह बहुत कठिनाई में व्यतीत हुआ। एक दिन अमीर ख़ुसरो ने देखा कि क़िले के अन्दर बहुत ऊँची आग की लपटें उठ रही हैं। उन्होंने आकलन किया कि क़िले में जौहर की प्रथा सम्पन्न की जा रही है। समस्त राजपूत रानियाँ बड़ी रानी सारंगा देवी की अगुआई में सजी हुई चिता की लपटों में जलकर भस्म हो गईं।

दूसरे दिन क़िले में बचे हुए राजपूत सरदारों ने साहसी वीर हम्मीर देव के साथ गेरुआ वस्त्र धारण कर, भवानी की पूजा की, और अपनी जान को हथेली पर रखकर शाही सेना पर टूट पड़े। उन्हें मृत्यु की परवाह नहीं रह गई थी। अमीर ख़ुसरो उस दिन की घटनाओं के बारे में विस्तृत विवरण प्रस्तुत करते हैं। हम्मीर देव अपने 11 पराक्रमी सैनिकों के साथ लड़ता रहा। उसके साथ मुहम्मद शाह और उसका भाई गबरू भी था। शाम होते-होते सम्पूर्ण मैदान ख़ून से भर गया। नौजवान राजा हम्मीर

देव ने वीरता के साथ मौत को गले लगाया। अमीर ख़ुसरो इस युद्ध को एक ऊँची पहाड़ी पर खड़े होकर देख रहे थे। मुहम्मद शाह लड़ते-लड़ते बेहोश होकर मैदान में गिर गया। हम्मीर की मृत्यु के बाद भी उसके एक साथी जाज ने तीन दिनों तक युद्ध जारी रखा। फिर रणमल और रतिपाल ने क़िले का दरवाज़ा खोल दिया। दोनों ने क़िले से बाहर निकलकर अलाउद्दीन से समझौता कर लिया और क़िले की चाभी उसे सौंप दी। क़िले में प्रवेश करने के साथ ही अलाउद्दीन ने रणमल और रतिपाल के मृत्युदंड का अपना पहला आदेश दिया। उसने कहा कि जब वे अपने साहसी राजा हम्मीर देव को धोखा दे सकते हैं, तो उसके साथ तो वफ़ादारी कर ही नहीं सकते। वहाँ उपस्थित लोगों को यह देखकर आश्चर्य का ठिकाना नहीं रहा, जब सुल्तान अलाउद्दीन ने अपने स्वभाव के विपरीत घायल मुहम्मद शाह से प्रेम प्रकट करते हुए, गहरी संवेदना व्यक्त की और शाही हकीम को बुलाकर उसके इलाज का आदेश दिया। परन्तु स्वाभिमानी मुहम्मद शाह ने न केवल शाही हकीम को अपने घावों को छूने से मना कर दिया, बल्कि अलाउद्दीन के लिए अपशब्दों का भी प्रयोग किया। अन्ततः सुल्तान ने उसके शरीर को हाथी से कुचलवा दिया।[158]

1303 में अलाउद्दीन ख़िलजी ने राजपूताने के एकमात्र बचे स्वतंत्र राज्य चित्तौड़ पर आक्रमण कर दिया। इस सैन्य अभियान में भी हमारे कवि अमीर ख़ुसरो सम्मिलित थे। उन्होंने इसका आँखों देखा दृश्य अपनी पुस्तक 'खज़ाइनुल फुतूह' में प्रस्तुत किया है। रणथम्भौर की तरह चित्तौड़ का क़िला भी अद्वितीय सौन्दर्य से परिपूर्ण था, और अपराजेय भी। क़िले के सौन्दर्य की व्याख्या कई इतिहासकारों ने बहुत ही कलात्मकता से की है। यह क़िला नहीं था, अपितु एक जादुई महल था। पृथ्वी तल पर 12 किमी. व्यास में फैला, 500 फ़ीट ऊँचा और ऊँचाई पर 6 किमी. व्यास में चारों ओर एक सुदृढ़ चारदीवारी, जिसमें आवश्यकतानुसार छिद्र बने हुए थे। 85 से अधिक कुएँ और तालाब, सैकड़ों हरे-भरे उपवन, अनगिनत सुन्दर महलों के साथ ये क़िला मानो धरती पर स्वर्ग हो। इस भव्य क़िले का निर्माण मौर्य साम्राज्य के राजा चित्रांगद द्वारा करवाया गया बताया जाता है। परन्तु 8वीं शताब्दी में इस क़िले पर गुहिला राजाओं का अधिकार हो गया, जो विभिन्न वंशावलियों में परिवर्तित होते हुए 13वीं शताब्दी में पुनः गुहिला राजाओं के अधिकार में आ गया।[159]

अलाउद्दीन के आक्रमण के समय चित्तौड़ पर गुहिला राजपूत राजा रावल रत्न सिंह का अधिकार था, जो 2 वर्ष पूर्व ही राज सिंहासन पर बैठा था। रत्न सिंह महाराजा समर सिंह का पुत्र था। अलाउद्दीन ख़िलजी ने 8 माह के कुशल युद्ध रणनीति और कठिन घेराबन्दी के बाद क़िले पर अधिकार कर लिया। उसने रावल रत्न सिंह को गिरफ़्तार कर लिया। इस युद्ध में दोनों ओर से हज़ारों की संख्या में सैनिक मारे गए। अकेले चित्तौड़ के 30 हज़ार सैनिकों के मारे जाने की सूचना अमीर ख़ुसरो के 'ख़ज़ाइनुल फुतूह' से मिलती है। चित्तौड़ पर अधिकार कर लेने

के उपरान्त अलाउद्दीन ने उसका नाम ख़िज्राबाद रखा, और अपने 8 वर्षीय पुत्र युवराज ख़िज्र ख़ाँ को वहाँ का गवर्नर नियुक्त कर दिया।[160]

अलाउद्दीन का समकालीन इतिहासकार ज़िया बर्नी तारीख़े फ़ीरोजशाही में इस घटना का सरसरी तौर पर वर्णन करता है। के. एस. लाल को इस पर घोर आश्चर्य हुआ कि बर्नी किस प्रकार एक पंक्ति में चित्तौड़ विजय की सूचना देकर निकल जाता है। बर्नी लिखता है, "अलाउद्दीन फिर नगर से चित्तौड़ की ओर एक अभियान पर गया। चित्तौड़ का घेराव किया और थोड़े ही दिनों में उस पर अधिकार कर लिया और वहाँ से फिर नगर वापस लौट आया।"[161]

चित्तौड़ विजय के समय ज़ियाउद्दीन 20 वर्ष का था। वह कभी दरबार में नहीं गया। परन्तु उसके चाचा अलाअ मलिक उन दिनों दिल्ली के कोतवाल थे, और लोगों को आश्चर्य था कि कई बार अलाउद्दीन के सामने सत्य बात कह देने पर भी उनकी जान बची रह गई। ख़िलजी वंश पर अपनी बहुत तथ्यात्मक पुस्तक 'History of the Khiljis' में के. एस. लाल ने समस्त उपलब्ध साक्ष्यों के आधार पर यह माना है कि क़िले में अन्तिम दिन जौहर की प्रथा सम्पन्न हुई थी। यह भी स्वीकार किया, 'सम्भव है उसमें कोई रानी पद्मिनी भी रही हो', परन्तु रानी पद्मिनी और उसके जौहर करने का ज़िक्र युद्ध क्षेत्र में उपस्थित अमीर ख़ुसरो ने अपनी पुस्तक 'ख़ज़ाइनुल फुतूह' में नहीं किया है।

लेखक और साहित्यकार अमीर ख़ुसरो वह महत्त्वपूर्ण व्यक्ति थे, जो अलाउद्दीन के दरबारी होने के नाते रणभूमि में उपस्थित थे। प्रेमाख्यानों का विवरण प्रस्तुत करने को आतुर रहने वाले इस इतिहासकार और कवि के लिए अलाउद्दीन के पद्मिनी पर मर मिटने की अदा पर ध्यान न देना आश्चर्यजनक है। ऐसी स्थिति में जबकि ख़ुसरो गुजरात की रानी कमला देवी की पुत्री देवल रानी और अलाउद्दीन के पुत्र ख़िज्र ख़ाँ की प्रेम कहानी पर एक महाकाव्य लिख देते हैं। अभी 2 वर्ष पूर्व ही तो रणथम्भौर में उन्होंने हम्मीर देव की रानी सारंगा के जौहर में सती होने की सूचना दी है। क्या कारण है कि एक बेख़ौफ़ लेखक के रूप में विख्यात अमीर ख़ुसरो चित्तौड़ में जौहर के आयोजन की सूचना नहीं देते। यदि अमीर ख़ुसरो ने इसकी पुष्टि नहीं की तो निश्चित रूप से यह घटना असत्य है। अंग्रेज़ इतिहासकार जेम्स टॉड (James Todd 1782-1838) ने अपनी पुस्तक 'Annals and Antiquities of Rajasthan' और निकोलाओ मानुची (Niccolao Manucci 1638-1717) ने 18वीं शताब्दी में लिखी अपनी पुस्तक 'Mogul India 1653-1708' Vol. 4 में राजा रत्न सिंह को लड़ते-लड़ते मारा गया दिखाया है, और उन्होंने यह भी जोड़ा है कि क़िले में जौहर की प्रथा सम्पन्न हुई, जिसमें रानी पद्मिनी ने जलकर अपनी जान दे दी। मानुची जो तथ्यों में बेशर्मी से नमक-मिर्च लगाकर प्रस्तुत करने में महारत रखता है। उसने रानी पद्मिनी की कहानी में बड़ा हेर-फेर किया है। अंग्रेज़

इतिहासकारों ने अपनी पुस्तकों में रानी पद्मिनी के जौहर की जो कहानी बताई है। वह भाटों की लोक कथाओं और जायसी के महाकाव्य 'पद्मावत' पर ही आधारित है।

रानी पद्मिनी की कथा

मलिक मुहम्मद जायसी[162] द्वारा रचित महाकाव्य 'पद्मावत' में प्रस्तुत चित्तौड़ के राजा रतनसेन और रानी पद्मिनी की जो कथा प्रस्तुत की गई है, वह ऐतिहासिक और भौगोलिक रूप से असत्य और भ्रामक है, इस असत्य कथा का ताना-बाना महाराजा रतनसेन के वास्तविक चरित्र के आधार पर बुना गया है। चित्तौड़ की पराजय और राजपूत सरदारों की वीरता अद्वितीय है, परन्तु इस ऐतिहासिक घटना में भाटों द्वारा इतने रूपकीय अलंकार सम्मिलित किये गए और तथ्यों के साथ छेड़छाड़ करते हुए उसमें निरन्तर नमक-मिर्च लगाए जाते रहे कि साहस और पराक्रम की उस कहानी में ऐतिहासिक साक्ष्यों का ह्रास होता चला गया। रानी पद्मिनी, सिंहल द्वीप, हीरामन तोता द्वारा रानी के सौन्दर्य इत्यादि के वर्णन को भाटों द्वारा बाद में जोड़ा गया, ज़ो जायसी के महाकाव्य का आधार बना। जायसी ने इस कथा को जिस प्रकार साहसिक दुखान्त प्रेमाख्यान के रूप में वर्णित किया, उसने शीघ्र ही लोगों के मस्तिष्क को अपने प्रेमपाश में जकड़ लिया। उसे इतनी बार सुना और सुनाया गया कि वही वास्तविक ऐतिहासिक स्रोत हो गया। यह जायसी का कमाल है कि उन्होंने पद्मावत में अपनी रचनात्मक प्रतिभा से ऐतिहासिक तथ्यों का एक ऐसा काल्पनिक ताना-बाना बुना कि परवर्ती इतिहासकारों ने उसे ऐतिहासिक तथ्य मान लिया। फ़ारसी इतिहासकार तथ्यों की अधिक छानबीन करने में विश्वास नहीं करते। फ़रिश्ता, हाजी अलदबीर, कर्नल जेम्स टॉड और मानुची सभी ने पद्मावत को अपने ऐतिहासिक ग्रंथों का स्रोत बनाया है। यही नहीं पद्मावत भारतीय क्लासिक साहित्य का आध्यात्मिक स्रोत भी है।

1303 में चित्तौड़ युद्ध समाप्त होने के 237 वर्षों बाद 1520 में जायसी ने अपना भव्य महाकाव्य 'पद्मावत' लिखना प्रारम्भ किया। यह महाकाव्य जायसी के 20 वर्षों के कड़े परिश्रम का परिणाम है। क्योंकि लेखन के दौरान ही जायसी पर अचेतन अवस्था प्रभावी हो गया, जो प्रायः सूफ़ियों में होता रहता है। वे घर से निकल खड़े हुए और कई वर्षों तक घूमते रहे। फिर वे घर आए और 'पद्मावत' पर कार्य प्रारम्भ किया। 1540 में उन्होंने 'पद्मावत' पूर्ण किया। यह भारत में सुल्तान शेरशाह सूरी के आगमन के दिन थे। वे एक दोहे में शेरशाह सूरी के काल का वर्णन करते हैं, जिससे ज्ञात होता है कि वह 'पद्मावत' के पूर्ण होने का समय है।

शेरशाह दिल्ली सुलतानू। चारहु खंड तपै जस भानू॥
ओही छाज राज औ पाटू। सब राजा भुइं धरा ललाटू॥

जायसी के अनुसार अलाउद्दीन ख़िलजी ने 8 वर्षों के कठिन परिश्रम के बाद क़िले पर विजय प्राप्त की, जबकि सत्यता यह है कि अलाउद्दीन ने 28 जनवरी, 1303 को चित्तौड़ के क़िले पर धावा बोला और 25 अगस्त, 1303 को 8 माह के भीतर क़िले पर अधिकार कर लिया। जायसी कहते हैं कि महाराजा रतनसेन को सिंहल द्वीप जाने और रानी पद्मावती को लाने में 12 वर्ष लग गए। जबकि सच्चाई यह है कि जब अलाउद्दीन ने चित्तौड़ पर आक्रमण किया तो रतनसेन यानी राजा रत्न सिंह को सिंहासन पर बैठे केवल 3 वर्ष ही हुए थे। पद्मावत में कहा गया है कि उस समय सिंहल द्वीप के राजा गंधर्व सेन थे। जबकि वास्तविकता यह है कि यदि सिंहल द्वीप ही श्रीलंका है तो 1303 में वहाँ का राजा पराक्रम भाऊ चतुर्थ था।

यदि देखा जाए तो "पद्मावती की कथा के अनेक प्राचीन स्रोत उपलब्ध हैं, बल्कि पुराण में भी इसका उल्लेख मिलता है। पुराण में कहा गया है कि पद्मावती सिंहल देश के राजा वृहद्रथ की पुत्री है। 'कथासरित्सागर' में भी पद्मावती की कथा का वर्णन है।"[163] इसका वर्णन प्राचीन देवमालाई ग्रंथों में अत्यधिक बार हुआ है। श्री हर्ष की रत्नावली में भी सिंहल द्वीप का जिक्र आया है। यहाँ की कन्याएँ पद्मिनी जाति की होती हैं। संस्कृत ग्रंथ 'अनंगरंग' के लेखक कल्याण मल्ल के अनुसार पृथ्वी पर चार प्रकार की स्त्रियाँ पाई जाती हैं, इनमें पद्मिनी का सौन्दर्य सबसे अनूठा और सम्पूर्ण होता है। उन्होंने प्राकृतिक बनावट, आचार-विचार और चाल-चलन, यहाँ तक कि यौन अभिव्यक्ति के अनुरूप स्त्रियों को पद्मिनी, चित्रिणी, शंखिनी और हस्तिनी के रूप में परिभाषित किया है। उन्होंने पद्मिनी के लक्षण को कुछ यूँ चित्रित किया है—

प्रान्तारक्तकुरंगशावनयना पूर्णेन्दुतुल्यानना
पीनोत्तुन्गकुचा शिरीषमृदुला स्वल्पाशना दक्षिणा।
फुल्लाम्भोजसुगन्धिकामसलिला लज्जावती मानिनी
श्यामा चापि सुवर्णचम्पकनिभा देवादिपूजारता॥
उन्निद्राम्बुजकोशतुल्यमदनच्छत्रा मरालस्वना
तन्वी हंसवधूगतिः सुललितं वेषं सदा बिभ्रती।
मध्यं चापि वलित्रयांन्कितमसौ शुक्लाम्बराकांक्षिणी
सुग्रीवा शुभनासिकेति गदिता नार्युत्तमा पद्मिनी॥

(हरिणी के बच्चे के समान नेत्र वाली, आँखों के लाल कोये से युक्त, पूर्ण चन्द्रमा के समान मुख वाली, मांसल मोटे और ऊपर उठे हुए कूचों वाली,

शिरीष के फूल के समान कोमल, थोड़ा भोजन करने वाली, व्यवहार में कुशल, फूले हुए कमल के सुगन्ध के समान मैथुन के अन्त में निकले जल वाली, लजीली, स्वाभिमानी, श्यामा, सोने और चम्पा के फूल समान वर्ण वाली, देवताओं आदि की पूजा में रुचि रखने वाली, खिले कमल के कोश के समान उठी हुई योनि वाली, हंस के समान शब्द ध्वनि वाली, छरहरी, हंसवधु के समान मंद गति वाली, सदा सुन्दर भेष धारण करने वाली, शंख के समान सुन्दर गर्दन और सुन्दर नाक-नक्श वाली ऐसे लक्षणों से युक्त स्त्रियों में उत्तम स्त्री पद्मिनी होती है।)[164]

नाथ सम्प्रदाय के योगी सिंहल द्वीप की कन्याओं को जादूगरनी की संज्ञा देते हैं। उनके मतानुसार यदि कोई योगी सिंहल द्वीप की कन्याओं के त्रिया चरित्र से बचकर चला आया तो उसका योग सफल माना जाता है। परन्तु एक बात ध्यान देने योग्य है कि पद्मावत में राजा रतनसेन योगी के ही भेष में सिंहल द्वीप जाता है, परन्तु उसे वहाँ की कन्याओं से बचना नहीं है, बल्कि उसका उद्देश्य पद्मिनी नामी कन्या को प्राप्त करना है। यही नहीं हीरामन तोते की परिकल्पना का आधार भी पूर्ववर्ती ग्रंथों में उपलब्ध है। बाणभट्ट की 'कादंबरी' भी तोते के मुख से कहलाई गई है। पद्मावत के अन्य चरित्रों की तरह सिंहल द्वीप भी भौगोलिक स्थान न होकर धार्मिक परम्परा द्वारा विकसित एक विचित्र स्थान मात्र है। केवल पद्मावती या तोता ही नहीं सिंहल द्वीप का उल्लेख भी आदि ग्रंथों में उपलब्ध है। जायसी का कहना है कि पद्मावती की कथा उनके समय में जिस रूप में प्रचलित थी, उसे उन्होंने भाषा अर्थात अवधी में लिख दिया है[165]—

आदि अन्त जस गाथा अहै। लिखि भाषा चौपाई कहै॥

जायसी का महाकाव्य 'पद्मावत' सौन्दर्य का आख्यान है। इसमें जायसी ने आध्यात्मिक सौन्दर्यबोध का विस्तृत वर्णन किया है। इसलिए इसमें केवल सौन्दर्य और बुद्धि पर ही चर्चा हुई है। अवधी में यह अद्वितीय महाकाव्य अपनी कलात्मकता और रूपकीय आख्यानों के लिए जाना जाता है। जब कोई पाठक पद्मावत के ऐतिहासिक और भौगोलिक तथ्यों को परे रखकर, उसके सौन्दर्य, बुद्धि और साहित्यिक चेतना की विवेचना करता है, तो जायसी की कलात्मकता और रूपकीय गुणों का कायल हो जाता है। पद्मावत में ऐतिहासिक चरित्रों का प्रतीकात्मक उल्लेख करके मानवीय आख्यानों का मूल्यांकन किया गया है। इसलिए इसका महत्त्व सामाजिक दर्शन के रूप में अधिक है, इसमें मोह, लिप्सा, भोग-विलास के विरुद्ध, एक काव्यात्मक आलेख प्रस्तुत किया गया है। पद्मावत प्रतीक है, बुराई और अच्छाई की, जैसा कि उन्होंने कहा है—

तन चितउर मन राजा कींहा। हिय सिंहल बुधि पद्मिनी चींहा॥
गुरु सुवा जेइ पंथ देखावा। बिन गुरु जगत को निरगुन पावा॥
नागमती यह दुनिया धंधा। बांचा सोइ न एहि चित बँधा॥
राघव दूत सोई सैतानू। माया अलाउदीं सुलतानूं॥

सूफ़ी परम्परा में कुछ ऐसे शब्दार्थ हैं, जिस पर अधिकार करके ही सूफ़ी ईश्वर तक पहुँच सकता है, जैसे माया, तृष्णा, हृदय, बुद्धि, सौन्दर्य और मस्तिष्क इत्यादि। इन पर अधिकार पाने के लिए एक गुरु की आवश्यकता होती है। 'बिन गुरु जगत को निरगुन पावा' जायसी सुआ को गुरु की संज्ञा देते हैं, जो रत्न को प्रेम के चरमोत्कर्ष अर्थात पद्मिनी, जो बुद्धि या सौन्दर्य की प्रतीक है, तक पहुँचाने में सहायता करता है। जायसी ने अपने प्रतीकात्मक महाकाव्य 'Allegory' में चित्तौड़ को शरीर, रतनसेन को मस्तिष्क, सिंहल द्वीप को हृदय, बादल योगी को मक्कार, शैतान और अलाउद्दीन को माया या तृष्णा के रूप में चित्रित किया है।[166]

1309 में अलाउद्दीन के सवाना सैन्य अभियान में भी अमीर ख़ुसरो उसके साथ थे। अलाउद्दीन ने सवाना के क़िले पर 1308 में धावा बोला। सवाना पर परमार राजपूत सरदार सायल देव का अधिकार था। सायल देव ने अलाउद्दीन की अधीनता स्वीकार करने के उसके प्रस्ताव को अस्वीकार कर दिया था। उसको चारों ओर से घेर लिया गया था। 'शोध' पत्रिका के लेखक पद्मनाथ कहता है कि यह क़िला भी धोखे से पराजित हुआ। बहुत समय तक जब क़िले पर अधिकार नहीं हुआ, तो अलाउद्दीन ने भीलों की सहायता ली। भीलों ने एक गोपनीय रास्ते से जाकर क़िले के अन्दर पानी के सबसे बड़े भंडार में गाय का सिर काटकर डाल दिया। जिसके बाद पानी अपवित्र हो गया। उसी दिन ज्ञात हो गया कि क़िला पराजित हो जाएगा।[167]

अमीर ख़ुसरो 'ख़ज़ाइनुल फुतूह' में लिखते हैं कि बड़ी कठिनाई से शाही सेना के सिपाही क़िले की दीवार पर चढ़ने में सफल हुए। सरदार सायल देव युद्ध करते हुए मारा गया। जब उसका सिर काटकर अलाउद्दीन के पास लाया गया, तो उसका बड़ा सिर देखकर लोग आश्चर्यचकित रह गए। उसका शरीर बहुत बड़ा और भारी था। कमालुद्दीन गुर्ग को सवाना का गवर्नर नियुक्त किया गया।

1317 के अन्त और 1318 के प्रारम्भ में सुल्तान कुतुबुद्दीन मुबारक शाह ने देवगिरि में एक विद्रोह को दबाने के लिए स्वयं एक सैनिक अभियान का नेतृत्व किया। वे बहुत तेज़ी से शाही सेना लेकर देवगिरि की ओर बढ़ा। अमीर ख़ुसरो जो उसके साथ थे, इस सैनिक अभियान के सम्बन्ध में अपने काव्य ग्रंथ 'नुह सिपहर' में जो विवरण दिया है, उसके अनुसार दिल्ली की शाही सेना के लिए देवगिरि के अभियान में कोई कठिनाई नहीं आई। कुतुबुद्दीन ने बिना किसी प्रतिरोध के देवगिरि पर अधिकार कर लिया। वहाँ के विद्रोही गवर्नर हरिपाल देव को कमांडर ख़ुसरो

ख़ाँ ने जंगलों से गिरफ़्तार करके सुल्तान के सामने प्रस्तुत किया। उसे फाँसी दी गई, और उसके स्थान पर मलिक यकलखी को गवर्नर नियुक्त किया गया। देवगिरि के बाद द्वार समुद्र, तेलंगाना और गुलबर्गा जैसे छोटे-छोटे क्षेत्रों पर पुनः अधिकार करके नये लोगों को वहाँ बिठा दिया गया।[168]

सुल्तान ग़ियासुद्दीन तुग़लक़ ने 1323 में बंगाल के सैनिक अभियान का नेतृत्व किया। अमीर ख़ुसरो इस अभियान में सुल्तान के साथ थे। ख़ुसरो इस समय 72 वर्ष के हो चुके थे। लेकिन उनकी लम्बी सैनिक यात्रा जीवन के साथ उनकी दिलचस्पी को रेखांकित करती है। इसी दौरान वे अपने अन्तिम ऐतिहासिक ग्रंथ 'तुग़लक़नामा' का सम्पादन भी कर रहे थे। इस ग्रंथ में बंगाल के सैनिक अभियान का विशेष वर्णन है। बंगाल में शम्सुद्दीन फ़ीरोज़ गवर्नर था। 1322 में उसकी मृत्यु के उपरान्त उसके चार पुत्रों में से एक ग़ियासुद्दीन बहादुर ने सत्ता पर अधिकार कर लिया। उसने अपने नाम के सिक्के ढलवाए और स्वयं को सुल्तान घोषित कर दिया, और अपने छोटे भाइयों को मारकर भगा दिया। इसकी सूचना दिल्ली पहुँची तो सुल्तान तुग़लक़ ने दिल्ली सल्तनत को एक तीन सदस्यीय कौंसिल को सौंपकर स्वयं शाही सेना के साथ बंगाल की ओर कूच कर दिया। बहादुर के भाई सुल्तान से बनारस में आकर मिले। शाही सेना के सामने बंगाल के विद्रोही गवर्नर की सेना ताश के पत्तों की तरह भरभरा गई। शाही सेना के कमांडरों ने बहादुर को एक गाँव से पकड़ा, जहाँ वह छुपा हुआ था। उसे फाँसी दे दी गई, और उसके दूसरे भाई नासिरुद्दीन को वहाँ का गवर्नर नियुक्त कर दिया।

दूसरे वर्ष बंगाल से वापसी पर सुल्तान तिरहुत होते हुए दिल्ली की ओर बढ़ा। उसने तेज़ी से आगे बढ़कर तिरहुत के स्वतंत्र राज्य पर अधिकार कर लिया। उसने वहाँ की व्यवस्था अपने वफ़ादार कमांडर अहमद ख़ाँ को सौंपकर अपने सुरक्षा दस्ते के साथ दिल्ली की ओर कूच किया। सुल्तान इतना तीव्र गति से चल रहा था कि सेना उसका साथ नहीं दे पा रही थी। इसलिए सेना पीछे छूट गई। अमीर ख़ुसरो भी सेना के साथ थे। वे जब दिल्ली पहुँचे, बहादुर पुर में स्वागत द्वार गिरने वाली घटना में तुग़लक़ की मृत्यु हो चुकी थी। यह अमीर ख़ुसरो का अन्तिम सैन्य अभियान था।

सन्दर्भ और टिप्पणियाँ

1. ख़ुसरो शनासी-ज़ोए अंसारी, पृ. 17, राष्ट्रीय उर्दू भाषा विकास परिषद, नई दिल्ली, 1998
2. तारीख़े फ़रिश्ता-मु. कासिम फ़रिश्ता, भाग एक, उर्दू अनुवाद अब्दुल हई ख़्वाजा एमए, पृ. 394, मकतबा मिल्लत देवबन्द, 1983
3. तारीख़े अदब उर्दू : भाग एक, जमील जालिबी, पृ. 34, एजूकेशनल पब्लिशिंग हाउस, नई दिल्ली, 2009

4. शैरुल अजम : भाग दो, शिब्ली नोमानी, पृ. 109, दारुलमुसन्निफीन आजमगढ़, 2018
5. उर्दू का इब्तेदाई ज़माना शम्सुर्रहमान फ़ारूक़ी, पृ. 67, आज प्रकाशन, कराची, 1999
6. अमीर ख़ुसरो का हिन्दवी काव्य प्रो. गोपीचन्द नारंग, पृ. 75 वाणी प्रकाशन, नई दिल्ली, 2012
7. तारीख़े अदब उर्दू : भाग एक, सैयदा ज़ाफ़र व ज्ञानचन्द जैन, पृ. 389, राष्ट्रीय भाषा विकास परिषद, नई दिल्ली, 1998
8. अलामतों का ज़वाल, इंतज़ार हुसैन, पृ. 189, मक्तबा जामिया लिमिटेड, नई दिल्ली, 1983
9. ख़ुसरो शनासी, शोधपत्र, खड़ी बोली के इर्तेका में अमीर ख़ुसरो का हिस्सा, ज्ञानचन्द जैन, पृ. 208
10. आबे हयात, मौलाना मुहम्मद हुसैन आज़ाद, पृ. 67, उ. प्र. उर्दू अकादमी लखनऊ, 1982
11. शैरुल अजम, भाग दो, पृ. 108
12. अमीर ख़ुसरो और उनका हिन्दी साहित्य, डॉ. भोलानाथ तिवारी, पृ. 51, प्रभात प्रकाशन, नई दिल्ली 2012
13. आबे हयात, पृ. 71
14. तारीख़े ज़बान व अदब उर्दू, भाग एक, प्रो. अंसारुल्लाह, पृ. 114, ब्राउन बुक पब्लिकेशंज़, नई दिल्ली, 2012
15. अमीर ख़ुसरो बहैसियत हिन्दी शाइर, सफदर आह, अलवी बुक डिपो, मुम्बई, पृ. 53
16. अलामतों का ज़वाल, इंतज़ार हुसैन, पृ. 198
17. पंजाब में उर्दू, हाफ़िज़ महमूद शीरानी, पृ. 126, राष्ट्रीय उर्दू भाषा विकास परिषद, नई दिल्ली, 2005
18. अलामतों का ज़वाल, पृ. 196
19. अमीर ख़ुसरो अहद फ़न और शख़्सियत, अर्श मल्सियानी, पृ. 132, मरकज़ तसनीफ व तालीफ, लखनऊ, 1974
20. गार्सां द तासी, प्रो. सुरैया हुसैन, पृ. 92, उ.प्र. उर्दू अकादमी, लखनऊ, 2010
21. गार्सां द तासी, पृ. 90
22. उर्दू अदब के इर्तका में अदबी तहरीकों का हिस्सा, डॉ. मंज़र आज़मी, पृ. 84-85, उ.प्र. उर्दू अकादमी, लखनऊ, 2015
23. गिलक्रिस्ट और उसका अहद, मुहम्मद अतीक अहमद, अंजुमन तरक़्क़ी उर्दू, अलीगढ़, 1960, पृ. 41
24. तारीख़े अदब उर्दू, भाग तृतीय, डॉ. जमील जालिब, पृ. 416, एजुकेशनल पब्लिशिंग हाउस, नई दिल्ली, 2007
25. तारीख़े अदब उर्दू, भाग तृतीय, पृ. 415
26. अमीर ख़ुसरो, बहैसियत हिन्दी शाइर, पृ. 32
27. वही, पृ. 43
28. वही, पृ. 11
29. वही, पृ. 12
30. वही, पृ. 12
31. वही, पृ. 11
32. अमीर ख़ुसरो, देहलवी हयात और शाइरी, प्रो. मुमताज़ हुसैन, पृ. 206, नेशनल कमेटी बराए

सात सौ साला तकरीबात, अमीर ख़ुसरो, कराची, 1975

33. अमीर ख़ुसरो, बहैसियत हिन्दी शाइर, पृ. 25
34. अमीर ख़ुसरो का हिन्दवी काव्य, पृ. 47-48
35. वही, पृ. 48
36. आबे हयात, पृ. 71
37. इब्न बतूता की भारत यात्रा, पृ. 28, नेशनल बुक ट्रस्ट, नई दिल्ली, 2011
38. भारत का इतिहास, रोमिला थापर, पृ. 267 राजकमल प्रकाशन, नई दिल्ली, 1998
39. वही, पृ. 273
40. अमीर ख़ुसरो, देहलवी हयात और शाइरी, पृ. 348
41. अमीर ख़ुसरो और उनका हिन्दी साहित्य, पृ. 142-43
42. आबे हयात, पृ. 67
43. उर्दू का इब्तेदाई ज़माना, पृ. 78-79
44. जवाहरे ख़ुसरवी, मौलाना अमीन अब्बासी चिरैयाकोटी और मौलाना रशीद अहमद सालिम, प्रस्तावना, ख़ालिक़ बारी, पृ. 4, एमएओ कॉलेज इन्स्टिट्यूट प्रेस, अलीगढ़, 1918
45. उर्दू का इब्तेदाई ज़माना, पृ. 113
46. तारीख़े अदब उर्दू, भाग एक, जमील जालिबी, पृ. 31
47. वही, पृ. 55
48. वही, पृ. 55
49. जवाहरे ख़ुसरवी, पृ. 10
50. पंजाब में उर्दू, पृ. 131
51. वही, पृ. 129
52. वही, पृ. 16
53. फ़िरदौसी और महमूद गज़नवी का विवाद, हसन बिन इसहाक़ बिन शर्फ़ उपनाम फ़िरदौसी (950-1020) फ़ारसी का महान कवि था। वह तूस के एक गाँव पाज में रहता था। गाँव में उसकी बड़ी खेती थी। वह सम्पन्न घराने की सन्तान था इसलिए उसकी शिक्षा-दीक्षा बहुत अच्छी हुई थी। उसकी शाइरी की चर्चा सुनकर महमूद गज़नवी ने उसे बुलाया और ईरान के इतिहास पर एक महाकाव्य लिखने की फ़रमाइश की। उसने उसे गज़नी में रहने के लिए एक बाग़ और अन्य सुविधाएँ दी। उसने फ़िरदौसी से वादा किया कि प्रत्येक शेर पर एक अशरफ़ी दी जाएगी। उसने यह भी कहा कि जब एक हज़ार शेर हो जाए, तो एक हज़ार अशरफ़ी ख़ज़ाने से ले लिया करना। फ़िरदौसी यह सोचकर कि सारा पैसा एक साथ लेकर अपने गाँव में बाढ़ से बचाव के लिए बाँध बनवाएगा उसने हज़ार अशरफ़ी लेने का इरादा छोड़ दिया। उसने कड़ी मेहनत करके 30 वर्षों में 60 हज़ार शेरों का एक महाकाव्य लिखा और उसका नाम 'शाहनामा' रखा। जब वह शाहनामा लेकर महमूद के पास गया तो उसने उसे चाँदी के सिक्के दिये। फ़िरदौसी ने चाँदी के सिक्के लेने से मना कर दिया और नाराज़ होकर घर चला आया। फ़िरदौसी के इनकार पर महमूद भी बहुत नाराज़ हुआ उसने उसकी गिरफ़्तारी का आदेश दे दिया। फ़िरदौसी गिरफ़्तारी से बचने के लिए इधर-उधर छुपता फिरा। इस दौरान उसकी आर्थिक स्थिति भी ख़राब हो गई। वह बीमार रहने लगा। कुछ वर्षों बाद किसी ने महमूद के सामने फ़िरदौसी का कोई शेर पढ़ा। कहा जाता है कि शेर सुनकर महमूद उछल पड़ा। उसने पूछा कि यह शेर किसका है? बताया गया कि फ़िरदौसी का। महमूद को

फ़िरदौसी के साथ किये गए अपने अन्याय का आभास हुआ। उसने तुरन्त बैलगाड़ियों पर लादकर 60 हज़ार अशरफ़ी फ़िरदौसी के पास भेजवाया। फ़िरदौसी के पास यह अशरफ़ियाँ उस समय पहुँचीं जब उसका जनाज़ा निकल रहा था। सिपाहियों को फ़िरदौसी का पता भी ढूँढ़ने में समय व्यतीत हुआ। फ़िरदौसी के पुत्र की पहले ही मृत्यु हो गई थी। उसकी इकलौती पुत्री ने महमूद की अशरफ़ियाँ यह कहते हुए लेने से मना कर दिया कि इन अशर्फियों के लिए मेरे पिता ख़ून के आँसू रोए अब ये मेरे किसी काम के नहीं हैं।

54. आजकल उर्दू मासिक, नई दिल्ली, नवंबर 1980, लेख, हाफ़िज़ महमूद ख़ाँ शीरानी, नन्द किशोर विक्रम, पृ. 21
55. अमीर ख़ुसरो, देहलवी हयात और शाइरी, पृ. 348
56. अमीर ख़ुसरो का हिन्दवी काव्य, पृ. 95
57. वही, पृ. 98-99
58. तारीख़े अदब उर्दू, भाग दो, जमील जालिबी, पृ. 35
59. सूफ़ीवाद के आध्यात्मिक आयाम, जाफ़र रज़ा, पृ. 18, लोकभारती प्रकाशन, इलाहाबाद, 2014
60. हिन्दुस्तानी मुसलमान, मुहम्मद मुजीब, उर्दू अनुवाद मुहम्मद मेंहदी, पृ. 175, राष्ट्रीय उर्दू भाषा विकास परिषद, नई दिल्ली 1998। हिन्दुस्तानी मुसलमान, प्रो. मुहम्मद मुजीब की प्रसिद्ध पुस्तक 'The Indian Muslim' का उर्दू अनुवाद है।
61. हिन्दुस्तानी मुसलमान, पृ. 158
62. सियरुल औलिया सैयद मुहम्मद बिन मुबारक किरमानी, उर्दू अनुवाद, डॉ. अब्दुल लतीफ, पृ. 329, अदबी दुनिया, नई दिल्ली-1999
63. ख़ुसरो शनासी, पृ. 98
64. हिन्दुस्तानी मुसलमान, पृ. 210
65. इलतायफे अशरफ़ी, भाग दो, निज़ाम यमनी उर्दू अनुवाद, मौलाना अब्दुस्सत्तार फ़ैज़ाबादी, दानिश बुक डिपो, टांडा, 1995
66. क़ाफ़िला क्यों लुटा? तमीम अंसारी उर्दू अनुवाद, मुहम्मद ज़की किरमानी, पृ. 203, एवेरोज़ अकादमी, अलीगढ़, 2017। क़ाफ़िला क्यों लुटा? अफ़ग़ानी मूल के अमेरिकी लेखक तमीम अंसारी की लोकप्रिय पुस्तक 'Destiny Desrupted' का उर्दू अनुवाद है।
67. क़ाफ़िला क्यों लुटा? पृ. 142-43
68. रूहे इस्लाम, सैयद अमीर अली उर्दू अनुवाद, मुहम्मद हादी हुसैन, पृ. 684, इस्लामिक बुक सेंटर, नई दिल्ली, 2005। रूहे इस्लाम सैयद अमीर अली की अंग्रेज़ी पुस्तक 'The Spirit of Islam' का उर्दू अनुवाद है।
69. क़ाफ़िला क्यों लुटा?, पृ. 150
70. हिन्दुस्तानी मुसलमान, पृ. 166
71. फ़वायदुल फुवाद ख़्वाजा अमीर हसन देहलवी, भाग दो, 28वीं मजलिस, पृ. 397, उर्दू अनुवाद ख़्वाजा हसन सानी निज़ामी। उन्होंने अपनी देखरेख में इस पुस्तक को नई दिल्ली से 2007 में प्रकाशित कराया।
72. फवायदुल फवाद, पृ. 82
73. हिन्दुस्तानी मुसलमान, पृ. 201
74. जवामेउल कलेम, मल्फ़ूज़ात ख़्वाजा बन्दानवाज़ गेसूदराज़, सम्पादक सैयद अकबर हुसैनी,

अनुवाद प्रो. मुईनुद्दीन दरवाई, फरहीन पब्लिशिंग कम्पनी, जामिया नगर, नई दिल्ली, पृ. 225-26

75. अल-एहसान, अंक 7, पृ. 146-47, शाह सफी एकेडमी, इलाहाबाद, 2017
76. मसनवी मौलाना रूम, भाग दो, जलालुद्दीन रूमी, पृ. 3, प्रस्तावना, कारी सज्जाद हुसैन सबरंग, किताब घर, नई दिल्ली, 1976
77. हिन्दुस्तानी मुसलमान, पृ. 161
78. मसनवी मौलाना रूम, भाग पाँच, पृ. 5
79. तज़्किरतुल औलिया फ़रीदुद्दीन अत्तार, पृ. 208, कुतुबख़ाना अजीजिया, देवबन्द।
80. इस्लाम अपनों और परायों की नज़र में, मुहम्मद ज़ाकिर, पृ. 132, किताबघर नई दिल्ली 2016
81. तज़्किरतुल औलिया, पृ. 260
82. अल-एहसान, अंक 7, पृ. 108
83. वही, पृ. 109
84. लतायफे अशरफ़ी, भाग दो, पृ. 73
85. अल-एहसान, अंक 7, पृ. 144
86. मसनवी मौलाना रूम, भाग एक, पृ. 26
87. वही, भाग, तीन, पृ. 3
88. लतायफे अशरफ़ी, भाग दो, पृ. 19-33
89. तज़्किरतुल औलिया, पृ. 256
90. अहया-उल-उलूम, इमाम अलग़ज़ाली, भाग दो, उर्दू अनुवाद, मौलाना फ़ैज़ अहमद ओवैसी मक्तबा रज़विया, नई दिल्ली, 1999
91. फुनूने लतीफा मिर्ज़ा सुल्तान अहमद, पृ. 143, मक्तबा जमाल उर्दू बाज़ार लाहौर, 2009
92. आग का दरिया, कुर्रतुल ऐन हैदर, पृ. 22, उर्दू, किताब घर, नई दिल्ली, 1984
93. अल-फ़राबी ने गीत को तीन भागों में विभक्त किया था। प्रथम, हास्य अर्थात हँसाने वाला, द्वितीय, रुदन अर्थात रुलाने वाला और तृतीय, मूर्च्छा अर्थात मूर्च्छित करने वाला। यह उन दिनों की प्रसिद्ध घटना है, जब अल-फ़राबी तुर्किस्तान में रहता था, रे का अमीर साहब बिन आबाद की बड़ी इच्छा थी कि फ़राबी उसके दरबार से सम्बद्ध हो जाए। परन्तु फ़राबी दरवेशों की विशेषता वाला व्यक्ति था। वह उपवनों की रखवाली करता था और अपना समय लिखने-पढ़ने में व्यतीत करता था। उसे खाने, कपड़े पहनने और अच्छी जीवनशैली व्यतीत करने में रुचि नहीं थी। इसलिए उसने कभी अमीरों को ध्यान देने योग्य नहीं समझा। एक दिन वह घूमते हुए साहब बिन आबाद के दरबार की ओर निकल गया। दरबारी उसे पहचान नहीं सके और उसके विचित्र हुलिए को देखकर हँसने लगे। उसने अपने थैले से लकड़ियों के कुछ टुकड़े निकाले और उसे बजाने लगा। संगीत के स्वर सुनकर दरबारी हँसने लगे, जब वे हँसते-हँसते बेहाल हो गए, तो उसने सुर बदला, कुछ ही देर में दरबारियों पर रुदन छा गया और वे रोने लगे। कुछ देर रुलाने के बाद फ़राबी ने एक बार फिर सुर बदला तो दरबारी मूर्च्छित होकर दरबार में सो गए। फिर उसने दरबार की दीवार पर लिखा, "फ़राबी आया, तुम्हें हँसाया, रुलाया और अब छुप गया।" जब दरबारी और अमीर होश में आए तो उन्होंने दीवार पर लिखी ये पंक्ति देखी। अमीर आश्चर्यचकित हो गया। उसने फ़राबी की खोज में चारों ओर अपने आदमियों को भेजा परन्तु वह नहीं मिला। कुछ दिन बाद वह दमिश्क

चला गया जहाँ उसकी भेंट हलब के अमीर सैफ़ुद्दौला से हुई। सैफ़ुद्दौला भी अल-फ़राबी का बहुत शुभचिन्तक और गुणग्राही था। उसकी इच्छा थी कि अल-फ़राबी उसके साथ रहे परन्तु अल-फ़राबी कभी इसके लिए तैयार नहीं हुआ। उसने 90 से अधिक पुस्तकें लिखीं, परन्तु उनमें से केवल 20 पुस्तकें ही सुरक्षित हैं।

94. गर्दिशे रंगे चमन कुर्रतुल ऐन हैदर, पृ. 583, एजुकेशनल पब्लिशिंग हाउस, नई दिल्ली, 1988
95. हुदी ख़्वानी, अरब में ऊँटों की गति बढ़ाने के लिए गाए जाने वाले विशेष प्रकार के गीत को हुदी ख़्वानी कहते हैं। विशेष रूप से क़ाफ़िले में चल रहे ऊँटों की गति बढ़ाने के लिए यह गीत गाया जाता था। कहा गया है कि यह परम्परागत गीत सुनकर ऊँटों पर मस्ती छा जाती थी, और वे सब कुछ भूलकर तेज़ गति से चलने लगते थे। कई बार उनकी गति इतनी तेज़ हो जाती थी कि वे रास्ते में ही गिरकर मर जाते थे। रसूलुल्लाह ने इस गीत को अमानवीय कहते हुए इसे गाने से लोगों को मना किया। अरब में हुदी ख़्वानी के बारे में कई कहानियाँ प्रचलित हैं। इसी प्रकार की एक घटना तसव्वुफ़ की प्रसिद्ध पुस्तक सियरुल औलिया में दर्ज है। एक अरबी बद्दू अपने चार ऊँटों पर अपना सामान लादकर कहीं जा रहा था। वह सायं से पूर्व अपने ठिकाने पर पहुँचना चाहता था, इसलिए निरन्तर हुदी ख़्वानी कर रहा था। अन्तत: ठिकाने पर पहुँचते-पहुँचते उसके तीन ऊँटों की मृत्यु हो गई। चौथा बेहोश होकर गिर पड़ा, बहुत देर बाद उसे होश आया।
96. गर्दिशे रंगे चमन, पृ. 583
97. जहाने रूमी मिर्ज़ा अब्दुल बाक़ी बेग, पृ. 01, पब्लिकेशंज़ डिवीज़न, नई दिल्ली, 2009
98. फ़ुनूने लतीफ़ा, पृ. 155
99. जहाने रूमी, पृ. 89
100. मुक़द्दमा शेर व शाइरी, मौलाना अल्ताफ हुसैन हाली, पृ. 15, उ.प्र. उर्दू अकादमी, लखनऊ, 2014
101. अहया उल उलूम : भाग दो, पृ. 477
102. क़ुरआन, सूरा लुकमान, पृ. 19
103. अहया उल उलूम, भाग दो, पृ. 478
104. ख़ुसरो और अहद ख़ुसरो, अब्दुर्रऊफ उरूज, पृ. 186, कराची, 1975
105. जहाने रूमी, पृ. 91
106. अहया उल उलूम, भाग दो, पृ. 476
107. फ़वायदुल फुवाद, पृ. 37
108. वही, पृ. 52
109. अजोधन, जिसे पाकपट्टन भी कहते हैं। यहाँ बाबा फ़रीद गंजशकर की दरगाह है। सतलुज नदी के किनारे स्थित अजोधन प्राचीन भारत में अजयवर्धन के नाम से प्रचलित एक उजाड़ क्षेत्र था। बाबा फ़रीद के यहाँ बसने के बाद इसे पट्टन कहा जाने लगा। शहंशाह अकबर ने इसका सुन्दरीकरण कराया और इसे पाकपट्टन का नाम दिया। बँटवारे के बाद यह क़स्बा पाकिस्तान में चला गया। पहले यह पाकिस्तान के मंटगुमरी ज़िले का एक तहसील मुख्यालय था। अब ज़िला मुख्यालय हो गया है। अजोधन में बाबा फ़रीद के बसने की कहानी अनोखी और आकर्षक है। वे दिल्ली के पास हाँसी में रहते थे। वहाँ उनका मन नहीं लगा तो उन्होंने लाहौर में बसने का निर्णय लिया। वे यात्रा में कुछ दिन सड़क के किनारे एक क़स्बे में रुके, जो बाद में फ़रीदकोट के नाम से प्रसिद्ध हुआ। फिर वे कुछ दिन और यात्रा के बाद एक

क़स्बे में रुके। वहाँ के कोलाहल से छुब्ध होकर कुछ दूर अन्दर जाकर अजोधन में ठहरे। वह स्थान उन्हें इतना आकर्षक प्रतीत हुआ कि उन्होंने वहाँ स्थायी रूप से बसने का निश्चय कर लिया। यहाँ उन्होंने ख़ानक़ाह बनवाई। एक जमाअतख़ाना बनवाया, जिसमें उनके शिष्य ठहरते थे। इब्न बतूता ने अपनी यात्रा-वृत्तान्त में बाबा फ़रीद के सन्दर्भ में अजोधन का वर्णन किया है। वह लिखता है कि बाबा फ़रीद किसी से मिलते-जुलते नहीं थे और न ही किसी से हाथ मिलाते थे। वे किसी अन्य को अपने कपड़े तक नहीं छूने देते थे। इब्न बतूता ने जब बाबा फ़रीद की सेवा में इस्कंदरिया के शेख़ बुरहानुद्दीन का सलाम प्रस्तुत किया तो वे बहुत आश्चर्यचकित हुए।

110. फ़वायदुल फवाद, पृ. 61
111. ख़लजी कालीन भारत, अनुवाद सैयद अतहर अब्बास रिज़वी, पृ. 101-02, राजकमल प्रकाशन, नई दिल्ली, 2016
112. हयाते सादी मौलाना अल्ताफ़ हुसैन हाली, पृ. 138, उ.प्र. उर्दू अकादमी, लखनऊ, 2004
113. सनादीदे अजम मेंहदी हुसैन नासिरी, पृ. 183, लाला रामदयाल अग्रवाल बुक सेलर्ज, इलाहाबाद, 1977
114. अमीर ख़ुसरो, वहीद मिर्जा, पृ. 92, एजुकेशनल पब्लिशिंग हाउस, नई दिल्ली, 2015
115. ख़ुसरो शनासी, शोधपत्र अमीर ख़ुसरो की सूफ़ियाना शाइरी, उसलूब अहमद अन्सारी, पृ. 142
116. दिल्ली, खुशवंत सिंह, पृ. 72, किताब घर, नई दिल्ली, 2002
117. हिन्दुस्तानी मुसलमान, पृ. 240
118. शोधपत्र, दिल्ली के हजरत अमीर ख़ुसरो—मु. मुजीब, मध्यकालीन भारत ; भाग दो, सम्पादक इरफ़ान हबीब, पृ. 14, राजकमल प्रकाशन, नई दिल्ली, 1999
119. अमीर ख़ुसरो और उनकी हिन्दी शाइरी-शुजाअत अली सन्देलवी, पृ. 23, ओरिएंटल पब्लिशिंग हाउस, लखनऊ, 1969
120. जामे तारीख़े हिन्द, ख़लीक अहमद निज़ामी और मुहम्मद हबीब, पृ. 422, राष्ट्रीय उर्दू भाषा विकास परिषद, नई दिल्ली, 2013
121. शैरुल अजम, पृ. 93
122. ख़ुसरो और अहद ख़ुसरो, पृ. 82
123. वही, पृ. 81
124. मुंतखब तवारीख़ : भाग एक, अब्दुल कादिर बदायूँनी, पृ. 109, राष्ट्रीय उर्दू भाषा विकास परिषद, नई दिल्ली, 2008
125. ख़ुसरो और अहद ख़ुसरो, पृ. 116
126. वही, पृ. 113-14
127. अमीर ख़ुसरो और उनकी हिन्दी शाइरी, पृ. 41
128. तारीख़े फ़रिश्ता, पृ. 353-54
129. अमीर ख़ुसरो-गुलाम सिमनानी, पृ. 36, नेशनल बुक ट्रस्ट, नई दिल्ली, 1995
130. इब्न बतूता की भारत यात्रा, पृ. 66
131. वही, पृ. 68, इब्न बतूता अपनी भारत यात्रा 'Travelling accounts of India' में मुहम्मद बिन तुग़लक़ के ख़ून बहाने के साथ ही अशरफ़ियाँ लुटाने वाली घटना को एक लाइन में वर्णन करके आगे बढ़ जाता है परन्तु 16वीं शताब्दी का इतिहासकार

मुहम्मद क़ासिम फ़रिश्ता (1526-1620) उसे ख़ूब नमक-मिर्च के साथ स्वादिष्ट कहानी बनाकर प्रस्तुत करता है। वैसे फ़रिश्ता बहुत गप्पी और इतिहास को कहानी में प्रस्तुत करने का उस्ताद है। वह मीर हसन और अमीर ख़ुसरो के बीच गहरी मित्रता का भी वर्णन करता है। ये दोनों महान कवि 1280-85 के बीच मुल्तान में गवर्नर सुल्तान मुहम्मद के दरबारी थे। फ़रिश्ता लिखता है कि जब दोनों की दोस्ती के मानवीय मूल्यों से परे होने का समाचार सुल्तान तक पहुँचा तो उसने पहले मीर हसन को ख़ुसरो से दूर रहने का निर्देश दिया। आदेश की अवहेलना होने पर उसने मीर हसन को कोड़े लगवाए। अन्ततः मामले की सच्चाई जानने के लिए उसने अमीर ख़ुसरो को तलब किया और पूछा माजरा क्या है? ख़ुसरो ने अपना हाथ आस्तीन से बाहर निकाला और ये पंक्ति पढ़ी—'गवाहे आशिक सादिक दर आस्तीं बाशद' अर्थात—सच्चे आशिक की गवाही आस्तीन देगी। ख़ुसरो के हाथ पर वहीं कोड़े के निशान थे जहाँ मीर हसन को कोड़े लगाए गए थे। बाद के कई इतिहासकार फ़रिश्ता की फ़ंतासी (phantasy) में गिरफ़्तार नज़र आते हैं।

132. इब्न बतूता की भारत यात्रा, पृ. 65
133. ख़ुसरो शनासी, पृ. 39
134. संगीत शास्त्र, परामर्श मीरा माथुर, भारत बुक़ सेंटर, लखनऊ, 2004, पृ. 2
135. भारतीय संगीत का इतिहास, ठाकुर जयदेव सिंह, पृ. 2-3, विश्वविद्यालय प्रकाशन वाराणसी, 2016
136. भारतीय संगीत का इतिहास, पृ. 133-145
137. वही, पृ. 268,
138. वही, पृ. 269,
139. फुनूने लतीफ़ा, पृ. 139
140. संगीत राग परिचय : भाग एक, देवकी नन्दन धवन, पृ. 95, संगीत कार्यालय हाथरस, 2017
141. भारतीय संगीत का इतिहास, पृ. 323-24
142. संगीत शास्त्र परामर्श, मीरा माथुर, पृ. 30-34, भारत बुक सेंटर लखनऊ, 2004
143. संगीत राग परिचय, भाग दो, पृ. 92-96
144. वही, पृ. 90-91
145. हज़रत अमीर ख़ुसरो का इल्मे मौसिकी, रशीद मलिक, पृ. 274-75, रिफ़रेंस रीप्रिंट लाहौर, 1975
146. ख़ुसरो शनासी, पृ. 339
147. हज़रत अमीर ख़ुसरो का इल्मे मौसिकी, पृ. 266
148. अमीर ख़ुसरो तनकीदी मजामीन सैयद इजहारुल हसन रिज़वी, पृ. 110, इस्लामाबाद, 1975
149. भारतीय संगीत का इतिहास, पृ. 201
150. अमीर सैफ़ुद्दीन, अमीर ख़ुसरो के पिता का नाम लाचीन था। लाचीन तुर्की भाषा का शब्द है। उसका शाब्दिक अर्थ होता है, सफ़ेद बाज़ या शाहीन, यदि काल्पनिक अर्थ को देखा जाए तो उसका अर्थ दिलेर, निडर या शूरवीर व्यक्ति हो सकता है। जैसा कि महमूद काशग़री ने दीवाने लुग़ाते तुर्की में लाचीन का अर्थ स्पष्ट करते हुए दिलेर आदमी लिखा है। अपने नाम के अनुरूप लाचीन बहुत बहादुर और जाँबाज़ थे। उन्हें शम्सुद्दीन इल्तुतमिश ने दिरहम सुल्तानी से ख़रीदा था। इसलिए पूरी ज़िन्दगी उनकी गिनती शम्सी ग़ुलामों में होती रही। वे तलवार के धनी थे। इसलिए उन्हें शम्सी फ़ौज में बहुत जल्द सफलता प्राप्त हो

गई। उनके नाम के साथ विवाद अमीर ख़ुसरो की लोकप्रियता से सम्बद्ध है। अपने पिता के नाम को ख़ुसरो ने अलग-अलग समय में अलग-अलग ढंग से याद किया। इसलिए बाद में उनके जीवनीकारों ने उन परिवर्तनों को अपने-अपने ढंग से विभिन्न प्रकार के रूपकों और सम्मानजनक अलंकारों के साथ वर्णित किया। जिन जीवनीकारों ने ख़ुसरो के पिता के नाम को भिन्न प्रकार से लिखा है, उनमें तज़्किरतु श्शोअरा के सम्पादक दौलत शाह समरकन्दी, तारीख़े फ़रिश्ता के लेखक मुहम्मद क़ासिम फ़रिश्ता और रियाज़ु शोअरा के सम्पादक अली कुली वाला दाग़िस्तानी का नाम उल्लेखनीय है। शिब्ली नोमानी एक ऐसे इतिहासकार थे, जिन्होंने अमीर ख़ुसरो को अत्यन्त श्रद्धा और सम्मान की दृष्टि से देखा है। इतिहास में जहाँ व्यक्तिपूजा की भावना सम्मिलित हो जाती है, वहाँ यथार्थ के चित्रण के लिए स्थान शेष नहीं रह जाता है। अपनी पुस्तक 'शेरुल अजम' में शिब्ली ने अमीर ख़ुसरो को उसी श्रद्धा और सम्मान के साथ चित्रित किया है। उनके उत्तराधिकारी सैयद सबाहुद्दीन अब्दुर्रहमान ने भी अपनी पुस्तक 'सूफ़ी अमीर ख़ुसरो' में उसी सम्मान और श्रद्धा का सहारा लिया है। उनका स्रोत मल्फ़ूज़ात की एक नकली किताब 'अफ़ज़लुल फ़वायद' है। शिब्ली ने 1910 में 'शेरुल अजम' लिखा था। बाद में आने वाले सभी शोधकर्ताओं का आधार शिब्ली का आलेख ही है। अब उसमें जो बात चल गई, वह चल गई, किसी ने उससे अधिक सोचने की आवश्यकता महसूस नहीं की।

उन तज़्किरों, जीवनियों और मल्फ़ूज़ात में अमीर ख़ुसरो के पिता को अमीर सैफ़ुद्दीन और अमीर सैफ़ुद्दीन महमूद इत्यादि के नाम से याद किया गया है, जबकि महमूद शब्द से उनका दूर-दूर तक का कोई सम्बन्ध नहीं है। सियरुल आरिफीन के सम्पादक शेख़ हामिद बिन फ़ज़लुल्लाह जमाली और सियरुल औलिया के सम्पादक सैयद मुबारक किरमानी उपनाम अमीर खुर्द ने भी लाचीन को अमीर सैफ़ुद्दीन ही लिखा है। हैरानी होती है कि उन तज़्किरों में किसी ने अमीर ख़ुसरो के स्वयं के बयान को उल्लेखनीय नहीं समझा। कई स्थानों पर अमीर ख़ुसरो ने स्पष्ट तौर पर कहा है कि उनके पिता का नाम लाचीन था और वे 'बन्दगाने शम्सी' में से थे, अर्थात शम्सुद्दीन इल्तुतमिश ने उन्हें ख़रीदा था। लाचीन की जब मृत्यु हुई तो ख़ुसरो की आयु 9 वर्ष थी। लेकिन जब उनकी आयु 20 वर्ष हुई तो उन्होंने अपने प्रथम काव्य-संग्रह 'तोहफतुसिगार' की प्रस्तावना में स्पष्ट करते हुए लिखा कि उनके पिता का नाम लाचीन था। वाक्यांश है कि 'ख़ुसरो लाचीन बन्दा कमतरीन' उसके आगे ख़ुसरो ने एक घटना भी दर्ज किया है कि एक अवसर पर उनके शिक्षक सादुल्लाह ख़त्तात के मित्र ख़्वाजा अज़ीज़ुद्दीन ने उनसे पूछा कि "तुम्हारा नाम क्या है?" उन्होंने उत्तर दिया, "ख़ुसरो" फिर पूछा, "तुम्हारे पिता का क्या नाम है?" उन्होंने उत्तर दिया, "लाचीन"। फिर उन्होंने पूछा कि "क्या वह ख़ताई हैं।" ख़ुसरो ने कहा कि "वे ख़ताई तो नहीं हैं लेकिन तुर्क हैं" फिर उन्होंने पूछा कि "क्या उन्हें सुल्तान महमूद ने दिरहम से ख़रीदा है?" ख़ुसरो ने उत्तर दिया कि "सुल्तान इल्तुतमिश ने दिरहम सुल्तानी से ख़रीदा है।"

इसी समानता के कारण प्रारम्भिक दिनों में ख़ुसरो ने अपना उपनाम 'सुल्तानी' रख लिया था। उन्होंने एक क़सीदे के इस शेर में अपना उपनाम प्रयोग किया है।

ख़ै कि दर अहदे तू सुल्ताने सुख़न
ख़ुसरो लाचीन सुल्तानी शुदह अस्त

(प्रसन्न हो जाओ कि नये ज़माने में शाइरी के सुल्तान ख़ुसरो लाचीन सुल्तानी बन चुका है।) अमीर ख़ुसरो ने अपने जीवन में अपने पिता का नाम तीन बार परिवर्तित किया। इस परिवर्तन

का आधार उनकी लोकप्रियता और उनको मिलने वाला सम्मान था। प्रारम्भिक दिनों में जब वे नौजवान थे और अपनी पहली पुस्तक सम्पादित कर रहे थे तो उन्होंने घोषणा की कि उनके पिता का नाम लाचीन है। परन्तु जब वे कुछ बड़े हुए और उनकी लोकप्रियता में उफान आने लगा, तो उन्होंने अपनी पुस्तक ग़ुर्तुलकमाल की प्रस्तावना में अपने पिता को 'पेदरम सैफ़ शम्सी' के नाम से याद किया है। उसके बाद वे उन्हें सैफ़ी कहने लगे। सैफ़ी अर्थात तलवारबाज़, अपनी आयु के अन्तिम दिनों में उन्होंने अपने पिता को और अधिक सम्मान देने के लिए सैफ़, सैफ़ी और सैफ़ शम्सी की उपाधियों से याद किया। ख़ुसरो को सुल्तान जलालुद्दीन ख़िलजी ने अमीर का ख़िताब दिया। उसके शासनकाल में ख़ुसरो दिल्ली के धनाढ्य व्यक्तियों और शक्तिशाली राजनीतिज्ञों में सम्मिलित हो चुके थे। इसलिए उनके पिता के नाम के पूर्व अमीर उपसर्ग जुड़ गया। इस समानता के अनुसार उनके पिता का नाम अमीर लाचीन होना चाहिए लेकिन हमारे जीवनीकारों ने उन्हें अमीर सैफ़ुद्दीन महमूद के नाम से याद करना प्रारम्भ कर दिया। (स्रोत, अमीर ख़ुसरो हयात और शाइरी, प्रो. मुमताज़ हुसैन, नेशनल कमेटी बराए सात सौ साला तकरीबाते अमीर ख़ुसरो, कराची, 1975)

151. अमीर ख़ुसरो, वहीद मिर्ज़ा, पृ. 62
152. वही, पृ. 61-62
153. वही, पृ. 73
154. ख़िलजी ख़ानदान, के. एस. लाल, अनुवाद, डॉ. मुहम्मद यासीन मज़हर सिद्दीकी, पृ. 111, राष्ट्रीय उर्दू भाषा विकास परिषद ,नई दिल्ली-1998। ख़िलजी ख़ानदान, प्रख्यात इतिहासकार किशोरी शरण लाल की अंग्रेज़ी पुस्तक 'The History of Khilji's' का उर्दू अनुवाद है।
155. जामे तारीख़े हिन्द, पृ. 486
156. ख़िलजी ख़ानदान, पृ. 111
157. वही, पृ. 109
158. वही, पृ. 112
159. वही, पृ. 114
160. ख़िलजी कालीन भारत, सैयद अतहर अब्बास रिज़वी, पृ. 161, राजकमल प्रकाशन, नई दिल्ली 2016
161. ख़िलजी कालीन भारत, पृ. 224
162. मलिक मुहम्मद जायसी मूलतः किसान थे। उनके पूर्वज अरब से आकर जायस में बस गए थे। जैसा कि जायसी स्वयं कहते हैं—

जायस नगर धरम अस्थानूं
तहाँ अहि कब किनहि बखानूं

उनके पिता का नाम शेख़ ममरेज़ था। वे स्वयं सूफ़ी स्वभाव के व्यक्ति थे। जायसी चिश्तिया परम्परा के सूफ़ी थे और सैयद मखदूम अशरफ़ जहाँगीर सिमनानी को अपना पीर मानते थे।

सैयद अशरफ़ पीर पियारा।
जेई मोहि पंथ दीन्ह उजियारा
लैसाइँ पीम कर दैया
अटठी ज्योति भा निर्मल हैया।

वे घर-गृहस्थी में लीन रहते हुए भी, उससे विरक्त रहते थे। वे सांसारिक दुख-सुख के साथ ईश्वर के प्रेम में मग्न रहने वाले व्यक्ति थे। उन्हें चमत्कारिक गुण भी प्राप्त थे। कहा जाता है

कि जीवन के अन्तिम समय में उन्होंने कह दिया था कि उनकी मृत्यु शिकारी का तीर लगने से होगी। यह सुनकर अमेठी स्टेट के राजा राम सिंह ने अमेठी और आसपास के जंगलों में शिकार पर प्रतिबन्ध लगा दिया था। वे प्राय: जंगल में चले जाते थे। एक दिन जंगल में कोई शिकारी जा रहा था। अचानक उसे शेर की गर्जना सुनाई दी। उसने तीर चला दिया। जब शिकारी मृत शेर के नज़दीक पहुँचा, तो उसे यह देखकर आश्चर्य हुआ कि वहाँ जायसी का मृत शरीर पड़ा हुआ है। जायसी के जन्म के बारे में ठीक-ठीक ज्ञात नहीं है, उनके एक दोहे "भा अवतार मोर नव सदी। तीस बरस ऊपर कवि बदी।" से आचार्य रामचन्द्र शुक्ल ने अन्दाज़ा लगाया है कि उनका जन्म 1492 के लगभग हुआ था। जायसी की मृत्यु 1542 में हुई बताई जाती है। (स्रोत, पद्मावत, मलिक मुहम्मद जायसी, सम्पादन और भूमिका, आचार्य रामचन्द्र शुक्ल, भारतीय ज्ञानपीठ, नई दिल्ली, 2016)

163. पद्मावत, मलिक मुहम्मद जायसी, सम्पादन और भूमिका, आचार्य रामचन्द्र शुक्ल, भारतीय ज्ञानपीठ नई दिल्ली, 2016
164. अनंगरंग कल्याण मल्ल, हिन्दी व्याख्याकार और सम्पादक, डॉ. द्वारिका प्रसाद शास्त्री वात्स्यायन, चौखम्बा, कृष्णदास अकादमी, वाराणसी, 2005, पृ. 2-3
165. पद्मावत, पृ. 19
166. जामे तारीख़े हिन्द, पृ. 525
167. ख़िलजी ख़ानदान, पृ. 132
168. वही, पृ. 335-36

अमीर ख़ुसरो का सम्पूर्ण हिन्दवी कलाम

संकलनकर्ता

ज़ाकिर हुसैन ज़ाकिर

हिन्दुस्तान-प्रेम

अलग़रज़ अज़ पारसी व तुर्क व अरब
बेहुदा बाशद कि कुनम दिल ब तरब

मन चू जि हिन्दम बूद आँ ब कि कसे
अज़ महल ख़्वेश बर आरद नफ़्से

हस्त दरीं अर्सा बहर नाहियते
मुस्तलहे खासा नु अज़ आरियते

सिंदी[1] व लाहौरी[2] व कश्मीर[3] कुबर[4]
धूर समदरी[5] व तिलंगी[6] व गुजर[7]

माबरी[8] व गोरी[9] व बंगाल[10] अवद[11]
देहली[12] व पैरामनश अन्दर हमा हद

ईं हमा हिन्दीस्त कि ज़ि अय्यामे कुहन
आमा बकारस्त बहरे गो ना सुखन

अर्थात—यह बात व्यर्थ है कि मैं अपना दिल फ़ारसी तुर्की और अरबी के गीतों की ओर आकर्षित करूँ। और इस प्रकार उसे ख़ुश करूँ। मैं चूँकि हिन्दुस्तानी हूँ। इसलिए यही अच्छा है कि मैं अपनी जगह से बात करूँ। इस देश के प्रत्येक क्षेत्र की अपनी भाषा है, अपनी विशेष बोलियाँ हैं और उधार की भी नहीं हैं। सिंधी,

1. सिंधी, 2. पंजाबी, 3. कश्मीरी, 4. मराठी, 5. कन्नड़, 6. तेलगू, 7. गुजराती, 8. तमिल, 9. असमिया, 10. बंगला, 11. अवधी, 12. देहलवी।

लाहौरी, कश्मीरी, कुबर, धूर, समंदरी, तिलंगी और गुजी, माबरी और गोरी और बंगाल और अवध। इस प्रकार दिल्ली और उसके आसपास की भाषा भी अपनी सरहद के अन्दर है। यह सभी 'हिन्दवी' भाषाएँ हैं। ये प्राचीनकाल से प्रत्येक बातचीत और लेखन के योग्य हैं।

लेक ज़बानीस्त दिगर कज़ सुख्सनाँ
आनस्त गुज़ीं निज़्द हमा बरहमनी
सेंस्कृत नाम ज़ि अहद-ए-कुहनश
आम्मा नदारद ख़बर अज़ कुन मकुनश

(लेकिन इसके अतिरिक्त कुछ भाषाएँ भी हैं और उनमें ब्राह्मणों की भाषा का विशिष्ट स्थान है जिसे बहुत प्राचीनकाल से 'संस्कृत' कहा जाता है। इस भाषा की बारीकियों से जन-साधारण परिचित नहीं है।)

इस्बात गुफ़्त हिन्द बहुज्जत कि राजेह-अस्त
बरपारसी-ओ-तुर्की अज़ अल्फ़ाज़-ए-ख़ुशगवार

(फ़ारसी और तुर्की की अपेक्षा हिन्दवी अपने मधुर शब्दों के कारण अधिक लोकप्रिय है।)

तुर्क-ए-हिन्दुस्तानेम मन हिन्दवी गोयम चु आब
शक्कर-ए-मिसरी न दारम कज़ अरब गोयम सुख़न

(मैं हिन्दुस्तान में जन्मा एक तुर्क हूँ। मैं हिन्दवी धाराप्रवाह बोल सकता हूँ। मेरे पास अरबी भाषा की मिठास नहीं है। कि उससे बातचीत करूँ।)

चु मन तूती-ए-हिन्दम अर रास्त पुर्सी
ज़ि मन हिन्दवी पुर्स ता नग़्ज़ गोयम

(चूँकि मैं तुती-ए-हिन्द हूँ, इसलिए मुझसे हिन्दवी के सम्बन्ध में पूछिए ताकि उसमें मैं अपनी काव्यकला प्रदर्शित कर सकूँ।)

आनस्त यके कीं जमीं अज़ दूर जमन
हस्त मरा मौलिद-ओ-मावा-ओ वतन

(यही मेरा जन्मस्थान और यही मेरी मातृभूमि)

दिगर हर मारो बेरी मारो पर मार
सुख़ने-ए-शां 'मार-मार' ओ-सरबसर मार

(हर एक को मारो, बैरी को मारो और मारे बिना न रहो। उनकी बात ही 'मार-मार' होती है। मार का अर्थ साँप भी है और शत्रु भी।)

चु बकुशादंद तीर-ए-बेख़ता रा
बज़ारी गुफ़्त 'है है तीर मारा'

(जब अचूक तीर चलाया गया तो उसने रोते हुए कहा, हाय-हाय तीर मार दिया।)

यके अज़ रावताँ 'हार'-ए-गुहर बूद
यके अज़गोश गोश आवेज़-ए-ज़र बूद

(रावतों (सामंत) में से एक मोतियों का हार पहने था और कान में सोने का एक बुंदा पहने हुए था। इसमें 'हार' से तात्पर्य ताड़ा राजपूत भी हो सकता है, क्योंकि गुहर का एक अर्थ वंश भी है।)

शुद अज़ मोमिन बगर्दूं बांगे-ए-तकबीर
ज़ि गब्र आवाज़ 'नारायन' हवा गीर

(यह वह समय था, जब मुसलमानों की अज़ान की आवाज़ आसमान की ओर जा रही थी और हिन्दुओं के मुँह से 'नारायण नारायण' का स्वर वातावरण में गूँज रहा था।)

गुफ़्तम कि दरई ख़ानः-ए-मामून-ए-तो मानम
गुफ़्ता कि दरई ख़ानः बलाएस्त मुमानी

(मैंने उससे यह कहा कि तेरा दिल अम्न-सुकून की जगह है। मुझे इसमें रहने दे। उसने उत्तर दिया तुम यहाँ नहीं रह सकते, यहाँ तो हर समय बलाएँ रहती हैं।)

दारेम आरजू कि हिकायत कुनेम बात
लाला ग़ुलाम रु-ए-तो सदबर्ग ज़ेर-ए-पात
हर बरहमन कि दीद रुख़-ए-ख़ूबत ऐ सनत
जुन्नार रा गुसस्त लकदज़द ब रु-ए लात

(लाला (एक फूल) तेरे चेहरे का दास है और सदबर्ग (गेंदा) तेरे पाँव के नीचे है। जिस ब्राह्मण ने तेरे सुन्दर मुखड़े को देखा, उसने जनेऊ को तोड़ दिया और लात (मूर्ति) की ओर से मुँह फेर लिया (उसे लात मार दी)।)

नोट—यहाँ कई शब्द फ़ारसी और हिन्दी दोनों में अर्थ देते हैं और इनमें ईहाम (द्विअर्थकता) है। साथ ही 'हिकायत' और 'बात', 'लाला', और 'सदबर्ग', 'बग'

और 'पात' और 'लकद', और 'लात' का साथ-साथ आना भी आनन्द देता है। 'मामूँ', 'मुमानी', 'बात', 'लाला', 'पात', 'बरहमन', 'लात' हिन्दी भाषा क्षेत्र के शब्द हैं।

रफ़्तम ब तमाशा-ए-कनार-ए-जूए
दीदम बलब-ए-आब ज़न-ए-हिन्दूए
गुफ़्तम सनमा बहा-ए-जुल्फ़त चे बुवद
फ़रियाद बर आवर्दु कि 'दुर दुर मूए'

(मैं सैर के लिए एक नदी के तट पर गया, जहाँ मैंने एक हिन्दू स्त्री को देखा। मैंने उससे पूछा कि तेरे सुन्दर अलकों का क्या मूल्य है, तो उसने दुहाई देकर उत्तर दिया कि मेरे एक-एक बाल का मूल्य मोतियों के बराबर है। यहाँ श्लेष अलंकार है और हिन्दी में 'दुर-दुर' (दूर हो) तथा मूए (मूए/मरे) ये दोनों अर्थ निकलते हैं।)

नोट—दुर-दुर, मूए—अर्थात मुरदार दूर हो—स्त्रियों की बोलचाल से सम्बन्ध रखता है और आज भी यों ही बोला जाता है।

हिन्दू बच्चा बीं कि अजब हुस्न धरे छे
बर वक़्त-ए-सुख़न गुफ़्तम मुख फूल झरे थे
गुफ़्तम जी लब-ए-लाल-ए-तू यक बोसा बगीरम
गुफ़्ता कि अरे राम तुर्क काई करे छे

(उस हिन्दू बच्चे को देखिए जिसका सौन्दर्य अनुपम है। जब वह बात करता है, उसके मुँह से फूल छेड़ते हैं। जब मैंने उससे कहा कि अपने फूल जैसे होंठों का चुम्बन दे दो, तो उसने कहा, हाय राम ये तुर्क क्या कह रहा है।)

हिन्दू सनमें कज़ू-रुख़म शुद काही
दर्दा कि नदारद ज़िग़मम आगाही
गुफ़्तम ज़ि लबत कार-ए-मन-ए-ख़स्ता बरआर
दरख़ंदा शुद-ओ-गुफ़्त कि 'नाही, नाही'

(अति सुन्दर वह हिन्दू सनम जिसकी विरह-यातना सहते-सहते, मेरा मुँह निकल आया है। अफ़सोस कि उसे मेरी पीड़ा का कोई एहसास नहीं! मैंने उससे कहा कि तेरे होंठों से मेरा भी तो कुछ काम निकले तो वह हँसकर बोला नहीं, नहीं।)

नोट—नाही-नाही, नाहीं-नाहीं या नहीं-नहीं का बदला हुआ रूप है।

हिन्दू बचा दीदम चु शकर सर ता पा
हैराँ कुनमश चु बीनमश सर ता पा

बा ऊ गुफ़्तम कि हिन्दू अज़ चीस्त व गो
हर मू-ए-ख़तश गुफ़्त कि 'मेरे बा पा'

(मैंने एक लड़के को देखा जिसमें सिर से पैर तक मिठास ही मिठास थी। मैं उसे ऊपर से नीचे तक देखकर दंग रह गया। मैंने उससे पूछा के अपने हिन्दू होने की कोई बात तो बताओ। उसके एक-एक रोएँ ने कहा बाप रे बाप!)

हर मूए कि दर दो ज़ुल्फ आं सनम अस्त
सद बैज़-ए-अंबरी बर आं मू-ए ज़म अस्त
चूँ तीर मदां रास्त दिलश रा ज़ीरा
चूँ ख़रपुजा दंदानश मियाने-शिकम अस्त

(उस प्रेमिका की दोनों चोटियों के एक-एक बाल में अम्बर के मोती पिरोए हुए हैं और उसका ह्रदय तरकश है, जिसमें से बाण चलते रहते हैं। उसका उदर नरमी में ख़रबूज़े जैसा है और उसके दाँत ख़रबूज़े की भाँति अन्दर की ओर हैं।)

शोख़ी-ए-हिन्द ब बीं को दीं ब बरदार खस न आम
राम-ए-मन हरगिज़ न शुद हर चन्द गुफ़्तम 'राम-राम'

(प्रत्येक व्यक्ति ये जान ले कि हिन्दुस्तान में राम एक शानदार और उत्तम पुरुष हैं। राम तो मेरे दिल में बसे हैं। वह भूल से भी हरगिज़ अलग नहीं होंगे। मैं जब भी बोलूँगा तो राम-राम ही बोलूँगा।)

काफ़िर इश्क़म मुसलमानी मोरा दरकार नीस्त
हर रगे मन तार गश्ता हाजते जुन्नार नीस्त

अज़ सरे बालीने मन खेज़-ए-नादां ए तबीब
दर्दमंदे इश्क़ रा दार व बख़ैर दीदार नीस्त

मा व इश्क़े यार अगर पर किल्ला गर हर बुत कदा
आशिकाने दोस्त रा ब कुफ़्र व ईमा कार नीस्त

ख़ल्क मी गोयद कि ख़ुसरो बुतपरस्ती मी कुनद
आरे आरे मी कुनम बा ख़ल्क व दुनिया कार नीस्त

(मैं इश्क़ का काफ़िर हूँ। मुझे मुसलमानी की आवश्यकता नहीं। मेरी प्रत्येक रग तार बन गई है, मुझे जनेऊ की आवश्यकता नहीं। ऐ मूर्ख वैद्य मेरे सिरहाने से

उठ जा, जिसको इश्क़ का रोग लगा हो, उसको प्रीतम के दर्शन के अतिरिक्त कोई इलाज नहीं है। मैं हूँ और मेरा इश्क़ है। काबा हो या बुतख़ाना (मूर्ति घर) महबूबा को कुफ्र और ईमान से वास्ता नहीं है। संसार कहता है कि ख़ुसरो मूर्ति पूजा करता है। हाँ-हाँ मैं करता हूँ, मेरा संसार से कोई सरोकार नहीं।)

सर आं दो चश्म गरदम कि चूँ हिन्दुआन रहज़न
हमा राज नोक मिजगां व जिगर जदह 'कटारा'।

(उसकी दोनों आँखें ऐसी गर्दिश में हैं जैसे हिन्दुस्तान के लुटेरे। उसकी भँवें तेज़ धारदार (कटारी) जैसी हैं। जो दिल को घायल कर देती हैं।

पंबा दहना! चे ख़ूब रोई!
वले चे ज़कना! कुदाम कोई?
अज़ हर तरफ़ तोरा बजस्तम
सूज़न पलका! कुदाम मोई?

(रुई जैसे मुखड़े वाले, तू कितना सुन्दर है और तेरे गाल के गड्ढों का क्या कहने हैं। ए सुई जैसे पलकों वाले मैं चारों ओर तुझे ढूँढ़ता रहा।)

ख़ुसरो ने फ़ारसी में 12वीं शताब्दी के हिन्दुस्तान में मुख्य रूप से प्रचलित व्यवसायों पर व्यवसायियों के पुत्रों के नाम से 67 कतआ (पद्य) लिखा है, वह उल्लेखनीय है कि इन पद्यों में 5 ऐसे हैं, जिनमें फ़ारसी के साथ-साथ हिन्दवी के शब्दों का अत्यन्त सुन्दरता के साथ प्रयोग किया गया है। इन पद्यों में रँगरेज़, लोहार, सब्ज़ी, फ़रोश, तेली, बनिया, हज्जाम, धोबी, सर्राफ, संन्यासी, योगी, वैद्य, मुहर्रिर, शातिर, कस्साब, तम्बोली, कुम्हार, दर्जी, जल्लाद, आतिशबाज़, कलन्दर, मूर्तिकार इत्यादि के पुत्रों का वर्णन है। ख़ुसरो के हिन्दवी कलाम पर पहली विश्वसनीय पुस्तक 'जवाहरे ख़ुसरवी' में इन पद्यों को 'रुबाइयात-ए-पेशावरां' का नाम दिया गया है। पुस्तक के सम्पादक मौलाना अमीन अब्बासी चिरैयाकोटी को इस बात पर आश्चर्य होता है कि इन पद्यों को फ़ारसी स्रोतों में 'शहर आशूब' का नाम क्यों दिया गया है। उन्होंने अपना विचार व्यक्त करते हुए कहा है कि ये फुटकर पद्य शहर आशूब हो ही नहीं सकते। ये तो अपने काल के प्रचलित व्यवसायों का विस्तृत विवरण के साथ परिचय भी प्रस्तुत करते हैं—

1

गुज़री कि तो दर हुस्न-ओ-लताफ़त चु मही
आं देग-ए-दही बरसर-ए-तो चत्र-ए-शही
अज़ हर दो लबत कंद-जो-शकर मी रेज़द
हर गाह बगोई कि 'दही ले हो दही'

(ए गुर्जरी, तू चन्द्रमा के समान सुन्दर है, और तेरे सिर पर दही की जो यह मटकी है, यह सम्राटों के राजमुकुट के समान है। जब तू 'दही ले हो दही' कहती है, तो ऐसा लगता है, जैसे तेरे दोनों होंठों से शहद टपक रही हो।)

2

हज्जाम पिसर बख़ूबी-ओ-रानाई
वै आईना विनमूद बदाँ, ज़ेबाई
गुफ़्तम सनमा दर बरम आयम, नायम
फ़रियाद बर आवुर्द कि 'नाई नाई'

(नाई के बेटे ने जो बहुत सुन्दर था कल मुझे बड़े सुन्दर ढंग से आईना दिखलाया। मैंने उससे कहा कि तेरे पास आऊँ या न आऊँ? तो वह फ़रियाद करते हुए बोला नाई नाई (नहीं नहीं)।

3

तम्बोली-ए मन चु मजलिस-ए-बादा कुनम
आईनः-ए-दिल ज़ि जंग-ए-ग़मसादा कुनम
यक लहज़ा अगर व मन सुपारी दिल-ए-ख़ुद
अज़ नुक्ल-ए-तो बर्ग-ए-ऐश आमादः कुनम

(हे तम्बोली जब मैं मदिरा पान की सुन्दर सभा का आयोजन करूँगा और जब मैं अपने दिल को ग़म और दर्द से ख़ाली कर दूँगा (दुःख भूल जाऊँगा) उस समय यदि तू एक क्षण के लिए मुझे अपना दिल दे दे तो मेरी महफ़िल में खान-पान का सुख प्राप्त हो जाए। सुपारी का अर्थ छाली भी होता है और सुपुर्द करना भी।)

नोट—इसमें 'तम्बोली' और 'सुपारी' हिन्दी प्रदेश के शब्द हैं और 'बर्ग-ए-ऐश' से पान की झलक देखी जा सकती है।

4

ज़रगर पिसरे चू माहपारा
कुछ घड़िए सँवारिए पुकारा
नक़्द-ए-दिल-ए-मन-गिरफ़्त-ओ-बिशिकस्त
फिर कुछ न घड़ा, न कुछ सँवारा

(सुनार का बेटा जो चाँद के टुकड़े की भाँति सुन्दर था, उसने आवाज़ लगाई कि कुछ गढ़वा लो, बनवा लो। मेरे दिल रूपी सोने को उसने हाथ में लिया और तोड़ दिया। फिर न कुछ गढ़ा और न ही सँवारा।)

5

तेली पिसरे कि मी फ़रोशद तेले
अज़ दस्त-ओ-ज़बान-ए-चरब-ए-ऊ वावैले
ख़ाल-ए-बरुख़श[1]-दीदम-ओ-गुफ़्तम कि तिलस्त
गुफ़्ता कि 'बिरी नीस्त दरई तिल तेले'

(तेली का बेटा, जो तेल बेचता है, उसके हाथ और जीभ ऐसे चलते हैं कि बस! उसके गाल पर तिल देखकर मैंने कहा क्या यह तिल है? तो उसने उत्तर दिया, दूर हो जाओ, यह वह तिल नहीं, जिसमें से तेल निकल सके। अर्थात जो तुम कह रहे हो मैं वह समझता हूँ और तुम्हारी इच्छा पूरी नहीं होगी।)

चौथी पंक्ति स्पष्टतः ही खड़ी बोली के मुहावरे 'इन तिलों में तेल नहीं' का अनुवाद है। तिल और तेली हिन्दी प्रदेश की सभी बोलियों में मिलते हैं।

1. महमूद शीरानी ने 'पंजाब में उर्दू' में 'खाल-ए-बरुखश' के स्थान पर 'खाल-ए-बलबश' लिखा है। (पृ. 171)

हिन्दवी ग़ज़लें

1

जिहाल[1] मिस्की[2] मकुन[3] तुगाफल[4] दोराय नैना बनाए बतियाँ
कि ताब[5]-ए-हिज्रां[6] न दारम[7] ए जां न लेहो काहे लगाए छतियाँ।

शबान[8]-ए-हिज्रां दराज[9] चूँ[10] ज़ुल्फ़ व रोज-ए-वस्लश[11] चूँ उम्र कोताह[12]
सखी पिया कूँ जो मैं न देखूँ तो कैसे काटूँ अँधेरी रतियाँ।

यकायक अज दिल दो चश्म जादू बसद[13] फरेबम[14] बबुर्द[15] तस्कीं[16]
किसे पड़ी है जो जा सुनावे पियारे पी को हमारी बतियाँ।

चूँ शम्मा सोजा[17] चू ज़र्रा[18] हैरां[19] मेहर[20] आं मह[21] बगुश्तम[22] आख़िर
न नींद नैना न अंग चैना न आप आवें न भेजें पतियाँ।

ब हक्क[23]-ए-रोज़े-ए-विसाल[24]-दिलबर[25] कि दाद[26] मारा फरेबे[27] ख़ुसरो
सपीत[28] मन कि दराय राखूँ जो जाए पाऊँ पिया की खतियाँ।

(इस ग़रीब लाचार से इतनी लापरवाही न कर। ए मेरे प्यारे, मुझमें तेरी जुदाई सहन करने की शक्ति नहीं है। तेरी जादू भरी आँखों ने मेरी रातों की नीद चुरा ली

---

1. ऐसी हालत में, 2. ग़रीब, लाचार, बेबस, 3. मुझसे, 4. गफ़लत, लापरवाही, 5. शक्ति, 6. जुदाई, 7. दारम, 8. रात, 9. लम्बा, 10. अगर, मगर, जब, 11. भेंट, मुलाक़ात, 12. छोटा, 13. सैकड़ों, 14. धोखा, 15. लेना, ले जाना, 16. शान्ति, 17. जलन, 18. कण, 19. परेशान, 20. मुहब्बत, 21. चाँद, 22. एक-दूसरे में गुत्थम-गुत्था, 23. सत्य के दिन अर्थात कियामत, 24. मुलाक़ात, भेंट, 25. प्यारा 26. तारीफ़, 27. धोखा, 28. सपीत।

है। ये विरह की रातें तेरी ज़ुल्फ़ों से भी लम्बी है और मिलन का पल हमारे जीवन से भी छोटा है। मैं अपने महबूब के लिए शम्मा की तरह निरन्तर जलता रहता हूँ, और छोटे-छोटे कणों की तरह विस्मित रहता हूँ। ऐ ख़ुसरो, क़यामत के दिन मैं ख़ुदा के सामने उस चन्द्रमुखी द्वारा दी गई विरह-वेदना को छुपाकर रखूँगा। यदि वह मुझे पत्र लिखता रहे।)

2

जब यार देखा नैन भर, दिल की गई चिन्ता उतर,
ऐसा नहीं कोई अजब राखे उसे समझाय कर।

जब आँख से ओझल भया, तड़पन लगा मेरा जिया,
हक़्क़ा[1] इलाही क्या किया, आँसू चले भर लाय कर

तूँ तो हमारा यार है, तुझ पर हमारा प्यार है,
तुझ दोस्ती बिसियार[2] है, एक शब[3] मिलो तुम आय कर

जाना तलब[4] तेरी करूँ, दीगर तलब किसकी करूँ,
तेरी जो चिन्ता दिल धरूँ, एक दिन मिलो तुम आय कर

मेरो जो मन तुमने लिया, तुम उठा ग़म को दिया
तुमने मुझे ऐसा किया, जैसा पतंगा आग पर

ख़ुसरो कहैं बाताँ गज़ब, दिल में न लावे कुछ अजब,
क़ुदरत[5] ख़ुदा की है अजब, जब जीव दिया गुल[6] लाय कर।

(नोट—यह ग़ज़ल प्रो. महमूद शीरानी को प्रो. सिराजुद्दीन आज़र की पांडुलिपि से प्राप्त हुई थी। इसे उन्होंने अपनी पुस्तक 'पंजाब में उर्दू' में दर्ज किया है।)

---

1. ख़ुदा, 2. बहुत, 3. रात, 4. चाहत, पाने की ख्वाहिश, 5. प्रकृति, 6. फूल।

3

ख़्वार[1] शुदम[2] जार[3] शुदम लुट गया
दर गम-ए-हिज्र तो कमर टूटा है

यार नहीं देखता है सूये[4] मन
बे गुनह हम साथ अजब रूटा है

रूए तू रौनक़ शिकन[5]-ए-आफ़ताब[6]
सरो[7] ब पेश-ए-कद[8] तू बूटा है

गाह[9] ज़ ख़ुसरो तू निगुफ़्ता कि बैठ
देह चे कुनद भाग मेरा फूटा है।

(नोट—यह ग़ज़ल शम्सुल्लाह कादरी की पुस्तक 'उर्दू-ए-कदीम' प्रकाशन 1925, पृ. 30 पर दर्ज है।)

---

1. बदनाम, बेइज़्ज़त, 2. होना, 3. बदनाम, 4. की तरफ़, 5. पेच, 6. सूर्य, 7. सरो का वृक्ष, 8. शरीर के सामने, 9. घर।

दोहे

1

गोरी सोवे सेज पर मुख पर डारे केस
चल ख़ुसरो घर आपने रैन भई चहुँ देस

कहा जाता है कि जब निज़ामुद्दीन औलिया की मृत्यु हुई तो, ख़ुसरो लखनौती में थे। जब तक उनके पास मृत्यु का समाचार पहुँचा, औलिया दफ़ना दिये गए थे। अन्त में ख़ुसरो जब उनकी समाधि पर पहुँचे तो भाव-विह्वल होकर उन्होंने यह दोहा कहा और बेहोश होकर गिर पड़े।

अर्थ है : औलिया चिर निद्र में कब्र रूपी सेज पर सो रहे हैं। उनके संसार से चले जाने से चारों ओर अन्धकार-ही-अन्धकार हो गया है। ऐ ख़ुसरो! अब तुम भी अपने वास्तविक घर को प्रस्थान करो।

नोट—यह भी कहा जाता है कि उसके कुछ ही दिनों बाद ख़ुसरो का देहान्त हो गया। यह दोहा यहाँ अपने बहुप्रचलित रूप में दिया गया है। महमूद शीरानी को लाहौर के प्रो. आज़र के संग्रह में इसका जो रूप मिला था उसमें 'सेज' के स्थान पर 'पलंग' तथा 'रैन भई' के स्थान पर 'साँझ पड़ी' पाठ मिलता है। एक और संग्रह (सुल्तान शाह, इलाहाबाद की पांडुलिपि) में 'साँज पड़ी चौ देस' पाठ है।

2

पंखा होकर मैं डुली साती तेरा चाव
मुज जलती जनम गई तेरे लेखन बाव

यह दोहा दक्खिनी हिन्दी के सुप्रसिद्ध कवि वजही ने अपनी कृति 'सबरस' (रचनाकाल 1636 ई.) में ख़ुसरो का कहकर उद्धृत किया है। लिखित रूप में ख़ुसरो का कोई भी अन्य छन्द इतना पुराना उपलब्ध नहीं है। इस तरह इसे अपेक्षाकृत

अधिक प्रामाणिक मानना पड़ेगा। किन्तु साथ ही यह भी स्पष्ट है कि वहजी ने अपने उच्चारण के अनुरूप इसे प्रस्तुत है। ख़ुसरो की भाषा में 'मुज' के स्थान पर 'मुझ' होने की सम्भावना है। ऐसे ही 'साती' भी कदाचित् 'साथी' रहा होगा।

इस दोहे का अर्थ है—प्रिय! तेरे प्रेन में पंख की तरह डुलती रही। मेरा जन्म जलते बीता, किन्तु तेरे लिए इसका कोई महत्त्व नहीं।' यह उक्ति किसी विरहिणी की है। कवित्व की दृष्टि से ख़ुसरो का यह सर्वोत्तम हिन्दी छंद है।

3

आरी आरी हमा बियारी आरी
मारी मारी बिरह कि मारी आरी

नोट—कुछ लोग दूसरी लाइन को यूँ लिखते हैं—

'मारे मारे बिरह के मारे, आरे'

4

ख़ुसरो और पी एक हैं, पर देखन में दोय
मन को मन से तोलिए तो दो मन कबहूँ ना होय

5

जो मैं ऐसा जानती, प्रीत किये दुख होय
नगर ढिंढोरा पीटती, प्रीत न करियो कोय

6

नदी किनारे मैं खड़ी, सो पानी झिलमिल होय
पी गोरे, मैं साँवरी, अब किस बिध मिलना होय

7

चकवा चकवी दो जने उन्हें न मारे कोय
ईंह मारे करतार के, रैन बिछोहा होय

ख़ुसरो ऐसी पीत कर जैसे हिन्दू जोय
पूत पराए कारने जल-जल कोयला होय

इस दोहे को महमूद शीरानी ने 'पंजाब में उर्दू' में कहा है कि ये दोहा किसी सुमन नामी शाइरा का है।

अमीर ख़ुसरो ने इस दोहे को फ़ारसी में भी लिखा है—

8

ख़ुसरवा दर इश्क़ बाज़ी कम ज़ि हिन्दू ज़न मबाश
कज़ बराए मुर्दा मी सोज़ंद जान-ए-ख़ेश रा

(ऐ ख़ुसरो, यदि प्रेम करना है तो कर पर ऐसा प्रेम कर जैसा हिन्दू नारी करती है जो पति के मरने पर जल जाती है (अपना सर्वस्व न्योछावर कर देती है।)

9

ख़ुसरो रैन सुहाग की, जागी पी के संग
तन मेरा मन पीउ को दोउ भए एक रंग

(यहाँ 'पी' ब्राह्म है, और 'नायिका' आत्म।)

10

वो गए बालम वो गए नदियो किनार।
आपे पार उतर गए हम तो रहे मजधार

11

भाई रे मल्लाहो हमको पार उतार
हाथ को देऊँगी मुँदरी गले को देऊँ हार

12

देख मैं अपने हाल को रोऊँ ज़ार-ओ-ज़ार
वे गुनवन्ता बहुत हैं, हम हैं औगुनहार

13

बाबुल भेजी मुझ देन कौं, तांदान कौ फूल
हो छावंजा दहाजिया नाला हर मोल

14

सुन रे केवड़े गाँठ गँठीले, मैं तोड़ूँ तोरी डार
तजह सह तले मोरा पीहू सोवे, तूने दी ना पुकार

15

बहा गए बालम बहा गए, बहा गए नदिया पार
आपुनों पार उतर गए, हम तो रहे इह बार

16

सौ नारें सौ सुख सेवैं कंतो की गुल लार
मैं दुखियारी जनम की दुखी गई बहार

17

ताजी खूटा देस में क़सबे पड़ी पुकार
दरवाज़े देते रह गए, निकस गए उस पार

18

रैनी चढ़ी रसूल की, सो रंग मौला के हाथ
जाके कपड़े रंग दिये, सो धन धन वाके भाग

19

ख़ुसरो दरिया प्रेम का, सो उलटी वाकी धार
जो उबरा सो डूब गया, जो डूबा सो पार

20

काागा सब तन खाइयो, चुन चुन खइयो मास
दुई नैना मत खाइयो, पिया मिलन की आस

यह दोहा बाबा फ़रीदुद्दीन गंजशकर के पंजाबी दोहे का हिन्दवी अनुवाद है। यह दोहा गुरु ग्रंथ साहब में निम्न प्रकार दर्ज है—

कागा करंग ढढोलिआ सगला खाइआ मासु
ऐ दुई नैना मति छुहउ पिर देखन की आसु

21

पहले तिय के हीय में उमगत प्रेम उमंग
आगे बाती बरति है, ख़ुसरो पीछे जरत पतंग

22

सेज सूनी देख के रोऊँ मैं दिन-रैन
पिया-पिया कहती मैं पल भर सुख न चैन

23

साजन ये मत जानिए, तोहे बिछुरत मोहे चैन
दिया जलत है रैन में, जिया जलत दिन-रैन

24

रैन बिना जग दुखी, दुखी चन्दर दिन रैन
तुम बिन साजन मैं दुखी, दुखी दरस बिन नैन

25

जा दिन तै पियू बिछूरियो, मोहे नाहिं परत चैन
जिया मोरा इकला बतियावे, मैंका संग करूँ बैन

26

सोना लेने पियू गए, सूना कर गए देश
सोना मिला न पियू फिरे, रूपा हो गए केस

27

नदिया किनार मैं खड़ी, पानी चिलचिल होवे
तुम सैंया उस पार हो, नयना झर-झर रोवें

28

प्रीतम वह दिन कौन थे, जो सुख से कीन्हीं प्रीत
अब लागे दुख देनवा, इह कौन गाम की रीत

29

प्रीतम तू मत जानिए, भयो दूर को बास
देह, गेह कितहूँ रहे, प्रान तिहारे पास

30

बुरा किया रे माहिया, मोरी अध-विच काटी डोर
साँई के दरबारन में, मैं जा पकरूँगी तोर

31

निजामुद्दीन पीर औलिया, निजामुद्दीन शाने अंबिया
ख़ुसरो आन परे चरनन में किरपा करो बहरे किबरिया

32

ऊँचे चढ़कर देखती, हाथन में लती फूर
जो आवत वासे पूछती, मोरा पिया कित्ती दूर

33

प्रीत किये सब तज दियो, सो छाड़े सगरे काज
जावन कौ जब बख़त भयो, पियू इकले गए भाज

34

मोरा हाथ देख बरहमन, कब मोरे पियू मिलेंगे
मौला करे तोरे मुख से निकसे, जाई साह ई माह में

35

हाड़ जले जस लाकरी, केस जले जस घास
प्रीतम ऐसन मैं जलूँ, ख़ुसरो लागी तोरी आस

36

ख़ुसरो मौला के रूठते पीर के सरने जाय
कहे ख़ुसरो पीर के रूठते, मौला नहीं होत सहाय

37

श्याम सेत गोरी लिए, जनमत भई अनीत
एक पल में फिर जात है, जोगी काके मीत

नोट—रसूलुल्लाह (स.) के लिए दो प्रकार की दुनिया (श्वेत/श्याम) बनाई गई। वह उचित सिद्ध नहीं हुई। इसलिए आत्मा यहाँ स्थायी रूप से नहीं रह पाती है।

38

तन में मेरे फ़िराक़ सूँ तेरे रहा न पास
दिखला सजन अपस का दरस फके हो लास

39

मुश्ताक तुझ विसाल का दिन रात ए सजन
दरशन दिखा के तुझ सूँ मीठे बोल दो बचन

40

औरों को चौ पहरी बाजे चम्मो की अठपहरी
बाहर का कोई आए नाहीं आएँ सारे शहरी
साफ सूफ कर आगे राखे जिसमें नाहीं तसूल
औरों के जहाँ सींग समावे चम्मो के वहाँ तसूल

(इस चौपाई के बारे में कहानी मशहूर है कि ख़ुसरो के मुहल्ले में एक चम्मो बाई रहती थी। सड़क के एक नुक्कड़ पर उसकी एक छोटी सी दुकान थी। जहाँ मुहल्ले के लड़के भंग, चरस पीकर मटरगश्ती किया करते थे। ख़ुसरो के आते-जाते चम्मो बाई उन्हें सलाम करती और अपने ऊपर भी कुछ लिखने का अनुरोध करती रहती। ख़ुसरो ने फिर ये चौपाई लिख दी जिससे चम्मो भी इतिहास में जीवित हो गई।)

41

खीर पकाय जतन से, चरखा दिया चलाय
आया कुत्ता खा गया, तू बैठी ढोल बजाय
ला पानी पिला।

(इस दोहे के पीछे की कहानी भी दिलचस्प है। ख़ुसरो पैदल कहीं से आ रहे थे उन्हें प्यास लगी तो किसी गाँव के कुएँ पर पहुँच गया। वहाँ चार औरतें पानी भर रही थीं। उनमें से एक ने पहचान लिया अरे ये तो ख़ुसरो कवि हैं। उसने कहा कि हमारे लिए कविता कहो तो पानी मिलेगा। चारों ने अपने लिए चरखा, ढोल, खीर और कुत्ता पर कविता कहने के लिए कहा। तो ख़ुसरो ने चारों शब्दों को मिलाकर एक दोहा कह दिया और कहा, "ला पानी पिला।")

42

लोध फिटकरी मुर्दा संख,
हल्दी जीरा एक-एक टंक
अफ्यून चना भर मिर्चे चार
उरद बराबर थोथा डार
पोस्त के पानी पुतली करे
तुरत पीड़ा नैनों की हरे

(आँख की दवा पर यह दोहा लिख दिया)

हिन्दवी नज़्में/कविताएँ

1

हज़रत खाजा संग खेलिए धमाल
बाइस खाजा मिल बन बन आयो तामे
हज़रत रसूल साहब जमाल
हज़रत...
ख़ुसरो निज़ाम संग होली खेलत
कुतुबुद्दीन और गंजशकर के साबिर निज़ाम लाल
अरब यार तेरो बसंत मनायो
सदा रखिए लाल
हज़रत...

2

मोरा जोबना नवेलरा भयो है गुलाल
कैसे घर दीनी बकस मोरी माल
निज़ामुद्दीन औलिया को कोई समझाए
जों जों मनाऊँ वह तो रूसा ही जाए
मोरा जोबना...
चूड़िया फोड़ूँ पलंग पे डारूँ
इस चोली को दूँगी मैं आग लगाए
कैंसे घर...
सूनी सेज डरावन लागे,
बिरहा अगिन मोहे डस डस जाए।
मोरा जोबना...

3

ऐ सरवंता मबा-मोरे ला-सब बना।
खेलत धमाल खाजा मुईनुद्दीन और खाजा कुतुबुद्दीन॥
शेख़ फ़रीद शकरगंज सुल्तान मशायख नसीरुद्दीन औलिया॥
ऐ सरवंता मबा...

4

दइया री मोहे भिजोया रे, शाह निज़ाम के रंग में
कपड़े रंगने से कुछ ना होत है
या रंग में मैंने मन को डुबोया रे
दइया री मोहे...
वाही के रंग से सुन बे शोख रंग
ख़ूब ही मल मल धोया रे
पीर निज़ाम के रंग में भिजोया रे

5

औलिया तेरे दामन लागी
पढ़ियो मेरो ललना
औलिया...
खाजा हसन को मैं मुजरे मिले
खाजा कुतुबुद्दीन औलिया तेरे दामन लागी

सावन के गीत

6

अम्मा मेरे बाबा को भेजो जी कि सावन आया
बेटी तेरा बाबा तो बुड्ढा री कि सावन आया
अम्मा मेरे भाई को भेजो जी कि सावन आया
बेटी तेरे भाई को बाला री कि सावन आया
अम्मा मेरे मामूँ को भेजो जी कि सावन आया
बेटी तेरा मामूँ तो बाँका री कि सावन आया

7

बहुत ही बाबुल घर दुलहिन, चल, तेरे पी ने बुलाई
बहुत खेल खेली सखियन सों, अन्त करी लरिकाई

न्हाय धोय के बस्तर पहिरे, सब ही सिंगार बनाई
बिदा करन को कुटुम्ब सब आए, सिगरे लोग-लुगाई

चार कहारन डोली उठाई, संग पुरोहित नाई
चले ही बनेगी होत कहा है, नैनन नीर बहाई

अन्त विदा ह्वै चलिह्वै दुलहिन, काहू की कुछ ना बसाई
मौज-ख़ुसी सब देखत रह गए, माता-पिता औ भाई

मोरी कौन संग लगन धराई, धन-धन तेरी है ख़ुदाई
बिन माँगे मेरी मँगनी जो दीन्ही, पर घर की जो ठहराई
अँगुरी पकरि मोरा पहुँचा भी पकरे, कंगना अँगूठी पहिराई
नौशा के संग मोहि कर दीन्ही, लाज-संकोच मिटाई

सोना भी दीन्हा, रुपा भी दीन्हा, बाबुल दिल दरियाई
गहेल गहेला डोलति आँगन में, पकरि अचानक बैठाई

बैठस महीन कपरे पहनाए, केसर तिलक, लगाई
'ख़ुसरो' चली ससुरारी सजनी, संग नहीं कोई जाई

8

जो पिया आवन कह गए,
अजहुँ न आए स्वामी हो
(ऐ) जो पिया आवन कह गए
आवन आवन कह गए आए न बारह मास
(एन्हो) जो पिया आवन कह गए

9

हज़रत निज़ामुद्दीन चिस्ती जरजरी बख़्स पीर
जोइ-जोइ ध्यावै तेइ-तेइ फल पावै,
मेरे मन की मुराद भर दीजै अमीर

10

हज़रत महबूबे इलाही निज़ामुद्दीन औलिया जरजरी बख़्स
ख़्वाजा कुतुबुद्दीन शेख़ फ़रीद शकरगंज अमीर ख़ुसरो गंजबख़्स
री मैं धाऊँ पाऊँ हज़रत ख़्वाजादीन
सुलतानम सायक महबूब इलाही।
निज़ामुद्दीन औलिया अमीर ख़ुसरो के बल-बल जाही
अपना घर भला और आप मलिन
किसके जाइए न इतना दुख पाइए
गरज न कदा ने ताउँ फताद
ख़ुसरो गरक शुद ख़ूब शुद

मस्त-ए-चरावाला-ए चाह तो बुरा जरद
हज़रत निज़ामुद्दीन औलिया भाई

11

परबत बास मँगाओ मोरे बाबुल नीका
मेड़वा छुआवो रे
डोलिया फँदाए पिया ले चले हैं
अब संग कोई नहीं आओ रे
गुड़िया खिलौना ताक में रह गए
नहीं खेलन के दाऊ रे
निज़ामुद्दीन औलिया पइयों पकड़ि चले
घरहूँ वा के पाँव रे

कृष्ण कन्हैया[1]

12

बन के पंछी भये बाँवरे,
मन के पंछी भये बाँवरे
कैसी बीन बजाई साँवरे,
तार-तार की तान निराली
झूम रही सब बन की डाली,
पनघट की पनिहारी ठाढ़ी
भूल गए ख़ुसरो पनिया भरन को
बन के पंछी भये बाँवरे,
कैसी बीन बजाई साँवरे
पीर निज़ामुद्दीन बीन बजावें,
ख़ुसरो निज़ाम सब मिल गावें

1. हयाते कन्हैया व किशना लेखक अमीर ख़ुसरो हस्तलिखित पांडुलिपि सूफ़ी बासित अली दुबग्गा, लखनऊ।
स्रोत—अमीर ख़ुसरो एक बहुआयामी व्यक्तित्व, प्रदीप शर्मा

13

मोरे झूमत आवे नन्द के लाल,
गलिन मा नजरिया लग जइहैं
अँखियन कजरा फाग बसंती,
गले मोतियन का हार रे
बीच डगर मा बैठ के रसिया,
मारत हो नैंना बान रे
मोर झूमत आवें नन्द...
साँवरी सूरत मद भरे नैना
घुँघर वाले बाल रे
मुख पर वाके नूर बिराजत,
चितवन है चंचल चार रे
मोरे झूमत आवें नन्द...
कहें ख़ुसरो का सुभाग मोरे,
जो मैं श्याम पिया गुनगावत रे
कहें ख़ुसरो दोऊ नैना तिहारे,
साँवरे श्याम बरे मतवारे

14

काहे को तुम नहीं आए साँवरिया,
इस बैरन के जाल में फँसकर
भूल गया तू प्यार के रस को,
इस बैरन की प्रीत मा फँसकर
भूल गया तू प्यार के रस्ते,
सगरी रतियाँ तरपत बीतीं
रो-रो रैन गँवाई रे,
काहे को तुम नहीं आए साँवरिया
ख़ुसरो श्याम की आस लगाए,
निज़ाम पिया काहे नहीं आए
काहे को तुम नहीं आए कन्हैया,
मनमोहन घनश्याम बंसी बजैया
ख़ुसरो तोरी आस लगावे कान्हा,
श्याम पिया तुम काहे नहीं आए

15

होली खेलन चलो री बिरज में सखी,
होली खेलन चलो री चिश्त नगर में सखी,
मोरी लाल चुनरिया पै रंग बरसै गुलाल बरसै
मोरे श्याम पिया तोरे दरस बिना मोरे नयन तरसै
कब आवोगे मोरे श्याम, होरी खेलन को गाम
ख़ुसरो निज़ाम दोऊ मिल गावें मल्हार
पीत भरो गुलाल मोये किनने डारी री
गंजशकर के लाल निज़ाम मोपे रंग डारो री
मोहे अपने ही रंग में वे तो रंग लीन्हीं री

क़व्वाली

1

निज़ाम तोरी सूरत पे बलिहारी।
सब सखियन में चुँदर मेरी मैली॥
देख हँसे नर-नारी
अब के बहार चुँदर मोरी रंग दे,
निज़ाम पिया रख ले लाज हमारी॥
निज़ाम तोरी सूरत पै बलिहारी,
सदका बाबा गंजशकर का
रख ले लाज हमारी
मेरे घर निज़ाम पिया
निज़ाम तोरी सूरत की बलिहारी
कुतुब फ़रीद मिलि आए बराती
ख़ुसरो राजदुलारी
निज़ाम पिया रख ले लाज हमारी॥

कुछ क़व्वाल इसे थोड़े परिवर्तन के साथ इस प्रकार गाते सुने जाते हैं—

निज़ाम तोरी सूरत की बलिहारी।
सदका बाबा गंजशकर का, रख ले लाज हमारी।
निज़ाम तोरी सूरत की बलिहारी।
ऐ रंगीली धन भाग वाके, जिन पाऊँ निज़ाम प्यारा,
निज़ाम तोरी सूरत की बलिहारी।
हाथ न फैलाऊँ आगे किसी के,
मैं का तो आस निहारी। निज़ाम...

कोऊ सास कोऊ ननद से झगड़े
हम को आस तिहारी। निज़ाम...
कुतुब फ़रीद मिल आए बराती
ख़ुसरो राजदुलारी। निज़ाम...

2

छाप-तिलक तज दीन्हीं रे तोसे नैना मिला के।
बात अधम कह दीन्हीं रे मोसे नैना...
प्रेम बटी का मदवा पिला के,
मतवारी कर दीन्हीं रे मोसे नैना मिला के।
हरी-हरी चूड़ियाँ गोरी गोरी बइयाँ,
बहियाँ पकड़ धर लीन्हीं रे मोसे...
अपनी सी कर लीन्हीं रे मोसे...
ख़ुसरो निज़ाम पै बलि-बलि जइये
मोहे सुहागन कीन्हीं रे मोसे नैना मिला के
बात अधम कह दीन्हीं री मोसे...
बलि-बलि जाऊँ मैं तेरे रंगरेजवा
ख़ुसरो निज़ाम से बात जो लागी
अपनी सी रंग दीन्हीं रे मोसे...

3

बहुत दिन बीते,
पिया को दखे।
अरे कोई जाओ...
पिया को बुलाए लाओ।
मैं हारी वो जीते,
बहुत दिन बीते...पिया को देखे।
सब चुनरिन में,
चुनर मोरी मैली।
क्यों चुनरी नहीं रँगते?
बहुत दिन बीते,

पिया को देखे।
बहुत दिन...
ख़ुसरो निज़ाम के,
बलि-बलि जइये।
क्यों दरस नहीं देते?
बहुत दिन बीते...
पिया को देखे।
बहुत दिन...

4

आँखों में तसव्वुर जो,
वो माहें-मर्दीं हैं।
आँखों में तसव्वुर जो,
वो आहे-मुर्दीं हैं।
दुनियावी हँसी है मेरी,
कुछ बाक़ी हँसी है!
तमगीले-हरम हुक्मे-अज़ल
शम्मे-मर्दीं है।
अल्लाह का महबूब
हँसीनों की हँसी है
मिलता है ख़ुदा भी जहाँ,
महबूबे-ख़ुदा भी
वो गुम्बदे-ख़िजरा है,
मदीने की ज़मीं है।
कुछ इस तरह आता है नज़र
अहले-नज़र को
ख़ुस रोज़-ए-पुरनूर में,
वो पर्दानशीं है
आँखों में तसव्वुर जो,
वो माहे-मर्दीं हैं

5

बहुत कठिन है डगर पनघट की
कैसे मैं भर लाऊँ मधवा से मटकी
मैं जो गई थी पनिया भरन को
दौड़ झपट गोरी मटकी पटकी
ख़ुसरो निज़ाम के बलि-बलि जइयो
लाज रखो मेरे घूँघट पट की...
बहुत कठिन है डगर...

6

आज रंग है ए माँ रंग है री
मोरे महबूब के घर रंग है री
अरे अल्लाह तू है हर
अरे वो तो जहाँ देखो मोरे संग है री
निज़ामुद्दीन औलिया जग उजियारो...
वह तो मुँह माँगे बर संग है री
देश-विदेश में ढूँढ़ी फिरी हूँ—
अरे वो तो मेरे...

7

मैं तो पिया से नैन लगा आई रे
गर नारी गँवारी चाहे जो कहे
मैं तो पिया से...
सोहनी सूरतिया मोहनी मूरतिया
मैं तो हिरदय के बीच समा आई रे
मैं तो पिया से...
क्या डर मोहे पीत करी का
साँच कहत हूँ मैं ना चोरी करी रे
धन-धन भाग जागे मोरी सजनी
मैं तो चरनन शीश झुका आई रे

मैं तो पिया से...
ख़ुसरो निज़ाम के बलि-बलि जइयो
मैं तो अनमोल चेली कहाँ जाई रे
मैं तो पिया से...

8

मोहे अपने ही रंग में रंग ले
तू तो साहब मोरा महबूबे इलाही
मोहे अपने...
हमरी चुनरिया पिया की पगड़िया
वो दोनों बसन्ती रंग
जो कुछ तू माँगे रंग की रंगाई
मोरो जोबना गिरवी रख ले।
मोहे अपने...
तू तो साहब मेरा महबूब इलाही
आन पड़ी दरबार तिहारे
मोरी लाज शरम सब रख ले
काजल बना नैना में रख ले
मोहे अपने ही रंग में रंग ले
तू तो साहब मोर...

ढकोसला

1

गोरी के नैना ऐसे बड़े जैसे बैल के सींग
दुम उठा कर देखा तो पूरनमासी के तीन दिन

2

भैंस चढ़ी बबूल पर और लप लप गूलर खाय
उतर आ मेरे राँड़ की हिफ्ज़[1] ना फट जाय

(इस ढकोसले को निम्न प्रकार से लिखते हैं। परन्तु उपरोक्त मतन सही है)

भैंस चढ़ी बबूल पर और लप लप गूलर खाय
उतर-उतर परमेश्वरी तेरा मठा सिरानों जाय

भैंस चढ़ी बिटोरी[2] और लप लप गूलर खाय
उतर आ मेरे राँड की, कहीं हिफ़्ज़ न फट जाय
भैंस चढ़ी बबूल पर और गप गप गूलर खाय
दुम उठा कर देखा तो ईद के तीन दिन

3

भार भुजावन हम गए, पल्ले बाँधी ऊन
कुत्ता चरखा लै गयो, काएते फटकूँगी चून

---

1. अरबी शब्द, 2. उपले।

4

काकी फूफा घर में हैं कि नायँ, नायँ तो नन्देऊ
पावंरो होय तोला दे, ला कथूरा में डोराई डारि लाऊँ

5

पीपल पकी पपेलियाँ[1], झड़-झड़ पड़े हैं बेर
सर में लगा खटाक से, वाह बेर तोरी मिठास

6

लखु आवे लखु जावे, निरमोही सुन बे बड़ो कर धम्मकला
पीपर तन की न मानूँ बरबत धरया, बड़ा कर धम्मकला

7

गोरी के नैना एस बड़े, जैसे बैल के सींग
देह वाकी पींड सी, मारे दिन भर डींग

8

भादों पक्की पीपली, झड़-झड़ पड़े कपास
बी मेहतरानी दाल पकाओगी या नंगा ही सो रहूँ

9

कोठी भरी कुल्हाड़ियाँ तू हरीरा[2] कर के पी
बहुत ताऊल[3] है तो टप्पर[4] से मुँह पोंछ

10

काजी जी का कागा कारा, काजी जी का मनवा कारा
काजी जी को देखत कागा, काँव-काँव कर रहा सारा

---

1. गोदा, पीपल का फल, 2. अरबी शब्द है। यह एक पेय है जो स्त्री को बच्चे के जन्म के बाद दिया जाता है, 3. तिनका, 4. टाट।

11

आँधी आई मेह आया, बड़ी बहू का जेठ आया
बरखा आई मेढक टर्राया, बड़ी बहू का देवर आया

12

हम्मा बेटी तुम्मा बेटी, चलो बाग को जाएँ
तीन ही नीबू तोड़ के, साजे-साजे खाएँ

13

एक अचरज मैं ऐसन देखा, बिल्ली चाबे पान
चूहा बजाए ढोलकी, मेढक तोड़े रे तान

14

चींटी चढ़ी पहाड़ पर, लप-लप गूलर खाए
मारा डंडा गिरी गाजरें, मर्दन के खेत में गिर जाए

15

कोऊ ऊँट ऊँचा, वाकी पूँछ नीची
कोऊ ऊँट नीचा, वाकी पूँछ ऊँची

16

बीनन वाली बीन कपास, तोरी मोरी एक ही साँस
सलहज और ननदोई का रिश्ता ख़ासस ख़ास

17

लचकत आय रोवत जाय, फूकत फिरै, सोवत जगावे।
उमड़त आय बिछुड़त जाय, घूमत फिरै, रोवत उठावे॥

ऐ सखी साजन[1]

आम

1

बरसा बरस वह देस में आवे
मुँह से मुँह लगा रस प्यावे
वा खातिर में खरचे दाम
ऐ सखी साजन ना सखी आम

अंजन

2

सोभा सदा बढ़ावत हारा
आँखें ते छिन होत न्यारा
आए फिर मेरे मन को रंजन
ऐ सखी साजन ना सखी अंजन

अँगिया

3

कस के छाती पकड़े रहे
मुँह से बोले न बात कहे

1. पद्यों की शैली—कहमुकरनी। इन पद्यों को सभी स्रोतों में कहमुकरनी ही गया है, परन्तु यहाँ सम्पादक ने उसे अधिक स्पष्टता प्रदान करने के लिए 'ऐ सखी साजन' का नया शीर्षक दिया है। आशा है पाठकगण इस परिवर्तन को स्वीकार करेंगे।

ऐसा है कामिनी का रँगिया
ऐ सखी साजन ना सखी अँगिया

बाल

4

बन में रहें वह तिरछे खड़े
देख सखी मेरे पीछे पड़े
उन बिन मेरा कौन हवाल
ऐ सखी साजन ना सखी बाल

बन्दर

5

आँख चलावे भौं मटकावे
नाच कूद के खेल खिलावे
मन में आवे ले जाऊँ अन्दर
ऐ सखी साजन ना सखी बन्दर

6

उछल कूद के वह जो आया
धरा ढका वह सभी कुछ खाया
दौड़ झपट जा बैठा अन्दर
ऐ सखी साजन ना सखी बन्दर

7

छोटा-छोटा अधिक सोहाना
जो देखे सो होये दिवाना
कभी वह बाहर कभी वह अन्दर
ऐ सखी साजन ना सखी बन्दर

भंग

8

सब्ज रंग मेहँदी पर धावे
कर छूवत नैनन चढ़ आवे
बैठत उठत मरोड़त अंग
ऐ सखी साजन ना सखी भंग

9

हरा रंग मोहे लागत नीको
वा बिन जग लागत है फीको
उतरत चढ़त मरोड़त अंग
ऐ सखी साजन ना सखी भंग

10

वाको रगड़ा नीको लागै
चढ़े जोबन पे मजा दिखावे
उतरत मुँह का फीका रंग
ऐ सखी साजन ना सखी भंग

पान

11

नित मेरी खातिर बजार से आवे
करे सिंगार तब चूमा पावे
मन बिगड़ी नित राखत मान
ऐ सखी साजन ना सखी पान

12

बन ठन के सिंगार करे
घर मुँह पर मुँह प्यार करे

प्यार से मोपे देत है जान
ऐ सखी साजन ना सखी पान

पानी

13

वा बिन मोको चैन ना आवे
वह मेरी तिस आन बुझावे
है वह सब गुन बारह बानी
ऐ सखी साजन ना सखी पानी

पंखा

14

आप हिले वह मोय हिलावे
वाका हिलना मोरे मन भावे
हिल-हिल के वह हुआ नसंखा
ऐ सखी साजन ना सखी पंखा

15

छठे छमाहे मेरे घर आवे
आप हिले और मोये हिलावे
नाम लेत मोये आवत संखा
ऐ सखी साजन ना सखी पंखा

पवन

16

रात दिना जाको है गवन
खुले द्वार वह आवे भवन
वाका हर इक बतावे कौन
ऐ सखी साजन ना सखी पवन

पैसा

17

हाट चलत मोहे पड़ा जो पाया
खोटा खरा मैं ना परखाया
ना जानूं वह हैगा कैसा
ऐ सखी साजन ना सखी पैसा

तारा

18

रात समय वह मेरे घर आवे
भोर भए वह घर उठ जावे
यह अचरज है सबसे न्यारा
ऐ सखी साजन ना सखी तारा

तोता

19

घर आवें मुख फेर धरें
दें दुहाई मन को हरें
कभू करत हैं मीठे बैन
कभू करत हैं रूखे नैन
ऐसा जग में कोऊ होता
ऐ सखी साजन ना सखी तोता

20

सब्ज़ रंग और मुख पर लाली
उस पीतम गल कंठी काली
भाव सुभाव जंगल में होता
ऐ सखी साजन ना सखी तोता

21

अति सारँग है रंग रँगीलो
और गुनवंत बहुत चटकीलो
राम भजन बिन कभू न सोता
ऐ सखी साजन ना सखी तोता

तेल

22

लौंडी भेज उसे बुलवाया
नंगी होकर मैं लगवाया
हमसे उससे हो गया मेल
ऐ सखी साजन ना सखी तेल

टेसू

23

सुर्ख़ सफ़ेद है वाका रंग
साँझ फिरी मैं वाके संग
गले में कंठा स्याह थे गेसू
ऐ सखी साजन ना सखी टेसू

बुख़ार/तप

24

मैं पड़ी थी, अचानक चढ़ आयो
जब उतरो तो पसीना आयो
सहम गई मुख से निकसी न पुकार
ऐ सखी साजन ना सखी बुख़ार

25

मद भर जोर हमें दिखलावे
मुखत पे मेरी छाती चढ़ आवे
छूट गयो सब पूजा जप
ऐ सखी साजन ना सखी तप

जाड़ा

26

जोर भरो है जवानी दिखावत
हुमुकि हुमुकि मोपे चढ़ि आवत
पेट में पाऊँ दे दे मारा
ऐ सखी साजन ना सखी जारा

27

लिपट-लिपट के वाके सोई
छाती से पाँव लगा के रोई
दाँत-दाँत से बजे तो ताड़ा
ऐ सखी साजन ना सखी जाड़ा

जंजरा/ज़ुकाम

28

टप-टप चूसत तन को रस
वासे नाहीं मेरा बस
लट-लट के मैं होई पिंजरा
ऐ सखी साजन ना सखी जंजरा

जूता

29

नंगे पाँव फिरन नहीं देत
पाँव से मिट्टी लगन नहिं देत
पाँव का चूमा लेत निपूता
ऐ सखी साजन ना सखी जूता

जोगी

30

द्वारो मोरे अलख जगावे
भभूत बिरह के अंग लगावे
सेंगी फूँकत फिरै वियोगी
ऐ सखी साजन ना सखी जोगी

चाँद

31

ऊँची अटारी पलंग बिछायो
मैं सोई मेरे सिर पर आयो
खुल गई अँखिया भई अनन्द
ऐ सखी साजन ना सखी चन्द

32

नित मेरे घर वह आवत है
रात गए फिर जावत है
अमावस फँस जात गोरी के फंदा
ऐ सखी साजन ना सखी चन्दा

चोर

33

आधि रात गए आयो दहिमारो
सब आभरन मेरे तन को उतारो
इतने में सखी हो गई भोर।
ऐ सखी साजन ना सखी चोर

34

मेरे घर में दोनों सेंध
ढुलकत आवे जैसे गेंद
वाके आए पड़त है सोर
ऐ सखी साजन ना सखी चोर

चूड़ा

35

मोको तो हाथी का भावे
घटे बढ़े पे मोय न सुहावे
ढूँढ़-ढाँढ़ के लाई पूरा
क्यों सखि साजन ना सखी चूड़ा

36

अंगों मेरे लिपटा रहे
रंग रूप का सब रस पिए
मैं भर जनम न वाको छोड़ा
ऐ सखी साजन ना सखी चूड़ा

चौसर

37

सोलह मोहरियाँ सेज पे लावै
हड्डी से हड्डी वह खटकावै
खेलत है खेल बाज़ी बद कर
ऐ सखी साजन ना सखी चौसर

हुक़्क़ा

38

न्हाय धोय सेज मेरी आयो
ले चूमा मुँह से मुँह लगायो
हुई इतनी बात पै थुक्कम थुक्का
ऐ सखी साजन ना सखी हुक़्क़ा

39

आप जलै और मोय जलावे
पी पी कर मोरा मुँह भर आवे
एक मैं अब मारूँगी मुक्का
ऐ सखी साजन ना सखी हुक़्क़ा

40

बड़ो सयानो दम दे जाए
मुँह की मेरे मिट्टी ले जाए
हरदम बाजे पे थुक्कम थुक्का
ऐ सखी साजन ना सखी हुक़्क़ा

दीया

41

रैन पड़े जब घर में आवे
वाका आना मोको भावे
कर पर्दा मैं घर में लिया
ऐ सखी साजन ना सखी दिया

42

एक सजन वह गहरा प्यारा
जा से घर मेरा उजियारा
भोर भई तब विदा मैं किया
ऐ सखी साजन ना सखी दिया

43

सारी रैन मोरे संग जागा
भोर भए तब बिछुड़न लागा
वाके बिछुड़त फाटे हिया
ऐ सखी साजन ना सखी दिया

ढोल

44

वह आवे तब शादी होये
उस बिन दूजा और न कोये
मीठे लागैं वाके बोल
ऐ सखी साजन ना सखी ढोल

राग

45

एक सजन मेरे मन को भावे
जासे मजलिस खरी सुहावे
सूत सुनूँ उठ दौड़ूँ जाग
ऐ सखी साजन ना सखी राग

राम

46

बखत बे बखत मोय वाकी आस
रात दिना वह रहवत पास
मेरे मन को करत सब काम
ऐ सखी साजन ना सखी राम

47

तन मन धन का है वह मालिक
वाने दिया मेरे गोद में बालक
वासे निकसत जी को काम
ऐ सखी साजन ना सखी राम

रूख/वृक्ष

48

द्वारे मोरे खड़ा रहे
धूप-छाँव सब सर पर सहे
जब देखूँ मोरी जाए भूख
ऐ सखी साजन ना सखी रूख

रूमाल

49

मेरा मुँह पोंछे मोको प्यार करे
गरमी लगे तो बयार करे
ऐसी चाहत सुन ये हाल
ऐ सखी साजन ना सखी रूमाल

सपना

50

सेज पड़ी मेरे आँखों आया
डाल सेज मुझे मजा दिखाया
किससे कहूँ मजा मैं अपना
ऐ सखी साजन ना सखी सपना

सुनार

51

उकड़ूँ बैठ के माँपत है
सौ सौ चकर देके घुमावत है
तब वाके रस की क्या देत बहार
ऐ सखी साजन ना सखी सुनार

सोना

52

अति सुन्दर जग चाहै जाको
मैं भी देख भुलानी वाको
देख रूप भाया जो टोना
ऐ सखी साजन ना सखी सोना

शीशा

53

मेरो मोसे सिंगार करावत
आगे बैठ मेरा मान बढ़ावत
वासे चिकना मोको कोई दीसा
ऐ सखी साजन ना सखी सीसा

काँटा

54

बाट चलत मोरा अचरा गहे
मेरी सुनै ना अपनी कहे
ना कुछ मोसों झगड़ा झाँटा
ऐ सखी साजन ना सखी काँटा

कुत्ता

55

दुर-दुर करूँ तो दौड़ा आए
छन आँगन छन बाहर जाए
देहल छोड़ कहीं नहीं सुत्ता
ऐ सखी साजन ना सखी कुत्ता

56

टट्टी तोड़ घर में आया
अरतन बरतन सब सरकाया
खा गया पी गया दे गया बुत्ता
ऐ सखी साजन ना सखी कुत्ता

कंघी

57

वाकी मोको नीक न लाज
मेरे सब वह करत है काज
मूड़ से मोको देखत नंगी
ऐ सखी साजन ना सखी कंघी

केला

58

आठ अंगुल का है वह असली
उसके हड्डी न उसके पसली
लटॉ धारी गुरु का चेला
ऐ सखी साजन ना सखी केला

गाँड़ा/गन्ना

59

देखन में वह गाँठ गठीला
चाखन में वह अधिक रसीला
मुख चूमूँ तो रस का भांडा
ऐ सखी साजन ना सखी गाँड़ा

गरमी

60

बैसाख में मेरे ढिक आवत है
मो को नंगू सेज पे डारत है
ना सोवे ना सोवन देत अधरमी
ऐ सखी साजन ना सखी गरमी

गगरी

61

चढ़ छाती पे मोको लचावत
धोय हाथ मो पे चढ़ि आवत
मोको सरम लगत देखत सब नगरी
ऐ सखी साजन ना सखी गगरी

घोड़ा

62

धमक चढ़े सुध बुध बिसरावे
दाबत जाँघ बहुत सुख पावे
अति बलवंत दिनन का थोड़ा
ऐ सखी साजन ना सखी घोड़ा

लड़का

63

हुमक हुमक पकड़े मेरी छाती
हँस हँस मैं वाको खेल खेलाती
चौंक पड़ी जो पायो खड़का
ऐ सखी साजन ना सखी लड़का

64

हँस हँस मेरी अतगत करे
मेरी छाती पकड़ खुशी मन करे
कभी न वाको मैंने झिड़का
ऐ सखी साजन ना सखी लड़का

लोटा

65

जब माँगू जब जल भर लावे
मेरे मन की सब बिपत बुझावे
मन का भारी तन का छोटा
ऐ सखी साजन ना सखी लोटा

लहँगा

66

दोनों उठा टाँगन बीच डाला
नाप तौल में देखा भाला
मोल-तोल में हैगा महँगा
ऐ सखी साजन ना सखी लहँगा

मच्छर

67

जब मोरे मन्दिर मा आवे
सोते मुझको आन जगावे
पढ़त फिरत वह बिरह के अच्छर
ऐ सखी साजन ना सखी मच्छर

मक्खी

68

बेर-बेर सोवत से जगावे
ना जागूँ तो काटे खावे
व्याकुल हुई मैं हक्की बक्की
ऐ सखी साजन ना सखी मक्खी

मोती

69

देखत के दो घड़ी उजियारी
सब संगर से आती हैं प्यारी
सगरी रैन मैं संग ले सोती
ऐ सखी साजन ना सखी मोती

मोर

70

नीला कंठ पहिरे हरा
सीस मुकुट वह नाचे खड़ा
देख घटा वह अलापे चोर
ऐ सखी साजन ना सखी मोर

मैना

71

आठ पहर मेरे ढिग रहे
मीठी प्यारी बातें करे
स्याम बरन और राती नैना
ऐ सखी साजन ना सखी मैना

मेह

72

उमड़ घुमड़ कर वह जो आया
अन्दर मैंने पलंग बिछाया
मेरा वाका लागा नेह
ऐ सखी साजन ना सखी मेह

73

अपने आए देत जमाना
है सोते को यहाँ जगाना
रंग रस का फाग मचाया
आप भिजे औ मोही भिजाया
वाको कौन न चाहे नेह
ऐ सखी साजन ना सखी मेह

नथ

74

मुख मेरा चूमत दिन रात
होंठन लगत कहत ना बात
जासे मेरी जगत में पत
ऐ सखी साजन ना सखी नथ

नून/नमक

75

सरब सलोना सब गुन नीका
वा बिन सब जग लागे फीका
वाके सर पर होवे कौन
ऐ सखी साजन ना सखी नून

हाथी

76

हीलत झूमत नीको लागे
अपने ऊपर मोये चढ़ावे
मैं वाकी वह मेरा साथी
ऐ सखी साजन ना सखी हाथी

77

एक तो है वह देह का कारू
छोटे नैन सदा मतवारू
वह पीउ मेरी सेज का साथी
ऐ सखी साजन ना सखी हाथी

हार

78

सगरी रैन छतियन पर राखा
रंग रूप सब वाका चाखा
भोर भई जब दिया उतार
ऐ सखी साजन ना सखी हार

बाला

79

अंगों मेरे लपटा आवे
वाका खेल मोरे मन भावे
कर गहि कुच गहि गहे मोरि माला
ऐ सखी साजन ना सखी बाला

नैचा

80

एक सजन मोरा मन ले जावे
मुख चूमे और बात बनावे
होंठन लाग सही रस खैंचा
ऐ सखी साजन ना सखी नैचा

पहेलियाँ

हम्द-ए-इलाही[1]

1

सब सखियन का पिया प्यारा
सब में है और सब सों न्यारा
वा की आन मुझे ये भा
जाकी है बिन देखी चा

2

साब कोई उस को जाने है
पर एक नहीं पहचाने है
आठ घड़ी में लेखा है
फिक्र किया उन देखा है

नाअत[2]

3

एक पुरुख है दई सँवारा
दुनिया का निस्तारन हारा
वाके चरनों लाग रहो
ज्यादा वचन ना मुँह से कहो

1. उस कविता को कहते हैं जिसमें ख़ुदा की तारीफ़ की गई हो। 2. यह उस कविता को कहते हैं जिसमें मुहम्मद (स.) की तारीफ़ बयान की गई हो।

मन्कबत[1]

4

देव गए हैं किस से काँप
किस ने चीरा अजगर साँप
कौन धवन का पिता खाए
को परलोका...

(यह पहेली अधूरी है)

आदम

5

बिधना ने एक पुरख बनाया
तिरिया दी और नेह लगाया
चूक भई कुछ वासे ऐसी
देश छोड़ भयो परदेसी

अरबा अनासिर[2]

6

चार मीत इकट्ठे हुए और मिलकर करते भोग
फ़िक्र कहे जब बैर पड़ा तो फिर कैसे संजोग

7

बैरी एक का एक है और एक का बैरी एक
फ़िक्र कहे यह इकट्ठे कैसे मुझको यही परेख

---

1. यह उस कविता को कहते हैं जिसमें अली (र.) की तारीफ़ बयान की गई हो। 2. अरबा अनासिर—हवा, मिट्टी, पानी और आग।

परछाईं

8

अजब तरह की है एक नार
वाका मैं क्या करूँ विचार
दिन वह रहे बदी के संग
लाग रही निस वाके अंग

पसीना

9

धूपों से वह पैदा होवे छाँव देख मुरझाए
एरी सखी मैं तुझसे पूछूँ हवा लगे मर जावे

जान

10

समझे रहो ये जावेगी, और गोर ही मुँह दिखलावेगी
जान-बूझ क्यों रोता है, यहाँ फ़िक्र किये क्या होता है

11

संग सहेली चल बसे और हम भी चलने हार
नई रीत या देश के सो बन्दी छुटे पुकार

नब्ज़[1]

12

कोई चातर बूझकर देखे कर सों नारी चलते देख

---

1. नाड़ी।

नफ़्स व रूह[1]

13

नर नारी में कुश्ती है, कुश्ती है बे पुश्ती है
बूझ पहेली जो कोई जावे, बैकुंठों में वासा पावे

रूह

14

लुके-लुके इक तिरिया आई, जो कुछ उसने करी कमाई
गर तू चाहे अपनी गत, पिया को हरगिज छोड़े मत

बुद्धि/अक़्ल

15

सौ सौ रंग से आती है, और बुरे दिनों में जाती है
ऐसे तो मतवाली है, पर नहीं फ़िक्र से ख़ाली है

सोच/फ़िक्र

16

इस्म है उसके जिस्म नहीं, जानवर की भी क़िस्म नहीं
चतरा मानस वा को खाय, मूरख उसके पास न जाय

बुढ़ापा

17

नर नारी कहलाता है और नर नारी को आता है
गर ज़िन्दगी हो मर जाता है पर लागर सा कर जाता है

---

1. प्राण वायु और आत्मा।

लब[1]

18

तल ऊपर के दो हैं भाई, उनका है यह काम
लड़ें भिड़ें आपस में दोनों मिलकर करें कलाम

कान

19

दो नर का है एक ही नाम, बीच में उनके रहता काम
बोल न जाने सुनते संग, उन दोनों के बीच सुरंग

दम[2]

20

बन्द किये से निकला जाय, छोड़ दिये से जाव आय
मूरख को देही नहीं सूझे, ज्ञानी हो इक दम में बूझे

ग़ुस्सा

21

एक चीज़ के दो हैं नाम, वाके खाय नेक अंजाम
दाना सभी हज़म कर जाय उगलन हारे कोड़ा खाय

ख़्वाब

22

मुँह खोले जब तिरिया आई ढीले हो गए सभी सिपाही
कोई सोना लेने जाता है, वह सोना आप ही आता है

---

1. होंठ, 2. रक्त, जीवन, श्वास, अहंकार।

23

सोने में जो देखी बात, सूझे और रूप के साथ
ब्यान किया जब मिलकर चार, नई तरह से दिया विचार

इश्क़

24

गुप्त घाव तन में लगे और जिया रहत बेचैन
ओखत खाय दुख बढ़े, सो करो सखी कुछ बैन

25

दिल का तो दुर्बल भया और नैनन का नासूर
जो ओखत से दुख कटे, तो मैं भी करूँ ज़रूर

रोज़ा

26

भूके प्यासे आते हैं, वो बुज़ुर्ग क्यों कहलाते हैं
फ़िक्र से उनको मुँह में रखे, बैकुंठों में भोजन चखे

नासूर

27

बहा करे नद्दी नहीं नाला रोवे आप रुलाने वाला
वा की हैबत सबको आई, शेर नहीं नासूर सिपाही

28

रैन दिना वह रोता है, और किसी किसी के होता है
जब रोने से बन्द हो जाय, आगे से भी बहुत सताय

बिवाई

29

मैं हँसूँ मेरा कंठ कराहे मेरी हँसी पिया को नहीं भाये
पाँव पसार पिया गए लेट दुखती चोट कनौंडी भेंट

30

मैं जो हँसी पिया मोरे रोय रोय रोय मेरा मुँह टोये
मैं जो गई दिना दो चार पिया मोरे सोये गोड़ पसार

गुदगुदी

31

देही न देखी नरम कहाय
बुरी लगे और हँसी सी आय

नाई

32

मीठी मीठी बात बनावे
ऐसा पुरुख न किसको भावे
बूढ़ा बाला जो कोई आए
उसके आगे शीश नवाए

डुगडुगी

33

एक मढ़ी जोगी के हाथ, फिकर फिरे हैं बालक साथ
खोद बदन पर काढ़े है, अपने आप को मारे है
खोद देही पर अपनी खाय, गावे जोगी मढ़ी बजाय

आरी

34

श्याम बरन और दाँत अनेक, लचकत जैसी नारी
दोनों हाथ से ख़ुसरो खींचे, और कहे तू आरी

35

एक नार वह दाँत दँतीली
पतली दुबली छैल छबीली
जब तिरियहिं लागै भूख
सूखे हरे चबावे रूख
जो बताय वाही बलिहारी
ख़ुसरो कहे वरे को आरी

36

इधर को आवे उधर को जावे
हर हर फेर काट वह खावे
ठहर रहे जिस दम वह नारी
ख़ुसरो कहे वरे को आरी

37

आना जाना उसका भाए
जिस घर जाए लकड़ी खाए

38

पतली जैसी कामिनी और देह लचकत है सारी
मुँह नहीं और दाँत घनेरे काट खात है नारी

39

एक पुरुख की सारी देह
देही ऊपर दाँत घनेह
सर पर काठ उसी के साथ
कारीगर के देखा हाथ

दर्पण/आईना

40

फ़ारसी बोली आईना, तुर्की ढूँढ़ी पाई ना
हिन्दी बोली आरसी आए, ख़ुसरो कहे कोई न बताए

41

अरथ तो उसका बूड़ेगा, मुँह देखो तो सूजेगा

42

हाथ में लीजे देखा कीजे

43

सामने आए कर दे दो, मारा जाय न ज़ख़्मी होय

44

एक नार पिया को भानी, तन वाको सगरा जों पानी
आब रखे पर पानी नाहि, पिया को राखे हृदय मांह
जब पी को वह सुख दिखलावे, आपहि सगरी पी हो जावे

45

झिलमिल का कुआँ रतन की क्यारी
बताओ तो बताओ नहीं तो दूँगी गारी

46

एक पुरुख है सुन्दर मूरत, जो देखो वह उसी की सूरत
फ़िक्र पहेली पाई ना, बूझन लागा आईना

47

कर से कहूँ तो आरसी आवें, जो मारूँ तो मार न खाय
जो मैं करूँ वह कर दिखलावे, बूझ फ़िक्र जो बूझी जाय

आँख

48

एक पेड़ रेती में होवे, बिन पानी दिये हरा रहे
पानी दिये से वह जल जाय, आँख लगे अंध हो जाय

49

आवे तो अँधेरी लावे, जावे तो सब सुख ले जावे
क्या जानूँ वह कैसा है, जैसा देखो वैसा है

50

ऐन मैन है सीप की सूरत आँखें देखी कहती है
अन खावे ना पानी पीवे देखे से वह जीती है

51

दौड़ दौड़ ज़मीं पर दौड़े आसमान पर उड़ती है
एक तमाशा हमने देखा हाथ पाँव नहिं रखती है

आँख की बुढ़िया

52

एक बुढ़िया शैतान की खाला
सिर सफ़ेद औ मुँह है काला
लुंडों घेरे है वह नार,
लड़के रखे है उससे प्यार
उछले कूदे नाचे वो,
आग लगे उस बुद्धि भुस को

भौं

53

स्यान बरम की है एक नारी, माथे ऊपर लागै प्यार
जो मानुस इस अरथ को खोलें, कुत्ते की वह बोली बोलें

कोयला

54

नारी से तू नर भई, औ श्याम बरन भइ सो
गली गली कूकत फिरें कोई लो कोई लो कोई लो

काजल

55

आदि कटे से सब को पाले, मध्य कटे से सब को मारे
अन्त कटे से सबके मीठा, ख़ुसरू वाको आँखो दीठा

56

जलकर उपजे जल में रहे, आँखों देख ख़ुसरू कहे

57

आधा मटका सारा पानी, जो बूझे सो बड़ गियानी

ऐनक

58

एक तिरिया है नकचढ़ी, और हाड़ सी सारी देह
दो तालन की रानी कहिये, नैनन साथ सनेह

59

बसे काठ के कोट में या मुँह पर सूझी जाय
आँखों आगे धरी रहे, पर कधी न बूझी जाय

हल्का बीनी

60

नारी में नारी बसे औरी नारी में नर दोय
दो नर बीच नारी बसे बूझे न बिरला कोय

कुम्हार

61

कीली पर खेली करे, और पेड़ में दे दे आग
रास ढोए घर में रखे, वह जाए रह राख

62

माटी रौंदूँ चक धरूँ, फेरूँ बारम्बार
चातुर हो तो जान ले, मेरी जात गँवार

63

एक पुरुख ने ऐसी करी, खूँटी ऊपर खेती करी
खेती बारी दई जलाय, वाई के ऊपर बैठा खाय

चाक

64

चार अंगुल का पेड़, सवा मन का पत्ता
फल लगे अलग-अलग पक जाय इकट्ठा

65

अँगूठे सी जड़ चौड़ा पात
छोटे बड़े फल एक ही साथ

चाक कुम्हार

66

एक अजायब बिरवा देखा, नीचे उसके छाँह घनी
फूल न लावें फल उतरे हैं, बूझे वा को बड़ा गुनी

कुम्हार का डोरा

67

पानी में निस दिन रहे, जाके हाड़ न मास
काम करे तलवार का, फिर पानी में बास

68

एक जानवर जल में रहे, औ मन में वाके खींच
उछल वार खाँडा करे, जल का जल के बीच

आसमान

69

एक थाल मोती से भरा, सबके सिर पर औंधा धरा
चारों ओर वह थाली फिरे, मोती उससे एक न गिरे

जमीन/धरती

70

माता नॉव धराय के और गरब दियो फैलाय
डायन से कुछ कम नहीं, जो पेट में धरती जाय

रुपया

71

लोहे के चने दाँत तले पाते हैं उसको
खाया वह नहीं जाता है, पर खाते हैं उसको

72

दानाई से दाँत उस पै लगाता नहिं कोई
सब उसको भुनाते हैं पै खाता नहिं कोई

73

चन्द्रबदन ज़क्खी तन पाँव बिना वह चलता है
अमीर ख़ुसरो यों कहें, वह हौले हौले चलता है

जाल

74

ताना बाना जल गया, जला नहीं एक ताग
घर का चोर पकड़ गया घर में मोरी में से भाग

75

बिन सिर का निकला चोरी को, बिन थन की पकड़ी जाय
दौड़ी या बिन पाँवों के, बिन सिर का लिये जाय

76

क्या करूँ बिन पाँवों के, तुझे ले गया बिन सर का
क्या करूँ लम्बी दुम के, तुझे खा गया बिन चोंच का लड़का

77

जे कारन पी जल गए जी का करने काल
घर बिन जी तड़पन लगे सो कैसा ये जंजाल

बंसी व माही/मछली

78

आप चले भोजन करे और बैरी लागे बैर
अपने रस के कारने सो आय नद्दी तैर

79

मीन मेख सब तज दियो और बैठो ध्यान लगाय
अपने रस के कारने सो आय कंठ विंधाय

80

आई थी भोजन करन और भोजन हो गई आप
पिछलों से कहती गई कि भोजन नहीं यह पाप

81

भोजन था सो जल गया आरै या में मीन न मेख
छेड़-छाड़ जाती रही सो काँटा खटकत देख

भुट्टा

82

एक तरुवर का फल है तर, पहले नारी पीछे नर
वा फल की यह देखो चाल, बाहर खाल और भीतर बाल

83

आगे-आगे बहिना आई पीछे-पीछे भैया
दाँत निकाले बाबा आए बुरका ओढ़े मैया

84

सर पर जटा गले झोली, किसी गुरु का चेला है
भर-भर झोली घर को धावे उसका नाम पहेला है

85

बाल नचे कपड़े फटे, मोती लिये उतार
यह बिपता कैसे बनी, जो नंगी कर दई नार

दीया/चिराग

86

बाला था जब सबको भाया
बढ़ा हुआ कुछ काम न आया
ख़ुसरो कह दिया उसका नाव
बूझे नहीं तो छोड़ो गाँव

87

जल तो जीवन मोल है और बिन जल सो कुम्हलाय
फ़िक्र अगन वो कौन-सी, जो पवन लगे मर जाय

88

तेली का तेल कुम्हार का हंडा
हाथी की सूँड़ नवाब का झंडा

दीया बत्ती

89

एक राजा की अनोखी रानी, नीचे से वह पीवे पानी

90

एक नार ने अचरज किया, साँप मार पिंजरे में दिया
जों जों साँप ताल को खाए, ताल सूख साँप मर जाय

91

एक नारी के सर पर नार, पी के लगन में खड़ी लचार
सीस धुनै औ चले न जोर, रो रो कर वह करे भोर

92

जब काटो तब ही बढ़े, बिन काटे कुम्हिलाए
ऐसी अद्‌भुत नार का, अन्त न पायो जाए।

माचिस

93

पीके नाम से बिकत है, कामिन गोरी गात
एक बेर दो बेर सती भइ, पिया न पूछे बात

नगीना

94

एक नार दखिन से आई, है वह नर और नार कहाई
काला मुँह कर जग दिखलावे, मोय हरे जब वाको पावे

95

लाल रंग वह चिपटा-चिपटा, मुँह को करके काला
थूक लगा कर दाब दिया, जब खसम का नाम निकाला

नग

96

नारी में नारी बसे, नारी में नर दोय
दो नर में नारी बसे, बूझे विरला कोय

कंठा

97

गाँठ गठीला रंग रँगीला, एक पुरुख हम देखा
मरद इस्तरी उसको रखें, उसका क्या कहूँ लेखा

नाखून

98

हाड़ की देही उज्जल रंग, लिपटा रहे नारि के संग
चोरी की ना ख़ून किया, वाका सिर क्यों काट लिया

99

बीसों का सिर काट लिया, ना मारा ना ख़ून किया

तसबीह

100

दाना दाना नाते में, सबका लेखा खाते में
कर यारी वा नारी से, हर को भजो बिचारी से

छाता/छतरी

101

एक रूख मैं अचरज देखा डाल घनी दिखलावे
एक है पत्ता वाके ऊपर माथा छूवे कुम्हलावे
सुन्दर वाकी छाँव है और सुन्दर वाको रूप
खुला रहे और ना कुम्हलावे जों जों लागे धूप

102

गोल गात और सुन्दर मूरत, काला मुँह तिस पर ख़ूबसूरत
उसको जो हो महरम बूझे, सीना देख पिरोना सूझे

103

घूम घूमेला लहँगा पहिने एक पाँव से रहे खड़ी
आठ हाथ हैं उस नारी के सूरत उसकी लगे परी
सब कोई उसकी चाह करें हैं मुसलमान हिन्दू क्षत्री
ख़ुसरो ने यह कही पहेली दिल में अपने सोच ज़री

शहद का छाता

104

एक मन्दिर के सहस्र दर
हर दर में तिरिया का घर
बीच बीच वाके अमृत ताल
बूझ है इसकी बड़ी महाल

बर्रे का छाता

105

एक गाँव सदहा कुएँ, कुएँ कुएँ पनिहार
मूरख तो जाने नहीं, चतुरा करे विचार

जाला मकड़ी

106

शिकारी अपना जाल लगाय, आन पखेरू गला बँधाय
अधर में लटकी उसकी आस, आन फँसा जा लागा पास

लोटा

107

गोल मोल और छोटा मोटा, हरदम वह तो ज़मीन पे लोटा
ख़ुसरो कहे यह नहीं है छोटा, जो ना बूझे अकिल का खोटा

108

खड़ा भी लोटा पड़ा भी लोटा
है बैठा और कहें है लोटा
ख़ुसरो कहें समझ का टोटा

चौकी

109

एक नार जब बनकर आवे, मालिक को अपने ऊपर बुलावे
है वह नारी सब के गौं की, ख़ुसरो नाम लिये तो चौंकी

पलंग

110

सोने की एक नार कहावे बिना कसौटी बान दिखावे

111

बाघ तो कहने में कहलावे, और सुख उससे आलस पावे

अँगिया/चोली

112[1]

एक नार हाथी पर खासी, जनवर बैठा बीच खवासी
अता पता मत पूछो हमसे, कुछ तो महरम होगी उससे

113[2]

नार चढ़े हाथी पर खासी, जनवर बैठा बीच खवासी
पता न बिलकुल पूछो मुझसे, कुछ महरम हैं आप भी उससे

114

माथे वाके छेक है और चरन थूर कर ह्याँव
बहियन पर छाती टिक रहे और पीठ प वाके पाँव

पिश्तान

115

दो तिरिया एक नाम की, और तन अन्दर अक्सीर
काला मुँह उनका भया नख बूझो नक्सीर

मुश्क

116

एक नार चरन वाके चार, स्याम बरन सूरत बदकार
बूझे तो मुश्क है न बूझे तो गँवार

1. जवाहर-ए-ख़ुसरो की पहेली
2. स्प्रेंगर की बर्लिन प्रतियाँ
सन्दर्भ—अमीर ख़ुसरो का हिन्दवी काव्य, प्रो. गोपीचन्द नारंग, पृ. 115

गजरा

117

आधा बकरा सारा हाथी, हाथ बँधा देखा यक साथी॥

चूड़ियाँ

118

चटाख पटाख कब से, हाथ पकड़ा जब से
आह आवे कब से, आधा गया जब से
चुप चाप कब से, सारा गया जब से

कंघी/शाना

119

एक नार है ऐसी ख़ासी, भोजन खली तेल की प्यासी
हाथ लिये ऐसे इतराय, मू लगाय सिरे चढ़ जाय

दुलहन

120

बनी रंगीली शरम की बात
बे मौसम आई बरसात
यही अचम्भा मुझको आय
ख़ुशी के दिन क्यूँ रोती जाय

कस्बिन

121

सुहागन नहीं नहीं वा राँड़, छुटी फिरे है जैसे साँड़
बस्ती में फुसलाती है, और जंगल जोर दिखाती है

राग

122

नर नारी हैं जग में एक, देही ना देखी वा की नेक
जिसके मुँह से सीधे आय, खाए पिये बिन मस्त हो जाय

टेसू/ढाक के फूल

123

तीन रंग का रेखा पिया, दो कर सीस छाती दिया
हर के द्वारे भीक कहेला, चतुर मानस बूझ पहेला

124

एक बरों का फूल है और महाराज अवतार
बिछाले और उठ चले हर हर दरबार

गुल-ए-लाला

125

हरियर पेड़ सुहावन पात केवल बरन साम और रात
जब नाहिं से वा का नावँ, बूझ पहेली छोड़ो गाँव

सती

126

जल बल गई पिया के पास
तुक को और जनम की आस
जब सुन्दर ने आन कही
तब वह तिरिया जान गई

मोढ़ा

126

सर पर जाली और पेट से ख़ाली
पसली एक-इक देख निराली

127

सर पर जाली पेट से ख़ाली,
पसली देख एक एक निराली
फ़िक्र मुझे है यही परेख,
हाथ न गरदन मोढ़ा एक

मोरी

128

सावन भादों बहुत चलत है माघ पूस में थोरी
अमीर ख़ुसरो यों कहें, तू बूझ पहेली मोरी

129

अन्दर है और बाहर बहे, जो देखे सो मोरी कहे

खाल आहंगर/भॉथी

130

साँस निवारत जात है, और जी का हो गया काल
गई बू बूदार की, रही खाल की खाल

नीम की निबोली

131

एक नार तरवर से उतरी मासों जनम ना पायो
बाप नाँव जो वासे पूछो आधो नाँव बतायो
आधो नाँव बतायो ख़ुसरो कौन देस की बोली
वाको नाँव जो पूछो मैंने अपने नाँव निबोली

नक़्क़ारा

132

नर नारी की जोड़ी दीठी, जब बोले तब लागे मीठी
एक नहाय एक तापन हारा, चल ख़ुसरो कर कूँच नकारा

आम

133

एक पुरुख जब मद पर आए, लाखों नारी संग लपटाए
जब वह नारी मद पर आए, तब वह नारी नर कहलाए

ख़रबूज़ा

134

दस नारी का एक ही नर
बस्ती बाहर वाका घर
पीठ सख़त और पेट नरम
मुँह मीठा तासीर गरम

नारंगी

135

नारंगी रंगरेज की और रंगी है करतार
सगरी दुनिया लेत है झूठा नावँ पुकार

जामुन

136

काजल की कजलौटी, उधो का सिंगार
हरी डाल पै मैना बैठी, है कोई बूझनहार

गूलर का भुनगा

137

अम्बर चढ़े न भूँ गिरे, धरती धरे न पाँव
चाँद सूरज की ओझल बसे, वाका क्या नाँव

सिंघाड़ा

138

जल का उपजा देखा जाल में
काँटे है वा के कल कल में
गीली हो तो हाट बिकाय
सूखे में कई काम में आय

बीर भूटी/जुगनू

139

एक नार करतार बनाई, ना वह क्वारी ना वह ब्याही
सूहा रंग ही वाको रहे, भाबी भाबी हर कोई कहे

140

एक नार करतार बनाई, सूहा जोड़ा पहिन के आई
हाथ लगाए वह शरमाए या नारी को चतुर बताए

141

आपने समय इक पंछी आय
टुक देखो और फिर छुप जाय
बूझ के उठियो कसम है तुम पर
आग बिना उजियारा दुम पर

भौंरा

142

श्याम बरन पीतांबर काँधे, मुरलीधरने होये
बिन मुरली वह नाद करत है, बिरला बूझे कोये

143

बिरह का मारा गया चमन में
इश्क़ छना है स्याह बरन में
जोर गुलों के सहता है पर
बोले बिन नहिं रहता है

मैना

144

एक नार तरवर से उतरी सर पर वाके पाँव
ऐसी नार कुनार को मैं ना देखन जाँव

बया का घोंसला

145

अचरज बँगला एक बनाय[1]
ऊपर नींव, तले घर छाया
बाँस न बल्ली बन्धन घने
कहो ख़ुसरो घर कैसे बने

---

1. स्प्रेंगर संग्रह की बर्लिन प्रति में 'एक अनोखा गिरह बनाया' है। स्रोत : नारंग।

बगुला

146

उज्जल बरन अधीन तन, एक चित्त दो ध्यान
देखत में तो साधु हैं, पर निपट पाप की खान

कबूतर

147

मैं मूठी मोरे पिया अकास, कैसे जाऊँ पी के पास
बैरी लोक मुँह दिखावें, पी चाहें तो आपी आवें

बुलबुल

148

आधी महँगी सारी सस्ती, सारा जंगल आधी बस्ती

मोर

149

एक जानवर रंग रंगीला, बिन मारे वह रोवे
उसकी माँ पे तीन तिलाकें, जो बिना बताए सोवे

150

सर कलकी राजा नहीं, और छोटा पर नहीं साँड़
एक समय नाचा करें, कंचन नहीं न भाँड़

पिंजड़ा

151

चाम मांस वाके नहीं नेक, हाड़ हाड़ में वाके छेद
मोहि अचम्भो आवत ऐसे, वागें जीउ बसंत है कैसे

लाल

152

अंधा बहरा गूँगा बोले गूँगा आप कहावे
देख सफ़ेदी होत अंगारा गूँगे से भिड़ जावे

बाँस का मन्दिर वाका बाशा बाशे का वह खाजा
संग मिले तो सर पर रखें वाको रानी राजा

सी सी करके नाम बताया तामें बैठा एक
उलटा सीधा हर फेर देखो वही एक का एक

भेद पहेली में कहीं तू सुन ले मेरे लाल
अरबी, हिन्दी, फ़ारसी तीनों करो ख़याल

लाल/जानवर

153

पान फूल वाके सर माँ है, लड़ें कटें जब मद पर आहैं
चिट्टे काले वाके बाल, बूझ पहेली मेरे लाल

सदफ़/मोती

154

पानी में पियासी रहे और बर से मिले तो गाभिन होय
दाना बच्चे देत है, और बिरला बूझे कोय

155

पानी में पियासी रहे और नहीं कंत से भेंट
सचमुच बच्चे देत है, कहाँ रखया पेट

जुगनी[1]

156

झूठी सच्ची बाँधी जाय रूप बरन और सती नारी
लोगन देखा गले लिपट गई ऐसी डरी बिचारी

नथ

157

एक नार दो नानख रीझी
नार टेढ़ी और माँग सीधी

गुड्डी/कंकुआ/पतंग

158

एक कहानी मैं कहूँ, तू सुन ले मेरे पूत
बिना परों वह उड़ गया, बाँध गले में सूत

घड़ी घंटा

159

एक नार पानी पर तरे, उसका पुरुख लटका मरे
जों जों खूँदी गोता खाय, दूँ दूँ भँड़ुआ मारा जाय

मुठिया

160

उकरूँ बैठ के मारन लागा,
बीच कलेजा धड़के
अमीर ख़ुसरो यों कहें,
वह दो दो अंगुल सरके

1. गले में पहननेवाला जेवर है।

झाँझिया

161

देही में दीहे घने, और तन में दिया बला
घर घर माँगत फिरत हैं पा लग सीस चढ़ा

खारी

162

सरकंडों के ठट्ठ बँधे और बन्द लगे हैं भारी
देखी है पर चाखी नहीं लोग कहे हैं खारी

खाई

163

घूम-घाम के आई है और मेरे मन को भाई है
देखी है पर चाखी नाहीं, अल्ला की क़सम खाई है

तलवार

164

एक नार कूएँ में रहे
वाका नीर खेत में बहे
जो कोई वाके नीर को चाखे
फिर जीवन की आस न राखे

बर्छी

165

एक अचम्भा देखो चल
सूखी लकड़ी लागे फल
जो कोई इस फल को खावे
पेड़ छोड़ कहीं और न जावे

ढाल

166

बिना चाँदनी चाँद है
और बिना बास के फूल
जितना अर्ज वा नार का
उतना वा का तूल

167

श्याम बरन और सोहनी, फूलन छाई पीठ
सब सूरन के गले पड़त है, ऐसी बन गई ढीठ

168

एक नार भौंरा-सी काली, बिन कानों वह पहने बाली
बिना नाक वह सूँघे फूल, जित्ता अर्ज उत्ता तूल

तोप/तुफंग

169

मुँह से उगले मुँह से खाय
मुँह को मुँह से लगाती जाय
ठोंक बदन कहलाती है
हर हम में बान चलाती है

170

एक नार वह औषध खाए,
जिस पर थूके वह मर जाए
उसका पिया उसे छाती लाय,
अंधा नहीं तो काना हो जाय

171

एक नार मुँह बाए आए
आते ही उन ओखत खाए
जब नारी ने ली उबकाई
तो पै देखे न मो ही दिखाए

सान

172

एक नार है घेर घुमैली, भीतर वा के लकड़ी मैली
फिर करे चलने की आन, उसकी इसमें बूझ आसान

173

उलटी सीधी चले फिरे और कमर से बाँधे चाम
लाख जतन से उसे बनाया नहीं भूलती काम

बर्क/बिजली

174

है वह नारी सुन्दर नार
नार नहीं पर है, वह नार
दूर से सब को छबि दिखलावे
हाथ किसी के कभू न आवे

175

अपने समय में एक नार आय,
टुक देखे और फिर छुप जाय
मोह अचम्भा आवत ऐसे,
जल में अगन बसत है कैसे

वर्षा /बारां

176

एक पुरुख उ बारा नाम, देखे नहीं सुबह और शाम
बरस दिन में जाता है, रैन पड़े भी आता है

बादल

177

भाँति-भाँति की देखी नारी
नीर भरी हैं गोरी काली
ऊपर बसें और जग को धावें
रच्छा करें जब नीर बहावें

178

एक नार नौरंगी चंगी वह भी नार कहावे
भाँति भाँति के कपड़े पहने लोगों को तरसावे

ओला

179

उज्जल अति वह मोती बरनी
पाई कंत दिये मोये धरनी
जहाँ धरी थी वहाँ न पाई
हाट बाज़ार सभी ढूँढ़ आई
ऐ सखी अब कीजिए क्या
पी माँगे तो दीजे क्या

180

देख सखी पी की चतुराई
हाथ लगावत चोरी आई

बुलबुला

181

जल जावे पर जले नहीं और बिना चोब का डेरा
बल-बल आवे बैठे जावे पल में कितने बेरा

साबुन का बुलबुला

182

जैसे गोला ताप का और वैसी वाकी देह
दम तो जीवन मोल है साँस लिये जी देह

भाँग

183

सब्ज़ रंग जंगल की बूटी,
बात करावे सच्ची झूठी
गुन औगुन सब फ़िक्र भलाय,
पिया लाय जब मौज दिखाय

चिलम

184

नई की ढीली पुरानी की तंग
बूझो तो बूझो नहीं चलो मेरे संग

हुक़्क़ा

185

आग लगाई फुंनग सों, और जल गई वा की जड़
एक विरवा निख बोलता, सो बूझन हारा नर

186

मार कुंडलिया बैठा नाग
फ़िक्र पूँछ से लागी आग
जला करे और भरे हैं नारे
हर हर दम फुंकारी मारे

हुक़्क़े का धुआँ

187

अग्नि कुंड में घिर गया, और जल में किया निकास
परदे परदे आवत है अपने पिया के पास

ताड़ी

188

काठ की गाड़ी मिट्टी का बाछा
दूध पिये वो आछा आछा
बेड़ी पहन दुहावन जाय
थन काटे तब दूध बहाय

पान

189

एक गुनी ने यह गुन कीना
हरियल पिंजरे में दे दीना
देखो जादूगर का हाल
डाले हरा निकाले लाल

190

हर रूप है निज वह बात
मुख में धरे दिखावे जात

तीन वस्तु से अधिक प्यार
जानिब हैं सबसे नर नार

हर एक सभा का रखे मान
चतुराई की ठाट पहिचान

191

गला कटे वह चूँ न करे, और मुँह रक्त बहाय
सो प्यारी बातें करे फ़िक्र कथा दिखलाय

सुपारी

192

ऊपर से एक रंग हो और भीतर चित्तीदार
सो प्यारी बातें करे फ़िक्र अनोखी नार

उगाल-दान

193

कर अस्नान सभा में बैठी
नीची थी पर ऊँची बैठी
ऐसी नार करम की हीनी
जिन देखा तिन थू-थू कीनी

पाजामा

194

एक नार जाके मुँह सात, सो हम देखी टाँगन जात
आधा मानुस निगले रहे आँखों देखी ख़ुसरो कहे

195

एक नार हो को ले बैठा, टेढ़ी हो के बिल में पैठी
जिसके बैठे उसे सुहाय, ख़ुसरो उसके बल-बल जाय

पाजामे की डोरी/इज़ारबन्द

196

दो सर का एक पुरुख कहाय
नर नारी के आन समाय
शाम से ले करता वे भोर
बाँधा रहे नहीं वो चोर

चुनरी

197

बालों बाँधी एक छिनाल
नित वो रहवे खोले बाल
पी को छोड़ नफर से राज़ी
चतुरा हो सो जीते बाज़ी

टोपी

198

जो कपड़ों में होवे कम
आधा काटो रह खसम

दुशाला

199

दो तिरियाँ मिल पुरुख कहाई
और पता कब पशम बुनाई

फरगलुल/ओवट कोट

200

आधा काफ़िर सारा शोर
इसको बूझो कर कर गौर

अरगज़ा

201

आधा अरना सारा हाथी
जो देखे सो लगावे छाती

कपास

202

फूल तो वा का ओखद सहाय
फल सब जग के काम में आय
उजड़ी खेती जावे नास
जब देखा जब पास का पास

रुई

203

एक राजा ने महल बनाया
इक थम पे वाने बँगला छाया
भोर भई जब बाजी बम
नीचे बँगला ऊपर थम

चरखा

204

एक पुरुख बहुत गुन भरा
लेटा जागे सोवे खड़ा

उलटा होकर डाले बेल
ये देखो करतार का खेल

205

जो तिरिया को भरता जाय
वो ही पुरुख करतार बनाय
माल दाम रख सब तक लाय
घाना घाना नाम कहाय

कपड़ा

206

नर नारी को जो नर भाय
यह दुख उस पर होवे हाय
टुकड़े हो और कुछ न कहे
सीस कटे तो पड़ा रहे

कैंची

207

भीतर चिलमन बाहर चिलमन, बीच कलेजा धड़के
अमीर ख़ुसरो यों कहें, वह दो अंगुल सरके

सुई

208

डूबी जावे सर के बल, पाट ही पाट नहीं है जल
गोते खाती जाती है, छाती अंग लगाती है

209

सर बल जावे नारी एक, चोटी ऊपर चोटी देख
सीना वा का सब को भावे, सभी जगत के काम में आवे

कूची नूरबाफ/जुलाहे की कूची

210

रीढ़ पर चाम सब देह उघाड़ी, पीठ पर सींघ पेट में दाढ़ी
हाथ न पाँव न वा के कल, चले फिरे दाढ़ी के भल

बादकश/पंखा

211

कर जड़वा के होत है और पवन देत है हल
ऐसा बिरवा कौन सा कि जाके बंजिया फल

कुमकुमा लाख

212

एक निपट नाजुक बन्नो और रंगत लाल गुलाल
छम तो जीवन मूल है पर मुँह लाखे से काल

फौवारा

213[1]

एक पुरुख का अचरज लेखा, मोती फलती आँखों देखा
जहाँ से उपजे वहीं समाय, जो फल गिरे सो जल जल जाय

214

एक बिरवा का अचरज लेखा, मोती फलते वा मैं देखा
जहाँ से उपजे वहीं समाय, जो गिरे सो जल जल जाय

215

जब से तरुवर उपजा एक, पात नहीं पर डाल अनेक
इस तरुवर सीतल छाया, नीचे एक बैठन नहीं पाया

1. यह पहेली स्प्रेंगर की बर्लिन प्रति में यूँ दर्ज है। स्रोत नारंग।

आतिशबाजी

216

आग लगे फूले फले, सींचत जावे सूख
मैं तोहे पूछूँ ऐ सखी, फूल के भीतर रूख़

217

एक समय एक सूहा आया, फूलों पातों सबको भाया
आग दिये वह होए रूख, पानी दिये वह जावे सूख

आग

218

पौन चलत वह देह बढ़ावे, जल पीवत वह जीव गँवावे
है वह प्यारी सुन्दर नार, नार नहीं पर है वह नार

219

जा घर लाल बलैया जाए, ताके घर में दुंद मचाए
लाखन मन पानी पी जाए, धरा ढका सब घर का खाए

चक़माक़

220

सारी देह लगावे संग और जनम लेत है नार
और फिकर सब छोड़ दो इसका करो विचार

221

दो तिरिया मिल भेंट करें वो होती है संगसार
काले मुँह का पुरुख मिले तब जनम ले सुन्दर नार

222

नारी से नारी मिले और जनम भी लेवे नारी
उसके संग की टूटते देखी उसको देखी सारी

धोबी

223

एक पुरुष मैं ऐसा देखा, जो थाई जल जाय
बिना पढ़े कुछ दम करे, और कपड़ा बल बल जाय

भंगी/हलालख़ोर

224

कमाई अपनी फेंक दे, और जी पर नहीं मलाल
वा से क्यूँ हर जात हैं, जो रोज़ी खाय हलाल

मिश्ती

225

इश्क़ में अपने दुख भरे और ऊपर हो जल जाय
आँखों देखत छल करे बैकुंठी क्यूँ कहलाय

मशक

226

ऊपर से वह भीगी होय और भीतर से जल जाय
फ़िक्र जुगत में नाजी बूझे बैकुंठी बतलाय

नदी

227

नर नारी कहलाती है और बिन वर्षा जल जाती है
पुरुख से आवे पुरुख में जावे न दी किसी ने बूझ बताय

दरिया नदी

228

हिन्दी में नारी कहें फ़ारसी में नर कहलाय
अगन तो नेड़े नहीं पर आप ही से जल जाय

नाँव/किश्ती

229

बाँस काटे ठाँय ठाँय, नद्दी को गंगवाय
कँवल का सा फूल जैसे, अंगुल अंगुल जाय

230

ऊपर से वह सूखी साखी, नीचे से पनिहाई
एक उतरे और एक चढ़े और एक ने टाँग उठाई
मोटा डंडा खाने लगी, यह देखो चतुराई
अमीर ख़ुसरो यो कहें, तुम अरथ देव बताई

231

जल जल चलता बसता गाँव, बस्ती में ना वाका ठाँव
ख़ुसरो ने दिया वाका नाँव, बूझ अरथ नहीं छोड़ो गाँव

232

जल जल जावे फिर बसे और नित उजड़े वह गाँव
घाट घाट पर वाका ठाँव बूझे फ़िक्र से नाँव

233

जल बल जाती कुरसी देखी, बस्ती उजड़ी सगरी देखी
सब तो जाने बहरी है, फिर नाँव लिये क्यूँ ठहरी है

कुआँ

234

नारी काट के नर किया सबसे रहे अकेला
चलो सखी वाँ चल के देखें नर नारी का मेला

235

इश्क़ भरा है देख ले और जगत से सोता दूर
एक अचम्भा हमने देखा दहरी का नासूर

ईंट

236

जल से गाढ़ो थल धरो, जल देखे कुम्हिलाय
लाओ बसुन्दर फूँक दे, जो अमर बेल हो जाय

237

पी के चरनों आत है और कर मुट्ठी के बीच
सूरत अस्नान की गारा नहीं न कीच

झाँवाँ

238

एक पुरुख है चेचक रू
अस्नान करे है मलमल तू
कच्चा हो कुछ काम न आय,
पक कर चरनों लागे पाय

स्नानघर

239

सुख के कारज बना एक मंदर
पवन न जावे वाके अन्दर

इस मंदर की रीत दिवानी
बिछा दें आग और ओढ़ें पानी

ढेकली

240

बिलक बिलक भोजन करे और कास कास में बीठ
जनवर है पर जो नहीं लेत सवारी पीठ

पुल

241

ठौर नीर पर होत है और भीतर से जल जाय
हाथी घोड़ा ऊँट शलीता वाही के बल जाय

चौसर

242

तीनों तेरे हाथ में, मैं फिरूँ तेरे घात में
मैं हर फिर मारूँ तेरी, तू बूझ पहेली मेरी

243

चारों दिशा की सोलह रानी
तीन पुरुख के हाथ बिकानी
मरना जीना उनके हाथ
कभी न सोवें वे एक साथ

बाँसुरी

244

बाँस बरेली से एक नारी
आई अपनी बन्द कटारी

पी कुछ उसने कान में फूँके
बोली वह सुन पी के मुँह के

आह पिया यह कैसी कीनी
आग बिरह की भड़का दीनी

हाँडी

245

एक पुरुख और नौलख नारी
सेज चढ़ें वह तिरिया सारी
जले पुरुख देखे संसार
इन तिरियों का यही सिंगार

246

एक पुरुख और साहंसो नार
जले पुरुख देखो संसार
बहुत जले और होवे राख
तब उन तिरियों की होवे साख

डोली

247

एक नार दर सींगों से, नित उठ खेले धींगों से
जिसके द्वारा जा अड़े, बे मानुस लिये नहीं टले

248

ऐन पहेली तीन का गुच्छा, जिसमें एक सुन्दर है
ऐ सखी मैं तुझसे पूछूँ दो बाहर इक अन्दर है

दाँत की मिस्सी

249

सूली चढ़ मुसकत करे, स्याम बरन एक नार
दो से दस से बीस से, मिले एक ही बार

250

स्याम बरन एक नार कहावे
ताँबा अपना नाम धरावे
जो कोई वाको मुख पर लावे
रती से सैर खा जावे

चिलमन

251

चालीस मन की नार रखावे, सूखी जैसी तीली
कहन को पर्दे की बीबी है पर है वह रंग रंगीली

झूला

252

डाला था सब के मन भाया
टाँग उठाकर खेल बनाया
कमर पकड़ के दिया ढकेल
जब हुआ वह पूरा खेल

चक्की

253

एक नारी के दो बालक, दोनों एक ही रंग
एक फिरे एक ठाढ़ा रहे, फिर भी दोनों संग

नान/रोटी

254

नार जगत की जीवन मूल, देहि रही है वाकी फूल
छेद नहीं है नाका जैसे, पवन पेट के वा में कैसे

अरहर

255

गोरी सुन्दर पातली, केसर काले रंग
ग्यारह देवर छोड़ के, चली जेठ के संग

चना

256

मिला रहे तो नर रहे, अलग हुए तो नार
सोने का सा रंग है, कोई चतुरा करे बिचार

शकरकन्द

257

मोटा पतला सब को भावे
दो मीठों का नाम धरावे

जोरन

258

दूध में दिया दही से लिया

फूट

259

खेत में उपजे सब कोई खाय
घर में होवे घर खा जाय

बिच्छू

260

आगे से गाँठ गठीला, पीछे से वह टेढ़ा
हो लगाय कहर ख़ुदा का, बूझ पहेला मेरा

साँप

261

माता वाकी यार कहावे धरती नीचू नगरी
मार मार चहुँ देस करत है, मरती दुनिया सगरी

केंचुल साँप

262

सेत बरन देखा यक नारी, पी के विरोग पड़ी बेचारी
नकसुत सों निकसत यक रंग, प्रान गए पीतम के संग

चमगादड़

263

वो पंछी है जगत में, जो बसत भुईं से दूर
रैन को उनको बीना देखा, दिन को देखा सूर

264

रैन पड़े भोजन करें और दिनों फकत है पौन
उलटे लटक तपशा करें जागी नहीं वो कौन

265

चरण तो अम्बर ओर हैं, और भुईं के माहों सीस
नैना अपने मूँद कर करे सूर की रीस

जोंक

266

सागर बासा भोजन रक्त फूल रहत है क्यूँ
सीस छेद जब दह लिया फिर व जोंकी तों

लकड़ लाल ख़ाँ[1]

267

रंग में है सराबोर[2] ये देखा कान[3] नहीं है
कहलाता है खान वले पैठान नहीं है
बद को रखे बाँध उसे पहचान नहीं है
याँ से वाँ तक देख ज़री तूफ़ान नहीं है।

जाग-हल्कूम

268

बिन पर को इक पंछी मेरा, घट अन्दर या कियो बसेरो
परदार का सा वा का नाँव, वा के पंछी हाथ न पाँव

खरैरा/खिलाल

269

एक पुरुख की सारी देह, पसली ऊपर दाँत घनेह
हाथी पर चढ़ जाता है, और दाँतों से खुजलाता है

---

1. फरहंग-ए-आसफिया (शब्दकोश) में भी लकड़ा की प्रविष्टि में लाल ख़ाँ का लक्कड़ लिखा हुआ है। पुराने ज़माने में अपराधियों को इससे बाँधकर रखते थे। दिल्ली के बुज़ुर्गों से सुना है 'लाल ख़ाँ का लक्कड़' का अर्थ है भारी कुंदा, लट्ठा, लकड़ी का बड़ा टुकड़ा।
2. सरबोर—सराबोर।
3. कान—कृष्ण, कन्हैया, (अर्थात रंग में सराबोर है परन्तु कृष्ण नहीं है।)

पुश्तखारा/लोहे की अंकुसी

270

सारी देह की बात न जाने, हाथ में हाथ ले पहचाने

ज़ंजीर-ओ-कुंडा

271

दो नर में है एक ही नार, यही रहे हैं सबके द्वार
दो नर से वह नारी जूझे, जब जानो जब चटपट बूझे

बेड़ी/जंजीर

272

जिसके वे पैरों पड़ीं उसका जी घबराय
बहुत दुखों से क़दम उठे और राह न निबड़ी जाय

धूप

273

नर से पैदा होवे नार, हर कोई उससे रखे प्यार
एक ज़माना उसको खावे, ख़ुसरो पेट में वह ना जावे

जाड़ा

274

एक कन्या ने बालक जाया, वा बालक ने जगत सताया
मारा मरे न काटा जाय, वा बालक को नारी खाय

आफताब/सूर्य

275

रैन दिया वह आवे जावे, यही जनम से काम बनावे
बूझ फ़िक्र से इतनी बात, किस पर बँधे दिन और रात

बड़ी

276

टूटी टूट के धूप में पड़ी
जों जों सूखी हुई बड़ी

ताला

277

बात की बात ठिठोली की ठिठोली
मरद की गाँठ औरत ने खोली

तराज़ू

278

दो नर में है एक ही नारी, चटपट बूझे हल्का भारी
खात वचन नहीं करती है, और चुटिया कर में रहती है

पुस्तक

279

एक नार चातुर कहलावे
मूरख को ना पास बुलावे
चातुर मरद जो हाथ लगावे
खोल सतर वह आप दिखावे

खाता-बही

280

खाने को वह बने नहीं पर खाते हैं
जल उपजे बेसंगी नहीं बनाते हैं

281

काला मुँह कर जग दिखलावे
भूला बिसरा याद दिलावे
रैन दिना चातुर ग़म खाता
मूरख को लेखा नहीं आता

दवात व क़लम

282

एक नारी में जब नर जाय, काला मुँह कर उलटा आय
छाती घाव अपनी सहे, मन के बचन पर आय कहे

पतरी/पतरा[1]

283

कई पति की नार कहाय, भोजन कारन बेधी जाय
दूजी बारी काम न आय, बाम्हन या जजमान बताय

दफ़्तर

284

एक पुरुख जिन आलम कीला
आधा बाजा आधा गीला

शेर

285

मुसलमान के बहत्तर समझें हिन्दू के अवतार
तपस्या करे, नाहर भजे, बानस खावे मार

1. इसे जन्तरी भी कहते हैं।

अस्प/घोड़ा

286

लोहा चाबे हरना लादे बागन बागन फिरता आय
लोगन के कोसे ना मरे सब लोग कहें यह मर कब जाय

ताजिया

287

गोर के अन्दर रौजा देखा सच लाओ ईमान
फिर रौजे में गोर भी देखी ज़री नहीं तूफ़ान

288

एक जज़ीरा ऐसा देखा सदा बने फिर टूट
गोर के अन्दर गोर को देखा ज़री नहीं झूट

पतंग

289

एक मँढ़ी जोगी पास
भू बिन जाकि मढ़े आकास
काँपे और मढ़ी लड़ जाय
जोगी को तो कल पड़ जाय

गुब्बारा

290

एक मढ़ी जो कि थी सूनी
भीतर वा के बाली धूनी
मुई पर गिरते ही जल जाय
यह अचरज धूनी बन जाय

ठोकर

291

कर से तो बैठता नहीं
और पग से चूक न जाय
राह बाट में चलते फिरते
चरनों से लग जाय

निस्बतें/सम्बन्ध/बराबरी

1.	हलवाई और दुबकई में क्या निस्बत है?	उत्तर—कंदा
2.	हलवाई और बज़ाज़ में क्या निस्बत है?	उत्तर—कंद
3.	गोटे और आफ़ताब में क्या निस्बत है?	उत्तर—किरन
4.	घोड़े और हरफ़ों में क्या निस्बत है?	उत्तर—नुक़्ता
5.	जानवर और बन्दूक़ में क्या निस्बत है?	उत्तर—मक्खी, घोड़ा
6.	बन्दूक़ और कुएँ में क्या निस्बत है?	उत्तर—कोठी
7.	बज़ाज़ और फल में क्या निस्बत है?	उत्तर—कमरख
8.	आम या शलजम और कपड़े में क्या निस्बत है?	उत्तर—जाली
9.	गहने और दरख़्त में क्या निस्बत है?	उत्तर—पत्ता
10.	आम और ज़ेवर में क्या निस्बत है?	उत्तर—कीरी
11.	मकान और अनाज में क्या निस्बत है?	उत्तर—कँगनी
12.	दरिया और गहने में क्या निस्बत है?	उत्तर—मगर
13.	मकान और पायजामें में क्या निस्बत है?	उत्तर—मोरी
14.	कपड़े और दरिया में क्या निस्बत है?	उत्तर—पाट
15.	अँगरखे और पेड़ में क्या निस्बत है?	उत्तर—कलियाँ
16.	आदमी और गेहूँ में क्या निस्बत है?	उत्तर—बाल
17.	बादशाह और मुर्ग में क्या निस्बत है?	उत्तर—ताज
18.	मुश्क और आदमी में क्या निस्बत है?	उत्तर—दहाना
19.	घोड़े और बज़ाज़ में क्या निस्बत है?	उत्तर—थान, ज़ीन
20.	दामन और अँगरखे में क्या निस्बत है?	उत्तर—पर्दा
21.	हलवाई और पायजामें में क्या निस्बत है?	उत्तर—कुंदा
22.	मकान और कपड़े में क्या निस्बत है?	उत्तर—लट्ठा (गज़)

दो-सुख़ना फ़ारसी हिन्दवी (मिश्रित)

1. सौदागर बच्चा रा चे मी बायद, बूचे को क्या चाहिए?
   उत्तर—दुकान।
2. कूवते रूह चीस्त, प्यारी को कब चाहिए?
   उत्तर—सदा अर्थात—हमेशा, आवाज़।
3. बार बर्दारी चे मी बायद, कलावंत को क्या कहिए?
   उत्तर—गाव अर्थात—गाओ-बजाओ, बैल।
4. तिश्ना रा चे मी बायद, मिलाप को क्या चाहिए?
   उत्तर—चाह अर्थात—लगाव, प्यार, कुआँ।
5. शिकारी रा चे मी बायद, मुसाफ़िर को क्या चाहिए?
   उत्तर—दाम, अर्थात—धन रुपया-पैसा, जाल।
6. शिकार बा चे बायद कर्द, कूवते मग़ज़ को क्या चाहिए?
   उत्तर—बादाम अर्थात—मेवा, फल, जाल के साथ।
7. दुआ चे तौर मुस्तजाब शवद, लश्कर में कौन बैठे?
   उत्तर—बाज़ारी।
8. कोह चे मी दारद, मुसाफ़िर को क्या चाहिए?
   उत्तर—संग अर्थात—साथ, पत्थर।
9. दर जहन्नुम चीस्त, कामी को क्या चाहिए?
   उत्तर—नार अर्थात—औरत, जहन्नुम की आग।
10. अज़ ख़ुदा चे बायद तलबीद, बिरहिन की क्या बनती?
    उत्तर—काम अर्थात—कार्य, कामेच्छा।
11. दर आईना चे मी बीनद, दुखिया को न कहिए?
    उत्तर—रो अर्थात—रोना-धोना, मुख।
12. माशूक रा चे मी बायद कर्द, हिन्दुओं का रख कौन है?
    उत्तर—राम अर्थात—ईश्वर, अनुयायी।

दो-सुख़ना हिन्दवी

1. रोटी जली क्यों, घोड़ा अड़ा क्यों, पान सड़ा क्यों? उत्तर—फेरा न था।
2. अनार क्यों न चखा, वजीर क्यों न रखा? उत्तर—दाना न था।
3. गोश्त क्यों न खाया, डोम क्यों न गाया? उत्तर—गला न था।
4. गढ़ी क्यों छिनी, रोटी क्यों माँगी? उत्तर—खाई न थी।
5. समोसा क्यों न खाया, जूता क्यों न चढ़ाया? उत्तर—तला न था।
6. ककड़ी क्यों छोटी, लकड़ी क्यों टूटी? उत्तर—बोदी थी।
7. राजा प्यासा क्यों, गदहा उदास क्यों? उत्तर—लोटा न था।
8. खिचड़ी क्यों न पकाई, कबूतरी क्यों न उड़ाई? उत्तर—छड़ी न थी।
9. पोस्ती क्यों रोया, चौकीदार क्यों सोया? उत्तर—अमल न था।
10. योगी क्यों भागा, ढोलकी क्यों न बाजी? उत्तर—मँढ़ी न थी।
11. दही क्यों न जमी, नौकर क्यों न रखा? उत्तर—ज़ामिन न था।
12. सितार क्यों न बजा, औरत क्यों न नहाई? उत्तर—परदा न था।
13. क्यारी क्यों न बनाई, डोमनी क्यों न गायी? उत्तर—बेल न थी।
14. पानी क्यों न भरा, हार क्यों न पहना? उत्तर—गढ़ा न था।
15. दरबार क्यों न गए, ज़मीन पर क्यों न बैठे? उत्तर—चौकी न थी।
16. दीवार क्यों टूटी, राह क्यों लूटी? उत्तर—राज न था।
17. खाना क्यों न खाया, जामा क्यों न धुलवाया? उत्तर—मेल न था।
18. जोरू क्यों मारी, ईख क्यों उजाड़ी? उत्तर—रस न था।
19. रोटी क्यों सूखी, बस्ती क्यों उजड़ी? उत्तर—खाई न थी।
20. घर क्यों अँधियारा, फ़क़ीर क्यों बिडारा? उत्तर—दिया न था।

ख़ालिक़ बारी

(कविता शब्दकोश—फ़ारसी, अरबी-हिन्दवी)

1

ख़ालिक़ बारी सिरजनहार
वाहिद एक बदा करतार

2

रसूल पैगम्बर जान बसीठ
यार दोस्त बोले जा ईठ

3

इस्म-ए-अल्लाह ख़ुदा का नाँव
गर्मा धूप साया है छाँव

4

राह तरीक सबील पहचान
अर्थ तिहूँ का मारग जान

5

ससि है मह, नैयर खुर्शीद
काला उजला स्याह सफ़ेद

---

1. खालिक, बारी—जन्म देने वाला सिरजनहार, वाहिद—एक ईश्वर, बदा, करतार—जन्म देने वाला।
2. रसूल, पैगम्बर को बसीठ जानिए अर्थात सन्देश पहुँचाने वाला, यार, दोस्त, ईठ अर्थात मित्र।
3. इस्म-ए-अल्लाह—अल्लाह का नाम, गर्मा—धूप, साया—छाँव।
4. राह, तरीक, सबील, मारग अर्थात रास्ता। तिहूँ—तीनों, जान अर्थात जानो।
5. मह, नैयर—चाँद, ससि यानी शशि—चाँद, खुर्शीद—सूर्य, स्याह—काला, सफ़ेद—उजला।

6

नीला पीला जर्द कबूद
ताना बाना तनस्त व पूद

7

कुव्वत नीरू ज़ोर बल आन
सारिक दुज़्द चोर है जान

8

मर्द मनुस जन है इस्तरी
कहत अकाल वबा है मरी

9

इकरा बखाँ बबीं तू देख
बनवीश आनरा उसको लेख

10

दोश काल्ह रात जो गई
अमशब आज रात जो भई

11

तुरा बेगुफ्तम मैं तुज कहिया
कुजा बमाँदी तू कित रहिया

12

बया बिरादर आव रे भाई
बनशीं मादर बैठ री माई

---

6. जर्द—पीला, कबूद—नीला, तार व पूद—ताना बाना अर्थात धागा।
7. कुव्वत, नीरू, जोर, बल अर्थात शक्ति, सारिक व दुज्द-चोर।
8. मर्द को मनुष्य, जन को औरत या स्त्री, कहत-अकाल—अकाल, वबा—महामारी।
9. इकरा बखाँ—पढ़ना, बबीं—देखना, बनवीश—लिखना, आनरा—लिखना।
10. दोश—बीता हुआ कल, काल्ह—बीती हुई रात, हमशब—आज की रात।
11. तुरा—तुझे, बेगुफ्तम—मैंने कहा, कुजा—कहाँ, बमाँदी—लेटे रहो।
12. बया—तू आ, बिरादर—भाई, बनशीं—तू बैठ, मादर—माँ।

13

वालिद बाप, बेटा फर्जन्द
दुख़्तर बेटी, सिख है पंद

14

सउआह सरीचा ममोला जान
कौवा ज़ाग कुलाग़ पहचान

15

आतिश आग आब है पानी
ख़ाक धूल जो बाव उड़ानी

16

मुश्क काफूरअस्त कस्तूरी कपूर
हिन्दवी आनन्द, शादी व सुरूर

17

अस्प घोड़ा, फील हाथी, शेर सींह
गोश्त हेड़ा, चर्म चमड़ा, शहम पीह

18

शीर, जुग़रात, आमदा दूध व दही
रोग़न आमद घी व दूग़ आमद मही

19

जर बूवद सोना, सीम चीतल, नुकरा रूपा
जामा कपड़ा, टाट टप्पड़, डिब्बा कूपा

---

13. वालिद—पिता, फर्जन्द—पुत्र, दुख़्तर—पुत्री, पंद—सीख, उपदेश।
14. सउआह—ममोला, सरीचा—ममोला (एक पक्षी है) ज़ाग और कुलाग़—कोवा।
15. आतिश—आग, आब—पानी, ख़ाक—मिट्टी, बाव—हवा।
16. मुश्क—ख़ुशबू, कस्तूरी—ख़ुशबू, काफूर—कपूर, आनन्द—ख़ुशी, सुरूर—ख़ुशी।
17. अस्प—घोड़ा, फील—हाथी, शेर—सिंह, हेड़ा—गोश्त, चर्म—चमड़ा, शहम—चर्बी व पीह—चर्बी।
18. शीर—दूध, जुगरात—दही, रोगन—घी, दोग—मट्ठा, आमद—आया।
19. जर—सोना, बूवद—होना, सीम व नुकरा—चाँदी, चीतल—ताँबे के सिक्के को कहते हैं, जामा—कपड़ा, डिब्बा—चमड़े का बरतन, और कूपा भी।

20

ख़ंजर व शमशीर व समसामस्त तेग
हिन्दवी खाँडा कहावे उन मन मेग़

21

खाल तिल बाशद गलीवाज़ व ज़ग़न
चील है दरगोश कुन गुफ्तार-ए-मन

22

अर्ज धरती फ़ारसी बाशद ज़मीं
कोह दर हिन्दी पहाड़ आमद यकीं

23

काह हिज़म घास काठी जानिए
ईंट माटी खिश्त व गिल पहचानिए

24

देग हाँडी कफ़्चा डोई बे ख़ता
ताबा गजकानस्त कड़ाही व तवा

25

संग पाथर जानिए बरकुन उठाव
अस्प मीरान हिन्दवी घोड़ा चलाव

26

मूस चूहा गुर्बा बिल्ली मार नाग
सोज़न व रिश्ता बहिन्दवी सुई ताग

---

20. ख़ंजर—कटार, शमशीर—तलवार, शमशाम है तलवार, खाँडा—तलवार, उन मन—मेघ।
21. खाल—तिल, बाशद—हो, गलीवाज़—चील, ज़ग़न—चील, दरगोश कुन गुफ्तार-ए-मन—मेरी बात कान में धर।
22. अर्ज—धरती, जमीं—धरती, कोह—पहाड़, यकीं—विश्वास।
23. काह—घास, हिज़म—ईंधन की लकड़ी, काठी—लकड़ी, ईंट—ख़िश्त, गिल—मिट्टी।
24. देग—हाँडी, कफ्चा—हाँडी, ताबा—तवा, गज़कान—कड़ाही।
25. संग—पत्थर, पाथर—पत्थर, बरकुन—ऊपर उठाओ, अस्प मीरान—श्रेष्ठ घोड़ा।
26. गुर्बा—बिल्ली, मार—साँप, सोज़न—सुई, ताग—तागा, बहिन्दवी—हिन्दी में।

27

छालनी गिर्बाल चाकी आसिया
देगदां चूल्हा व कंदू कोठिया

28

सर्द सीतल गर्म ताता चीर सख़्त
नर्म कोंवल नेश डंक औरंग तख़्त

29

जारोब सोहनी कि सबदस्त टोकरा
मिकराज़ कतरनी कि बूवद उस्तरा छुरा

30

उम्मीद आस बाशद नाउम्मीद है निरास
चर्ख व फ़लक सिपहर बूवद आसमां अकास

31

आईना आरसी कि दर रूए बनिगरी
सेवा बहिन्दवी कि बूद नाम चाकरी

32

रान व फ़ख़ज़ कि बूद नाज़ लाड़ला
इस्तख़्वान हाड़ बाशद व दीवाना बावला

---

27. छलनी—चलनी, गिर्बाल—चलनी, आसिया—चक्की, देगदां—चूल्हा, कंदू—कोठी।
28. सर्द—सीतल अर्थात ठंडा, ताता—गर्म, चीर—बलशाली, सख़्त—कठोर, कोंवल—कोमल, नेश—डंक, औरंग—सिंहासन, तख़्त—सिंहासन।
29. जारोब—झाड़ू, सोहनी—झाड़ू, सबदस्त—टोकरा है, मिकराज—कैंची, कतरनी—कैंची, उस्तरा—छुरा।
30. उम्मीद—आस, नाउम्मीद—निराश, चर्ख, फ़लक व सिपहर—आसमान।
31. आरसी—आईना, दर रूए बनिगरी—उसमें तू अपना चेहरा देखे, सेवा—नौकरी, चाकरी।
32. रान व फ़ख़ज़ को जाँघ कहते हैं, लाडला—नाज, इस्तख़्वान—हडडी, बावला—दीवाना।

33

बादा शराब व रावक व सहबा मय अस्त व मद
गर जुरआ जां खोरी तू कुनी कारे नेक बद

34

रायत लिवाय नेजा बूवद सिपर अस्त ढाल
लब-ए-आब नदी हौज़ दिगर सरवर अस्त ताल

35

ताउस मोर बाशद व दुर्राज तीतरा
ख़ूब व नेकू भला व बद व ज़िश्त है बुरा

36

दैहीम व ताज व अफ़सर दर हिन्दवी मुकुट
ज़ाग-ए-बुरीदा पर रा तू जान काग कट

37

गीहान व दहर व गीती दुनिया दिगर जहान
दर हिन्दवी तो पृथ्वी संसार जग बदान

38

शबगीर व लैल व शब तू बदां रात रैन निस
फानीज़ व क़न्द व शक्कर गुड़ जान ज़हर बिस

---

33. बादा, सहबा व रावक—शराब, मद—शराब, गर जुरआ जाँ खोरी कुनी कारे नेक बद अर्थात तू शराब की एक बूँद भी पीएगा तो अच्छा काम भी ख़राब कर देगा।

34. रायत—ध्वज, लिवाय—ध्वज, नेजा—ध्वज, सिपर—ढाल, लब-ए-आब—पानी के किनारे, हौज़—तालाब, सरवर—ताल,

35. ताउस—मोर, दर्राज—तीतर, ख़ूब—भला, बद व ज़िश्त—बुरा।

36. दिहैम व ताज व अफ़सर—मुकुट, जाग-ए-बुरीदा पर—पंख कटा हुआ कौवा।

37. गीहान व दहर व गीती—संसार, हिन्दवी में पृथ्वी को संसार कहते हैं।

38. शबगीर व लैल व शब को हिन्दवी में रात अर्थात रैन कहते हैं, फानीज़ व क़ंद व शकर—गुड़ व बिस है ज़हर।

39

जान व रवान जीव तन व कालबद कया
आदत चू खूए सहज बदान आतिफत मया

40

दिल है हिया व ख़ातिर व अन्देशा चिन्ता
मेहमान व ज़ैफ़ रा तू बदानी कि पाहुना

41

उम्म-उल-किताब फ़ातिहा अलहमद जाको नाँव
उम्म-उल-कुरा तू मक्का बदां करिया देह गाँव

42

हिर्बा गिरगिट कुज़दम बिच्छू रासू नेवल
सग है कुत्ता माही मछली लुक्मा कौल

43

दुश्मन बैरी कोस दमामा बाराँ मेह
इश्क़ मुहब्बत आशिक मित्र जानी नेह

44

तूअम स्वाद तआम खोरिश जो कहिये खाना
आलिम दाना हिन्दवी बोल जो कहिये सयाना

---

39. जान—प्राण, रवान—प्राण, कालबुद—काया या शरीर, खूए—आदत, आतिफत अर्थात दया, प्यार, माया।
40. दिल व ख़ातिर को हिन्दवी में हिया कहते हैं, ज़ैफ़—मेहमान, पाहुना—मेहमान।
41. उम्म-उल-किताब—क़ुरान, फातिहा—क़ुरान की एक सूरा का नाम, अलहमद—ईश्वर प्रशंसनीय है, उम्म-उल-कुरा—जमीन के समस्त स्थानों में महत्त्व पूर्ण मक्का, करिया—क्षेत्र व देह—गाँव।
42. हिर्बा—गिरगिट, कुज़दुम—बिच्छू, रासू—नेवला, सग—कुत्ता, माही—मछली, लुक्मा—कौर।
43. कोस व दमामा—नगाड़ा, बारां—वर्षा,
44. तूअम—स्वाद, तआम व खोरिश अर्थात खाना, आलिम व दाना—सयाना, बुद्धिमान।

45

सीना छाती पिस्तान चूची बीनी नाक
ज़ाहिर पैदा परगट डीटी ताहिर पाक

46

तप लर्ज़ा दर हिन्दवी आमद जूड़ी ताप
दर्द-ए-सिर आमद सिर की पीड़ा तग है धाप

47

हामा काचक माँझ कपार जा कहिये ठाँव
चूँ दर हिन्दवी मरा बपुर्सी खोपड़ी नाँव

48

दूदा काजल सुरमा अंजन क़ीमत मोल
चाकर सेवक बन्दा चिपरा कौल सो बोल

49

मिस है ताँबा रोईं काँसा आहन लोह
तीशा बसूला तबर कुल्हाड़ा गदर द्रोह

50

गार मग़ाक जो गड़हा कहिये कुआँ चाह
दरिया बहर समुन्दर कहिये जाकी नाहीं थाह

51

गन्दुम गेहूँ नखुद चना शाली है धान
जुर्रत जूनरी अदस मसूर बर्ग है पान

---

45. पिस्तान—छाती, बीनी—नाक, जाहिर—प्रकट, ताहिर व पाक—पवित्र।
46. तप—बुख़ार, लर्जा—काँपना, जूड़ी, ताप—जाड़ा बुख़ार, तग—दौड़-धूप।
47. हामा व काचक—मस्तिष्क खोपड़ी, चूँ दर हिन्दवी मरा बपुर्सी खोपड़ी अर्थात तू मुझसे हिन्दवी में खोपड़ी किसे कहते हैं पूछता है।
48. दूदा—काजल, अंजन—सुरमा, बन्दा—सेवक, चिपरा—चपरासी, कौल—बोल।
49. मिस—ताँबा, रोईं—काँसा, आहन—लोहा, तीशा व तबर—कुल्हाड़ी, गदर—विद्रोह।
50. गार व मग़ाक—गड्ढा, चाह—कुआँ, बहर—समुद्र, दरिया।
51. गंदुम—गेहूँ, नखुद—चना, शाली—धान, जुर्रत—ज्वार, जूनरी—जोन्हरी, अदस—मसूर, बर्ग—पत्ता।

52

अबरू भौंवे सलबत मूँछें दन्दाँ दाँत
रीश मुहासिन दाढ़ी कहिये रौदा आँत

53

खद रुख़सार हिन्दवी बोल जो कहिये गाल
आज इमरोज बदान फर्दा रा तू बगोई काल

54

मिंजल अस्त व दास दाँती जा को नाँव
तुर्ब मूली दार सूली जाय ठाँव

55

गल्ला अफ़शाँ छाज है अफ़शाँ पछोर
शूए शौहर हिन्दवी है मनुस तोर

56

ढाकनी सरपोश चपनी जानिए
है धुआँ दूद व दुखाँ पहचानिए

57

तू पन्बा दाना बदाँ हब्बे कुतन दर ताज़ी
वले बिनौला बदाँ चूँ बहिन्दी अन्दाज़ी

58

मूसल अस्त मारूफ हावन ओखली
हीज इन्नीन फहल नर आमद लली

---

52. अबरू—भौंवें, सलबत—मूँछें, दंदा—दाँत, रीश व मुहासिन—दाढ़ी, रौदा—आँत।
53. खद व रुख़सार—गाल, इमरोज—आज, फर्दा—कल।
54. मिंजल—हँसिया, दास—हँसिया, दाँती—हँसिया, तुर्ब—मूली, दार—सूली, ठाँव—स्थान।
55. गल्ला अफ्शाँ—अनाज साफ़ करने वाला, छाज, अफ्शाँ—पछारने वाला, शूए, शौहर—पति यानी मनुस।
56. ढाकनी—ढक्कन, सरपोश—ढक्कन, चपनी, दूद—धुआँ, दुखाँ—धुआँ।
57. पन्बा दाना—बिनौला, हब्बे कुतन—बिनौला, ताज़ी—अरबी, दर—में, वले—लेकिन, विदां—जानो।
58. अस्त—है, मारूफ—प्रसिद्ध, हावन—ओखली, हीज—नामर्द, इन्नीन—नामर्द, फहल—नर, लली—लड़की।

59

फ़ारसी रूबाह हिन्दवी लूकड़ी
माकियाँ रा नीज मी ख़्वाँ कूकड़ी

60

कूकड़ा मी ख़्वाँ खुरूस-ए-सुब्ह ख़्वाँ
नीज मी ख़्वाँ दीक दर ताज़ी ज़बाँ

61

कस्त्र कोशक हिस्न दर ताज़ी हिसार
हुजरा कोठा बाम अटारी दर दुआर

62

अज़्ब शीरीं अस्त मीठा चाख देख
तल्ख कड़वा तुर्श खट्टा आख देख

63

ज़फ्त ऐंठन चर्ब चीकन शोर खार
तेज़ चरपर जीभ जाने ये बिचार

64

काग़ज़ व किर्तास काग़ज़ ईखिये
हम क़लम हम खामा लेखन लीखिये

65

दुर्र मरवारीद मोती जानिए
हम सदफ सीपी समुन्दर आनिए

---

59. रूबाह—लोमड़ी, लूकड़ी—लोमड़ी, माकियाँ—मुर्गी, कुकड़ी—मुर्गी, रा नीज मी ख़्वाँ—को तुम कहो।
60. कूकड़ा—मुर्ग़ा, खुरूस-ए-सुब्हख़्वाँ—सुब्ह गाने वाला मुर्गा, दीक—मुर्ग़ा।
61. कस्त्र—महल, कोशक—महल, हिस्न—क़िला, हिसार—किला, हुजरा—कोठा, बाम—अटारी।
62. अज़्ब—मीठा, शीरीं—मीठा, तल्ख—कड़वा, तुर्श—खट्टा, चाख देख—चखकर देख।
63. ज़फ्त—ऐंठन, चर्ब—चिकना, शोर—खारा, तेज़—चरपर, जीभ इसका विचार जानती है।
64. किर्तास—काग़ज़, खामा—क़लम, लेखन—लिखना, हम—साथ।
65. दुर्र—मोती, मरवारीद—मोती, सदफ—सीपी, समुन्दर आनिए—समुन्दर से लाइए।

66

सौर सुतूर गाव है बलद
खाही लादो खाही अलद

67

जनब गुनाह जो कहिये दोश
ख़श्म व ग़ज़ब दर हिन्दवी रोश

68

सरगीं गोबर फलह है पेवसी
कुदाल कलंद जो कहिये कस्सी

69

बुज़ुर्गी बड़ाई व पीरी बुढ़ापा
निकोई भलाई जवानी तनापा

70

लिस्सान व ज़बान फ़ारसी जीभ आखो
दरख़्त व शेजरदार रा रूख भाखो

71

दरोग़ व दिगर किज्ब तुम झूट जानो
बुज़ुर्ग व कलाँ रा बड़ा जान मानो

72

बहिन्दी ज़बाँ खाना हम बैत घर है
चू ख़ौफ़ व खतर बीम हम तर्स डर है

---

66. सौर—बैल, सुतूर—बैल, गाव—बैल, बलद—बैल, खाही लादो खाही अलद—चाहे लादो चाहे मत लादो।

67. जंब—पाप, गुनाह—पाप, ख़श्म—क्रोध, ग़ज़ब—क्रोध।

68. सरगीं—गोबर, फलह—जमाया हुआ दूध, पेवसी—प्रसव के बाद का दूध, कलंद—कुदाल, कस्सी।

69. पीरी—बुढ़ापा, निकोई—भलाई, तनापा—जवानी।

70. लिस्सान—जीभ, ज़बान—जीभ, शजर या दरख़्त—पेड़, रूख—पेड़, भाखो—कहो।

71. दरोग़—झूठ, किज्ब—झूठ, बुज़ुर्ग—बूढ़ा या बड़ा, कलाँ—बड़ा।

72. खाना—घर, बैत—घर, ख़ौफ़—डर, बीम—डर, तर्स—डर।

73

तमन्ना व हम आरजू चाव कहिए
यद व दस्त हाथ व क़दम पाँव कहिए

74

चिराग अस्त दिया फतील अस्त बाती
बूद जद्द दादा नबीरा अस्त नाती

75

कद्दू खरपूजा हर दो मारूफ मैदान
ख़ियार अस्त ककड़ी व खीरा हमीं खाँ

76

दर व बार दहलीज़ रा वार जानो
शुतुर ऊँट घोड़ा फरस अस्प मानो

77

गिरह अक्द बाशद ब ताज़ी व लेकिन
बहिन्दी बूद गाँठ बिश्नो तू अज़ मन

78

नहार व दिगर यौम रोज़ अस्त जानो
बहिन्दी ज़बाँ दिवस दिन रा पहचानो

79

कसीर व फिरावान ओ बिसियार अफ़्ज़ूँ
बसा बहुत कहिए सभी जानियो तूँ

---

73. तमन्ना व आरजू—इच्छा, यद—हाथ, दस्त—हाथ, क़दम—पैर व पाँव।
74. चिराग—दिया है, फतील—बाती है, जद्द—दादा, नबीरा—नाती।
75. कद्दू—लौकी व घिया, खरपूजा—ख़रबूज़ा, मारूफ—पहचान, खियार—ककड़ी व खीरा।
76. दर व बार—द्वार, दहलीज़—द्वार, वार—द्वार, शुतुर—ऊँट, फरस—घोड़ा।
77. गिरह व अक्द—गाँठ, बिश्नो तू अज मन—अगर तुम मुझसे पूछते हो तो।
78. नहार—दिन, यौम—दिन, रोज़—दिन, हिन्दी में दिन को दिवस कहते हैं।
79. कसीर—बहुत, फिरावान—बहुत, बिसियार—बहुत, अज़ूँ—बहुत, बासा—बहुत।

80

समन्दर रहे आग में जीव कीड़ा
चू बूअद अस्त दूर ओ चूँ नज़दीक नीड़ा

81

नमक मिलह है लोन शीरीन मीठा
बहिन्दी ज़बाँ बदमज़ा अस्त सीठा

82

पिदर बाप बाशद चू उम्म अस्त मादर
सिनाँ भाल बरगस्तवान अस्त पाखर

83

जुबाब व मगस माखी ओ पिश्शु माछर
बूद रेग बालू व संगरेजा कांकाड़

84

फरोमाया सिफला बताजी बख्वानश
वले लतर ख़्वानन्द बाजे कसानश

85

बया आव नशीं बैठ बरू जा
बबीं देख बदा दे बेखुर खा

---

80. समन्दर—फ़ारसी में—आग में पैदा होने वाला चूहे की तरह का कीड़ा जब वह आग से बाहर आता है तो मर जाता है। हिन्दी में समुद्र। बूअद—दूर, नीड़ा—नज़दीक।

81. मिलह—नमक, लोन—नमक, शीरीन—मीठा, सीठा—बदमज़ा या कड़वा।

82. पिदर—बाप, उम्म—माँ, सिनाँ—भाला, बरगस्तवान—हिन्दी पाखर अर्थात युद्ध में घोड़े-हाथी को पहनाए जाने वाला कवच।

83. जुबाब—मक्खी, मगस—मक्खी, पष्षा—मच्छर, रेग—बालू, संगरेजा—कंकड़।

84. फरोमाया—मूर्ख, कमीना, सिफला—छोटा, बख्वानश—बातूनी, ख़्वानद—पढ़ना, कसानश—खिंचाव।

85. बया—आओ, नषीं—बैठ, बरू—जा, बबीं—देख, बदा—दे, बेखुर—खा।

86

बसा पीस बकश खींच बचश चाख
बजन मार बदर फाड़ बना राख

87

गुलू हल्क दहन मुख सखुन बोल
शिकम पेट नज़र डीठ दुहुल ढोल

88

तबीब व हकीम अस्त बैद-ए-बिरादर
बूद बाव बाद व दिगर आग आज़र

89

दिगर गोशकुन वाज व अन्दर्ज़ व पन्द
बहिन्दी बूद सीख दरकार बन्द

90

ख़राब अस्त वीराँ तू उजड़ा हमी खाँ
तू मामूर आबाद बसता हमीं दाँ

91

हस्त इब्नुल्लैल माहे आसमाँ
चाँद बेटा रात का ताज़ी ज़बाँ

---

86. बसा—पीस, बकश—खींच, बचश—चख, बजन—मार, बदर—फाड़, बना—राख।
87. गुलू—गला, हल्क—गला, दहन—मुख, सखुन—बात, शिकम—पेट, डीठ—नज़र, दुहुल—ढोल।
88. तबीब—वैद्य, हकीम—डॉक्टर, बैद—वैद्य, बिरादर—भाई, बाद—हवा, हिन्दी में बाव, आज़र—आग।
89. दिगर गोशकुन—दूसरी बात सुनो, वाज—धर्मोपदेश, अन्दर्ज—सीखना, पंद—नसीहत, सीख देना, बन्द—छन्द अर्थात दोहा।
90. ख़राब—वीरान बर्बाद होना, हमीं खाँ—कहना, मामूर—बसना, आबाद होना, हमीदां—जानो।
91. इब्नुल्लैल—रात का बेटा अर्थात चाँद, माह—चाँद, फ़ारसी में चाँद को रात का बेटा कहते हैं।

92

लैल शब दैजूर दर ताजी ज़बाँ
रात अँधियारी तू नेकोतर बदाँ

93

दादन देना दाद दिया फेल कार
क़र्ज़ व दाम व देन दर हिन्दी उधार

94

आफ़त व आसेब है रंज व बला
हैय ज़िन्दा जानियो तुम जीवता

95

शाना व मिश्त अस्त दर हिन्दी ज़बाँ
कंघी आमद पेश तू करदम बयाँ

96

किर्म-ए-शबताब अस्त कीड़ा चमकनाँ
नीज़ गोयन्द आतशक ऊ रा बदाँ

97

नान बताजी खुब्ज रोटी हिन्दवी
पंबा व महलूज रा मी दाँ रुई

---

92. लैल—रात, शब—रात, दैजूर—रात, नेकोतर—अच्छी तरह, बदाँ—जान।
93. दादन—देना, दाद—दिया, फेल—कार्य, क़र्ज़ व दाम व देन समस्त हिन्दवी में उधार को कहते हैं।
94. आफत—विपत्ति, आसेब—बला, प्रेतछाया, हेय—जीवन।
95. शाना—कंघी, मीश्त—कंघी, करदम बयाँ—मैंने बयान किया, दर हिन्दी ज़बाँ—हिन्दी भाषा में।
96. किर्म-ए-शबताब—रात में चमकने वाला कीड़ा अर्थात जुगनू , आतशक—जुगनू, नीज गोयन्द—और भी, ऊ रा बदाँ—यह भी जानो।
97. नान—रोटी, खुब्ज—रोटी, पंबा—रुई, महलूज—रुई, रा मी दाँ—को जानो।

98

पस बहिन्दी पंबा रा मीदाँ कपास
नस्त्र करगस बूम उल्लू बूए बास

99

बाद बेजन बादकश पंखा बखाँ
गूक ज़िफ्दा मेढकी बेशक बदाँ

100

साग सब्ज़ी बहज शादी सुर्ख़ सूहा लाल लाल
सब्ज़ हरिया दाश्त धरिया माँद रहिया दाम जाल

101

फज्र सुबह व ज़ोहर पेशीं अस्त्र दीगर शाम साँझ
दाँ ज़ने ज़ाइन्दा जनती है अकीमा जूए बाँझ

102

सेर अघाना कूर काना भेद राज
गुरस्ना भूका प्यासा तिश्ना बाज

103

हिमार अगर तुरा पुरसन्द चीश्त खरस्त
बहिन्दवी बुवद गदहा कि बारबरस्त

---

98. पस—अन्त में, नस्त्र—गिद्ध, करगस—गिद्ध, बूम—उल्लू , बू—बदबू।

99. बादबेजन—फर्शी पंखा, बादकश—छत वाला पंखा, बखाँ—तू जान, गूक—मेढक, ज़िफ्दा—मेढक।

100. बहज—शादी, सुर्ख़—लाल, सूहा—लाल, शादी का जोड़ा, दाश्त—रखा हुआ, धरिया—धरा हुआ, माँदा—बचा हुआ, दाम—जाल।

101. फज्र—सुबह, जोहर—दोपहर, पेशीं अस्त्र—चौथे पहर से पहले, अस्त्र—शाम से पहले, दाँ—जानना, जन—औरत, जाइंदा—जनने वाली अर्थात माँ, अकीमा—बाँझ औरत।

102. सेर—तृप्त, अघाना—तृप्त, कूर—काना, भेद—राज, गुरस्ना—भूका-प्यासा, तिश्ना—प्यासा, बाज—फिर।

103. हिमार—गधा, खर—गधा, हिमार अगर तूरा पुरसन्द चीश्त खरस्त—अगर तुझसे कोई पूछे कि हिमार क्या है तो कहो खर अर्थात गधा, हिन्दवी में बारबरस्त को गधा कहते हैं।

104

ख़रगोश खरहा बाशद आहू बुवद हिरन
अंगुश्तरी अँगूठी पैराया आभरन

105

बिश्नो तू नाम चर्खए बेचारा पीर जन
गोयन्द नाम रहटा दर हिन्दवी बचन

106

पेचक बदाँ तू पूनी पागुन्दा गाला दाँ
दूकअस्त नाम तकला आवर्दा अम बयाँ

107

सिंदा अलात अहरन क़त्तीस तुपक रा
मीं दाँ हतोड़ा बाशद बेचूँ व बेचरा

108

चींटी अस्त नाम मोरचा पिस्सू अस्त नाम कैक
आँ को पयाम व नामाबर व कासिद अस्त पैक

109

बेदार बदाँ कि जागता है
हम खुफ्ता बदाँ कि सोवता है

---

104. आहू—हिरन, अंगुस्तरी—अँगूठी, पैराया—आभूषण, आभरण—आवरण।
105. चर्खा—चर्खा, पीर जन—बूढ़ी औरत, गोयन्द—कहना, रहटा—रहट।
106. पेचक—पक्के सूत की गोली, पूनी—रुई की बत्ती, पागुन्द—धुनी हुई रुई का गोला, गाला—धुनी हुई रुई, दूकस्त—दूक है तकला, आवर्द अम बयाँ—मैंने कहा है, बदाँ—जान।
107. सिंदा—निहाइ, अलात—उपकरण, अहरन—निहाइ, कित्तीस—हथौड़ा यानी हतोड़, तुपक—तोप, बेचूँ व बेचरा—निस्सन्देह।
108. मोरचा—चींटी, कीक—पिस्सू, पयाम—पैगाम, नामाबर—पत्रवाहक, कासिद—पत्रवाहक, पीक—पत्रवाहक।
109. बेदार—जागना, खुफ्ता—सोना, छुपा हुआ।

110

मीं दाँ सुबू घड़ा व सुबूचा बदाँ घड़ी
चूँ तीर-ए-सक़्फ़ बाषद दर हिन्दवी कड़ी

111

तगर्ग अस्त हम संगचा आला ओला
चू जीरक सयाना व नादान भोला

112

तू अखरोट रा जौज-ए-खुरासाँ बदाँ
दिगर नारियल जौज-ए-हिन्दी बखाँ

113

हिजबर अस्त नाहर पलंग अस्त चीता
चू गुर्ग अस्त भेड़ा व करग अस्त गैंडा

114

दिगर कलावा कूकड़ी हम रेशमा सूत
इंसान शुमार मानुस व मी दाँ तू देव भूत

115

कुफुल कलीद व ताला किल्ली
गुर्बा खैतल जो कहिये बिल्ली

116

शर्म लाज पोशीदन ढाँकना
कार है काज ख़्वास्तन माँगना

---

110. मीं दाँ—तुम जानो, सुबू—घड़ा, सबूचा—मटकी, तीर-ए-सक़्फ़—छत में लगी कड़ी।
111. तगर्ग—ओला, संगचा—ओला, जाला—ओला, जीरक—चालाक, नादान—भोला।
112. जौज-ए-खुसरवाँ—अखरोट, जौज-ए-हिन्दी—नारियल।
113. हिजबर—बाघ, नाहर—बाघ, पलंग—चीता, गुर्ग—भेड़िया, करग—गैंडा।
114. कलावा—रील, सूत का लच्छा, कुकड़ी—सूत का लच्छा, रेसमाँ—सूत, इंसान मानुस है, देव—भूत।
115. कुफुल—ताला, कलीद—चाबी, गुर्बा—बिल्ली, खैतल—बिल्ली।
116. पोशीदन—ढकना, ख़्वास्तन—माँगना।

117

कैवाँ जुहल सनीचर आमद
आदिते बपारसी खुर आमद

118

मिर्रीख बज़बान हिन्दवी मंगल
राई बजबाने फ़ारसी खर्दल

119

बुध है उतारिद गर तू बदानी
ऊ रा तू दबीर-ए-चर्ख बखानी

120

बिरजीस मुश्तरी बिरस्पत
क़ाज़ी-ए-सिपहर दर सआदत

121

शुद शुक्र हिन्दवी ज़ोहरा नाम
खुन्यागर-ए-आस्माँ दिलआराम

122

हिन्दवी पीपल बुवद फिलफिल दराज
मिर्च फिलफिल गिर्द रा गोइंद बाज

---

117. कैवाँ—शनि, जुहल—शनि या सनीचर, आदिते या आदित्य—खुर अर्थात सूरज, आमद—आना।

118. मिर्रीख—मंगल, खर्दल—राई।

119. उतारिद—बुध, गर तू बदानी—अगर तू जाने, दबीर-ए-चर्ख—आसमान का लेखक अर्थात किस्मत लिखने वाला।

120. बिरजीस व मुश्तरी अर्थात बृहस्पति, बिरस्पत—बृहस्पति, क़ाज़ी-ए-सिपहर—आसमान पर बैठा न्याय लिखने वाला, सआदत—सौभाग्य।

121. शुद—हुआ, जोहरा—शुक्र, खुन्यागर-ए-आसमाँ—आसमान का गायक, दिलआराम—प्यारा।

122. पीपल—पीपल का पेड़ नहीं यह चरपरा फल होता है, फिलफिल दराज—लम्बी मिर्च, फिलफिल गिर्द—काली मिर्च, गोएन्द बाज—फिर कहा।

123

जौजबोया जायफल बेशक बदाँ
हम कर्नफल लौंग रा कीकर बखाँ

124

हिन्दवी गोयन्द खुर्मा रा खजूर
दाख रा तू फ़ारसी मीदाँ अंगूर

125

जंजबीलस्त शंठी आमद सोंठ नीज
छानिए ए मीत तू यानी ब बीज

126

बीमार मरीज दुखिया जान
बरगीर उठाव बाज है दान

127

अंधा नाबीना व बीना देखता
क़ब्र बाशद गोर गल्ताँ लेटता

128

पैकान व जिरह बकतर अस्त गाँसी
हम खन्दा क़हक़हा हस्त हाँसी

129

दिरआ गज मीजाँ तराजू वज़न तौल
दमे नफ़्स दफ़्तर जरीदा दलो डोल

123. जौजबोया—जायफल, कर्नफल—लौंग, कान में पहनने वाले गहने को भी कहते हैं, कीकर का फूल लौंग की तरह होता है।

124. गोयन्द—कहना, खुर्मा—खजूर, दाख—मुनक्का यानी अंगूर।

125. जंजबीलस्त—जंजबील है सोंठ, इसे शंठी या सोंठ भी कहते हैं। बबीज—छानिए, मीत—मित्र।

126. बरगीर—उठाना, बाज—दान।

127. नाबीना—अंधा, बीना—देखना, गोर—क़ब्र, गल्ताँ—लेटना, बाशद—होना।

128. पैकान—तीर की नोक, गाँसी—तीर की नोक, जिरह व बख्तर—कवच, खन्दा—मुस्कराना, क़हक़हा—हँसना, हाँसी—हँसना।

129. दिरआ—एक गज लम्बा, मीजाँ—तराजू , दम—साँस, नफ्स—साँस, दफ्तर—कार्यालय, जरीदा—पत्रिका, दलो—डोल।

130

मशरिक जो कहूँ पूरब का नाँव
मगरिब दर हिन्दवी पछाँव

131

है जनूब दखिन का ओर
हम शुमाल उत्तर का छोर

132

हम फ़राज़ व पेश आगा जानिए
हम अकब पाछे यकीं पहचानिए

133

अकरब बताजी बिच्छू कजदुम बुर्ज़े फ़लक
बिश्मुर तू सरोश-व-फ़रिश्ता मलक

134

हम नमूना बानगी अटकल कियास
इत्र ख़ुशबू शमीम व बूए बास

135

बल्दा शहर आमद नगर कूचा गली
खार काँटा फूल गुल गुंचा कली

136

आकबत अंजाम आख़िर काम है
हम पियाला नाम सागर जाम है

---

130. मशरिक—पूरब, मगरिब—पश्चिम।

131. जनूब—दक्षिण, शुमाल—उत्तर।

132. फ़राज़—ऊँचाई, पेश—आगे, अकब—पीछे।

133. अकरब—बिच्छू , कजदुम—बिच्छू, बुर्ज़े फ़लक—राशिफल, बिश्मुर—तू समझ ले, सरोश—फ़रिश्ता, मलक—फ़रिश्ता।

134. बानगी—नमूना, कियास—अटकल, शमीम—ख़ुशबू , बू बास—ख़ुशबू।

135. बल्दा—नगर, शहर, कूचा—गली, खार—काँटा, गुल—फूल, गुंचा—कली।

136. आकबत—आख़िर जीवन, सागर—प्याला, जाम—प्याला।

137

राස्त व चप हम यमीनस्त व यसार
हिन्दवी तू दाहिना बायाँ बिचार

138

कपारस्त पेशानी व हम जबीन
चू इक़्बाल-व-दौलत बुवद लच्छमी

139

बदाँ मर्दुमक पूतली अम्न व चैन
दिगर ऐन हम चश्म हम दीदा नैन

140

बुवद होंठ लब ज़ानू हम रक्बादाँ
दिगर नाफ़ रा नामे तूँदी बेखाँ

141

जिगर दाँ कलेजा सुपजरस्त तिल्ली
कि पहलू बुवद हिन्दवी पाँसली

142

बैज सह शब हस्त यकीं दाँ जमा
सेज दहुम चार दहुम पाँजदहुम

143

तीन रात है कहें चाँदनी
तेरहीं चौदहीं पन्द्रहीं

---

137. रास्त—दाहिना, यमीनस्त—यमीन है दाहिना, चप—बायाँ, यसार—बायाँ।
138. कपारस्त—कपार है पेशानी, जबीन—पेशानी, इक़्बाल—लक्ष्मी अर्थात समृद्धि धन दौलत।
139. मर्दुमक—आँख की पुतली, ऐन—नयन, चश्म—आँख, दीदा—आँख, नैन—आँख।
140. जानूँ—घुटना, रक़्बादाँ—ज़मीन की पैमाइश करने वाला, नाफ—नाभि, तूँदी—नाभि।
141. सुपजरस्त—सुपजर है तिल्ली, पाँसली—पहलू , दाँ—जानो।
142-143. बैज—चाँदनी, सह—तीन, सेज दहुम—तेरह, चार दहुम—चौदह, पाँजदहुम—पन्द्रह।

144

हम तरा साग आमदा तम्बूल पान
जाफराँ केसर हिना मेहँदी बदाँ

145

अस्लहा हतियार बुवद अहेर शिकार
रज्म वगा जंग दिगर कारजार

146

जंजबील व सुंठी आमद सोंठ नाम
हम कर्नफुल लौंग आमद रंगफाम

147

तूत फरसादस्त खीरा बादरंग
छींका आदंग हिन्दवी ढील है दिरंग

148

हर्द गोई जर्द चोब आमद सुखन
धनिया कशनीजस्त मजलिस अंजुमन

149

दाँ हलीला हड़ व हम अंगूजा हींग
आज हाथी दाँत बाशद शाख सींग

---

144. तरा—सब्जी, तम्बूल—पान, जाफराँ—केशर, हिना—मेहँदी।

145. अस्लहा—हथियार, अहेर—शिकार, आखेट, रज्म—युद्ध, वगा—युद्ध, कारजार—युद्ध।

146. जंजबील—सोंठ, कर्नफुल—लौंग, फाम—रंग।

147. फरसादस्त—फरसाद है शहतूत, बादरंग—खीरा, छींका—अलगनी, आदंग—अलगनी, दिरंग—ढील।

148. हर्द—हल्दी, जर्दचोब—हल्दी, सुख़न—कहना, कशनीजस्त—कशनीज है धनिया, मजलिस है अंजुमन।

149. हलीला—हड़ यानी हर्रें, अंगूजा—हींग, आज—हाथी दाँत, सींग उसकी शाख की तरह होती है।

150

नाम-ए-केवा रा बदाँ नीलोफरस्त
कौकबा जैश व हशम दाँ लश्करस्त

151

कश्ती व ज़ौरक तू बदाँ नाव है
ज़ख़्म व जराहत तू बदाँ घाव है

152

ज़ीबक व सीमाब पारा जानिए
हिन्दवी गूगिर्द गन्धक मानिए

153

ज़ारी व बुका हिन्दवी है रोज
हम पे असर सुराग है खोज

154

रंज चू तशवीश बुवद दर्द पीर
कौस कमानस्त दिगर सहम तीर

155

रस्म व आईन बिश्नो अज मन रीत है
नुसरत व हम फ़तह नाम जीत है

---

150. नाम-ए-केवा—कमल का नाम है, नीलोफरस्त—नीलोफर है नीलकमल, कौकबा—भीड़, शाही जलूस, जैश—सेना, हशम—सेना, लश्कर—सेना।

151. ज़ौरक—कश्ती, छोटी नाव, जराहत—ऑपरेशन।

152. ज़ीबक—पारा, सीमाब—पारा, गूगिर्द—गन्धक।

153. ज़ारी—रोना धोना, बुका—रोना, रोज—रोना, असर—प्रभाव, सुराग—खोज।

154. रंज—दुख, तशवीश—चिन्ता, पीर अर्थात पीड़ा, कौस—कमान, कमानस्त—कमान है, सहम—तीर।

155. आईन—क़ानून, रीति-रिवाज, नुसरत—सहायता, फ़तह—जीत।

156

फ़ारसी सैमुर्ग व उन्का हस्त तदरव व कब्क हंस
हम चू यरकानस्त काँवर है ज़रीर व नस्ल बंस

157

बुलबुल आमद अन्दलीब व चिड़या रा कुंजश्क दाँ
हिन्दवी टीड़ी मलख जलकूकड़ मुर्गाबी बखाँ

158

शबचरा रख्श व तगावर खिंग तूसन है तुरंग
बबर जैगम शेर नाहर यूज चीता है पलंग

159

हिरन आहू जानिए आहू बच्चा कहिये गजाल
बूजना बन्दर खिर्स रीछ आमदा गीदड़ शिगाल

160

मेश भेड़ी कौज मेढ़ा हम ससा ख़रगोश है
अस्तर आमद खच्चर व भैंसा बदाँ जामूश है

161

माह आमद सोम बेशा जंगलस्त
हिन्दवी मिरीख रा गो मंगलस्त

---

156. सैमुर्ग—एक पौराणिक पक्षी, उन्का—एक पौराणिक पक्षी, तदरो व कब्क—चकोर, यरकानस्त—यरकान है पीलिया बीमारी, काँवर—पीलिया, ज़रीर—पीलिया, नस्ल—बंस अर्थात वंश।
157. अन्दलीब—बुलबुल, कुंजश्क—गौरैया चिड़िया, मलख—टिड्डी, जलकूकड़—मुर्गाबी।
158. शबचरा—काला घोड़ा, रख्श—घोड़ा, तगावर—तेज़ घोड़ा, तूसन—घोड़ा, तुरंग—घोड़ा हिन्दी में, जैगम—बबर शेर, नाहर—शेर, पलंग—शेर।
159. आहू—हिरन, आहूबच्चा—हिरन बच्चा यानी गजाल, बूजना—बन्दर, खिर्स—रीछ, शिगाल—गीदड़।
160. मेश—भेड़ी, कौज—भेड़ा, ससा—ख़रगोश, अस्तर—खच्चर, जामूश—भैंसा।
161. माह—चाँद, सोम—चाँद, बेशा—जंगल, मिरीख—मंगल।

162

हम शुक्र कि जोहरा नाम दारद
असबाब-ए-तरब मदाम दारद

163

महबूब हबीब है प्यारा।
हम अंजुम व अख्तरस्त तारा

164

है चन्द्र गहन खुसूफ मीदाँ
हम सूरजगहन कुसूफ मीखाँ

165

साअत घड़ी पहर है पास
शहर आमद माह हिन्दवी मास

166

दस्त बिरिंजन कंगन कहिए पायल है खलखाल
पाय बिरिंजन चूड़ा कहिए ख़ूबी हुस्न जमाल

167

गुलूबन्द को तिलड़ी कहिए और हमायल हार
बाजूबन्द भुजाली कहिए जो पैराया सिंगार

---

162. शुक्र—शुक्र ग्रह यानी ज़ोहरा, दारद—है, असबाब-ए-तरब—आनन्द के साधन, मदाम—हमेशा रहे।
163. महबूब—प्यारा, हबीब—प्यारा, अंजुम—तारा, अख्तरस्त—अख्तर है तारा।
164. खुसूफ—चन्द्रग्रहण, कुसूफ—सूर्यग्रहण।
165. साअत—घड़ी, आमद—आया।
166. दस्त बिरिंजन—कंगन, खलखाल—पायल, पाय बिरिंजन—पाँव का कड़ा यानी चूड़ा, ख़ूबी—सौन्दर्य, हुस्न—सौन्दर्य, जमाल—सौन्दर्य।
167. गुलूबन्द—गले का हार, तिलड़ी—गले का तीन लड़ वाला हार, हमायल—गले का हार, बाजूबन्द—बाँह में पहनने वाला जेवर यानी भुजाली, पैराया—श्रृंगार।

168

गोशवारा दर हिन्दवी बरनूँ करनफुल दर कान
गौहर लूलू मोती कहिए मूँगा है मरजान

169

बदली मेग चू अब्र सहाब
हीला सील जो कीच खलाब

170

अंगुश्तरी अँगूठी कहिए खातम जान नगीना
है ज़ंगूला घुंगरू बिच्छुआ झुमका माल ख़ज़ीना

171

शबचिराग याक़ूत रतन हीरा है अल्मास
और जुमुर्रद पन्ना कहिए किसवत जान लिबास

172

तिला कुंदन सोना कहिए जेवर आभरन गहना
नाम जड़ाव मुकल्लल बाशद और मुरस्सा कहना

173

निया खाल हिन्दवी मामूँ जान
और अम्मू कहिए चचा बखान

---

168. गोशवारा—कान का आभूषण यानी कर्णफूल, दर कान—कान में, गौहर—मोती, लूलू—मोती, मरजान—मूँगा।

169. मेग—मेघ, अब्र—बादल, सहाब—बादल, हीला—बाढ़, सील—बाढ़, कीच—कीचड़, खलाब—कीचड़।

170. अंगुश्तरी—अँगूठी, खातम—अँगूठी, जंगूला—घुँघरू, ख़ज़ीना—ख़ज़ाना।

171. शबचिराग—एक प्रकार का लाल जो रात में चमकता है, याक़ूत—लाल, अल्मास—हीरा, जुमुर्रद—पन्ना, किसवत—लिबास।

172. तिला—सोना, कुंदन—सोना, आभरन—आभूषण, मुकल्लल—चमकना, मुरस्सा—सजाया-सँवारा हुआ।

173. नियाखाल—मामूँ जान, अम्मू—चचा।

174

बिरादरज़ादा जान भतीजा
ख़्वाहरज़ादा कहिए भाँजा

175

खलफ सपूत मुख़ालिफ़ बैरी
कुर्सी तख़्त जूलाँ है बेड़ी

176

राद गरज कहिए घनघोर
बर्फ़ बिजली मौज हिलोर

177

बिस्तर सेज दोलीचा काली
मर्गजार कहिए हरियाली

178

गुलिस्ताँ व हम बोस्ताँ बाग बारी
चमन कतआ बाशद खियाबाँ कियारी

179

कुल्बा हल है ज़राअत खेती
मर्ज व बूम है कहिए धरती

180

खर्दल राई अरज़न चना
दाद सितद है देना लेना

---

174. बिरादरज़ादा—भाई का लड़का, भतीजा, ख़्वाहरजादा—भांजा।
175. खलफ—बेटा, तख़्त—चौकी आज की भाषा में पहले सिंहासन, जूलां—बेड़ी।
176. राद—बिजली की कड़क, मौज—लहर।
177. दोलीचा—गलीचा, काली—कालीन, मर्गजार—हरियाली।
178. गुलिस्तान—बाग़, बोस्ताँ—बाग, चमन—बाग़, कतआ—टुकड़ा, खियाबाँ—कियारी।
179. कुल्बा—हल, ज़राअत—खेती, मर्ज—खेती की ज़मीन, बूम—बंजर ज़मीन।
180. खर्दल—राई, अरज़न—चना, दाद—देना, सितद—लेना।

181

खुसुरपूरा साला है जान
खुसुर ससुर और हान जियान

182

चरखा रहट्ठा गल्ला रा पागलादाँ
राँड़ बेवा जाल रा बूढ़ी बखाँ

183

नीज पेचक नाम पूनी जानिए
हम कलावा नाम आँटी मानिए

184

दूक तकला सूत बाशद रेसमाँ
जान रसीदन बहिन्दी कातनाँ

185

मूसलस्त मारूफ हावन ओखली
चोबदस्ता मूसलस्त खूशा फली

186

वाह कनीजक कहिए चेरी
दाम जाल जूलाँ है बेड़ी

187

शर्म व हया दर हिन्दी लाज
हासिल कहिए बाज खिराज

---

181. खुसुरपूरा—ससुर का पुत्र, खुसुर—ससुर, हान—हानि, जियान—नुक़सान।
182. रहट्ठा—रहट, गल्ला—अनाज, पागला—अनाज, राँड़—विधवा, बेवा—विधवा, जाल—बूढ़ी औरत।
183. नीज—और भी, पेचक—पूनी, कलावा—सूत की लच्छी, आँटी—सूत की लच्छी।
184. दूक—तकला, रेस्माँ—रेशम, रसीदन—कातना।
185. मूसलस्त—मूसल है, मारूफ—प्रसिद्ध, हावन—ओखली, चूबदस्ता—मूसल, खूशा—भूसा।
186. कनीजक—नौकरानी, चेरी—नौकरानी, दाम—जाल, जूलाँ—बेड़ी।
187. हासिल—टैक्स, बाज—टैक्स, खिराज—टैक्स।

188

तालेअ बख़्त जो कहिए भाग
लहन सुरूद व तरन्नुम राग

189

तिफ़्ले कोदक ख़ुर्द बाला मुंडा रा
बैज़ा बज़बाने हिन्दवी दाँ अंडा रा

190

मुज़्दा नवेद ख़ुशख़बर बशारत
चश्मक इमा सयन इशारत

191

दस्तक हिन्दवी ताली जान
अंगुश्तक चुटकी पहचान

192

हुकहुक हिचकी फाज़ा जमाई
ख़मियाज़ा कहिए अँगड़ाई

193

अत्सा छींक आरोग डकार
महक कसौटी जान अयार

194

आख़िर अंजाम है नीज तमाम
आँत बात है ख़त्म कलाम

---

188. तालेअ—क़िस्मत, बख़्त—क़िस्मत, भाग—भाग्य, लहन—राग, सुरूद—गीत, तरन्नुम।
189. तिफ़्ले—छोटा लड़का, कोदक—लड़का, खुर्द—छोटा, बाला—बालक, मुंडा—लड़का।
190. मुज़्दा—ख़ुशख़बरी, बशारत—ख़बर, चश्मक—आँख का इशारा, इमाँ—इशारा, सयन—सोना।
191. दस्तक—ताली, अंगुश्तक—चुटकी।
192. हुकहुक—हिचकी, फाजा—जमाई, ख़मियाज़ा—अँगड़ाई, जमाई।
193. अत्सा—छींक, आरोग—डकार, महक—कसौटी, अयार—कसौटीं पर कसना।
194. ख़त्म कलाम—काव्य की समाप्ति।

195

मौलवी साहब शरन पनाह
गदा भिकारी ख़ुसरो शाह

196

ख़ालिक़ बारी भई तमाम
दुई जग रहियों ख़ुसरो नाम

195. मौलवी—इस्लाम धर्म का शिक्षक, शरन—शरण, पनाह—सुरक्षा, गदा—भिखारी, शाह—बादशाह।

196. ख़ालिक़ बारी—फ़ारसी, अरबी—हिन्दवी कविता शब्दकोश।

नामानुक्रमणिका

अकबर (शहंशाह)—जलालुद्दीन मुहम्मद अकबर का जन्म 1542 में अमरकोट के राजा राणा अमरसाल के महल में हुआ था, जहाँ शहंशाह हुमायूँ शेरशाह से परास्त होने के बाद पनाह लिये हुए थे। वे 1556 में हुमायूँ की मृत्यु के बाद दिल्ली की गद्दी पर बैठे। अपनी मृत्यु 1605 से पूर्व उन्होंने 51 वर्षों तक भारत पर राज किया। वे महान प्रशासक और कुशल राजनीतिज्ञ थे। पृ. 50, 142, 144

अजयचन्द भटनागर—अजयचन्द भटनागर 16वीं शताब्दी के हिन्दवी के कवि थे। उन्होंने ख़ालिक़ बारी की तर्ज़ पर 1552 में अजयचन्दनामा लिखा। उनके कुछ शेरों से ज्ञात होता है कि वे बुलन्दशहर के पास सिकन्दराबाद के रहने वाले थे। उनका जन्म उच्चशिक्षित कायस्थ परिवार में हुआ था। उन्होंने अपने पिता का नाम दुनी चन्द लिखा है, जो फ़ारसी के बहुत अच्छे कवि थे। पृ. 49, 57

अत्तार—देखिए, फ़रीदुद्दीन अत्तार शेख़। पृ. 72, 75, 92

अनवरी—उहदुद्दीन अनवरी का जन्म 1126 को वर्तमान तुर्कमेनिस्तान के एक गाँव अबीवरी में हुआ था। वे फ़ारसी के उच्चकोटि के कवि थे। उन्होंने सुल्तान संजर की प्रशंसा में सैकड़ों कसीदे लिखे। खगोलशास्त्र, ज्योतिष, गणित और चिकित्सा जैसे विषयों पर उनका एकाधिकार था। जीवन के अन्तिम दिनों में उन्होंने संन्यास ले लिया। उनकी मृत्यु बल्ख़ में 1189 में हुई। पृ. 102

अब्दुल क़ादिर बदायूँनी (मुल्ला)—इतिहासकार, अनुवादक और वाक़या नवीस मुल्ला अब्दुल क़ादिर का जन्म बदायूँ में 1540 में हुआ था। वे मुलूक शाह के पुत्र थे। उनकी प्रारम्भिक शिक्षा बसावर, आगरा और सँभल में हुई। 1574 में शहंशाह अकबर ने उन्हें अपने दरबार में वाक़िया नवीस के पद पर नियुक्त किया। मुल्ला का सबसे बड़ा काम मुन्तख़ब तवारीख़ है। उन्होंने रामायण और महाभारत का भी फ़ारसी में अनुवाद किया था। उनकी मृत्यु 1615 में हुई। पृ. 118

अब्दुल वासे हाँसवी—मीर अब्दुल वासे हांसवी औरंगज़ेब काल के साहित्यकार थे। उनका जन्म हरियाणा के हाँसी क़स्बे में हुआ था। उनकी किताबों से ज्ञात होता है कि वे कोई शिक्षक रहे होंगे और छात्रों की आवश्यकतानुसार उन्होंने किताबें और रिसाले सम्पादित किए। लेकिन उनकी प्रसिद्धि उनके उर्दू शब्दकोश ग़रायबुल लुग़ात के कारण हुई। पृ. 51

अब्दुल हक़ (मौलवी)—मौलवी अब्दुल हक़ का जन्म हापुड़ में 1870 में हुआ। उन्होंने अलीगढ़ विश्वविद्यालय से स्नातक की उपाधि ग्रहण करने के बाद उस्मानिया विश्वविद्यालय हैदराबाद में अपनी सेवाएँ दीं। 1930 में वे दिल्ली चले गए। वे अंजुमन तरक़्क़ी उर्दू, दिल्ली के अध्यक्ष

रहे। स्वतंत्रता के बाद वे कराची चले गए। वे उर्दू के प्रख्यात आलोचक और सम्पादक थे। उन्हें उर्दू की दर्जनों अप्राप्य पुस्तकों के प्रकाशन और सम्पादन का श्रेय प्राप्त है। उनकी मृत्यु 1963 में हुई। पृ. 49, 51, 55, 56

अब्दुल हमीद लाहौरी—लाहौरी शाहजहाँ काल के प्रख्यात इतिहासकार थे। इनका जन्म लाहौर में हुआ था। शहंशाह ने उन्हें अपने शासनकाल का विवरण लिखने की ज़िम्मेदारी दी। उन्होंने दो खंडों में शाहजहाँ काल का इतिहास पादशाहनामा के नाम से लिखा। उनकी मृत्यु 1654 में हुई। पृ. 130, 140

अबुल ख़ैर अस्कलानी (शेख़)—देखिए, अबू सईद, अबू ख़ैर। पृ. 89

अबुल हसन अलअशअरी (इमाम)—अशअरी का जन्म बसरा में 873 या 874 में हुआ। वह रसूलुल्लाह स. के सहाबी अबू मूसा अशअरी इब्न कैस के वंशज थे। उनकी प्रारम्भिक शिक्षा बसरा में हुई। वे इस्लाम के वैज्ञानिक सोच वाले समूह 'मोअतज़ला' के अनुयायी थे। परन्तु बाद में मोअतज़ला सिद्धान्त को छोड़कर सुन्नी सिद्धान्त अपना लिया। वह इमाम अहमद बिन हंबल के अनुयायी थे। उनकी मृत्यु 936 में हुई। पृ. 65

अबुल हसन अलनूरी—प्रख्यात सूफ़ी और इस्लामी विद्वान अबुल हसन अलनूरी का जन्म बग़दाद में 840 में हुआ। उनके पिता अफ़ग़ानिस्तान से विस्थापित होकर बग़दाद आए और वहीं आबाद हो गए। वे सूफ़ी जुनैद बग़दादी के समकालीन थे। उनकी मृत्यु 908 में हुई। पृ. 61

अबुल हसन ख़र्क़ानी—ख़र्क़ानी 963 में ईरान के बिस्ताम क्षेत्र के एक गाँव ख़र्क़ान में पैदा हुए। वे अधिक पढ़े-लिखे नहीं थे। वे अपने गाँव में खेती-बाड़ी का कार्य करते थे। वे प्रतिदिन शाम को बायज़ीद बिस्तामी के मज़ार पर अपनी हाज़िरी देते। उन्होंने तसव्वुफ़ की बारीकियों को अपनी तपस्या और अन्तर्ज्ञान से प्राप्त किया। उनकी मृत्यु 1033 में हुई। पृ. 61, 70

अबुल हसन हुसरी—वे सूफ़ी, चिन्तक और तसव्वुफ़ के सिद्धान्तकार थे। पृ. 61

अबू ख़ैर अक्ताअ—प्रख्यात सूफ़ी और इस्लामी चिन्तक थे। वें प्रारम्भिक दौर के सूफ़ी थे। उन्होंने तसव्वुफ़ के प्रारम्भिक सिद्धान्त को सम्पादित करने में अपना योगदान दिया। वे ख़ुरासान के रहने वाले थे। पृ. 81

अबू ज़ाफ़र अब्दुल्लाह मंसूर (ख़लीफ़ा)—मंसूर अब्बासी ख़िलाफ़त का दूसरा ख़लीफ़ा था। वह 752 में ख़लीफ़ा बना। उसने इस्लामी सल्तनत को दूर-दूर तक फैलाने के अतिरिक्त ज्ञान-विज्ञान के क्षेत्र में उल्लेखनीय योगदान किया। उसने विश्व के कोने-कोने से अनोखी पुस्तकें मँगवाकर उनका अरबी में अनुवाद कराया। उसकी मृत्यु 774 में हुई। पृ. 76

अबू उमरू बिन अल नजीद—अबू उमरू इस्माइल बिन नजीद बिन अहमद सलमा मक्का के रहने वाले थे। वे अत्यन्त संयमी और तपस्वी सूफ़ी थे। उनकी मृत्यु 988 में मक्का में हुई। पृ. 61

अबू नस्र मुहम्मद अल-फ़राबी—फ़राबी का जन्म ख़ुरासान के नगर फाराब में 871 में हुआ। जहाँ उसके पिता सेना के एक अफ़सर थे। उसे तुर्की, अरबी और फ़ारसी भाषाओं पर एकाधिकार था। वह केवल संगीतकार ही नहीं अपितु एक महान दार्शनिक भी था। उसकी मृत्यु 950 में हुई। पृ. 85

अबू तुराब नक्शबन्दी—यह नक्शबन्दी समुदाय के सूफ़ी और इस्लामी चिन्तक थे। पृ. 60

अबू फरज ज़ंजानी—इब्राहीम बिन अहमद बिन ख़लफ़ ज़ंजानी अपने समय के प्रख्यात सूफ़ी और संयमी व्यक्ति थे। उनकी मृत्यु मक्का में 1003 में हुई। पृ. 105

अबू फरज इब्न जौज़ी—इब्न जौज़ी ख़लीफ़ा अबू बक्र सिद्दीक के वंशज थे। 1116 में पैदा

हुए। अपने समय के सुप्रसिद्ध विद्वान, तपस्वी और हदीस के ज्ञाता थे। वे 250 से अधिक पुस्तकों के लेखक हैं। उनकी मृत्यु 1201 में बग़दाद में हुई। पृ. 70

अबू बक्र अल कत्तानी—कत्तानी ईरान के रहने वाले थे। अत्यन्त संयमी और तपस्वी सूफ़ी थे। संसार से विरक्त रहकर केवल ईश्वर की आराधना में व्यस्त रहते थे। इनका अधिकतर जीवन मक्का में ख़ाना काबा की सेवा में व्यतीत हुआ। पृ. 61

अबू बक्र (ख़लीफ़ा)—अबू बक्र सिद्दीक़ इस्लाम के प्रथम ख़लीफ़ा थे। वे 632 में मुहम्मद स. की मृत्यु के बाद ख़लीफ़ा नियुक्त हुए। वे केवल दो वर्ष ही ख़लीफ़ा रह सके, क्योंकि उनकी मृत्यु 634 में हो गई। वे मुहम्मद स. के अभिन्न मित्र थे। 610 में जब मुहम्मद स. ने इस्लाम की घोषणा की तो उन्होंने तुरन्त स्वीकार कर लिया। वे मक्का के बहुत धनाढ्य और प्रभावशाली व्यक्ति थे। इसलिए उनके इस्लाम स्वीकार करने से मुहम्मद स. को बहुत बल मिला। पृ. 91

अबू बक्र इब्न शिब्ली—शिब्ली का जन्म 861 में बग़दाद में हुआ था। वे पहली पंक्ति के सूफ़ी थे। उनका प्रारम्भिक जीवन सांसारिक लोगों की तरह गुज़रा। वर्तमान सरकार ने उन्हें दमावन्दर का अफ़सर बनाकर भेजा था, परन्तु वे अपना पद त्यागकर सूफ़ी जुनैद के निकट आए और उनके शिष्य हो गए। जीवन के अन्तिम काल में अत्यधिक संयमी हो गए थे। उनकी मृत्यु 946 में हुई। पृ. 75

अबू मूसा अल अशअरी—अबू मूसा अशअरी इब्न कैस मुहम्मद स. के निकट साथी थे। इनका जन्म 602 में यमन के ज़बीद नगर में हुआ था। वे इस्लाम के उदय की कहानी सुनकर अपने वतन से मक्का आ गए और इस्लाम स्वीकार कर लिया। वे बहुत दिनों तक यमन, बसरा और कूफा के गवर्नर भी रहे। उनकी आवाज़ बहुत दिलकश थी। मुहम्मद स. को उनकी आवाज़ बहुत पसन्द थी। वे क़ुरआन की आयतों को अत्यन्त आकर्षक लय में पढ़ते थे। उनकी मृत्यु 665 में हुई। पृ. 90

अबू हफ्स अल हद्दाद—एक तपस्वी थे, जो नेशापुर में पैदा हुए थे। वे केवल तपस्वी थे और संयमित रहते थे। उन्होंने कभी प्रवचन नहीं दिया। वे अरबी नहीं जानते थे। वे एक सम्मानित शेख़ थे और उनकी गिनती प्रारम्भिक दौर के सूफ़ियों में होती है। वे लोहार थे और उनकी आय बहुत सीमित थी, वर्षों तक वे जो भी कमाते उसे चुपके से ग़रीबों के घरों में फेंक देते। उनकी मृत्यु 875 में नेशापुर में हुई। पृ. 60

अबू हनीफ़ा (इमाम)—देखिए, पृ. 356। 90, 91, 94

अबू हामिद मुहम्मद बिन मुहम्मद अल ग़ज़ाली—ग़ज़ाली का जन्म ईरान के तूस क्षेत्र में 1058 में हुआ। वे प्रख्यात दार्शनिक, सूफ़ी और इस्लामी स्कॉलर थे। उन्होंने 200 से अधिक ग्रंथ लिखे हैं। अहियायुल उलूम उनका महत्वपूर्ण ग्रंथ है। उनकी मृत्यु 1111 में हुई। पृ. 64

अबू सईद अबू ख़ैर—शेख़ अबू सईद अबू ख़ैर ख़ुरासान के एक गाँव मिहने में 967 में पैदा हुए। उनके पिता प्रख्यात चिकित्सक थे। उनकी प्रारम्भिक शिक्षा मरू में हुई। वे फ़ारसी के पहले शाइर थे जिन्होंने तसव्वुफ़ के विषय पर रुबाइयाँ कहीं। उनकी मल्फूज़ात असरारू तौहीद (अद्वैतवाद के भेद) सम्पादित करने वाले उनके पौत्र मुहम्मद इब्न मनौवर ने कहा कि वे कवि नहीं थे। परन्तु उनकी 428 रुबाइयों का संकलन भारत से लेकर लंदन तक प्रकाशित हो चुकी हैं। उनकी मृत्यु 1048 में हुई। पृ. 75

अबू सुलेमान अल-दारानी—अबू सुलेमान अल-दारानी का जन्म 757 में यमन की एक जनजाति बनो अनस में हुआ था। वे प्रारम्भिक काल के तपस्वी और सूफ़ी थे। उन्होंने तसव्वुफ़ के

प्रारम्भिक सिद्धान्तों के गठन में महत्त्वपूर्ण भूमिका निभाई। उनकी मृत्यु सम्भवत: 820 में हुई थी। पृ. 60

अबू याक़ूब अक्ताअ—अबू याक़ूब अक्ताअ सूफ़ी, तपस्वी और संयमी व्यक्ति थे। बसरा में शिक्षक थे। उन्होंने अपने मदरसे में हुसैन बिन मंसूर को पढ़ाया था, और बाद में उनकी बेटी से हुसैन बिन मंसूर हल्लाज की शादी हुई थी। पृ. 73

अमीनुद्दीन मुहद्दिस तबरेज़ी—बलबन कालीन शिक्षक अमीनुद्दीन मुहद्दिस तबरेज़ी दिल्ली के मदरसे में पढ़ाते थे। वे अत्यन्त संयमी और तपस्वी शिक्षक थे। उन्होंने हज़रत निज़ामुद्दीन औलिया को क़ुरआन और हदीस की शिक्षा दी थी। पृ. 96

अमीर अली सरजानदार उर्फ़ हातिम ख़ाँ। देखिए, पृ. 116-17। 151

अमीर लाचीन—देखिए, अमीर सैफ़ुद्दीन। पृ. 118

अमीर सैफ़ुद्दीन—देखिए, पृ. 168। संदर्भ और टिप्पणियाँ, 150

अमीर हसन सिज्जी—अमीर हसन सिज्जी दिल्ली के रहने वाले थे। उनका जन्म 1254 में हुआ था। वे निज़ामुद्दीन औलिया के बहुत निकट शिष्य थे। मल्फ़ूज़ात की उनकी किताब 'फवायदुल फवाद' बहुत लोकप्रिय है। इसके सैकड़ों संस्करण प्रकाशित हो चुके हैं। तेरहवीं शताब्दी की दिल्ली को समझने के लिए 'फवायदुल फवाद' से अधिक महत्त्वपूर्ण स्रोत कोई और नहीं हो सकता। उनकी मृत्यु देवगिरि में 1337 में हुई। पृ. 26

अमीन अब्बासी (मौलाना)—मौलाना अमीन अब्बासी चिरैयाकोटी आज़मगढ़ के क़स्बे चिरैयाकोट के रहने वाले थे। वे 1910 के बाद मदरस्तुल उलूम अलीगढ़ में शिक्षक नियुक्त हुए। उन्होंने अमीर ख़ुसरो के हिन्दवी काव्य पर पहली पुस्तक 'जवाहरे ख़ुसरवी' लिखकर ख़ुसरो में शोध का रास्ता साफ़ किया। पृ. 20, 52, 54, 57

अमृतराय—अमृत राय का जन्म 1920 में हुआ। वे प्रेमचन्द के पुत्र थे। वे प्रगतिशील लेखक थे। उन्होंने प्रेमचन्द की परम्परा को आगे बढ़ाया। उनका प्रसिद्ध ग्रंथ 'कलम का सिपाही' है, जो उनके पिता के जीवन पर आधारित है। उनकी मृत्यु 1996 में हुई। पृ. 34

अमृतसेन—अमृतसेन तानसेन के पुत्र थे। अपने पिता की तरह अमृतसेन भी महान संगीतकार थे। पृ. 142

अरकली ख़ाँ (युवराज)—अरकली ख़ाँ सुल्तान जलालुद्दीन ख़िलजी का बड़ा पुत्र और युवराज था। ख़िलजी ने उसे मुल्तान का गवर्नर नियुक्त किया था। अलाउद्दीन ख़िलजी ने 1296 में दिल्ली पर अधिकार करने के बाद उसे गिरफ़्तार करके उसकी हत्या करा दी। पृ. 120

अर्श मल्सियानी—उर्दू के प्रख्यात शाइर और लेखक बालमुकुन्द अर्श मल्सियानी का जन्म जालन्धर के पास मल्सियान क़स्बे में 1908 में हुआ था। वे उर्दू के महान साहित्यकार लाभुराम जोश मल्सियानी के पुत्र थे। उन्होंने 1955-1968 तक 'आजकल' उर्दू मासिक पत्रिका का सम्पादन किया, और अबुल कलाम आज़ाद की शानदार जीवनी लिखी, जो प्रकाशन विभाग ने प्रकाशित की है। उनकी मृत्यु दिल्ली में 1979 में हुई। पृ. 28

अरस्तू—विश्व के महान दार्शनिक अरस्तू (Aristotle) का जन्म उत्तरी यूनान के स्टेगेरिया नगर में ई.पू. 384 में हुआ था। वह प्लेटो का शिष्य और सिकन्दर का गुरु था। उसने राजनीति, भौतिकी, अध्यात्म, कविता, नाटक और संगीत जैसे विषयों पर दर्जनों पुस्तकें लिखी हैं। उसकी मृत्यु 322 ई.पू. में हो गई। पृ. 64

अल-कुशेरी—मुहम्मद अबू कासिम अलकुशेरी का जन्म अरब के बनू कुशेरा में 986 में हुआ था। बाद में वे ईरान के नेशापुर नगर में बस गए। तसव्वुफ़ के विषय पर उनका ग्रंथ अल

आइज़क न्यूटन—आइज़क न्यूटन इंग्लैंड के महान वैज्ञानिक थे। उनका जन्म इंग्लौंड के लिंकनशायर में 1643 में हुआ था। उन्होंने गुरुत्वाकर्षण के नियम और गति के सिद्धान्त की खोज की। वे एक महान गणितज्ञ, वैज्ञानिक, ज्योतिषशास्त्री एवं दार्शनिक थे। उनकी मृत्यु 1727 में हुई। पृ. 66

आई.पी. पेत्रोश्वेस्की—पेत्रोश्वेस्की का जन्म रूस के कीव नामक नगर में 1898 में हुआ था। अब कीव यूक्रेन की राजधानी है। वे इतिहासकार और प्रख्यात प्राच्यविद् थे। उन्होंने खारकीव और बाकू विश्वविद्यालय में शिक्षण कार्य किया। ईरान के इतिहास पर उनका कार्य अत्यन्त सराहनीय है। उनकी मृत्यु लेनिनग्राद में 1977 में हुई। पृ. 61

आतिश—हैदर अली आतिश का जन्म फ़ैज़ाबाद में 1778 में हुआ था। उनकी शिक्षा सुचारु रूप से नहीं हो सकी, परन्तु वे बहुत बुद्धिमान और तीक्ष्ण बुद्धि के छात्र थे। अपनी बुद्धिमत्ता के बलबूते वे बहुत जल्द शाइरी की बारीकियों से परिचित हो गए। वे लखनऊ में मुसहफी के शिष्य थे। उनकी गिनती लखनऊ के प्रख्यात शाइरों में होती है। उनकी मृत्यु 1847 में लखनऊ में हुई। पृ. 87

औरंगज़ेब (शहंशाह)—औरंगज़ेब 1618 में मालवा में पैदा हुआ। उसके प्रारम्भिक शिक्षा की बहुत अच्छी व्यवस्था की गई थी। शिक्षा पूर्ण होने के बाद उसे शाहजहाँ ने 17 वर्ष की आयु में सेना की कमान देकर बुंदेलखंड भेज दिया। एक के बाद एक सैनिक अभियान में उसकी सफलता के बाद उसे दक्कन और गुजरात की गवर्नरी दे दी गई। उसको राजधानी में रहने का बहुत कम अवसर प्राप्त हुआ। अपनी सैनिक कुशलता के कारण 1658 में उत्तराधिकार की जंग में उसने बहुत आसानी से दारा को शिकस्त दे दी। पृ. 130

इन्तज़ार हुसैन—कथाकार, आलोचक और चिन्तक इन्तज़ार हुसैन का जन्म बुलन्दशहर के डिबाई क़स्बे में 1925 में हुआ था। 1947 में वे पाकिस्तान चले गए, परन्तु भारत से उनका रिश्ता जीवनपर्यन्त बना रहा। उन्होंने अपनी कहानियों और उपन्यासों में भारतीय देवमाला का भरपूर प्रयोग किया है। पाकिस्तान में उनके इस क़दम की आलोचना भी हुई। परन्तु उनका प्रयोग सफल था। उन्होंने पाकिस्तान में अख़बारों के लिए नियमित कॉलम लिखे। उनकी मृत्यु 2016 में हुई। पृ. 20-21, 23, 28, 34

इब्न तैमिया—तकीउद्दीन इब्न तैमिया का जन्म रोम के हारान नगर में 1263 में हुआ था। मंगोलों के आक्रमण के बाद तैमिया दमिश्क चले गए। वहाँ वे हदीस और क़ुरआन की शिक्षा देने लगे। वे इमाम अहमद बिन हंबल के अनुयायी और तसव्वुफ़ के सख़्त विरोधी थे। उनकी मृत्यु दमिश्क में 1328 में हुई। पृ. 65, 70

इब्न बतूता—मुहम्मद बिन अब्दुल्लाह इब्न बतूता का जन्म मराकश के तांजियर नामक क़स्बे में 1304 में हुआ था। वह सुप्रसिद्ध पर्यटक था, उसने अपने 65 वर्षीय जीवनकाल में 75 हज़ार मील की यात्रा की। वह भारत में मुहम्मद बिन तुग़लक के शासनकाल में मंत्री भी रहा। अपनी यात्रा वृत्तान्त में भारत के बारे में उसने जो कुछ लिखा, उसे इतिहास का महत्त्वपूर्ण स्रोत माना जाता है। उसकी मृत्यु 1369 में हुई। पृ. 43, 124

इब्न मुजाहिद—अबू बक्र इब्न मुजाहिद बग़दाद में प्रख्यात इस्लामी स्कॉलर थे। उन्होंने क़ुरआन को सात शैलियों में पढ़ने का ढंग विकसित किया था। उनका जन्म बग़दाद में 859 में हुआ था। उनकी प्रारम्भिक शिक्षा बग़दाद में हुई, जहाँ उन्होंने क़ुरआन और हदीस का गहन अध्ययन किया। उनकी मृत्यु 936 में हुई। पृ. 91

इब्राहीम क़वाम—इब्राहीम क़वाम फ़ारूक़ी ने शर्फनामा मनेरी के नाम से 1475 जो शब्दकोश तैयार किया उसमें हिन्दवी के अधिकतर शब्दों की फ़ारसी में व्याख्या की गई है। पृ. 48

इमादुलमुल्क रावत—इमादुल्मुल्क रावत अमीर ख़ुसरो के नाना थे। वे रावत राजपूत थे, जो शम्सुद्दीन इल्तुतमिश के शासनकाल में मुसलमान हो गए थे। वे ऐबक से लेकर ग़ियासुद्दीन बलबन तक के शासनकाल में सेना के उच्चस्थ पदों पर आसीन रहे। अमीर ख़ुसरो ने अपनी शाइरी में उनकी दरियादिली और कृतज्ञता की बड़ी प्रशंसा की है। उनकी मृत्यु 113 वर्ष की आयु में 1272 में हुई। पृ. 98, 112-13, 146

इमाम ग़ज़ाली—देखिए, अबू हामिद मुहम्मद बिन मुहम्मद अल गज़ाली। पृ. 64, 65, 66, 70, 89, 90

इल्तुतमिश—शम्सुद्दीन इल्तुतमिश तुर्किस्तान में पैदा हुआ। वह अलबरी तुर्क ग़ुलाम था। क़ुतुबुद्दीन ऐबक ने उसे भारी क़ीमत पर ख़रीदा था। उसने इल्तुतमिश के साहस और सौन्दर्य से प्रभावित होकर उससे अपनी बेटी का विवाह कर दिया। इल्तुतमिश 1211 में दिल्ली की गद्दी पर बैठा। इतिहासकार उसके नाम 'इल्तुतमिश' के उच्चारण पर एकमत नहीं हैं। उसकी मृत्यु 1236 में हुई। पृ. 146, 152

इश्क़ी ख़ाँ इश्की—इश्क़ी ख़ाँ इश्क़ी शहंशाह अकबर के दरबार में मीर बख़्शी के पद पर तैनात था। वह अच्छी हिन्दवी बोलता था। वह व्यंग्यात्मक क़सीदे कहता था। उसकी हिन्दवी कविता सर्द-गर्म ज़माना उस समय की भाषा को समझने के लिए बहुत महत्वपूर्ण स्रोत है। पृ. 50

उलुग़ ख़ाँ—उलुग़ ख़ाँ का नाम अलमास बेग था। यह अलाउद्दीन ख़िलजी का छोटा भाई था। जलालुद्दीन ख़िलजी की एक बेटी की शादी उलुग ख़ाँ से भी हुई थी। वह अलाउद्दीन की सेना का कमांडर था। उसने उलुग़ को 1299 में ख़ान की उपाधि दी थी। उसे इक्त ख़ाँ भी कहते हैं। उसकी मृत्यु 1302 में हो गई। पृ. 152-153

उमर बिन उस्मान मक्की (शेख़)—उस्मान मक्की बग़दाद के रहने वाले थे। वे जुनैद बग़दादी और हुसैन बिन मंसूर के समकालीन थे। कहा जाता है कि उन्हीं के श्राप से मंसूर को फाँसी हुई थी। वे सूफ़ी और तपस्वी थे। उनकी मृत्यु बग़दाद में ही हुई। पृ. 73

ऊहदी किरमानी—उसका नाम रुक़्नुद्दीन था। परन्तु अपने गुरु ऊहदुद्दीन किरमानी के प्रभाव में उसने अपना नाम बदलकर ऊहदुद्दीन रख लिया। उसका जन्म 1282 में आज़रबैजान के निकट एक नगर मुराग़ा में हुआ था। वह इस्फ़हानी भी कहलाता है। वह प्रख्यात लेखक, आलोचक और चिन्तक था। उसका सुप्रसिद्ध ग्रंथ अराफातुल आशिकीन है। उसकी मृत्यु 1338 में मुराग़ा में हुई। पृ. 20, 46

एडवर्ड शाशो—कार्ल एडवर्ड शाशो का जन्म 1845 में जर्मनी में हुआ था। वे विद्वान साहित्यकार और प्राच्यविद् थे। शाशो बर्लिन और वियाना विश्वविद्यालयों में प्रोफ़ेसर के पद पर तैनात रहे। उन्होंने इस्लाम का गहरा अध्ययन किया था। उनकी मृत्यु 1930 में हुई। पृ. 65-66

ए.सी. स्वीनबर्ग—स्वीनबर्न का जन्म लन्दन में 1837 में हुआ। वह आलोचक, शाइर, नाटककार और कथाकार थे। परन्तु उनका कार्य कविता में संगीत के समावेश में झलकता है। उन्होंने अपनी शाइरी को संगीत के सुर और लय से सँवारा और अन्य शाइरों के लिए एक सन्देश दिया कि वास्तव में शाइरी कैसी होनी चाहिए। उनकी मृत्यु 1909 में हुई। पृ. 92

ऐनुलकुज़्ज़ात हमदानी—ऐनुलकुज़्ज़ात हमदानी का जन्म हमदान में 1098 में हुआ था। वे महान सूफ़ी गणितज्ञ और शाइर थे। उन्हें उमर ख़ैयाम ने भी पढ़ाया था। उन्होंने तसव्वुफ़ में हुसैन बिन मंसूर की परम्परा को आगे बढ़ाया। उन्हें मंसूर हल्लाज की कविताओं के संकलन का भी श्रेय जाता है। तमहीदात उनका उल्लेखनीय ग्रंथ है। उन्हें 33 वर्ष की आयु में 1131 में फाँसी दे दी गई। पृ. 75

कबीर—कबीर का जन्म काशी में 1398 में हुआ था। वे जनकवि और प्रख्यात सन्त थे। उन्होंने ब्रज, अवधी और पूर्वी भाषाओं के मिश्रण से अपनी काव्यधारा की रचना की। उन्होंने धार्मिक पाखंड, छुआछूत और सामाजिक कुरीतियों जैसे विषयों को अपनी कविताओं का आधार बनाया। उनके इस पहल से धार्मिक गिरोह बहुत क्रोधित हुए, जिसके बाद उन्हें काशी छोड़कर मगहर जाना पड़ा। उनकी मृत्यु 1518 में मगहर में हुई। पृ. 26, 28, 30, 53

कमला देवी (रानी)—कमला देवी गुजरात के राजा कर्णदेव बघेला की पत्नी थीं। 1299 में गुजरात युद्ध में राजा कर्णदेव की पराजय के बाद मलिक काफ़ूर ने कमला देवी को गिरफ़्तार करके दिल्ली भेज दिया। अलाउद्दीन ने उसे अपने हरम में दाख़िल कर लिया। पृ. 156

कमाल इस्फ़हानी—फ़ारसी के प्रख्यात सूफ़ी और कवि कमालुद्दीन मुहम्मद इस्माइल का जन्म इस्फहान में 1173 में हुआ था। उनकी ग़ज़लों में प्रेम का अत्यन्त मार्मिक चित्रण मिलता है। उन पर तसव्वुफ़ का गहरा प्रभाव दिखाई देता है। कमाल की मृत्यु मंगोलों के एक आक्रमण के दौरान 1230 में हो गई। पृ. 41-42

कमालुद्दीन ज़ाहिद—ज़ाहिद बलबन कालीन शिक्षक और इमाम थे। वे मारिकला गुजरात के रहने वाले थे। उन्होंने हज़रत निज़ामुद्दीन औलिया को हदीस और क़ुरआन की शिक्षा दी थी। उनकी मृत्यु 1285 में दिल्ली में हुई। पृ. 96

कल्याण मल्ल—महाकवि कल्याण मल्ल कर्पूरवंश के राजा त्रैलोक्यचन्द्र के पौत्र और गजमल्ल के पुत्र थे। कामकला पर आधारित उनके सुप्रसिद्ध ग्रंथ अनंगरंग से बस इतना पता चलता है कि वे लोधी वंश के सुल्तान अहमद के पुत्र लॉड ख़ान के दरबारी कवि थे और उसी के कहने पर उन्होंने अनंगरंग की रचना की थी। पृ. 158

कमालुद्दीन गुर्ग—कमालुद्दीन गुर्ग अलाउद्दीन ख़िलजी का कमांडर था। पृ. 160

क़ाज़ी जलालुद्दीन—क़ाज़ी जलालुद्दीन, ग़ियासुद्दीन तुग़लक़ के दरबार में धर्माधिकारी के पद पर तैनात थे। पृ. 93

क़ाज़ी तैयब तबरी—इतिहासकार, इस्लामी क़ानूनविद् और हदीस के विशेषज्ञ तैयब तबरी का जन्म ईरान में 839 में हुआ था। इस्लामी क़ानून के क्रियान्वयन में उनका विशेष महत्त्व था। उनका ग्रंथ तारीख़े तबरी शरीआ क़ानून की व्याख्या और टिप्पणी पर अत्यन्त महत्त्वपूर्ण स्रोत है। उसका अनुवाद विश्व की अधिकतर भाषाओं में हुआ है। उनकी मृत्यु 922 में बग़दाद में हुई। पृ. 90

कुतुबुद्दीन ऐबक—कुतुबुद्दीन ऐबक दिल्ली सल्तनत का प्रथम सुल्तान था, उसका जन्म तुर्किस्तान के ऐबक क़बीले में हुआ था। शहाबुद्दीन ग़ोरी ने उसे ग़ुलामों के बाज़ार से ख़रीदकर आज़ाद कर दिया था। 1206 में उसकी मृत्यु के बाद ऐबक दिल्ली का सुल्तान बना। उसने चार वर्ष तक दिल्ली पर राज किया, 1210 में पोलो के मैदान में हुई एक दुर्घटना में उसकी मृत्यु हो गई। पृ. 152

कुतुबुद्दीन औलिया अबू इसहाक़—अबू इसहाक़ सूफ़ी और तपस्वी थे। वे सऊदी अरब के जेद्दा नगर में पैदा हुए थे। पृ. 67

कुतुबुद्दीन बख़्तियार काकी—ख़्वाजा बख़्तियार काकी का जन्म मावरुन्नहर में हुआ। वे कमालुद्दीन काकी के पुत्र थे। 18 वर्ष की आयु में शिक्षा पूर्ण करके मुईनुद्दीन चिश्ती के हाथ पर बैयत कर ली। कुछ दिनों बाद वे मुल्तान आ गए और वहाँ से दिल्ली आ गए। सुल्तान इल्तुतमिश उनका बड़ा सम्मान करता था। 1235 में 50 वर्ष की आयु में उनकी मत्यु हो गई। पृ. 88

कुतुबुद्दीन मुबारक शाह (सुल्तान)—कुतुबुद्दीन मुबारक शाह बहुत नाटकीय ढंग से 1316 में

दिल्ली की गद्दी पर बैठा। उसके पिता अलाउद्दीन ने उसे भी ग्वालियर के क़िले में क़ैद कर दिया था और वह मलिक काफ़ूर के जल्लादों से बड़ी चालाकी से बच सका था। उसने केवल चार वर्ष राज किया, 1320 में ख़ुसरो ख़ाँ ने उसकी हत्या कर दी। पृ. 98, 112, 121-122, 160

कुर्रतुल ऐन हैदर—उर्दू की नामवर कथाकार और ज्ञानपीठ पुरस्कार से सम्मानित कुर्रतुल ऐन हैदर का जन्म अलीगढ़ में 1927 में हुआ था। 1950 में वे पाकिस्तान चली गईं। जब 1958 में उनका बहुचर्चित उपन्यास 'आग का दरिया' प्रकाशित हुआ, तो वहाँ हंगामा खड़ा हो गया। उलमा ने आरोप लगाया कि वे आवागमन के सिद्धान्त की समर्थक हैं, और हिन्दू उत्थान चाहती हैं। उन्हें पाकिस्तान छोड़ना पड़ा। 10 वर्ष लंदन में रहने के बाद वे भारत आ गईं। वे अंग्रेज़ी साप्ताहिक 'इलस्ट्रेटेड वीकली' मुम्बई में सह सम्पादक रहीं। उन्होंने जामिया और अलीगढ़ विश्वविद्यालयों में विज़िटिंग प्रोफ़ेसर के पद को भी सुशोभित किया। उनकी मृत्यु 2007 में नोएडा में हुई। पृ. 85

के.एस. लाल—प्रख्यात इतिहासकार किशोरीशरण लाल का जन्म 1920 में हुआ था। उन्होंने मध्यकालीन भारतीय इतिहास पर विस्तृत कार्य किया है। वे हिन्दी के साथ-साथ फ़ारसी, उर्दू और अंग्रेज़ी में धाराप्रवाह बोल सकते थे। उन्होंने मध्य प्रदेश और राजस्थान के विभिन्न कॉलेजों और विश्वविद्यालयों के अतिरिक्त हैदराबाद केद्रीय विश्वविद्यालय में भी अध्यापन कार्य किया है। उनकी मृत्यु 2002 में हुई। पृ. 156

कैकुबाद (युवराज)—कैकुबाद 1287 में 17 वर्ष की आयु में मुईज़ुद्दीन की पदवी धारण करके दिल्ली की गद्दी पर बैठा। वह ग़ियासुद्दीन बलबन का पौत्र था। वह बहुत पढ़ा-लिखा, योग्य और सुन्दर नौजवान था, परन्तु सत्ता पाने के बाद उसके चरित्र में आश्चर्यजनक परिवर्तन आए। वह अत्यन्त विलासी हो गया। उसने दिल्ली को नई शैली में बसाया और उसका नाम कीलोखड़ी रखा। अत्यधिक शराब सेवन और हमेशा सुन्दरियों के झुरमुट में रहने के कारण उसका स्वास्थ्य ख़राब रहने लगा। उसकी मृत्यु 1290 में हो गई। पृ. 116-118, 149-150

कैख़ुसरो (युवराज)—कैख़ुसरो युवराज सुल्तान मुहम्मद का पुत्र, और बलबन का पौत्र था। बुग़ारा ख़ाँ के बंगाल चले जाने के बाद बीमार बलबन के सामने सत्ता हस्तान्तरण का प्रश्न खड़ा हो गया। उसने कैख़ुसरो को युवराज घोषित कर दिया। परन्तु उसकी मृत्यु के बाद दरबारी साज़िशों के परिणामस्वरूप कैख़ुसरो की हत्या करके कैकुबाद को सुल्तान बना दिया गया। पृ. 116

खबरू—खबरू मंगोल सैनिक मुहम्मद शाह का भाई था। पृ. 153-154

ख़लीफ़ा उम्र—देखिए, हज़रत उम्र। पृ. 77-78

ख़लीफ़ा फ़ारूक़—देखिए, हज़रत उम्र। पृ. 120

ख़्वाजा अहमद अली—ख्वाजा अहमद अली हज़रत निज़ामुद्दीन औलिया के पिता थे। वे बुख़ारा से इल्तुतमिश काल में भारत आए और बदायूँ में बस गए। बदायूँ उन दिनों साहित्य और कला का केन्द्र था। कहा जाता है कि वे सरकार की ओर से कोई मुलाज़िम नियुक्त हुए थे, परन्तु उसका कोई विवरण नहीं मिलता है। उनकी मृत्यु 1238 में बदायूँ में हुई। पृ. 95

ख़्वाजा अलाउद्दीन साबिर—साबिर कलियरी, बाबा फ़रीद गंजशकर के भांजे और दामाद थे। वे हिन्दवी के प्रारम्भिक शाइरों में से हैं। उनके हिन्दवी दोहों की भाषा बहुत सरल और स्पष्ट है। उनका जन्म 1196 में हुआ था। वे अजोधन में बाबा फ़रीद के साथ ही रहते थे। बाद में वे कलियर आ गए और वहीं अपनी ख़ानक़ाह बनाई। उनकी मृत्यु 1291 में हुई। पृ. 98

ख़्वाजा बदर इसहाक़—बदर इसहाक़ बाबा फ़रीद के दामाद थे। वे अजोधन में बाबा के साथ रहते

थे। वे संयमी सूफ़ी और अत्यन्त सदाचारी व्यक्ति थे। पृ. 89, 97

ख़्वारिज़्म शाह (सुल्तान)—जलालुद्दीन ख़्वारिज़्म शाह ख़्वारिज़्मी साम्राज्य का अन्तिम शासक था। वह जीवनभर मंगोलों के विरुद्ध युद्धरत रहा। परन्तु अपने भाइयों की दग़ाबाज़ी के कारण उसकी पराजय हो गई। 1230 में उसकी मृत्यु मुल्तान, काबुल और हेरात की पहाड़ियों में छुपते और भागते हुए हुई। पृ. 70

ख़ाकानी—अफ़ज़लुद्दीन ख़कानी का जन्म 1126 में हुआ था। वे ईरान के उच्चश्रेणी के कवियों में गिने जाते हैं। उनका प्रारम्भिक जीवन आर्थिक रूप से अत्यन्त कष्टप्रद था, परन्तु बाद में वे बहुत धनवान हो गए थे। उनके क़सीदे बहुत लम्बे और आकर्षक होते थे। सुल्तान शेरवान शाह उनके प्रत्येक क़सीदे पर एक हज़ार अशरफ़ी पुरस्कार देता था। उनकी मृत्यु 1198 में हुई। पृ. 102

ख़ाने जहाँ—देखिए, अमीर अली सरजानदार। पृ. 119

ख़िज्र ख़ाँ (युवराज)—ख़िज्र ख़ाँ अलाउद्दीन ख़िलजी का पुत्र और युवराज था। उसका जन्म 1296 को हुआ था। 1303 में मेवाड़ विजय के बाद उसे मेवाड़ का सूबेदार बना दिया गया। परन्तु अपनी मृत्यु से पूर्व अलाउद्दीन ख़िलजी ने उसे गिरफ़्तार कराकर ग्वालियर के क़िले में क़ैद कर दिया और 1316 में मलिक काफूर के जल्लादों ने उसकी आँखें निकाल लीं। 1317 में जब उसका छोटा भाई मुबारक शाह सुल्तान बना तो उसे मौत के घाट उतार दिया। पृ. 121, 156

ख़ुसरो ख़ाँ (सुल्तान)—नासिरुद्दीन ख़ुसरो ख़ाँ गुजराती परमार राजपूत था। गुजरात विजय के दौरान वह गिरफ़्तार हो गया। वह हृष्ट-पुष्ट, साहसी और सुन्दर युवक था। 1316 में कुतुबुद्दीन मुबारक शाह ने सुल्तान बनने के बाद उसे मंत्री बना दिया। 1320 में उसने मुबारक शाह की हत्या कर स्वयं सुल्तान घोषित कर लिया। वह केवल 4 माह कुछ दिन ही सुल्तान रह सका, उसके बाद उसकी हत्या हो गई। पृ. 122-23, 161

गंगाराम सेतु—गंगाराम सेतु के बारे में कोई जानकारी नहीं मिलती है। वे मध्यकालीन लेखक और संगीतकार थे। पृ. 130

ग़ज़ाली—देखिए, अबू हामिद मुहम्मद बिन मुहम्मद अल ग़ज़ाली। पृ. 70

गार्सां द तासी—गार्सां का जन्म 1794 में फ़्रांस में हुआ था। उसने अंग्रेज़ी के माध्यम से उर्दू/हिन्दी सीखी। वह कभी भारत नहीं आया, परन्तु भारतीय संस्कृति, सभ्यता और भाषाओं के विकास के बारे में अपना अधकचरा ज्ञान ठेलता रहा। फ़्रांस में बैठकर उसने हिन्दी/उर्दू के बारे में बहुत कुछ लिखा, जिसने हिन्दी/उर्दू के विवाद का आधार तैयार किया। उसकी मृत्यु 1878 में हुई। पृ. 29-30

ग़ियासुद्दीन तुग़लक़ (सुल्तान)—ग़ियासुद्दीन तुग़लक करुना क़बीले का तुर्क था। वह बलबन का ग़ुलाम था। उसके बचपन का नाम कुतलग़ था, जो बिगड़कर तुग़लक़ हो गया। वह बहुत साहसी और ज़ाँबाज़ सिपाही था। इसलिए उसके मित्र उसे ग़ाज़ी मलिक कहने लगे। 1320 में तुर्क सरदारों ने गोपनीय तौर पर उसे दीपालपुर से बुलाकर दिल्ली का सुल्तान बना दिया। एक हरकारे से सिपाही, सरदार, गवर्नर और फिर सुल्तान बनने की उसकी आकर्षक यात्रा आश्चर्यचकित करने वाली है। उसकी मृत्यु 1325 में स्वागत द्वार गिरने से हो गई। पृ. 53, 93, 123-125, 161

ग़ियासुद्दीन बलबन (सुल्तान)—ग़ियासुद्दीन बलबन 1266 में दिल्ली की गद्दी पर बैठा। वह अलबरी तुर्क था। उसे इल्तुतमिश ने बुख़ारा के बाज़ार से ख़रीदा था। वह बहुत साहसी,

कुशाग्र बुद्धि का शातिर राजनीतिज्ञ था। सुल्तान बनने से पूर्व वह नासिरुद्दीन महमूद के शासनकाल में 20 वर्षों तक प्रधानमंत्री के पद पर तैनात रहा। उसकी मृत्यु 1286 में हो गई। पृ. 44, 113, 115-117, 147-48, 151

ग़ियासुद्दीन बहादुर—बंगाल के ग़वर्नर शम्सुद्दीन फ़ीरोज़ का पुत्र था। उसकी मृत्यु के उपरान्त उसने बंगाल पर अधिकार करके ग़ियासुद्दीन तुग़लक़ से बगावत कर दी। पृ. 161

गैलीलियो—गैलीलियो का जन्म इटली के पीसा नगर में 1565 में हुआ था। वे महान वैज्ञानिक और आविष्कारक थे। उन्होंने सिद्ध किया कि पृथ्वी गोल है और ब्रह्मांड में मौजूद सभी ग्रह सूर्य की परिक्रमा करते हैं। यह सिद्धान्त कलीसा के लिए बेहद अपमानजनक था। कलीसा ने उन्हें आदेश दिया कि वे अपने बेहूदा सिद्धान्त के लिए माफ़ी नहीं तो सज़ा भुगतने के लिए तैयार रहें। उन्हें तुरन्त गिरफ़्तार कर लिया गया। 1642 में नज़रबन्दी के दौरान ही उनकी मृत्यु हो गई। पृ. 65

गोपाल नायक—गोपाल नायक महान संगीतकार थे। उनके 1200 शिष्य बताए जाते हैं। परन्तु उनके सम्बन्ध में कोई अधिक जानकारी नहीं मिलती है। वे भारतीय संगीत इतिहास के देवमालाई चरित्र हो गए हैं। पृ. 143-145

गोपीचन्द नारंग—उर्दू के प्रख्यात आलोचक और साहित्यकार प्रो. गोपीचन्द नारंग का जन्म 1931 में पेशावर में हुआ था। स्वतंत्रता के बाद उनका परिवार दिल्ली आ गया। उनकी शिक्षा दिल्ली में पूरी हुई। उन्होंने दिल्ली के कई कॉलेजों में शिक्षण कार्य किया। जामिया मिल्लिया इस्लामिया के उर्दू विभाग से अवकाश ग्रहण करने के बाद वे साहित्य अकादेमी के अध्यक्ष रहे। उनकी 25 से अधिक पुस्तकें प्रकाशित हो चुकी हैं। उनकी मृत्यु 2022 में दिल्ली में हुई। पृ. 38

ग़ुलाम हमदानी मुसहफी(शेख़)—मुसहफी 1750 में अमरोहा में पैदा हुए। प्रारम्भिक शिक्षा अमरोहा में ही हुई। नौजवानी में दिल्ली चले गए। आर्थिक तंगी से बेहाल होकर लखनऊ पहुँचे। लखनऊ के नवाब उनके आश्रयदाता बने। वे बहुत उंच्चकोटि के शाइर थे। उनकी मृत्यु 1824 में हुई। पृ. 33

चंगेज़ ख़ाँ—मंगोल सरदार तामूचिन चंगेज़ ख़ाँ का जन्म 1162 में हुआ था। वह महान योद्धा और विजेता था। चन्द वर्षों में ही उसने चीन और मध्य एशिया के सभी देशों पर विजय प्राप्त कर ली। वह केवल सेनानायक और विजेता ही नहीं था, बल्कि सुयोग्य संगठनकर्ता और शासक भी था। उसने अपने विशाल साम्राज्य के लिए नये कानून बनाए और व्यवस्था की स्थापना की। उसके वंशजों ने उसकी मृत्यु के बाद इस्लाम स्वीकार कर लिया। बाबर अपनी माँ की ओर से चंगेज़ ख़ाँ की संतान था। उसकी मृत्यु 1227 में हुई। पृ. 145

चन्दबरदाई—महाकवि चन्दबरदाई का जन्म 1148 में हुआ था। वे ज्योतिष, काव्यशास्त्र, व्याकरण, भाषा और नाटक जैसी विधाओं में पारंगत थे। वे पृथ्वीराज चौहान के सखा और उनके राजकवि थे। उन्होंने 'पृथ्वीराज रासो' महाकाव्य की रचना की। इस ग्रंथ में मुख्य रूप से पृथ्वीराज चौहान की गौरवगाथा, उनके विवाहों और मुसलमानों से उनके युद्धों का वर्णन है। इनकी मृत्यु 1192 में हुई। पृ. 55

चम्मो बाई—चम्मो बी अमीर ख़ुसरो के मुहल्ले में रहती थी। उसकी दुकान में भाँग और अन्य प्रकार के मादक पदार्थ बिकते थे। वह बहुत कुशलता से भाँग का शर्बत बनाती थी। ख़ुसरो ने उसके नाम से हिन्दवी में एक चौपाई कही थी, जिसमें उसकी कलाकारी की तारीफ़ की है। पृ. 24-25, 28

चित्रांगद (राजा)—राजा चित्रांगद मोरी या मौर्य वंश के राजा थे, जो सातवीं शताब्दी में चित्तौड़गढ़

के आसपास के क्षेत्रों पर राज करते थे। उन्होंने ही चित्तौड़ के क़िले का निर्माण कराया था। वे बहुत प्रतापी राजा थे, परन्तु उनके जीवन और मृत्यु के बारे में कोई साक्ष्य नहीं मिलता है। पृ. 155

जमील जालिबी—मुहम्मद जमील ख़ाँ जालिबी का जन्म अलीगढ़ में 1929 में हुआ। उनकी शिक्षा सहारनपुर और मेरठ में हुई। वे बँटवारे के बाद पाकिस्तान चले गए। जालबी ने उर्दू साहित्य का इतिहास पर बहुत व्यापक और महत्त्वपूर्ण कार्य किया है। उनकी मृत्यु 2019 में हुई। पृ. 19

जलालुद्दीन ख़िलजी (सुल्तान)—जलालुद्दीन ख़िलजी बलबन की सेना में सिपाही के पद पर तैनात था। उसकी तरक़्क़ी परी कथाओं जैसी है। आम तौर पर उसका शासनकाल शान्तिप्रिय था, सिवाय सूफ़ी सिदी मौला की हत्या के। यह उसके शासनकाल की सबसे भयावह घटना थी। उसके भतीजे अलाउद्दीन ने 1296 में उसकी हत्या कर दी। पृ. 53, 111, 118-121, 151-52, 154

जलालुद्दीन रूमी (मौलाना)—रूमी का जन्म बल्ख़ में 1207 में हुआ। वे फ़ारसी के महान शाइर और सूफ़ी थे। उन्होंने अपने इश्क़िया गीतों के द्वारा तसव्वुफ़ को नई पहचान दी। उनका ग्रंथ मसनवी मौलाना रूम 6 भागों में है और उसे विश्व धरोहर के तौर पर याद किया जाता है। उनकी मृत्यु 1273 में क़ौनिया में हुई। पृ. 71, 86, 90-91

जहाँदार शाह (सुल्तान)—बादशाह बहादुर शाह का सबसे बड़ा पुत्र और उसका उत्तराधिकारी था। उसे 1712 में बादशाह घोषित किया गया। परन्तु वह केवल 1 वर्ष ही राज कर सका। उसके भतीजे फ़र्रुखसियर ने 1713 में उसकी हत्या करके गद्दी पर अधिकार कर लिया। पृ. 130

जयदेव—महान गणितज्ञ और संगीतकार जयदेव 12वीं शताब्दी के संस्कृत कवि थे। उन्होंने गीत गोविन्द की रचना की थी। गीत गोविन्द राधाकृष्ण की लीलाओं का अनुपम अभिव्यक्ति प्रस्तुत करता है। उनका जन्म 1170 और मृत्यु 1245 में हुई माना जाता है। पृ. 130

ज़ाहिर बिन बलाल हमदानी वराक़—वराक़ उच्चश्रेणी के आलिम और संयमी सूफ़ी थे। वे जेद्दा में रहते थे। पृ. 91

ज़ाफ़र सादिक (इमाम)—ज़ाफ़र सादिक़ हज़रत अली की चौथी पीढ़ी में से थे। उनका जन्म 700 में मदीना में हुआ। वे सूफ़ी, चिन्तक और वैज्ञानिक थे। उनके आविष्कारों को राजनीतिक दुर्भावना के कारण दबाया गया। ज़ाफ़र सादिक़ के पढ़ाए हुए शिष्य इस्लामी दुनिया में बहुत ऊँचे पदों पर आसीन थे। उनकी मृत्यु 765 में हुई। पृ. 76

ज़ियाउद्दीन ख़ुसरो—मध्यकालीन शाइर, चिंतक और लेखक थे। वे हिन्दवी में शेर कहते थे। अमीर ख़ुसरो की तर्ज़ पर फ़ारसी हिन्दवी शब्दकोश भी तैयार किया था। पृ. 56

ज़िया बरनी—देखिए ज़ियाउद्दीन बरनी। पृ. 99-100, 156

ज़ियाउद्दीन बरनी—तारीख़े फ़ीरोज़ शाही के लेखक ज़ियाउद्दीन बरनी का जन्म दिल्ली में 1280 में हुआ था। वे हज़रत निज़ामुद्दीन औलिया के शिष्य थे। वे मुहम्मद बिन तुग़लक के मंत्री भी रहे। उनकी एक पुस्तक हसरतनामा की भी बड़ी प्रशंसा की जाती है लेकिन वह अप्राप्य है। उनकी मृत्यु 1355 में हुई। पृ. 156

जेम्स टॉड—लेफ़्टिनेंट कर्नल जेम्स टॉड का जन्म लंदन में 1782 में हुआ। वह ईस्ट इंडिया कम्पनी का अधिकारी और प्रख्यात प्राच्यविद् था। उसकी तैनाती 1817 में पॉलिटिकल एजेंट के रूप में उदयपुर में हुई। उसी के बाद उसे भारत और राजस्थान को जानने की इच्छा जागृत हुई। उसने पढ़ना शुरू किया और राजस्थान, दिल्ली और लखनऊ की लाइब्रेरियों को खँगालता रहा। यह कह पाना कठिन है कि उसने कितनी बड़ी संख्या में हस्तलिखित पांडुलिपियाँ भारत

डॉ. जॉन गिलक्रिस्ट—इसके लिए देखिए, पृ. 31। 29, 31-32

डॉ. भोलानाथ तिवारी—डॉ. भोलानाथ तिवारी का जन्म उत्तर प्रदेश के ग़ाज़ीपुर ज़िले में 1923 में हुआ था। वे महान शिक्षाविद्, भाषाविद् और साहित्यकार थे। उन्होंने हिन्दी भाषा की संरचना, अनुवाद सिद्धान्त, शैलीविज्ञान, शब्दकोश रचना जैसे विषयों पर 88 ग्रंथों की रचना की। इनकी मृत्यु 1989 को हुई। पृ. 23

तानसेन—तानसेन एक महान संगीतज्ञ और शहंशाह अकबर के दरबारी गायक थे। कहा जाता है कि सैकड़ों वर्षों से भारत में तानसेन जैसा गायक का जन्म नहीं हुआ। वे भारतीय शास्त्रीय संगीत की उत्तर भारतीय परंपरा में एक महत्त्वपूर्ण संगीतकार थे। उनका जन्म 1500 में बेहटा ग्वालियर में हुआ था। उनकी मृत्यु 1586 में ग्वालियर में हुई थी। पृ. 130, 142

तुग़रिल ख़ाँ—एक तुर्की अमीर, जिसे ग़ियासुद्दीन बलबन ने बंगाल का गवर्नर नियुक्त किया था। उसने 1278 में बग़ावत कर दी। उसके बाद बलबन ने बंगाल पर धावा बोलकर उसे परास्त कर दिया और गिरफ़्तार करके क़त्ल कर दिया। पृ. 147

दाउद अ.—संदेष्टा, 1040 ई.पू. इसराईल में पैदा हुए। वे प्राचीन इसराइल के बादशाह ताूलूत के उत्तराधिकारी थे। वह अपने आठ भाइयों में सबसे छोटे थे। उनके ज़िम्मे पशुओं को चराने का कार्य था। उनकी आवाज़ बहुत अच्छी थी। जब वे अपना बरबत (Harp) बजाते थे, तो सुनने वाले उसकी जादू में खो जाते। तालूत की मृत्यु के बाद दाउद अ. 1010 ई.पू. इसराइल की गद्दी पर बैठे। उन्होंने अपनी लोकप्रियता और मानवीय मूल्यों के आधार पर अपने साम्राज्य को दूर-दूर तक फैलाया। उनकी मृत्यु 970 ई.पू. में हुई। पृ. 90, 127, 129

देव कवि—महाकवि देव का पूरा नाम देवदत्त था। उनका जन्म 1673 को इटावा के देवसरिया क़स्बे में हुआ था। वे हिन्दी के रीतिकाल के महान कवि थे। उन्होंने कई आश्रयदाताओं के सामने अपनी रचनाएँ प्रस्तुत कीं। उनका ग्रंथ अष्टयाम और भावविलास औरंगज़ेब के पुत्र आज़मशाह के इशारे पर लिखा गया। देव कवि ने 50 से अधिक ग्रंथों की रचना की। पृ. 130

देवल रानी—देवल रानी गुजरात के राजा कर्णदेव की पुत्री थीं। अलाउद्दीन ने रानी कमला देवी की इच्छा पर देवल रानी को एलोरा की पहाड़ियों से पकड़ लिया। बाद में उसने अपने पुत्र ख़िज्र ख़ाँ के साथ देवल रानी का विवाह कर दिया। पृ. 121, 156

नख़्शबी—ज़ियाउद्दीन नख़्शबी 14वी शताब्दी का महान चिकित्सक और सूफ़ी थे। वे बुख़ारा के नख़्शब क्षेत्र के रहने वाले थे। मंगोलों के आक्रमण के बाद भारत आए और बदायूँ में बस गए। वे एकान्त प्रिय व्यक्ति थे, परन्तु अपनी विद्वत्ता के कारण प्रसिद्ध हो गए। उन्होंने संस्कृत से फ़ारसी में 52 कहानियों का तूतीनामा के नाम से अनुवाद किया। तूतीनामा के अतिरिक्त उनकी एक प्रसिद्ध पुस्तक सिलकुसूलूक है। नख़्शबी की मृत्यु 1350 में हो गई। पृ. 41

नजीब अशरफ़ (प्रो.)—प्रो. सैयद नजीब अशरफ़ नदवी 1900 में आरमोरी ज़िला चाँदा महाराष्ट्र में पैदा हुए। प्रो. नजीब प्रख्यात साहित्यकार और इस्लामी स्कॉलर थे। उन्होंने उर्दू साहित्य में दर्जनों शोधपत्र लिखा है। उनकी मृत्यु 1968 में मुम्बई में हुई। पृ. 57

नजीबुद्दीन मुतवक्किल (शेख़)—शेख़ नजीबुद्दीन मुतवक्किल बाबा फ़रीद के छोटे भाई थे। वे दिल्ली में शिक्षक थे। उन्होंने हज़रत निज़ामुद्दीन औलिया को पढ़ाया भी था और उनकी रहनुमाई की थी। वे उच्चकोटि के तपस्वी और आत्मसंयमी सूफ़ी थे। उनकी मृत्यु 1264 में हुई। पृ. 96

नज़ीर अकबराबादी—हिन्दवी कविता में अमीर ख़ुसरो के विशेष उत्तराधिकारी नज़ीर अकबराबादी हिन्दवी के अग्रणी कवि थे। उनका जन्म दिल्ली में 1740 में हुआ था। लेकिन वे अहमद

शाह अब्दाली के आक्रमण के बाद आगरा चले गए और आजीवन वहीं रहे। वे एक जनकवि थे। उन्होंने प्रत्येक विषय पर उत्कृष्ट कविताएँ लिखी हैं। उनकी मृत्यु 1830 में हुई। पृ. 28

नटराज शिव—नटराज शिव, शिव जी का ही एक रूप है। इस रूप में वे नृत्य और संगीत के प्रतिमान होते हैं। भारतीय संगीतशास्त्र में उन्हें नृत्य और संगीत का जनक कहा जाता है। पृ. 128-29

नयाचन्द्र सूरि—नयाचन्द्र सूरि 15वीं शताब्दी में संस्कृत के जैन विद्वान और कवि थे। इस जैन विद्वान परिवार में पिता-पुत्र और दादा सभी कवि और टीकाकार थे। वे अपने दादा जयचन्द्र सूरि की स्तुति करते हैं। उन्होंने हम्मीर देव को उनकी मृत्यु के 100 वर्ष बाद सपने में देखा, जिसमें वे अपनी जीवनी लिखने का आग्रह कर रहे थे। इससे ज्ञात होता है कि नयाचन्द्र ने हम्मीर महाकाव्य 1401 में लिखना प्रारम्भ किया और 1420 तक समाप्त किया। पृ. 154

नासिर ज़मा महमूद सुल्तान बुग़रा ख़ाँ—देखिए, नासिरुद्दीन बुग़रा ख़ाँ। पृ. 150

नासिरुद्दीन—ग़ियासुद्दीन बहादुर का भाई था। तुग़लक़ ने बंगाल विजय के उपरान्त नासिरुद्दीन को वहाँ का गवर्नर नियुक्त किया। पृ. 161

नासिरुद्दीन बुग़रा ख़ाँ (युवराज)—बुग़रा ख़ाँ के लिए देखिए, पृ. 114, 116-118, 147, 149-150

नासिरुद्दीन मुहम्मद तुग़लक़—नासिरुद्दीन तुग़लक़ को पूरबियों से घृणा थी। उसने सत्ता सँभालने के बाद कई हज़ार लोगों की हत्या करवा दी। पृ. 54

नानक—सिख धर्म के प्रवर्तक, उनका जन्म 1469 में लाहौर के निकट तलवंडी गाँव में हुआ था। वर्तमान में तलवंडी को नानकाना साहब कहते हैं। वे सन्त स्वभाव के व्यक्ति थे। उन्होंने अपना समस्त जीवन हिन्दू और इस्लाम धर्मों की उन अच्छी बातों के प्रचार करने में लगाया, जो समस्त मानव समाज के लिए कल्याणकारी है। वे मूर्तिपूजा के विरोधी थे और सर्वशक्तिमान ईश्वर में आस्था रखने की शिक्षा देते थे। उन्होंने धार्मिक कट्टरता और अन्धविश्वास का घोर विरोध किया। उन्होंने सभी को सत्य और नेक राह पर चलने का उपदेश दिया। उनके पवित्र पद एवं शिक्षाएँ (बानियाँ) 'ग्रंथ साहिब' में संकलित हैं। उनकी मृत्यु 1539 में हुई। पृ. 28

नामदेव—सन्त नामदेव का जन्म 1270 में महाराष्ट्र के सतारा ज़िले में कृष्णा नदी के किनारे बसे नरसीबामणी गाँव में हुआ था। उनका परिवार दर्जी था और भगवान विट्ठल का भक्त था। वे सन्त ज्ञानेश्वर के समकालीन थे। उन्होंने पूरे महाराष्ट्र में घूमकर ईश्वर की आराधना के गीत गाए। उनकी हिन्दवी कविताओं की भाषा बहुत सरल और सुपठित है। उनकी जन कविताएँ अनंग में संगृहीत हैं। उन्होंने पंढरपुर में 1350 में समाधि ले ली। पृ. 28

निकोलाओ मानुची—मानुची वेनिस में 1638 में पैदा हुआ। वह स्वयंशिक्षित चिकित्सक, पर्यटक और इतिहासकार था। उसने शाहजहाँ काल के अन्तिम दिनों में दरबार में कई महत्त्वपूर्ण पदों पर अपना योगदान दिया। यह एक आकलन है कि उसी ने पहली बार तैमूरी वंशजों के इस शाही परिवार को मुग़ल कहा और वह शब्द चल निकला। उसकी किताब स्टोरियो डो मोगोर मुग़ल सल्तनत की कहानियों से भरी पड़ी है। उसने गर्म मसालों का प्रयोग करके मुग़ल शहंशाहों, राजकुमार और राजकुमारियों के बारे में जो कुछ लिख दिया उसे यूरोपीय और भारतीय इतिहासकारों द्वारा महत्त्वपूर्ण स्रोत माना गया। उसकी मृत्यु 1717 में मद्रास वर्तमान चेन्नई में हुई। पृ. 156-157

निज़ाम यमनी—शेख़ निज़ामुद्दीन ग़रीब यमनी हज़रत अशरफ़ जहाँगीर सिमनानी के शिष्य थे और उन्हीं के साथ रहते थे। उन्होंने उनकी मल्फ़ूज़ात की किताब लतायफ़े अशरफ़ी को सम्पादित किया था। पृ. 79

निज़ामी गंजवी—फ़ारसी के लोकप्रिय कवि अबू मुहम्मद इलियास बिन ज़की निज़ामी गंजवी का

जन्म 1141 में हुआ था। निज़ामी कवि और सूफ़ी थे। उनकी ग़ज़लें इश्क़ की चाशनी में डूबी होती थीं। उन्होंने एक खम्सा लिखा था, जो फ़ारसी शाइरी के लिए बिलकुल नई शैली थी। फ़ारसी के कई कवियों ने उनकी तर्ज़ पर ख़म्सा लिखने का प्रयत्न किया, परन्तु सफल नहीं हुए। पृ. 43, 102, 105, 108

निज़ामुद्दीन औलिया (शेख़)—निज़ामुद्दीन औलिया के लिए देखिए, पृ. 95। 25, 56, 58, 62, 67-69, 72, 78, 88, 90, 92, 95, 138-141

निज़ामुद्दीन—देखिए, निज़ामुद्दीन औलिया। पृ. 96

निज़ामुद्दीन बदायूँनी देहलवी—देखिए, निज़ामुद्दीन औलिया। पृ. 141

नुसरत ख़ाँ—नुसरत ख़ाँ अलाउद्दीन ख़िलजी का सैनिक कमांडर था। पृ. 152

पद्मिनी (रानी)—रानी पद्मिनी के लिए देखिए, पृ. 157। 156-157

पाइथागोरस—पाइथागोरस का जन्म 580 ई.पू. में यूनान के समासा नगर में हुआ था। वह महान गणितज्ञ, दार्शनिक और संगीतकार था। उसकी मृत्यु 490 ई.पू. में हुई थी। पृ. 129

पंडित अहोबल—पंडित अहोबल मध्यकालीन भारतीय संगीत के प्रख्यात विद्वान थे। उनका महत्वपूर्ण ग्रंथ संगीत पारिजात 1650 में लिखा गया। उन्होंने वीणा के तारों में भी सुधार किया और 192 रागों में से प्रत्येक के स्वरों के आरोह, अवरोह, ग्रह, न्यास, अंश और मूर्च्छा का भी वर्णन किया है। पृ. 130

पंडित भातखंडे—पंडित विष्णु नारायण भातखंडे का जन्म मुम्बई के बालकेश्वर में 1860 में हुआ था। उन्हें भारतीय शास्त्रीय संगीत के पुनर्जागरण का अग्रदूत माना जाता है। उन्होंने शास्त्रीय संगीत के विकास के लिए भातखंडे संगीतशास्त्र की रचना की। भारतीय संगीत के विकास में भातखंडे जी का बहुत योगदान है। उनकी मृत्यु 1936 में हुई। पृ. 130

पंडित शारंगदेव—शारंगदेव का जन्म कश्मीरी ब्राह्मण परिवार में 1175 में हुआ था। उनके पूर्वज कश्मीर से विस्थापित होकर एलोरा गुफा के निकट यादव राजवंश के राज्य में बस गए थे। वे राजा सिंघड़ के दरबारी संगीतकार थे, वहीं उन्होंने अपना महत्त्वपूर्ण ग्रंथ 'संगीतरत्नाकर' लिखा था। यह ग्रंथ विगत 600 वर्षों से संगीत प्रेमियों के लिए पथप्रदर्शक बना रहा है। उनकी मृत्यु 1247 में हुई। पृ. 130

पृथ्वीराज चौहान—महान योद्धा पृथ्वीराज चौहान का जन्म 1163 माना जाता है। ये सांभर, दिल्ली और अजमेर के शासक थे। 1177 में सिंहासन सँभालने वाले इस योद्धा ने भारत के छोटे-बड़े सभी राजाओं को परास्त करके उनके राज्य को अपने राज में मिला लिया। 1191 में तराइन के युद्ध में पृथ्वीराज चौहान ने शहाबुद्दीन गोरी को बुरी तरह परास्त कर दिया था, परन्तु अगले ही वर्ष वह अधिक तैयारी के साथ तराइन में फिर उपस्थित हो गया और चौहान को परास्त करके उनकी हत्या कर दी। पृ. 55, 152

प्रेमचन्द—कथा सम्राट प्रेमचन्द का जन्म 1880 में बनारस के लमही गाँव में हुआ था। उनके बचपन का जीवन बहुत कठिन था। लेकिन उन्होंने कठिन परिश्रम और लगन के कारण उर्दू/हिन्दी साहित्य में अपना अनुकरणीय मुकाम स्थापित किया। उनका पहला उपन्यास असरारे मआबिद या देवस्थान का रहस्य 1905 में प्रकाशित हुआ। उनकी पहली कहानी दुनिया का सबसे अनमोल रतन 1907 में प्रकाशित हुई। 1908 में सोज़े वतन के प्रकाशन के बाद अंग्रेज़ी सरकार ने उसे ज़ब्त कर लिया। जिसके बाद वे धनपत राय से नवाब राय और फिर दयानरायन निगम की राय से प्रेमचन्द बन गए। उन्होंने 12 उपन्यास और 275 से अधिक कहानियाँ लिखी हैं। उनकी मृत्यु 1936 में हुई। पृ. 34-35

प्रो. नारंग—देखिए, गोपी चन्द नारंग। पृ. 41

फ़ख़रुद्दीन ग़ज़नवी—फ़ख़रुद्दीन मुबारक शाह कव्वास ग़ज़नवी अलाउद्दीन काल के प्रमुख शाइर और साहित्यकार थे। उनकी प्रसिद्धि उनके शब्दकोश फरहंगे कवास से अधिक है। पृ. 48

फ़ख़रुद्दीन ज़र्रादी (मौलाना)—ज़र्रादी सामाना के रहने वाले थे। दिल्ली में हज़रत निज़ामुद्दीन औलिया के शिष्य थे। मुहम्मद बिन तुग़लक़ के देवगिरि जाने के फ़रमान के बाद वे भी देवगिरि चले गए। वहाँ मन नहीं लगा तो वहीं से हज करने चले गए। वापस नहीं आए। उनकी मृत्यु 1347 में हुई। पृ. 93

फ़ख़रुद्दीन राज़ी (इमाम)—फ़ख़रुद्दीन राज़ी 1150 में रे में पैदा हुए। वे महान धर्मशास्त्री थे। उन्होंने चिकित्सा, रसायन विज्ञान, खगोल विज्ञान में भी महत्त्वपूर्ण योगदान दिया था। उन्हें धर्मशास्त्रियों के सुल्तान के रूप में देखा जाता है। परन्तु वे तसव्वुफ़ के विरोधी थे। उन्होंने ख़्वारिज़्म शाह से शिकायत करके कई सूफ़ियों की हत्या करवा दी थी। उनकी मृत्यु हेरात में 1209 में हुई। पृ. 70-71

फ़ज़लुद्दीन कवाम बल्खी—फ़ज़लुद्दीन मुहम्मद बिन कवाम के पूर्वज बल्ख़ से भारत आए और इलाहाबाद कड़ा की सूबेदारी में बस गए। उनका शब्दकोश बहरुल फ़ज़ायल 1393 में तैयार हुआ था। पृ. 48

फ्रेडरिक एंगेल्स—एंगेल्स का जन्म 1820 में जर्मनी में हुआ था। वे महान समाजशास्त्री और दार्शनिक थे। वे कार्ल मार्क्स के मित्र थे। उन्होंने मार्क्स के साथ मिलकर 1848 में कम्युनिष्ट पार्टी का घोषणापत्र लिखा और मार्क्स को कैपिटल लिखने के लिए आर्थिक सहायता दी। उन्होंने मार्क्स के सिद्धान्त को प्रतिपादित करने में अपना जीवन लगा दिया। एंगेल्स का परिवार घोर धार्मिक था, परन्तु एंगेल्स के धर्म विरोधी आचरण ने उनके परिवार में कलह पैदा कर दिया था। पृ. 68

फ़रिश्ता—देखिए, मुहम्मद कासिम फ़रिश्ता। पृ. 157

फ़रीद गंजशकर—महान सूफ़ी और साहित्यकार बाबा फ़रीदुद्दीन गंजशकर का जन्म 1173 में मुल्तान के कोंठवाल गाँव में हुआ था। वे हिन्दवी के प्रारम्भिक शाइरों में से थे। उनके हिन्दवी और पंजाबी के 123 दोहे गुरुग्रंथ साहिब में सम्मिलित है। कभी-कभी बाबा फ़रीद हिन्दवी में बात भी करते थे, जिसका विवरण मलफ़ूज़ात की किताब सियर-उल-औलिया में विस्तार से दिया गया। इब्न बतूता ने भी बाबा का वर्णन किया था। उनकी मृत्यु 1266 में हुई। पृ. 26-28, 68, 97-98

फ़रीदुद्दीन अत्तार (शेख़)—देखिए, पृ. 104। 60, 75, 90, 102, 104

फ़िरदौसी—देखिए, पृ. 163। सन्दर्भ एवं टिप्पणियाँ, 53। 55, 118

फ़ीरोज़ तुग़लक़—फ़ीरोज़, मुहम्मद बिन तुग़लक़ का चचेरा भाई और दीपालपुर के सेनापति रज्जब का पुत्र था। उसका जन्म 1309 में हुआ था। वह मुहम्मद बिन तुग़लक़ की मृत्यु के बाद 1351 में दिल्ली की गद्दी पर बैठा। वह शान्तिप्रिय और सत्यप्रेमी सुल्तान था। उसने अपने शासनकाल में अनेक कल्याणकारी योजनाएँ लागू कीं। उसकी मृत्यु 1388 में हुई। पृ. 54

बदर इब्राहीम—बदर इब्राहीम ने जुफान-ए-गोया के नाम से 1434 में एक शब्दकोश तैयार किया था, जो फ़ारसी के साथ हिन्दवी के चन्द शब्दों की व्याख्या के लिए जाना जाता है। पृ. 48

बदर इसहाक़—देखिए, ख़्वाजा बदर इसहाक़। पृ. 98

बदरुद्दीन देहलवी (क़ाज़ी)—क़ाज़ी ख़ान बदर मुहम्मद देहलवी ने 1419 में अदातुल फुज़ला के नाम से शब्दकोश तैयार किया था। बदरुद्दीन धारवाल के नाम से भी मशहूर हैं। पृ. 48

बहराम शाह—बहराम शाह ग़ज़नी के सुबुग्तगीन वंश का बादशाह था। वह एक साहित्य प्रेमी सुल्तान था। उसका जन्म 1084 में हुआ था। उसने अरसलान शाह की मृत्यु के बाद 1117 में ग़ज़नी की बागडोर सँभाली। उसकी मृत्यु 1157 में हुई। पृ. 104

बहाउद्दीन (शेख़)—देखिए बहाउद्दीन ज़करिया। पृ. 130

बहाउद्दीन ज़करिया—शेख़ बहाउद्दीन का जन्म मुल्तान के निकट क़िला कोट में 1171 में हुआ। बुख़ारा और इराक़ में शिक्षा ग्रहण करने के बाद वे मक्का, मदीना एवं अन्य धार्मिक स्थानों को देखने चले गए और शहाबुद्दीन सुहरावर्दी से तसव्वुफ़ सुलूक का दर्स लेकर पुनः मुल्तान वापस आ गए। अपनी शेष आयु जनसेवा में लगा दिया। उनकी मृत्यु 1262 में हुई। पृ. 89

बहाउद्दीन बाजन—बाजन का जन्म अहमदाबाद में 1388 में हुआ। वे प्रख्यात सूफ़ी, शाइर और संगीतकार थे। वह फ़ारसी के अतिरिक्त हिन्दवी में भी दोहे और कविताएँ कहते थे। उनकी भाषा बहुत सरल और आसान है। उनकी मृत्यु 912 में हुई। पृ. 87, 130

बाणभट्ट—बाणभट्ट थानेश्वर और कन्नौज के पुष्यभूति वंश के प्रसिद्ध राजा हर्षवर्धन 606-647 के दरबारी कवि थे। उनकी रचना हर्षचरित 620 में लिखी गई। उनकी दूसरी रचना कादम्बरी संस्कृत गद्य साहित्य का प्रसिद्ध ग्रंथ है। पृ. 159

बाबर (शहंशाह)—सिपाही, साहित्यकार और शाइर ज़हीरुद्दीन मुहम्मद बाबर का जन्म 1483 में फ़रग़ाना में हुआ था। वे चुग़ताई तुर्क थे। उनकी किताब 'तुजुके बाबरी' बहुत प्रसिद्ध हुई। उनके पिता तैमूरी वंश की पाँचवीं पीढ़ी के बादशाह थे। अपने पिता की मृत्यु के बाद वे 11 वर्ष की आयु में फ़रग़ाना के बादशाह बने। उन्होंने 1526 में इब्राहीम लोदी को परास्त करके दिल्ली पर अधिकार कर लिया। भारत में 4 वर्ष रहने के बाद 1530 में आगरा में उनकी मृत्यु हो गई। उन्हें काबुल में दफ़नाया गया। पृ. 35

बायज़ीद बिस्तामी—शेख़ बायज़ीद तैफ़ूर बिस्तामी का जन्म उत्तर-मध्य ईरान के बिस्ताम क़स्बे में हुआ था। इनकी गिनती प्रारम्भिक दौर के उच्चकोटि के सूफ़ियों में होती है। इनकी मृत्यु 874 में हुई। पृ. 72, 99

बी चम्मो—देखिए, चम्मो बाई। पृ. 22

बीबी ज़ुलेख़ा—बीबी ज़ुलेख़ा बहुत धैर्यवान और संयमी महिला थीं। वे हज़रत निज़ामुद्दीन औलिया की माँ थीं। उनके जन्म से पूर्व ही उनके पति की मृत्यु हो गई, ऐसे में उनकी आर्थिक स्थिति बहुत दयनीय हो गई। लेकिन वे अपने पुत्र की शिक्षा के लिए अत्यन्त गम्भीर थीं। वे बदायूँ से दिल्ली चली गईं और भूखे-प्यासे रहकर अपने पुत्र की अच्छी शिक्षा का इन्तज़ाम किया। पृ. 95-96

बुग़रा ख़ाँ—देखिए, नासिरुद्दीन बुग़रा ख़ाँ। पृ. 114। 147, 149-150

बुरहानुद्दीन महमूद—महमूद एक प्रतिष्ठित शिक्षक और सूफ़ी थे। उन्होंने हज़रत निज़ामुद्दीन औलिया को पढ़ाया। बाद के दिनों में भी वे दोनों तसव्वुफ़ और सुलूक के विषय पर आपस में चर्चा करते रहे। पृ. 96

बू अली कलन्दर मख़दूम—शेख़ बू अली का जन्म 1208 में पानीपत में हुआ था। वे एक सूफ़ी और शाइर थे। उनके हिन्दवी दोहों की भाषा बहुत साफ़-सुथरी और आम बोलचाल में हैं। उनकी मृत्यु 1324 में हुई। पृ. 25-26

बू अली सीना—प्रख्यात चिकित्सक, गणितज्ञ और दार्शनिक बू अली सीना का जन्म बुख़ारा में 983 में हुआ। वे बहुत बुद्धिमान व्यक्ति थे। 18 वर्ष की आयु में अपनी शिक्षा समाप्ति के बाद वे अब्बासी दरबार के विशेष चिकित्सक बन गए थे। उन्होंने लगभग 100 ग्रंथों की

रचना की है, जिसमें चिकित्सा विज्ञान के नियम अत्यन्त महत्त्वपूर्ण हैं। उनकी मृत्यु 1027 में हमदान में हुई थी। पृ. 85

भर्तृहरि—भर्तृहरि के जीवन और मृत्यु के बारे में कोई जानकारी नहीं मिलती। वे महान राजनीतिज्ञ, सौन्दर्यशास्त्री और प्रख्यात वैरागी थे। उन्होंने अपने जीवन में तीनों स्थितियों को जीया है। नीतिशतक, शृंगारशतक और वैराग्य शतक संस्कृत साहित्य के अनमोल धरोहर हैं। वैसे राजा भर्तृहरि के बारे में दर्जनों दंतकथाएँ लोकमानस में आज भी प्रचलित हैं। पृ. 126

मज़दुद्दीन बग़दादी—मज़दुद्दीन बग़दादी का जन्म 1170 में हुआ था। वे ईरान के कवि और सूफ़ी थे। वे अरबी और फ़ारसी के विद्वान थे। 50 वर्ष की आयु में वे ख़्वारिज़्म शाह के आदेश से नदी में डूब गए। पृ. 70

मंगू ख़ाँ—मंगू ख़ाँ अलाउद्दीन का भांजा था। पृ. 154

मंसूर—देखिए, हुसैन बिन मंसूर। पृ. 74-76

मंसूर बिन मुहम्मद बैज़वी—मंसूर बैज़वी हुसैन बिन मंसूर के पिता थे। वे तूर अलबैज़ा में रहते थे और रुई धुनने का कार्य करते थे। पृ. 73

मंसूर हल्लाज—देखिए, हुसैन बिन मंसूर। पृ. 72-73

मनुचेहरी—अबू नज़्म अहमद बिन कौस मनुचेहरी ईरान के नामवर कवि थे। उनका जन्म 1000 में हुआ था। उनकी अनोखी शैली अरबी कविता से बहुत प्रभाव रखती थी। वे प्राकृतिक सौन्दर्य, सुन्दर दृश्यों, ऐश्वर्य और विलास की सभाओं के चितेरा थे। वे ग़ज़नी दरबार से जुड़े हुए थे। उनकी मृत्यु 1040 में हुई। पृ. 102

मलिक उम्र—मलिक उम्र अलाउद्दीन ख़िलजी का भांजा था। पृ. 154

मलिक काफ़ूर—मलिक काफ़ूर अलाउद्दीन ख़िलजी का सैनिक कमांडर और उसका प्रमुख सहायक था। 1297 में गुजरात विजय के दौरान नुसरत ख़ाँ ने उसे खम्बात के ख़्वाजा से छीनकर सुल्तान की सेवा में भेज दिया। उसे खम्बात के ख़्वाजा ने एक हज़ार दीनार में ख़रीदा था। इसलिए उसे हज़ार दीनारी भी कहा जाता है। अलाउद्दीन उसकी विद्वत्ता और साहस से बहुत प्रभावित था। उसने काफूर को 1307 में दक्षिण में सैनिक अभियान का कमांडर बनाकर भेजा। उसकी सफलता सराहनीय थी। अलाउद्दीन की मृत्यु के बाद 35 दिनों तक उसने दिल्ली पर राज किया। उसकी मृत्यु 1316 में हो गई। पृ. 121

मलिक ग़ाज़ी—देखिए, मुहम्मद बिन तुग़लक़। पृ. 123

मलिक छज्जू—देखिए, अलाउद्दीन मुहम्मद किश्ली ख़ाँ। पृ. 113, 119-120

मलिक निज़ामुद्दीन—बलबन की मृत्यु के बाद दरबार में मलिक निज़ामुद्दीन का प्रभाव बहुत बढ़ गया था। वह दिल्ली के अमीरदाद के पद पर तैनात था। उसका कार्य अदालतों के निर्णयों का पालन कराना था। वह दिल्ली के कोतवाल मलिक फ़ख़रुद्दीन का भतीजा था। वह हमेशा सुल्तान कैकुबाद के सामने उपस्थित रहता और अपनी मर्ज़ी के मुताबिक़ शाही फ़ैसले कराता। पृ. 116

मलिक फ़ख़रुद्दीन—बलबन काल में मलिक फ़ख़रुद्दीन दिल्ली का कोतवाल था। बलबन की मृत्यु के बाद उसने अपने भतीजे मलिक निज़ामुद्दीन के साथ मिलकर सल्तनत पर क़ब्ज़ा कर लिया था। पृ. 116

मलिक मुहम्मद जायसी—देखिए, पृ. 170। सन्दर्भ और टिप्पणियाँ, 162

मालिक (इमाम)—देखिए, पृ. 357। 90, 330

मसऊद साद सलमान—मसऊद साद सलमान हिन्दवी के बड़े कवि थे। उनका जन्म 1046 में

हुआ था। उनकी हिन्दवी कविता का संग्रह उपलब्ध नहीं है, परन्तु कुछ दोहे जो जनमानस में प्रचलित हैं, उनसे उनकी शाइरी की शैली का अन्दाज़ा लगाया जा सकता है। उनकी फ़ारसी शाइरी में भी हिन्दवी के शब्द मिल जाते हैं। उनकी मृत्यु 1121 में हुई। पृ. 26-27

मसऊद हसन रिज़वी (प्रो.)—उर्दू के प्रख्यात आलोचक और शोधकर्ता प्रो. मसऊद हसन का जन्म उन्नाव में 1893 में हुआ था। 1920 में उनकी नियुक्ति लखनऊ विश्वविद्यालय के उर्दू-फ़ारसी विभाग में प्रवक्ता के पद पर हो गई। वे अन्तिम समय तक लखनऊ में रहे। वे दर्जनों पुस्तकों और शोधपत्रों के लेखक हैं। उनकी मृत्यु लखनऊ में 1975 में हो गई। पृ. 55-57

मसीत ख़ाँ—मसीत ख़ाँ मुग़ल काल का क़व्वाल और संगीतकार था। पृ. 142

महमूद ग़ज़नवी—महमूद ग़ज़नवी का जन्म ग़ज़नी में 971 में हुआ। वह सुबुग्तगीन का पुत्र था और उसकी मृत्यु के बाद 1002 में सुल्तान बना। उसने भारत पर आक्रमण करके बहुत धन-दौलत लूटा। वह योद्धा होने के साथ-साथ साहित्य प्रेमी भी था। उसके दरबार में उस समय के प्रख्यात विद्वान, लेखक और शाइर मौजूद थे। पृ. 55

महमूद शीरानी—हाफ़िज़ महमूद शीरानी राजस्थान के टोंक में 1880 में पैदा हुए। वे डेरा ग़ाज़ी ख़ाँ के एक क़बीला शीरानी से सम्बन्ध रखते थे। वे उर्दू के प्रख्यात आलोचक और शोधकर्ता थे। उनके कई शोध-पत्र उर्दू में विवादित भी रहे। उनकी मृत्यु 1946 में हुई। पृ. 25, 28, 52-58

मान सिंह (शहंशाह अकबर के सेनापति)—शहंशाह अकबर के सेनापति और मंत्री राजा मान सिंह आमेर के कछवाहा राजपूत थे। इनका जन्म 1550 में हुआ था। वे राजा भगवान दास के उत्तराधिकारी थे। 1614 में दक्षिण में मुग़ल सेना के एक सैनिक अभियान का नेतृत्व करते हुए उनकी मृत्यु हो गई। पृ. 144

मान सिंह तोमर—महान योद्धा, संगीतकार और भवन निर्माता मान सिंह तोमर 1486 में ग्वालियर की गद्दी पर बैठे। संगीत पर आधारित उनका ग्रंथ 'मानकुतुहल' मध्यकाल की प्रमुख उपलब्धि है। मृगनयनी उनकी प्रिय रानी थी, जिसके साथ मिलकर उन्होंने ग्वालियर को संगीतकला का केन्द्र बना दिया। उनकी मृत्यु 1517 में हुई। पृ. 130

मामून रशीद (ख़लीफ़ा)—अब्दुल्लाह मामून अब्बासी ख़लीफ़ा हारून रशीद का बेटा था। अपने बड़े भाई अलअमीन की मृत्यु के बाद 813 में गद्दी पर बैठा। वह कला और साहित्य का प्रेमी था। उसने बग़दाद में दारुल हिकमत अर्थात विद्वानों की सभा का गठन किया, जिसमें विदेशों के भी साहित्यकार और विद्वानों की नियुक्ति की गई थी। उनसे लेखन-सम्पादन और अनुवाद का कार्य लिया जाता था। उसके शासनकाल में विशेष रूप से संस्कृत और यूनानी के कई दर्जन ग्रंथों का अरबी भाषा में अनुवाद हुआ। पृ. 120

मिर्ज़ा ग़ालिब—असदुल्लाह ख़ाँ ग़ालिब 1797 में आगरा में पैदा हुए। वे प्रगतिशील और संवेदनशील विचारों वाले कवि थे। उनकी ग़ज़लें समय काल से बहुत आगे थीं। वे कभी किसी के सामने नहीं झुके और न किसी बँधे-टके सिद्धान्त पर चले। उनके पास सत्य और असत्य के निर्धारण का स्वयं का फ़ार्मूला था। यहाँ तक कि वे प्रायः ख़ुदा से भी प्रश्न कर बैठते। वे अपनी लेखनी के प्रथम आलोचक भी थे। जब उन्होंने अपनी ग़ज़लों को काट-छाँट कर अलग किया, तो उनके काव्य-संग्रह में केवल 226 ग़ज़लें ही शेष बचीं। उनकी मृत्यु 1869 में हुई। पृ. 27, 52, 87

मिर्ज़ा मुहम्मद बिन फ़ख़रुद्दीन—संगीतकार मुहम्मद बिन फ़ख़रुद्दीन औरंगज़ेब के दरबारी थे। उन्होंने 1675 में 'तोहफतुल हिन्द' औरंगज़ेब के पढ़ने के लिए लिखा था। परन्तु यह किताब उसकी नज़र से नहीं गुज़री। पृ. 130, 145

मुहम्मद शाह—मंगोल सैनिक था। वह हम्मीर देव का विशेष कमांडर था। रणथम्भौर की पराजय के उपरान्त अलाउद्दीन ने उसकी हत्या कर दी। पृ. 153-155

मुहम्मद हबीब—प्रख्यात इतिहासकार और स्वतंत्रता सेनानी मुहम्मद हबीब 1895 में लखनऊ में पैदा हुए। उन्होंने गांधी जी और नेहरू के साथ स्वतंत्रता की लड़ाई में भाग लिया। वे 1926 में उ.प्र. विधान सभा के सदस्य भी चुने गए थे। स्वतंत्रता के बाद उन्होंने अपना अधिक समय लिखने में व्यतीत किया। वे ए.एम.यू. में प्रोफ़ेसर नियुक्त हुए। उन्होंने 1967 में उप राष्ट्रपति का चुनाव भी लड़ा, जिसमें वी.वी. गिरी से पराजित हो गए। मुहम्मद मुजीब उनके छोटे भाई और इरफ़ान हबीब उनके पुत्र हैं। उनकी मृत्यु 1971 में हुई। पृ. 125

मुहम्मद हुसैन आज़ाद (मौलाना)—मुहम्मद हुसैन दिल्ली में 1830 में पैदा हुए। वे पहले उर्दू अख़बार के सम्पादक मुहम्मद बाकर के पुत्र थे। बाकर को 1857 में उनकी रिपोर्टिंग से नाराज़ होकर अंग्रेज़ों ने फाँसी दे दी। मुहम्मद हुसैन को अंग्रेज़ों ने दिल्ली छोड़ने का अवसर दे दिया। आम मुआफ़ी की घोषणा होने के बाद उन्होंने अंग्रेज़ी सरकार से मुआफ़ी माँग ली। उन्हें लाहौर में शिक्षा विभाग में नौकरी मिल गई। कुछ दिनों तक वे गवर्नमेंट कॉलेज लाहौर में फ़ारसी और अरबी के प्रोफ़ेसर भी रहे। परन्तु 1888 में उनका मानसिक सन्तुलन बिगड़ गया। उनकी पुस्तक 'आबे हयात' उर्दू साहित्य के इतिहास का अहम स्रोत है। उनकी मृत्यु 1910 में हुई। पृ. 22, 45, 52

मुहम्मद बिन अहमद अली बुखारी—देखिए, निज़ामुद्दीन औलिया। पृ. 95

मुहम्मद बिन तुग़लक—मुहम्मद तुग़लक 1324 में दिल्ली की गद्दी पर बैठा। वह ग़ियासुद्दीन का बड़ा पुत्र था। उसे उलुग़ ख़ाँ और जूना ख़ाँ के नाम से भी जाना जाता है। वह अरबी फ़ारसी का विद्वान था। उसे सल्तनत काल का सबसे पढ़ा-लिखा सुल्तान होने का श्रेय प्राप्त है, परन्तु उसके सभी निर्णय विवादास्पद एवं असफल रहे। उसकी मृत्यु 1351 में हुई। पृ. 52-53, 95, 124-125, 143

मुहम्मद बिन मुबारक किरमानी—किरमानी देहली में पैदा हुए, उनके दादा सैयद मुहम्मद किरमान से व्यापार करने लाहौर आए और यहीं बस गए। उनके पुत्र नूरुद्दीन मुबारक बाबा फ़रीद के शिष्य थे। निज़ामुद्दीन औलिया से मुहम्मद मुबारक किरमानी की भेंट अजोधन में हुई। वे उनके शिष्य बन गए। उन्होंने दिल्ली में निज़ामुद्दीन औलिया के साथ अधिक समय व्यतीत किया और उनके जीवन और विचारों को संगृहीत करके 'सियरुल औलिया' नामक ग्रंथ लिखा, जो सल्तनत काल का अद्‌भुत इतिहास प्रस्तुत करता है। मुबारक किरमानी की मृत्यु 1368 में दिल्ली में हुई। पृ. 69

मुहम्मद बिन हिन्दुशाह—मुहम्मद बिन हिन्दुशाह तुर्की वंश का लेखक था। इसका जन्म ट्रांसकेशिया के नखजवन नगर में 1290 में हुआ था। हिन्दुशाह अरबी, फ़ारसी और तुर्की का विद्वान था। इसकी कई पुस्तकें अरबी में हैं। परन्तु इसकी प्रसिद्धि सिहाहुल फर्स नाम के शब्दकोश से है, जिसमें हिन्दुशाह ने कुछ हिन्दवी के शब्दों की भी व्याख्या की है। इसकी मृत्यु 1366 में हुई। पृ. 48, 53

मुहम्मद रसूलुल्लाह—इस्लाम के संस्थापक पवित्र पैगम्बर मुहम्मद स. का जन्म 570 में मक्का में हुआ था। उन्होंने अपनी आयु के 40 वर्ष पूरे होने के बाद स्वयं को अल्लाह का पैगम्बर घोषित कर दिया। सहसा इस बात पर किसी को विश्वास नहीं हुआ। मक्का में हंगामा खड़ा हो गया। लोगों की प्रतिक्रिया बहुत भयावह थी। घोर विरोध के बाद उन्हें 620 में मदीना हिजरत करना पड़ा, जहाँ लोगों ने उनकी बड़ी आवभगत की। प्रेम और मानवीय मूल्यों के

दिल नहीं दुखाया। वे रामायण महाकाव्य के नायक हैं। उन्होंने अपने पिता महाराजा दशरथ के एक आदेश पर 14 वर्ष वनों में व्यतीत किया। वनवास का यह समय उनके जीवन का मूल रहस्य है। उनका आदर्श जीवन चरित हिन्दू धर्म एवं संस्कृति का मूल आधार है। हिन्दू समाज उन्हें भगवान विष्णु का अवतार मानता है। पृ. 38

रिनॉल्ड एलेन निकल्सन—निकल्सन का जन्म 1868 में इंग्लैंड में हुआ। उनकी शिक्षा कैम्ब्रिज में हुई। कैम्ब्रिज में ही उन्होंने अरबी और फ़ारसी में शिक्षा हासिल की। वे प्रख्यात प्राच्यविद् थे। उन्होंने इस्लामी साहित्य और तसव्वुफ़ पर बहुत उत्कृष्ट कार्य किया है। उनका उल्लेखनीय कार्य अरबों का साहित्यिक इतिहास और जलालुद्दीन रूमी की मसनवी के विषय पर है। उनकी मृत्यु 1945 में चेस्टर में हुई। पृ. 60-61

रुकनुद्दीन (शेख़)—शेख़ रुकनुद्दीन का जन्म मुल्तान में 1251 में हुआ था। वे सुहरावर्दी परम्परा के सूफ़ी थे। वे बहाउद्दीन ज़क़रिया मुल्तानी के पौत्र और उनके उत्तराधिकारी थे। वे एक सफल सूफ़ी और जनसेवक थे। उनकी मृत्यु 1335 में हुई। पृ. 78

रूज़बेहान बाकली—अबू मुहम्मद शेख़ रूज़बेहान बाकली का जन्म 1128 में ईरान के फासा में हुआ था। वे कवि, शिक्षक और सूफ़ी गुरु थे। बाकली ने अपनी आत्मकथा कशफुल असरार लिखकर तसव्वुफ़ पर व्यापक प्रकाश डाला है। बाकली ने शीराज़ में ख़ानक़ाह स्थापित किया, जहाँ वे तसव्वुफ़ और क़ुरआन व हदीस की शिक्षा देते थे। उनकी मृत्यु 1209 में हुई। पृ. 75

रूमी—देखिए, जलालुद्दीन रूमी। पृ. 91-93

लॉर्ड मार्क्वीस वेलेजली—लॉर्ड वेलेजली 1760-1842 भारत में 1798 से 1805 तक गवर्नर जनरल रहा। भारत में उसका कार्यकाल बहुत विवादों के घेरे में रहा। सहायक संधि उसकी एक ऐसी योजना थी, जिसने भारतीय राजाओं और नवाबों को बेचैन कर दिया था। इस नीति के अन्तर्गत उसने झूठे आरोप लगाकर दर्जनों राज्यों को अंग्रेज़ी राज्य में मिला लिया। उसकी विस्तारवादी नीति से क्रोधित होकर कोर्ट ऑफ़ डाइरेक्टर्ज ने उसे लंदन बुला लिया। पृ. 30-31

व्यंकटमुखी—दक्षिण भारत के प्रसिद्ध संगीतज्ञ व्यंकटमुखी का नाम व्यंकटेश था। उनके पिता गोविन्द दीक्षित तंजावुर राज्य में मंत्री थे। वे कवि, गीतकार और कर्नाटकी संगीत के महत्त्वपूर्ण संगीतज्ञ थे। अपने पिता के बाद व्यंकट ने भी तंजावुर के रघुनाथ नायक 1633-1673 के दरबार में मंत्री पद को सुशोभित किया। पृ. 130

वागभट्ट—राजा वागभट्ट पृथ्वीराज चौहान के पुत्र थे। रणथम्भौर के राजा हम्मीर देव वागभट्ट के पौत्र थे। पृ. 152

वाजिद अली शाह (नवाब)—वाजिद अली शाह अवध के अन्तिम नवाब थे। उनका जन्म 1823 में हुआ। वाजिद अली का शाइरी और संगीत से बहुत अधिक लगाव था। संगीत में भी उनकी पकड़ अच्छी थी। भारतीय संगीत पर उनका ग्रंथ 'सूत उल मुबारक' बहुत प्रसिद्ध है। वे अख़्तर उपनाम से शाइरी करते थे। उनकी मृत्यु 1887 में कलकत्ता में हुई। पृ. 130, 145

शर्फुद्दीन बिन मुसलेहुद्दीन सादी शीराज़ी—देखिए, सादी शीराज़ी। पृ. 106

शर्फुद्दीन याह्या मनेरी (शेख़)—याह्या मनेरी को मख़दूम-ए-जहाँ के नाम से भी जाना जाता है। इनका जन्म 1263 में बिहार शरीफ के मनेर गाँव में हुआ माना जाता है। इनके पिता कमालुद्दीन याह्या फ़िलिस्तीन से भारत आए थे। उन्होंने सोनार गाँव से अबू तुवामा से शिक्षा ग्रहण की। मनेरी बहुत ऊँचे दर्जे के सूफ़ी थे। वे हिन्दवी में अच्छे दोहे कह रहे थे। उनकी मल्फ़ूज़ात मकतूबात सदी तसव्वुफ़ की दुनिया में बहुत लोकप्रिय है। उनकी मृत्यु 1381 में हुई। उनका मज़ार राजगीर में है। पृ. 25-26

किया और 1539 में हुमायूँ को परास्त करके सूरी वंश की स्थापना की। उसकी मृत्यु 1545 में हुई। पृ. 157

शुजाअत अली संदेलवी—उर्दू के आलोचक और साहित्यकार डॉ. शुजाअत अली संदेलवी का जन्म संडीला में 1916 में हुआ। उनकी प्रारम्भिक शिक्षा संडीला और लखनऊ में हुई। उन्होंने शिक्षण कार्य भी लखनऊ से प्रारम्भ किया। कुछ दिनों फ़ैज़आम डिग्री कॉलेज शाहजहाँपुर में प्रवक्ता रहे फिर लखनऊ विश्वविद्यालय में रीडर हो गए। उन्होंने लिखने-पढ़ने में अपना अधिक समय व्यतीत किया। अमीर ख़ुसरो पर उनका कार्य बहुत सराहनीय है। उनकी मृत्यु 1996 में हुई। पृ. 120

सर सैयद—सर सैयद अहमद ख़ाँ दिल्ली में 1817 में पैदा हुए। वे अलीगढ़ मुस्लिम विश्वविद्यालय के संस्थापक थे। इसके अतिरिक्त उनका योगदान सम्पादन और लेखन के क्षेत्र में भी उल्लेखनीय है। वे प्रतिभावान व्यक्तित्व के धनी थे। अगर देखा जाए तो सर सैयद ने अपने सम्पूर्ण जीवन में 20 से अधिक व्यक्तियों के बराबर अकेले कार्य किया है। वे इतना प्रतिभाशाली थे कि 50 वर्ष बाद क्या होने वाला है, उसी समय बता देते थे और उसी के अनुसार निर्णय लेते थे। पृ. 30

सफ़दर आह—मुहम्मद सफ़दर आह का जन्म सीतापुर में 1905 में हुआ था। उनकी प्रारम्भिक शिक्षा सीतापुर और लखनऊ में हुई। अंगेज़ी, उर्दू और फ़ारसी में उनकी पकड़ बहुत अच्छी थी। 1938 में महबूब ख़ाँ ने उन्हें फ़िल्मों में कार्य करने के लिए मुम्बई बुला लिया। 1961 में वे फ़िल्मी दुनिया से अलग हो गए और लिखने-पढ़ने में व्यस्त हो गए। वे बहुत अच्छे शाइर और आलोचक थे। उन्होंने कबीर, तुलसी और मीरा पर विस्तृत शोधकार्य करके उर्दू वालों से उनका परिचय कराया। अमीर ख़ुसरो की हिन्दवी शाइरी पर उनका शोध बहुत सराहनीय है। उनकी मृत्यु 1980 में हुई। पृ. 33, 57

सफ़ी—चौदहवीं सदी के व्याकरणशास्त्री और कवि उन्होंने मतबूउस्सबियान के नाम से शब्दकोश लिखा। पृ. 49

सबाहुद्दीन अब्दुर्रहमान—सबाहुद्दीन अब्दुर्रहमान अरबी-फ़ारसी के विद्वान और इस्लामी स्कॉलर थे। वे 1975 से 1987 तक दारुल मुसन्निफ़ीन, आज़मगढ़ के डायरेक्टर के पद पर तैनात रहे। उन्होंने 30 से अधिक किताबें लिखी हैं। प्रत्येक विषय पर उनकी अलग राय थी। इस्लाम और मुस्लिम शासकों पर अपनी कलम चलाते हुए उन्होंने बेजा तारीफ़ और बड़ाई से काम लिया है। यह उनकी तहरीर की बहुत बड़ी कमी है। वे प्राय: बिना सन्दर्भ के अपनी बात कहते चले जाने के आदी थे। मिर्ज़ा ग़ालिब से उन्हें बड़ी शिकायत थी, वे चाहते थे कि ग़ालिब ने डॉ. इक़बाल की तरह शाइरी क्यों नहीं की। 1987 में उनकी मृत्यु लखनऊ में एक सड़क दुर्घटना में हो गई। पृ. 125

सवाई प्रताप सिंह (महाराजा)—सवाई प्रताप सिंह का जन्म 1764 में जयपुर में हुआ था। वे 14 वर्ष की आयु में सिंहासन पर बैठ गए। वे संगीत प्रेमी थे और स्थापत्य कला में भी उनका बहुत बड़ा योगदान है। उनकी 22 रचनाएँ उपलब्ध हैं। संगीत के क्षेत्र में उनके उस्ताद चाँद ख़ाँ थे। उनकी मृत्यु 1803 में जयपुर में हुई। पृ. 130

स्प्रेन्गर—डॉ. एलवास स्प्रेन्गर आस्ट्रियायी प्राच्यविद् था। उसने टायरल में 1813 में जन्म लिया। उसने वियाना विश्वविद्यालय से चिकित्सा, प्रकृति विज्ञान और पूर्वी भाषाओं में डिग्री प्राप्त की और 1843 में कलकत्ता चला आया। उसने भारत में अपने 14 वर्षीय प्रवास के दौरान विभिन्न साहित्यिक और प्रशासनिक पदों पर कार्य किया। वापस जाने के बाद बर्न यूनिवर्सिटी

क्या तुम सूर यानी चौपाया हो। उसी दिन से उनका नाम सूरी पड़ गया। उनका अधिकतर समय मक्का में व्यतीत हुआ। उनकी मृत्यु 778 में बसरा में हुई। पृ. 90

सैफ़ ख़ाँ फ़क़ीरुल्लाह—प्रख्यात संगीतकार फ़क़ीरुल्लाह साहसी सिपाही, उच्चकोटि का कवि, स्वतंत्र विचारों वाला, बेमिसाल और अद्वितीय व्यक्ति था। औरंगज़ेब ने उसे सैफ़ ख़ाँ की उपाधि दी थी। वह औरंगज़ेब का निकट और वफ़ादार अधिकारी था। औरंगज़ेब ने उसे कई पदों पर तैनात किया। वह प्रायः अपने मनमाने और अनोखे फ़ैसलों के कारण विवादों में रहा। उसे अक्सर पदच्युत कर दिया जाता। परन्तु अपनी आदत के विपरीत औरंगज़ेब उसे हर बार बहाल भी कर देता। उसके जीवन के अन्तिम दिनों में औरंगज़ेब ने उसे बिहार का सूबेदार नियुक्त किया था। उसकी मृत्यु इलाहाबाद में 1684 में हुई। पृ. 130, 136, 143, 145

सैयद अशरफ़ शाह बयाबानी—महाराष्ट्र के औरंगाबाद में 1459 में पैदा हुए। बयाबानी सूफ़ी और शाइर थे। उन्होंने मसनवी नौसरहार लिखी, जिस पर प्रारम्भिक हिन्दवी की छाप है। उनकी भाषा में मराठी, पंजाबी और गुजराती की शब्दावली भी पाई जाती है। उन्होंने 'वाहिद बारी' लिखी जो ख़ुसरो की ख़ालिक़ बारी की तर्ज़ पर है। उनकी मृत्यु 1528 में हुई। पृ. 49

सैयद जहाँगीर अशरफ़ सिमनानी—अशरफ़ सिमनानी का जन्म ईरान के शहर सिमनान में 1285 में हुआ था। वे सिमनान के शासक सुल्तान इब्राहीम नूरबख़्श के पुत्र थे। वे पिता की मृत्यु के बाद 17 वर्ष की आयु में गद्दी पर बैठे। 23 वर्ष की आयु में उन्होंने सल्तनत त्याग दिया और अपने छोटे भाई को सुल्तान बनाकर स्वयं निकल खड़े हुए। कई देशों का भ्रमण करते हुए वे हिन्दुस्तान पहुँचे। उन्होंने दिल्ली, बंगाल, बिहार और राजस्थान के सूफ़ियों से मुलाक़ातें कीं और उ.प्र. के किछौछा क़स्बे में पहुँचकर अपनी ख़ानक़ाह बनाई। उनकी मृत्यु 1386 किछौछा में हुई। पृ. 79

सैयद सुलेमान नदवी—सैयद सुलेमान नदवी प्रख्यात इस्लामी स्कॉलर थे। वे बिहार शरीफ के निकट दसना गाँव में 1884 में पैदा हुए। उनकी शिक्षा नदवतुल उलमा लखनऊ में पूरी हुई। उसके बाद वे शिब्ली नोमानी के साथ आज़मगढ़ चले गए। सुलेमान नदवी ने आज़मगढ़ में दारुल मुसन्निफीन के काम को आगे बढ़ाया। वे अपनी मृत्यु तक दारुल मुसन्निफीन के डायरेक्टर रहे। उन्होंने विश्वप्रसिद्ध इस्लामी पत्रिका मआरिफ प्रकाशित किया और रसूलुल्लाह स. की जीवनी सीरतुन्नबी को पूरा किया, जिसे शिब्ली अधूरा छोड़ गए थे। उनकी मृत्यु 1953 में हुई। पृ. 55

हज़रत अली—हज़रत अली का जन्म मक्के में 601 में हुआ था। अली र. मुहम्मद स. के चचाज़ाद भाई और दामाद थे। वे इस्लाम के चौथे ख़लीफ़ा थे। उनकी मृत्यु 667 में मदीना में हुई। पृ. 62-64

हज़रत उस्मान ग़नी—हज़रत उस्मान र. में 576 में ताइफ में पैदा हुए। वे इस्लाम के तीसरे ख़लीफ़ा थे। वे मुहम्मद स. के दामाद भी थे। उन्होंने अपनी ख़िलाफ़त के दौरान क़ुरआन को संगृहीत करने का कार्य किया। उनकी मृत्यु 656 में हुई। पृ. 78

हज़रत ज़ाफ़र तैयार—ज़ाफ़र इब्न अबू तालिब इस्लाम के चौथे ख़ीलीफ़ा हज़रत अली के बड़े भाई थे। उनका जन्म 590 में मक्का में हुआ था। मक्का में मुसलमानों को बहुत कठिन दौर से गुज़रना पड़ रहा था। इसलिए वे अपने 70 साथियों के साथ अबीसीनिया की ओर प्रस्थान कर गए। वे प्रायः यात्रा में रहते थे, इसलिए उन्हें लोगों ने तैयार यानी चिड़िया कहना शुरू कर दिया। 629 में सीरिया के एक युद्ध में वे शहीद हो गए। पृ. 90

हज़रते शेख़—देखिए, निज़ामुद्दीन औलिया। पृ. 95-101, 121-123

में ही हुई। इलाहाबाद विश्वविद्यालय से उर्दू की नस्री दास्तानों के विषय पर पीएच.डी. करने के बाद उन्होंने देश के कई विश्वविद्यालयों में शिक्षण कार्य किया। उन्होंने 100 से अधिक किताबें लिखी हैं। उनकी किताब एक भाषा दो लिखावट दो अदब के प्रकाशन के बाद उर्दू वालों के दिल पर गहरी चोट लगी। शम्सुर्रहमान फ़ारूक़ी और अन्य आलोचकों ने उनका जवाब लिखा, परन्तु डॉ. जैन ने जो लिख दिया लिख दिया। उनकी मृत्यु कैलिफ़ोर्निया में 2007 में हुई। पृ. 22-23, 25

श्रीहर्ष—राजा हर्षवर्धन का जन्म 590 में थानेश्वर में हुआ था। वे कन्नौज और थानेश्वर के राजा थे। वे अपने बड़े भाई राज्यवर्धन की मृत्यु के बाद 606 में सिंहासन पर बैठे। वे विद्वान और कवि हृदय सम्राट होने के साथ ही साहसी योद्धा भी थे। वे महान प्रशासक थे। उनके राज्य में व्यापक स्तर पर शान्ति और समृद्धि फैली हुई थी। उन्होंने संस्कृत में रत्नावली, नागानंद और प्रियदर्शिका नामक नाटक की रचना की थी। उनके दरबार में कवियों और विद्वानों का जमघट लगा रहता था। उनकी मृत्यु 647 में हुई। पृ. 158

स्थानानुक्रमणिका

सन्दर्भ-ग्रंथ सूची

1. अनंगरंग, कल्याण मल्ल, अंग्रेज़ी अनुवाद और भूमिका, एफ. एफ. अर्बथनाट और रीचर्ड एफ़. बर्टन, मेडिकल प्रेस ऑफ़ न्यूयार्क, 1964
2. अमीर ख़ुसरो-ग़ुलाम सिमनानी, नेशनल बुक ट्रस्ट, नई दिल्ली, 1995
3. अमीर ख़ुसरो एक बहुआयामी व्यक्तित्व, प्रदीप शर्मा, साक्षी प्रकाशन, नई दिल्ली, 2016
4. अमीर ख़ुसरो देहलवी प्रो. वहीद मिर्ज़ा एजुकेशनल पब्लिशिंग हाउस, 2015
5. अमीर ख़ुसरो अहद फ़न और शख़्सियत, अर्श मल्सियानी, मरकज तसनीफ़ व तालीफ़ लखनऊ, 1974
6. अमीर ख़ुसरो और उनका हिन्दी साहित्य, डॉ. भोलानाथ तिवारी, प्रभात प्रकाशन, नई दिल्ली, 2012
7. अमीर ख़ुसरो और उनकी हिन्दी शाइरी, शुजाअत अली सन्देलवी, ओरिएंटल पब्लिशिंग हाउस लखनऊ, 1969
8. अमीर ख़ुसरो की जमालियात, प्रो. शकीलुर्रहमान, मॉडर्न पब्लिशिंग हाउस, नई दिल्ली, 1996
9. अमीर ख़ुसरो का हिन्दवी काव्य प्रो. गोपीचन्द नारंग, वाणी प्रकाशन, नई दिल्ली, 2012
10. अमीर ख़ुसरो की हिन्दी शाइरी, सफ़दर आह, अलवी बुक डिपो, मुम्बई
11. अमीर ख़ुसरो की हयात और शाइरी, प्रो. मुमताज हुसैन, नेशनल कमेटी बराए सात सौ साला तकरीबाते अमीर ख़ुसरो, कराची, 1975
12. अमीर ख़ुसरो तंकीदी मजामीन सैयद इजहारुल हसन रिजवी, नेशनल कमेटी बराए सात सौ साला तकरीबाते अमीर ख़ुसरो इस्लामाबाद, 1975
13. अल-एहसान 7 शाह सफ़ी अकेडमी, इलाहाबाद, 2017
14. अलामतों का ज़वाल इंतज़ार हुसैन, मक्तबा जामिया लिमिटेड, नई दिल्ली, 1983
15. अह्या उल उलूम् इमाम अल-गज़ाली, भाग दो, उर्दू अनुवाद मौलाना फ़ैज़ अहमद ओवैसी मक्तबा रज़विया, नई दिल्ली, 1999
16. आग का दरिया, कुर्रतुल-ऐन-हैदर, उर्दू, किताब घर, नई दिल्ली, 1984
17. आबे हयात, मौलाना मुहम्मद हुसैन आज़ाद, उ.प्र. उर्दू अकादमी लखनऊ, 2003
18. इब्न बतूता की भारत यात्रा, नेशनल बुक ट्रस्ट, नई दिल्ली, 2011
19. इस्लाम अपनों और परायों की नज़र में, मुहम्मद ज़ाकिर, किताब घर, नई दिल्ली, 2016
20. उर्दू अदब के इर्तका में अदबी तहरीक़ों का हिस्सा, डॉ. मंज्र आज़मी, उ.प्र. उर्दू अकादमी,

लखनऊ, 2015
21. उर्दू का इब्तेदाई ज़माना शम्सुर्रहमान फ़ारूक़ी, आज प्रकाशन, कराची, 1999
22. उर्दू ए कदीम, शम्सुल्लाह कादरी, ताज प्रेस, लाहौर, 1925
23. क़ाफ़िला क्यों लुटा? तमीम अंसारी, उर्दू अनुवाद, मुहम्मद ज़की किरमानी, एवेरोज अकादमी, अलीगढ़, 2017
24. क़ुरआन, सूरा लुक़मान : 19
25. ख़िलजी कालीन भारत : अनुवाद : सैयद अतहर अब्बास रिजवी, राजकमल प्रकाशन, नई दिल्ली, 2016
26. ख़िलजी ख़ानदान के एस लाल, अनुवाद : डॉ. मुहम्मद यासीन मज़हर सिद्दीक़ी, राष्ट्रीय उर्दू भाषा विकास परिषद, नई दिल्ली, 1998
27. ख़ुसरो का ज़ेहनी सफ़र, ज़ोए अंसारी अंजुमन तरक़्क़ी, उर्दू, नई दिल्ली, 1977
28. ख़ुसरो और अहद ख़ुसरो—अब्दुर्रऊफ़ उरूज, नेशनल कमेटी बराए सात सौ साला तकरीबाते, अमीर ख़ुसरो, कराची, 1975
29. ख़ुसरो शनासी-ज़ोए अंसारी, राष्ट्रीय उर्दू भाषा विकास परिषद, नई दिल्ली, 1998
30. ख़ुसरोनामा, मुजीब रिज़वी, मक्तबा जामिया लिमिटेड, नई दिल्ली, 2011
31. गर्दिशे रंगे चमन कुर्रतुल ऐन हैदर, एजुकेशनल पब्लिशिंग हाउस, नई दिल्ली, 1988
32. गार्सां द तासी, प्रो. सुरैया हुसैन, उ.प्र. उर्दू अकादमी, लखनऊ, 2010
33. गिलक्रिस्ट और उसका अहद, मुहम्मद अतीक अहमद, अंजुमन तरक़्क़ी, उर्दू, 1960
34. जहाने ख़ुसरो फ़ारूक़ अरगली, फ़रीद बुक डिपो, नई दिल्ली, 2017
35. जहाने रूमी मिर्ज़ा, अब्दुल बाक़ी बेग, पब्लिकेशंज डिवीज़न, नई दिल्ली, 2009
36. जवामेउल कलेम मल्फ़ूज़ात ख़्वाजा बन्दा नवाज़ गेसू दराज, सैयद मुहम्मद अकबर हुसैनी, अनुवाद : प्रो. मुईनुद्दीन दुर्वाई, फरहीन पब्लिशिंग कम्पनी, जामिया नगर, नई दिल्ली
37. जवाहरे ख़ुसरवी, मौलाना अमीन अब्बासी चिरैयाकोटी और मौलाना रशीद अहमद सालिम, प्रस्तावना ख़ालिक़ बारी, एमएओ कॉलेज इंस्टीट्यूट प्रेस, अलीगढ़, 1918
38. जामे उर्दू इनसाइक्लोपीडिया, भाग एक, दो एवं पाँच, राष्ट्रीय उर्दू भाषा विकास परिषद, नई दिल्ली
39. जामे तारीख़े हिन्द खलीक अहमद निज़ामी और मुहम्मद हबीब, राष्ट्रीय उर्दू भाषा विकास परिषद, नई दिल्ली, 2013
40. तज़्किरतुल औलिया फ़रीदुद्दीन अत्तार, कुतुबख़ाना अजीजिया देवबन्द
41. तारीख़े अदब, उर्दू, भाग एक, जमील जालिबी, एजुकेशनल पब्लिशिंग हाउस, नई दिल्ली, 1998
42. तारीख़े अदब, उर्दू, भाग दो, जमील जालिबी, एजुकेशनल पब्लिशिंग हाउस, नई दिल्ली, 2003
43. तारीख़े अदब, उर्दू, भाग तीन, जमील जालिबी, एजुकेशनल पब्लिशिंग हाउस, नई दिल्ली, 2007
44. तारीख़े अदब, उर्दू, भाग चार, जमील जालिबी, एजुकेशनल पब्लिशिंग हाउस, नई दिल्ली, 2019

45. तारीख़े अदब उर्दू, भाग दो, सैयदा ज़ाफ़र व ज्ञानचन्द जैन, राष्ट्रीय भाषा विकास परिषद, नई दिल्ली, 1998
46. तारीख़े ज़बाने अदब उर्दू, भाग एक, प्रो. अंसारूल्लाह ब्राउन पब्लिशिंग हाउस, नई दिल्ली, 2012
47. तारीख़े फ़रिश्ता, मु. क़ासिम फ़रिश्ता, भाग एक, उर्दू अनुवाद अब्दुल हई ख़्वाजा एमए, मकतबा मिल्लत देवबन्द, 1983
48. तारीख़े हिन्दुस्तान 1526 तक, डॉ. अब्दुल कयूम निसाब, पब्लिकेशंज़, हैदराबाद, 2008
49. दानाए राज़ अनामारी शेमल, अख़्तरुल वासे व फरहत अहसास, मक्तबा जामिया लिमिटेड, नई दिल्ली, 2011
50. दिल्ली, खुशवन्त सिंह, किताब घर, नई दिल्ली, 2002
51. पद्मावत, मलिक मुहम्मद जायसी, सम्पादन और भूमिका—आचार्य रामचन्द्र शुक्ल, भारतीय ज्ञानपीठ, नई दिल्ली, 2016
52. पंजाब में उर्दू, प्रो. हाफ़िज़ महमूद शीरानी, राष्ट्रीय भाषा विकास परिषद, नई दिल्ली, 2005
53. फ़वायदुल फुवाद ख़्वाजा अमीर हसन देहलवी, भाग दो, उर्दू अनुवाद : ख़्वाजा हसन सानी निजामी, नई दिल्ली, 2007
54. फुनूने लतीफ़ा मिर्जा सुल्तान अहमद पमक्तबा जमाल उर्दू बाज़ार लाहौर, 2009
55. भारत सावित्री, वासुदेव शरण अग्रवाल, सस्ता साहित्य मंडल, नई दिल्ली, 2003
56. भारत का इतिहास, रोमिला थापर, राजकमल प्रकाशन, नई दिल्ली, 1998
57. भारतीय इतिहास कोश, सच्चिदानन्द भट्टाचार्य, उ.प्र. हिन्दी संस्थान, लखनऊ, 2013
58. भारतीय संगीत का इतिहास, ठाकुर जयदेव सिंह, विश्वविद्यालय प्रकाशन, वाराणसी, 2016
59. बज़्मे सूफ़िया, सबाहुद्दीन अब्दुर्रहमान, दारुलमुसन्निफीन, आजमगढ़, 2018
60. मसनवी मौलाना रूम, भाग दो, जलालुद्दीन रूमी, प्रस्तावना कारी सज्जाद हुसैन सबरंग, किताब घर, नई दिल्ली, 1976
61. मध्यकालीन भारत, भाग दो, सम्पादक इरफ़ान हबीब, शोधपत्र दिल्ली के हजरत अमीर ख़ुसरो, मु. मुजीब राजकमल प्रकाशन, नई दिल्ली, 1999
62. मध्यकालीन भारत, भाग दस, सम्पादक इरफ़ान हबीब, राजकमल प्रकाशन, नई दिल्ली, 2015
63. मुंतख़ब तवारीख़, भाग एक, अब्दुल कादिर बदायूँनी, राष्ट्रीय उर्दू भाषा विकास परिषद, नई दिल्ली, 2008
64. मुक़द्दमा शेर व शाइरी, मौलाना अल्ताफ हुसैन हाली, उ.प्र. उर्दू अकादमी लखनऊ, 2014
65. रूहे इस्लाम सैयद अमीर अली, उर्दू अनुवाद : मुहम्मद हादी हुसैन, इस्लामिक बुक सेंटर, नई दिल्ली, 2005
66. लतायफ़े अशरफ़ी, भाग दो, निजाम यमनी, उर्दू अनुवाद : मौलाना अब्दुस्सत्तार फ़ैज़ाबादी, दानिश बुक डिपो, टांडा, 1995
67. शैरुल अजम, भाग दो, शिब्ली नोमानी, दारुलमुसन्निफीन, आज़मगढ़, 2018
68. सनादीदे अजम, मेंहदी हुसैन नासिरी, लाला रामदयाल अग्रवाल बुक सेलर्ज, इलाहाबाद, 1977

69. संगीत राग परिचय, भाग एक, देवकी नन्दन धवन, संगीत कार्यालय हाथरस, 2017
70. संगीत शास्त्र परामर्श, मीरा माथुर, भारत बुक सेंटर, लखनऊ, 2004
71. सियर-उल-औलिया, सैयद मुहम्मद बिन मुबारक किरमानी, उर्दू अनुवाद : डॉ. अब्दुल लतीफ, अदबी दुनिया, नई दिल्ली, 1999
72. सुख़नदाने फ़ारस, मुहम्मद हुसैन आज़ाद, राष्ट्रीय उर्दू भाषा विकास परिषद, नई दिल्ली, 2005
73. सूफ़ीवाद के आध्यात्मिक आयाम ज़ाफ़र रज़ा, लोकभारती प्रकाशन, इलाहाबाद, 2014
74. सूफ़ीवाद, एन आर फ़ारूक़ी, ओरिएंट ब्लैक स्वान, नई दिल्ली, 2014
75. सूफ़ी अमीर ख़ुसरो, सबाहुद्दीन अब्दुर्रहमान, दारुलमुसन्निफीन, आजमगढ़, 1980
76. हज़रत अमीर ख़ुसरो का इल्मे मौसिकी, रशीद मलिक, रिफ़रेंस रीप्रिंट लाहौर, 1975
77. हज़रत राबिया अदविया बसरिया, डॉ. ज़हूरुल हसन शारिब, ताज, प्रेस देहली, 2002
78. हयाते सादी मौलाना अल्ताफ़ हुसैन हाली, उ.प्र. उर्दू अकादमी, लखनऊ, 2004
79. हिन्दुस्तान अमीर ख़ुसरो की नज़र में, सबाहुद्दीन अब्दुर्रहमान, दारुलमुसन्निफीन, आजमगढ़, 2012
80. हिन्दुस्तानी मुसलमान, मुहम्मद मुजीब, उर्दू अनुवाद : मुहम्मद मेंहदी, राष्ट्रीय उर्दू भाषा विकास परिषद, नई दिल्ली, 1998
81. हिन्दी साहित्य का इतिहास, रामचन्द्र शुक्ल, सस्ता प्रकाशन, नई दिल्ली
82. हिन्दी साहित्य का उद्भव और विकास, हजारी प्रसाद द्विवेदी, राजकमल प्रकाशन, नई दिल्ली, 2004

शब्दावली

अक्ता—अक्ता वह भूमि होती थी, जिसे सुल्तान सेना के सरदारों को सेना के ख़र्चे के लिए देता था। इससे उस सरदार की हैसियत भी तै होती थी।

अमीर—दस सिपहसालारों का सरदार होता है। उसे 30 से 40 हज़ार तनकों की अक्ता प्राप्त होती थी।

अमीर दाद—यह सुल्तान की अनुपस्थिति में दीवाने मज़ालिम का अध्यक्ष होता था और बहुत बड़ा अधिकारी भी होता था। उसे दादबक भी कहा जाता था। सेना आदि में भी अमीर दाद होते थे। क़ाज़ी के फ़ैसलों का पालन कराना भी उसी का कार्य था।

अमीरुल मोमिनीन—मुसलमानों के शासकीय प्रतिनिधि, अगुआ।

अशआर—छंद।

असा—लाठी, छड़ी।

आबदार ख़ाना—पानी रखने का कमरा।

आरिफ़—तपस्वी।

इबादत—पूजा।

इश्क़—इश्क़ अरबी भाषा का शब्द है, जिसका अर्थ है प्रेम, प्यार, मनोकामना, विदाई, नमस्कार, उत्साहवर्धन और एक प्रकार का उन्माद, जो सौन्दर्य को देखने से दिल में उत्पन्न होता है। इश्क़ को इश्क़ा शब्द से निकला हुआ बताया जाता है, जो एक प्रकार की बेल होती है। यह बेल अन्य पेड़ों से लिपटकर अपना भोजन प्राप्त करती है, और उसे सुखाकर छोड़ती है। भारत में इस प्रकार की बेल को अमर बेल कहते हैं। इश्क़ का उद्देश्य भी मिलन है। इश्क़ से अमरबेल की समानता यह है कि इश्क़ अपने आशिक़ को भी बर्बाद करके छोड़ता है। इश्क़ तुर्की भाषा का भी शब्द है, जिसका अर्थ अरबी के समान ही है। परन्तु ये यूनानी भाषा के eros/agape शब्द से निकला हुआ प्रतीत होता है। इस्लाम के उदय के 200 वर्ष बाद जब सूफ़ियों पर यूनानी अफ़लातूनी सिद्धान्त का प्रभाव पड़ा, उसी के साथ इस शब्द को सूफ़ियों ने ईश्वरीय प्रेम के चरमोत्कर्ष के रूप में प्रयोग करना प्रारम्भ कर दिया। वर्तमान काल में कुछ लोग इस शब्द का प्रयोग पैग़म्बर मुहम्मद स. से अत्यन्त अतिवादी रूप से प्रेम दर्शाने के लिए भी करने लगे हैं। बाद में देखा गया कि इस शब्द ने इस्लाम को भी उसी प्रकार सुखाकर बर्बाद कर दिया, जैसे अमरबेल लिपटने वाले अपने पेड़ को सुखा देती है। इश्क़ की अवधारणा क़ुरआन के विपरीत है। क़ुरआन अपने वर्णनों में प्रेम, प्यार और चाहत के लिए कहीं भी इश्क़ शब्द का प्रयोग नही करता, इसके लिए वह 'हुब', 'मुहिब',

'मुहब्बत' और 'मुअद्दत' जैसे शब्दों का प्रयोग करता है।

इस्तदराज—जादू।

इज्तिहाद—समय की माँग के अनुसार कुछ ऐसे कार्य आवश्यक होते गए, जिनके लिए शरीअत में गुंजाइश नहीं थी, तो कुछ बड़े उलमा ने इज्तिहाद का सहारा लिया। इज्तिहाद अर्थात—उलमा द्वारा क़ुरआन हदीस और इज्माअ पर क़ियास करके शरीअत की समस्याओं का समाधान निकालने के प्रयास को इज्तिहाद कहा गया। ऐसे उलमा 'मुज्तहिद' कहलाते थे। इन उच्चकोटि के उलमा, मुफ़तियान और फुक़हा के लाखों की संख्या में अनुयायी होते थे, जिनकी आवश्यकता के लिए इज्तिहाद किया जाता था। मुस्लिम बादशाहों ने भी अपनी सुविधा और क़ानून व्यवस्था के क्रियान्वयन के लिए व्यापक स्तर पर इज्तिहाद का सहारा लिया। वे शरीअत के समान अपना अलग नियम बना लेते और उसे लागू करते। सरकारी उलमा उनके इस कार्य में सहायक होते थे। जब प्रारम्भिक दिनों में इज्तिहाद करने वालों की संख्या बढ़ने लगी तो बाद में इसे प्रतिबन्धित कर दिया गया।

इन स्कूलों द्वारा प्रतिपादित शरीअतों में बहुत भिन्नता और विरोधाभाष भी है। एक दूसरे से विरोध का स्वर आज भी गली मुहल्लों में घटित होता रहता है, परन्तु उन दिनों इस समस्या ने विकराल रूप धारण कर लिया था, जब एक-दूसरे स्कूल के अनुयायी एक-दूसरे को नीचा और ग़लत दिखाने के लिए एक-दूसरे पर आक्रमण कर देते थे। फिर बाद में समझौता हुआ और समस्त स्कूलों के अनुयायियों को इस बात पर सहमत किया गया कि वे एक-दूसरे के नियमों-उपनियमों का सम्मान करेंगे और कोई भी सुन्नी मुसलमान किसी भी एक इमाम की शरीअत को व्यवहार में लाकर मुसलमान बना रह सकता है। इस सम्बन्ध में एक बात स्पष्ट करना आवश्यक है कि उक्त चारों विद्वान इमामों द्वारा प्रतिपादित शरीअत पर शिया सम्प्रदाय के श्रद्धालु विश्वास नहीं करते हैं। नीचे उन इमामों का संक्षिप्त परिचय प्रस्तुत है, जिन्होंने शरीअतों के निर्धारण में अपना समस्त जीवन न्योछावर कर दिया।

इमाम अबूहनीफ़ा (699-797)—अबूहनीफ़ा अल नुमान बिन साबित बिन जौता बिन मर्ज़बान का जन्म इराक के कूफ़ा नगर में हुआ था। उनके पूर्वज अफ़ग़ानिस्तान के रहने वाले थे, उनके पिता अल नुमान बिन साबित एक अच्छे व्यापारी थे, जो बाद में कूफ़ा में आकर बस गए। अबूहनीफ़ा शिया मतावलम्बी थे। उन्होंने बग़दाद में इमाम ज़ाफ़र सादिक़ के मदरसे में शिक्षा ग्रहण की। कूफ़ा वापस आकर उन्होंने एक मदरसा स्थापित किया। वे अलवी परिवार के घोर समर्थक रहे। बाद में उनके स्वभाव में परिवर्तन आया और उन्होंने नये मसलक की स्थापना का कार्य प्रारम्भ कर दिया। उन्होंने उसका नाम हनफ़ी सुन्नी मसलक रखा। इस कार्य में उनके सैंकड़ों की संख्या में शिष्यों ने सहायता की। वे सूफ़ियाना स्वभाव के उच्चकोटि के आदर्शवादी व्यक्ति थे। वे बहुत कम अपने घर से बाहर निकलते। उन्होंने जीवन में केवल दो बार बग़दाद और मदीना की यात्रा की। उनकी सादगी और ईमानदारी के कारण उनके मसलक को लोगों ने शीघ्रता से अपनाया। हनफ़ी मसलक में शिया विचारों की प्रमुखता विशेष रूप से देखी जा सकती है। हनफ़ी मसलक में अबूहनीफ़ा ने व्यक्तिगत विचारों को प्रमुखता दी और वे चाहते थे कि बाद में भी प्रबुद्ध उलमा परिस्थितियों के अनुसार उसमें परिवर्तन करते रहें, लेकिन कुछ वर्षों बाद प्रबुद्ध लोगों ने यह कहकर उनके समरूपता वाले सिद्धान्त को ख़ारिज कर दिया कि हमारे पूर्वज जैसे कह गए हैं, उनमें किसी प्रकार के संशोधन या

बदलाव का प्रश्न ही नहीं उठता। इससे बड़ी हानि यह हुई कि लचीले स्वभाव वाले हनफ़ी मसलक में गतिरोध deadlock उत्पन्न हो गया, और वह विश्व के अन्य क्षेत्रों में अपनी पकड़ बनाने में असफल रहा। यह कैसे सम्भव है कि जो नियम इराक और कूफा के लिए बनाया गया हो, वह उसी प्रकार प्रशान्त महासागर के तटीय क्षेत्रों और साइबेरिया में भी व्यवहार में लाया जा सके। इमाम अबूहनीफ़ा के अनुयायी तुर्की और सम्पूर्ण एशिया में फैले हुए हैं।

इमाम मालिक बिन अनस (711-795)—अबूअब्दुल्लाह मालिक बिन अनस का जन्म मदीना में हुआ था। इनके दादा अबूआमिर यमन के रहने वाले थे। वे मदीना में रसूलुल्लाह से मिले और मुसलमान हो गए। इमाम मालिक की शिक्षा बग़दाद में इमाम ज़ाफ़र सादिक के मदरसे में हुई। वे अबूहनीफ़ा के समकालीन थे। वे भी शिया मतावलम्बी थे। शिक्षा समाप्त करने के बाद वे मदीना आ गए। वे अत्यन्त सरल स्वभाव के व्यक्ति थे। अबूहनीफ़ा की तरह उन्होंने भी एक नये मसलक की आवश्यकता महसूस करते हुए प्रत्येक शंकाग्रस्त विचारों को निकाल फेंका और मदीना में पुराने लोगों के मस्तिष्क में रसूलुल्लाह स. की जो बातें सुरक्षित थीं, उन्हें जमा करके मालिकी सुन्नी मसलक का आधार तैयार किया। उनके विचार अरब के ख़ानाबदोश और उत्तर-पश्चिमी अफ्रीका के आदिवासी मुसलमानों की प्राचीन परम्पराओं से बहुत मेल खाते थे। इसलिए वहाँ उनकी बड़ी लोकप्रियता हुई।

इमाम शाफ़ई (767-820)—अबूअब्दुल्लाह मुहम्मद बिन इदरीस अल शाफ़ई का जन्म फ़िलिस्तीन के ग़ाज़ा शहर में हुआ था। यह इमाम मालिक के शिष्य थे। माता-पिता दोनों ओर से इनका सम्बन्ध रसूलुल्लाह स. की वंशावली तक जाता है। उन्होंने इमाम ज़ाफ़र सादिक, इमाम मालिक और अबूहनीफ़ा द्वारा संकलित विषय वस्तु को अधिक सुयोग्य रूप से प्रस्तुत करके एक नये मसलक का आधार रखा, जो मध्यम वर्गीय मुसलमानों में अधिक लोकप्रिय हुआ। मुम्बई के बोहरा समुदाय में अधिकतर लोग शाफ़ई धर्म को मानते हैं। इनके अनुयायी मिस्र, पूर्वी और दक्षिण-पूर्वी अफ्रीका में फैले हुए हैं।

इमाम अहमद बिन हंबल (780-855)—इमाम अहमद बिन हंबल का जन्म बग़दाद में हुआ था। उनके पूर्वज बसरा के रहने वाले थे, परन्तु बग़दाद में आकर बस गए थे। इन्होंने अबूहनीफ़ा के विशेष शिष्य अबूयूसुफ़ से शिक्षा ग्रहण की। वे बहुत कट्टर स्वभाव के व्यक्ति थे। उन्हें अबूहनीफ़ा की मुलायमियत, इमाम मालिक की छोटी सोच और शाफ़ई की मध्यमार्गी सोच पसन्द नहीं आई, जिसके बाद उन्होंने एक नये मसलक का आधार तैयार किया, उन्होंने शरीअत में बहुत ही कड़े और कट्टर विचारों को समावेशित करते हुए विज्ञान और दर्शन जैसे विषयों को बिलकुल ख़ारिज कर दिया। वे अपने किसी निर्णय पर कण बराबर भी समझौता करने के लिए तैयार नहीं थे। उनके विचारों और निर्णयों से प्रगतिशील और पुरातनपंथी समर्थकों में विवाद होने लगा। उनके चरमपंथी समर्थक हर समय मार-पीट करने के लिए उतारू रहते थे। आए दिन बग़दाद में ख़ूनी संघर्ष होने लगा। ख़लीफ़ा को क़ानून व्यवस्था लागू करने में रुकावट उत्पन्न हुई तो उन्हें गिरफ़्तार कर लिया गया, परन्तु वे झुकने वाले नहीं थे। उनके अनुयायियों की संख्या दिन-ब-दिन बढ़ती जा रही थी। क़ैद में उन्हें इतना पीटा गया कि उनकी मृत्यु हो गई। उनके जनाज़े में डेढ़ लाख से अधिक लोग उपस्थित थे। इमाम हंबल के अनुयायी सम्पूर्ण अरब महाद्वीप में पाए जाते हैं। स्रोत—Destiny Disrupted by Tamim Ansari, Spirit of Islam by Syed Ameer Ali and Indian Muslim by Mohd. Mujeeb के उर्दू अनुवाद से इस आलेख की तैयारी में सहायता ली गई है।

उर्दू-ए-मुअल्ला—लाल क़िले की भाषा को कहते हैं, जो बाद में उर्दू में परिवर्तित हो गई।

उमरा—सरदार, धनाढ्य लोग जिन्हें अमीर कहते थे।

उलमा—धार्मिक अगुआ, इस्लामी धर्म का विद्वान।

एतराज़—आपत्ति।

एहसास—अनुभव।

कतआ—विषयात्मक रूप से कतआ का कोई आधार निश्चित नहीं है। उसमें कोई भी विचार सिद्धान्त प्रस्तुत किया जा सकता है। इसकी शैली ग़ज़ल या कसीदा की तरह होती है, परन्तु दोनों में अन्तर यह है कि इसमें मक्ताअ और मतलाअ नहीं होता है।

करामत—चमत्कार, जो सूफ़ी लोग दिखाते हैं।

कलाम—काव्य, वार्ता करना, बातचीत।

कलीसा—चर्च, गिरजा घर।

क़सीदा—क़सीदा काव्य की एक शैली का नाम है। इसमें किसी की भी प्रशंसा की जा सकती है। केवल प्रशंसा ही नहीं बुराई भी की जा सकती है। क़सीदों की शैली में कवियों द्वारा अपने काल की राजनीतिक, आर्थिक और सामाजिक गतिविधियों का भी चित्रण किया गया है। यह काव्य शैली बहुत प्राचीन है। प्राचीनकाल से कवि इस शैली में काव्य रचना कर उच्च वर्ग और धनाढ्य लोगों से सम्मान और पुरस्कार प्राप्त करते रहे हैं। परन्तु आज की स्थिति बहुत भिन्न है, जैसे-जैसे नवाबों, सुल्तानों और बादशाहों का शासन समाप्त हुआ, काव्य की यह सुन्दर शैली भी विलुप्त होती गई।

काफ़िर अदा—समन्वय वादी मुसलमान।

क़ाफ़िया बन्दी—तुकबन्दी।

ख़्वाजा—प्रत्येक प्रान्त में वज़ीर की सिफ़ारिश पर एक ख़्वाजा अथवा साहिबे दीवान नियुक्त होता था। वह प्रान्त का हिसाब-किताब रखता था और केन्द्र को भेजता था। वह मुक्ता के अधीन कार्य करता था, किन्तु केन्द्र से सीधे नियुक्त होने के कारण उसके अधिकार अधिक होते थे।

ख़ज़ाना ख़ाना—धन रखने का घर।

खम्सा—अरबी में खम्स का अर्थ होता है पाँच। खम्सा पाँच लाइनों के छंद को कहते हैं। इसमें पहले छंद की पाँचों लाइनें क़ाफ़िया युक्त होती हैं। कविता की उन पाँच किताबों को भी कहते हैं, जो एक साथ सम्मिलित हों।

ख़ारिज—रद्द करना।

ख़ानक़ाह—मठ, सूफ़ियों के रहने का स्थान।

खिर्का—सूफ़ियों द्वारा पहने जाने वाला लबादा, पैवंद लगी हुई पोशाक, जो वे अपने उत्तराधिकारी को देते हैं।

ख़ियात ख़ाना—दर्ज़ी का घर।

खुत्बा—धार्मिक भाषण।

खुलफ़ा-ए-राशिदीन—उन चार ख़लीफ़ाओं को कहते हैं जो मुहम्मद स. 570-632 के देहान्त के बाद मुसलमानों के प्रतिनिधि चुने गए। वे सच्चाई, ईमानदारी और सत्यता के प्रतीक थे। कोई भी मुसलमान इनके कामकाज और सरकारी ख़र्चों का ब्योरा माँग सकता था। प्रथम

ख़लीफ़ा हज़रत अबूक्र र. 632-634, द्वितीय ख़लीफ़ा हज़रत उमर र. 634-645, तृतीय ख़लीफ़ा हजरत उस्मान ग़नी र. 645-655, चतुर्थ ख़लीफ़ा हज़रत अली र. 655-661, कुल 30 वर्षों के शासनकाल को कहा जाता है कि यह इस्लाम के उच्च आदर्शों के पालन का समय था। इन्हीं दिनों इस्लाम ईरान, इराक-रूस और रोम तक फैला। इस्लामी ख़िलाफ़त के सम्बन्ध में मुहम्मद स. की भविष्यवाणी थी कि यह उस समय सम्पूर्ण मानी जाएगी जब स्वर्ण आभूषणों से लदी एक स्त्री अकेले बसरा से चले और सुरक्षित मदीना पहुँच जाए। कहा जाता है कि हजरत उमर के शासनकाल में एक स्त्री किसी आवश्यक कार्य से मदीना में उनसे मिली और उसने बताया कि वह बसरा से उनसे मिलने चली आई है तो उन्हें मुहम्मद स. की बात याद आ गई और उनकी आँखें ख़ुशी से छलक उठीं कि उनकी सल्तनत वास्तव में इस्लामी ख़िलाफ़त है। बाद के दिनों में इस्लामी दुनिया में सत्ता के लिए जो मार-काट मची वह आज तक जारी है। ख़िलाफ़त तेज़ी से राजशाही में परिवर्तित हो गई। इस्लामी सिद्धान्तों के विरुद्ध ख़लीफ़ा बादशाह और सुल्तान कहलाने लगे। अपने ग़लत और ग़ैरइस्लामी कार्यों को जायज़ ठहराने के लिए इस्लाम में ही बगली रास्ता बनाने लगे। मुसलमानों के हज़ार से अधिक सम्प्रदाय और धार्मिक गिरोह हो गए और आश्चर्य की बात है कि वह सब के सब अपना प्रतिनिधि क़ुरआन और हदीस को ही मानते हैं।

ख़ैरात—दान।

ग़ज़ल—ग़ज़ल का अर्थ है प्रेमिका से वार्तालाप करना। वह काव्य शैली जिसमें प्रेमाख्यान हो। ग़ज़ल का प्रथम शेर मतलाअ कहलाता है, जिसकी दोनों लाइनें काफ़िया युक्त होती हैं, और आख़िरी शेर मक़्ताअ कहलाता है, जिसमें कवि अपना उपनाम लिख देता है। इसमें पाँच, सात या नौ शेर होते हैं। कभी-कभी शेरों की संख्या बढ़ भी जाती है, परन्तु 17 से अधिक नहीं होती है। ग़ज़ल में चाहे जितने भी शेर हों, परन्तु उसके अलग-अलग शेरों में एक सम्पूर्ण विचार प्रस्तुत किया जाता है। ग़ज़ल के एक शेर से दूसरे शेर का सैद्धान्तिक आधार पर कोई सम्बन्ध नहीं होता, परन्तु उनकी प्रकृति इसलिए एक सी होती है, क्योंकि उसका प्रत्येक शेर क़ाफ़िया और रदीफ के द्वारा एक दूसरे से सम्बद्ध होता है। ग़ज़ल अत्यन्त लोकप्रिय शैली है। इसमें अब प्राचीन परम्पराएँ टूटती हुई दिखाई दे रही हैं। अब ग़ज़लों में भी सामाजिक और राजनीतिक विचार धड़ल्ले से प्रस्तुत किये जा रहे हैं।

गुलनार—एक फूल का नाम है, जो लाल रंग का खिलता है।

चिश्तिया परम्परा—चिश्तिया सम्प्रदाय का विकास भारत में हुआ। इसके प्रवर्तक ईरान के ख़्वाजा इसहाक़ सामी 940 को माना जाता है, परन्तु इस सम्प्रदाय का नाम ईरान के चिश्त क्षेत्र के रहने वाले सूफ़ी अबूअहमद चिश्त 965 के नाम पर पड़ा। भारत में इसे ख़्वाजा मुईनुद्दीन चिश्ती 1142-1235 ने विशेष रूप से प्रसिद्धि दिलाई। बाद में इस सम्प्रदाय को उनके उत्तराधिकारियों शेख़ हमीदुद्दीन नागौरी 1243 बाबा फ़रीद गंजशकर 1266 और शेख़ निज़ामुद्दीन औलिया 1238-1325 ने अपनी मानवता, उदारवादिता और सहिष्णुता से बहुत लोकप्रिय बनाया।

जन्नतुल बक़ीय—मदीने में एक क़ब्रिस्तान का प्राचीन नाम है।

जमाअत ख़ाना—सूफ़ियों का आश्रम, वह इमारत जो प्रत्येक ख़ानक़ाह के निकट बनाई जाती थी। वहाँ शेख़ के शिष्य और नये प्रशिक्षु सूफ़ी निवास करते थे। नये सूफ़ियों को जमाअत

ख़ाना में नमाज़ पढ़ने में, वज़ू बनाने और अच्छे आचरण का प्रशिक्षण दिया जाता था।

ज़िक्र—ख़ुदा की याद, वर्णन करना।

तर्ज़—शैली।

तज़मीन—तज़मीन या Parody उस शेर या कविता को कहते हैं, जिसमें कवि किसी अन्य कवि की प्रसिद्ध कविता की तर्ज़ पर हूबहू शेर या छंद कह दे, परन्तु उसमें भी स्वतंत्र और प्रभावी भावार्थ हो।

तरकीबें—शाब्दिक प्रबन्ध।

तरीक़त—तरीक़त का अर्थ भी मार्ग ही है। शरीअत के समानान्तर सूफ़िया का एक भिन्न रास्ता है, जिसे वे तरीक़त का नाम देते हैं।

तस्बीह—गिनना।

दलील—प्रमाण।

दस्तरख़्वान—वह चादर जिस पर बैठकर भोजन किया जाता है।

दिरहम—अरबी सिक्का।

नालैन—जूतों का जोड़ा, जो सूफ़ी विरासत के रूप में अपने उत्तराधिकारी को देते हैं।

नासिह—उपदेशक।

निखार—चमक, तेज़।

निजात—मोक्ष।

नूरे ईमानी—आस्था का प्रकाश पुंज।

पीर—गुरु।

फ़रमान—शाही आदेश।

फ़र्राशख़ाना—वह स्थान जहाँ ख़ेमों की बाँस-बल्ली रखी जाती हो।

फीलख़ाना—हाथियों के रहने का स्थान।

फुक़हा—इस्लामी विधि वेत्ता।

फुतुव्वत—तसव्वुफ़ की शब्दावली में दानी, सत्यवादी, जाँबाज़ और बहादुर को कहते हैं।

फुतूह—ख़ानक़ाह में सूफ़ियों को मिलने वाला अनापेक्षित चढ़ावा।

नबी—सन्देष्टा, अंग्रेज़ी में Prophet कहते हैं।

बातनिया—यह समुदाय शिया मतावलम्बी है। इन्हें इस्माइलिया भी कहा जाता है। यह लोग अपने विश्वास और अपनी निष्ठाओं को छुपाए रहते हैं। जब आवश्यकता होती है तो ही उसे ज़ाहिर करते हैं। उनका कहना है कि क़ुरआन और हदीस के बाहरी अर्थों के अतिरिक्त एक छुपा हुआ अर्थ भी है, जिसे समझने के लिए इमाम की आवश्यकता पड़ती है। उनका मानना है कि मुहम्मद स. के बाद अली र. ही उनके उत्तराधिकारी हैं।

बैयत—किसी के साथ वचनबद्ध होना।

मतबख़ख़ाना—रसोईघर।

मशायख़—शेख़ का बहुवचन है, अर्थात अत्यन्त ज्ञानी व्यक्ति।

मसनवी—किसी घटना, कहानी या विचार को निरन्तरता के साथ काव्य शैली में व्यक्त करने को मसनवी कहते हैं। इस शैली में बात को विस्तारपूर्वक और स्वतंत्र रूप से कथात्मकता के साथ वर्णन करने की पूरी छूट होती है।

मयख़ाना—मधुशाला।

मलिक—सल्तनत काल में मलिक दस अमीरों का सरदार होता था। उन्हें 50 से 60 हज़ार तनकों की अक्ता प्राप्त होती थी।

मुअतज़ला—यह इस्लाम के बौद्धिक और वैज्ञानिक सोच वाले लोग थे, जो मुहम्मद स. की मृत्यु के 100 वर्ष बाद उभरने लगे। यह कोई संगठित गिरोह नहीं था, लेकिन वे प्रत्येक नगर और शहरों में पाए जाते थे। वे किसी बात को वैज्ञानिक कसौटी पर कसने के बाद ही विश्वास करते। वे क़ुरआन की कई आयतों का अर्थ बताते हुए भी अपनी बुद्धि और विवेक का प्रयोग कर रहे थे, यह देखकर ऊपरी अर्थ निकालने वाले उलमा और विद्वान नाराज़ हो गए। इन पर सबसे पहले 874 में अबू मूसा अशअरी ने आरोप लगाया। उसके बाद 1050 के बाद अल-ग़ज़ाली ने साफ़-साफ़ कह दिया कि क़ुरआन और हदीस पर किसी तरह का शोध नहीं किया जाएगा, जो बात जैसे कही गई है वैसे ही माननी पड़ेगी। उन्होंने विज्ञान और गणित पढ़ने वाले लोगों को काफ़िर कह दिया। उसके बाद ऐसे सभी लोगों को आम मुसलमानों की दुश्मनी मोल लेनी पड़ी। धीरे-धीरे इस्लाम से वैज्ञानिक सोच ग़ायब होती चली गई।

माअरिफत—पहचानना, तसव्वुफ़ की शब्दावली में ईश्वर को पहचानने वाला।

मीरासिनें—घरों में विवाह के अवसर पर गीत गाने वाली महिलाएँ।

मुआवअनत—चमत्कार।

मुरीद—शिष्य।

मुसल्ला—वह चटाई जिस पर बैठकर नमाज़ पढ़ते हैं।

मुस्तज़ाद—मुस्तज़ाद का अर्थ है बढ़ाई गई वस्तु। ग़ज़ल, रुबाई और नज़्म में कुछ लाइनें बढ़ा दी जाती हैं, उसे मुस्तज़ाद कहते हैं।

मोअजिज़ा—चमत्कार।

मोमिन—उत्कृष्ट छवि वाला मुसलमान।

रिंद—स्वच्छंद मनमौजी शराबी।

रियाज़—तपस्या, आराधना।

रुबाई—रुबाई अरबी भाषा का शब्द है। इसका अर्थ है चार-चार। पारिभाषिक रूप से रुबाई उस काव्य शैली को कहते हैं, जो चार लाइनों पर आधारित हो और उसमें पूर्ण विचार व्यक्त किये गए हों। रुबाई का प्रथम, द्वितीय और तृतीय लाइनें हम काफ़िया होती हैं।

रेख़्ता—पड़ा हुआ, गिरा हुआ, बिखरा हुआ, समस्याग्रस्त, 17वीं शताब्दी में फ़ारसी और हिन्दवी, ब्रजभाषा और अपभ्रंस से मिलकर जिस उर्दू भाषा का विकास हो रहा था, उसे रेख़्ता कहने लगे थे, परन्तु जल्द ही उसका यह नाम कहीं खो गया, अब रेख़्ता को उर्दू ही कहा जाता है।

वली—सिद्ध पुरुष, ईश्वर का मित्र।

वकीलदार—शाही महल और सुल्तान के विशेष कर्मचारियों का प्रबन्ध करने वाला सबसे बड़ा अधिकारी।

वहदतुल वजूद—सूफ़ियों की भाषा में ईश्वर ही सब कुछ है और सब कुछ ईश्वर है। यह बहुत प्राचीन सिद्धान्त है। इस सिद्धान्त में ईश्वर की शक्ति सर्वमान्य है। इसके अनुसार सबसे बड़ी सच्चाई ईश्वर की है। वह हमेशा से है और हमेशा रहेगा। वह अनन्त है। वह छोटे-छोटे कण में मौजूद है, क्योंकि वह उस छोटे कण का भाग है। सभी धर्मों में वहदतुल वजूद की धारणा

मौजूद है। इस्लाम में इसे शेख़ अकबर इब्ने शिब्ली ने प्रतिपादित किया था। फिर बायज़ीद बिस्तामी और हुसैन बिन मंसूर ने इस सिद्धान्त को बहुत विकसित किया। कुछ वैज्ञानिक भी इस सिद्धान्त को मानते हैं। हिन्दू धर्म में धारणा है कि 'ब्रह्म' एक अकेला सत्य है, जिसमें सारी सच्चाइयाँ समाहित हैं। यूनानी दार्शनिकों के यहाँ इस सिद्धान्त का प्रभाव अधिक मिलता है। 16वीं शताब्दी में ब्रूनो और स्पीनोजा जैसे दार्शनिकों ने इस सिद्धान्त को प्रस्तुत किया है। नीत्शे, शेली और हीगल से लेकर वड्सवर्थ और कालरिज की कविता में वहदतुल वजूद का सिद्धान्त साफ़ नज़र आता है। फ़ारसी कवियों में हाफ़िज़ और रूमी की कविताओं में इस सिद्धान्त की गहरी झलक मौजूद है।

वह्यी—ईश्वरीय सन्देश जो केवल सन्देष्टा को ही सुनाई देता है।

शबेतार—काली रात।

शरीअत—'शरीअत' अरबी के 'शरिआ' शब्द से निकली है, जिसका अर्थ है 'रास्ता' या 'मार्ग'। अरब के ख़ानाबदोश बद्दुओं की शब्दावली में देखा जाए तो शरिआ का अर्थ है 'पानी बहने का स्थायी छेद'। जबकि हिब्रो भाषा में इसकी उत्पत्ति 'सरो' शब्द से होना बताया गया है, जिसका अर्थ भी रास्ता ही है। अरबी में शरिआ शब्द सरो से ही आया है, जो 'मार्ग का अनुसरण किया जाना' की ओर इंगित करता है। हम शरीअत को सुन्नी मुसलमानों के जीवन पद्धति संहिता के रूप में परिभाषित कर सकते हैं। यह पूरे विश्व के दो-तिहाई मुसलमानों के लिए धार्मिक संहिता के रूप में कार्य करता है।

क़ुरआन में अपराध और दंड के सम्बन्ध में बहुत कम आदेशात्मक आयतें उपलब्ध हैं, जब तक रसूलुल्लाह स. थे, मुसलमानों की समस्याएँ भी सीमित थीं। वे अपने जीवन में क़ुरआन की मंशा के अनुरूप अपने विवेक का प्रयोग करते हुए समस्याओं पर अपना निर्णय सुना देते, जो सर्वमान्य और आकर्षक होता था। उनके संसार से जाने के उपरान्त सहाबा क़ुरआन और रसूलुल्लाह स. की हदीस और सुन्नत के आधार पर अपना निर्णय सुनाने लगे। समस्या उस समय विकराल रूप धारण करने लगी, जब सहाबा धीरे-धीरे कम होने लगे, और इस्लाम अरब की धरती से निकलकर तेज़ी से दूर-दराज़ के देशों में फैल गया। उस समय लोगों ने अपनी सुविधानुसार हदीसें गढ़कर इस्लाम को परिभाषित करना प्रारम्भ कर दिया। धीरे-धीरे कई दर्जन धार्मिक सम्प्रदायों का उदय हो गया, जिन्होंने सत्य-असत्य के निर्धारण में एक दूसरे का ख़ून बहाना प्रारम्भ कर दिया।

इस स्थिति को सँभालने के लिए सर्वप्रथम इमाम अबूहनीफ़ा आगे आए। इमाम मालिक, इमाम शाफ़ई और इमाम अहमद बिन हंबल जैसे इस्लामी धर्मशास्त्र में सर्वश्रेष्ठ और अद्वितीय उलमा उनके समकालीन थे। ये सभी उलमा इस्लाम के उदय के 200 वर्ष बाद की पैदावार हैं। इन लोगों ने अपना पूरा जीवन शरीअत के निर्धारण में व्यतीत कर दिया। इन्होंने अलग-अलग स्कूलों की स्थापना की, जिसमें क़ुरआन, हदीस, सर्वसम्मति और क़ियास को आधार बनाया गया—

1. **क़ुरआन**—इस्लाम में क़ुरआन को शरीअत निर्धारण का सबसे पवित्र स्रोत माना गया है। चाहे वह किसी धार्मिक समूह का मुसलमान हो, क़ुरआन के आदेशों-निर्देशों को अविवादित रूप से स्वीकार करने के लिए बाध्य है, जिसने क़ुरआन पर बाल के बराबर भी प्रश्न उठाया, वह मुसलमान नहीं रह जाता है। इसलिए क़ुरआन को शरीअत

निर्धारण का प्रमुख आधार माना गया है।

2. **हदीस**—हदीस में व्यापक रूप से क़ानूनी निर्देश हैं, परन्तु इनमें हज़ारों की संख्या में गढ़ी हुई हदीसें सम्मिलित हो गई हैं, जिन्हें काट-छाँट कर अलग करना बहुत कठिन कार्य हो गया था। परन्तु शरीअत निर्धारण करने वाले चारों स्कूलों ने क़ुरआन की मंशा के अनुरूप हदीसों को संकलित किया, उन्हें परखा और अत्यन्त सटीक हदीसों को ही अपनी शरीअत का आधार बनाया।
3. **सर्वसम्मति (साक्ष्य) अर्थात इज्माअ**—कुछ ऐसी समस्याएँ थीं, जिनका समाधान क़ुरआन और हदीसों में भी नहीं था। ऐसी समस्याओं को सर्वसम्मति या इज्माअ के दायरे में रखकर व्यापक रूप से उच्च स्तरीय विद्वान उलमा से विचार-विमर्श के बाद उसका समाधान निकाला गया।
4. **समरूपता (Analogy), तर्क (Reasoning) अर्थात कियास**—उपरोक्त तीनों माध्यमों से यदि कुछ समस्याओं का समाधान नहीं हो पाता था, तो कियास का सहारा लिया गया। कियास के द्वारा सबसे उत्कृष्ट तर्क के आधार पर समाधान ढूँढ़ने का प्रयास किया गया।

राहिब—राहिब सांसारिक मोह-माया से मुक्त होता है। ऐसे तपस्वी, धैर्यवान और संयमी व्यक्ति, जो जंगलों, पहाड़ की खोहों, ख़ानक़ाहों और मठों में निवास करे और पूजा-पाठ और तपस्या में अपना समय व्यतीत करे, उसे राहिब कहते हैं। अरबी में राहिब का अर्थ डर होता है। ऐसा डर जिसमें कठिनाइयाँ और कष्ट हों। ईसाई धर्म में चर्च और कलीसा में रहने वाले लोग राहिब कहलाते हैं।

शामी ईसाइयत—इस्लाम पूर्व सीरिया में ईसाइयों के अधिकतर ख़ानक़ाह थे, जिनमें राहिब रहते थे, जो लोगों से धन वसूल करके उनके लिए दुआएँ करते थे। वे लोगों से पैसे लेकर जन्नत में स्थान भी सुरक्षित करते थे। वे ईसाई धर्म को केवल कुछ परम्पराओं और स्वयं के बनाए हुए नियमों में बाँधे हुए थे। जब इस्लाम में तसव्वुफ़ का बीज उगने लगा तो कुछ लोगों ने कहा कि यह शामी ईसाइयत का ही परिवर्तित रूप है। लेकिन शामी राहिबों और मुस्लिम सूफ़ियों में अन्तर यह था कि जहाँ मुस्लिम सूफ़ी का विशेष रुझान जनसेवा की भावना और लोगों के चरित्र निर्माण तक सीमित था, वहीं राहिब धन-दौलत जमा करके अपनी शक्ति को बढ़ाने पर ध्यान देते थे।

सनाय-बदाय—फ़ारसी भाषाशास्त्र में सनाय और बदाय को शब्दों और अर्थों के भावपूर्ण प्रयोग के लिए जाना जाता है। इसके द्वारा भाषा की प्रस्तुति में अलंकृत और रूपकीय अत्यन्त आसान शब्दों का प्रयोग करके उसे स्पष्ट और पठनीय बनाया जाता है।

समाअ—समाअ अरबी शब्द है, जिसका मूल 'सम' है, अर्थात सुनना या श्रवण जो मानव पंचभूत में सम्मिलित है। पारिभाषिक रूप से सूफ़ियों की तल्लीनता एवं अन्तर्ज्ञान को 'समाअ' कहते हैं, जिसमें काव्य एवं संगीत सभा द्वारा भावसमाधि प्राप्त की जाती है। समस्त सूफ़ी सम्प्रदाय समाअ के आयोजन से सहमत नहीं हैं। परन्तु चिश्तिया सम्प्रदाय में समाअ बहुत प्रचलित रहा है। इस्लाम में इसके अनुकूल और अननुकूल होने के सम्बन्ध में बहुत चर्चाएँ हुईं, परन्तु इस पर एक मत नहीं हुआ जा सका।

सहाबा—मुहम्मद रसूलुल्लाह के मित्रों को सहाबा कहते हैं। वे लोग जो रसूलुल्लाह स. के साथ

जीवन बिताए हों।

सादात—मुहम्मद रसूलुल्लाह के वंशज।

सालिक—सूफ़ियों के उन शिष्यों को सालिक कहा जाता है जो सूफ़ी धर्म अर्थात सुलूक पर चलकर ईश्वर तक पहुँचने के लिए कठिन मार्ग अपनाते हैं।

सूबेदार—राज्यों का गवर्नर, सल्तनत काल और मुग़लों के यहाँ भी राज्यों की देखरेख के लिए सूबेदारों की नियुक्ति की जाती थी। वे लगान का भी हिसाब रखते थे।

हरम—हरम का शाब्दिक अर्थ सम्माननीय है, जबकि पारिभाषिक अर्थ में मक्का और मदीना के चारों ओर कहीं 25 और कहीं पर 40 किमी. के दायरे को हरम की श्रेणी में रखा गया है। क़ुरआन और हदीस में जहाँ कहीं भी यह शब्द आया है वहाँ इसे इज़्ज़त और सम्मान के अर्थ में ही प्रयोग किया गया है। हरम का एक अर्थ ज़नानख़ाना के लिए भी प्रयोग होता है। मुस्लिम बादशाहों, सुल्तानों, अमीरों और जागीरदारों की स्त्रियों और नौकरानियों के रहने के स्थान को हरम कहा जाने लगा, जो कड़े पर्दे में रहता था। सल्तनत काल में और मुग़लों के यहाँ विशेष रूप से हरम की सुरक्षा ख़्वाजासराओं यानी हिजड़ों के ज़िम्मे होती थी। हरम में अन्य पुरुषों का प्रवेश वर्जित था।

हुज्जतुल इस्लाम—इस्लाम की दलील, हुज्जतुल इस्लाम को सूफ़ी और प्रख्यात इस्लामी स्कॉलर इमाम ग़ज़ाली की उपाधि के रूप में प्रयोग किया जाता है।

हदीस—शब्दावली में मुहम्मद रसूलुल्लाह स. के वचन, आदेश, उपदेश और व्यावहारिक क्रियाओं को हदीस कहते हैं। वचन मुख से सुनी हुई बात और क्रिया व्यवहार में लाए हुए कार्य को उनके साथियों ने याद रखा और उसे जीवन में उतारा। इस्लाम के प्रारम्भिक दिनों में कहीं इसे लिखकर नहीं रखा गया। हदीसों के संकलन का कार्य मुहम्मद स. की मृत्यु के 200 वर्ष बाद प्रारम्भ हुआ। कुछ धर्मशास्त्रियों ने इन्हे संगृहीत करने के लिए अपना पूरा जीवन व्यतीत कर दिया। उन कई लाखों की संख्या में संगृहीत हदीसों में से 6 ग्रंथों को सबसे विश्वसनीय माना गया जिनको 'सहाह सित्ता' कहते हैं। सहाह सित्ता में संगृहीत हदीसों की सत्यता पर सुन्नी मुसलमान एकमत हैं। शिया मुसलमान इनको विश्वसनीय नहीं मानते। वे उन्हीं हदीसों को विश्वसनीय मानते हैं, जो हज़रत अली या उनके वंशजों से सुनी गई हों। जिन धर्मशास्त्रियों की हदीसों को सहाह सित्ता में सम्मिलित किया गया है उनमें निम्न विद्वान सम्मिलित हैं, परन्तु ये आश्चर्य है कि उनमें कोई भी अरबी नस्ल का व्यक्ति नहीं है—

1. **इमाम बुख़ारी**—मुहम्मद अबू अब्दुल्लाह बिन इस्माइल का जन्म बुखारा में 810 में हुआ था। हदीसों के संकलन में इन्होंने अपना जीवन समर्पित कर दिया। इनकी प्रसिद्ध पुस्तक का नाम 'सहीह अल बुख़ारी' है। इनकी मृत्यु 870 में हुई।
2. **इमाम मुस्लिम**—अबू हुसैन असाकुरुद्दीन मुस्लिम इब्ने अल हज्जाज का जन्म 822 में नेशापुर में हुआ था। इन्हें मुस्लिम नेशापुरी भी कहा जाता है। ये दो दर्जन से अधिक पुस्तकों के लेखक हैं, हदीसों का संकलन सहीह मुस्लिम है। इनकी मृत्यु 875 में हुई।
3. **अत तिर्मिज़ी**—अबू ईसा मुहम्मद इब्ने ईसा सुलामी अद दरीर अल बूगी अत तिर्मिजी का जन्म बल्ख के निकट तिर्मिज क्षेत्र में 824 में हुआ था। जामे अल तिर्मिजी इनकी प्रसिद्ध पुस्तक है। इनकी मृत्यु 892 में हुई।
4. **अबू दाऊद**—अबू दाऊद सुलेमान का जन्म ईरान के सिजिस्तान क्षेत्र में 817 में हुआ।

इनकी मृत्यु 889 में हुई। इनकी प्रसिद्ध पुस्तक का नाम 'सुनन अबू दाऊद' है।

5. **अल नसाई**—अबू अब्दुर्रहमान अहमद अल नसाई का जन्म तुर्किस्तान के नासा शहर में 829 में हुआ था। इन्होंने 15 वर्ष की आयु में अपना घर छोड़ दिया और अरब की ओर चले गए। इनकी मृत्यु 915 में रमल्ला में हुई थी। इनकी हदीसों के संकलन के ग्रंथ का नाम सुनन इल निसाई है।
6. **इब्ने माज़ा**—अबू अब्दुल्लाह मुहम्मद बिन यजीद बिन माज़ा अल रबई अल कजवेनी का जन्म ईरान के कजवेन क्षेत्र में 824 में हुआ था। इनके प्रसिद्ध ग्रंथ का नाम 'सुनन इब्ने माज़ा' है। इनकी मृत्यु 886 में हुई।